Grosser KRIST-UR *Cheriste*

Lektoriat: Caroline Seiler, Bonn

Hanns-Günter Grosser

KRIST-UR *Cheriste*

Atlantide Offenbarungen zur Zeitenwende

Band II

IL-Verlag

Bibliografische Information der Deutschen Nationalbibliothek:
Die Deutsche Nationalbibliothek verzeichnet diese Publikation in der Deutschen Nationalbibliografie; detaillierte bibliografische Daten sind im Internet über http://dnb.dnb.de abrufbar.

Herstellung und Vertrieb der 2. Auflage: BoD – Books on Demand, 22848 Norderstedt

1.Auflage 2013, ISBN 978-33-924125-04-X

2.(durchgesehene) Auflage 2023, ISBN 978-392-412-507-3

Der Band ist meinen Freunden gewidmet!
Sie mögen meine Kritiker werden.
Der Band ist meinen Kritikern gewidmet!
Sie mögen meine Freunde werden.

Inhalt

Einleitung

Der zweite Band der ATLANTIDEN OFFENBARUNGEN schließt zeitlich und räumlich unmittelbar an den ersten Band an. Der Erste, unter dem Titel „DIE WIEDERKEHR DES EINEN“ erschienen, endete nach der zweiten Amerikareise Ende 1977 mitten in Deutschland, am Heiligtum der *Externsteine*. Dieser zweite Band bringt im Hauptteil die dritte und letzte Amerikareise und erstreckt sich ebenfalls über etwa zwei Jahre bis Ende 1979.

Unerlässlich – das ging mir während der Vorbereitung und bei ersten Niederschriften auf – ist eine Einführung in meine eigene Entwicklung. In dieser Ehrlichkeit und Offenheit ist es nur mir, dem Autor, statthaft und verantwortbar, zumal ich die Erlebnisse unserer Dreiheit, also zusammen mit Annelies und Karl-Heinrich, in der nicht unproblematischen Ich-Version bringe. Ich bin mir bewusst, dass ich damit ein Wagnis eingehe.

Das Buch beginnt mit einem Rückgriff auf meine Kindheit und Jugendzeit, auf meinen beruflichen Werdegang. Ich gebe solche Einblicke, um einer Nachvollziehbarkeit all dessen, was im Verlauf des umfangreich gewordenen Bandes eröffnet wird. Ich hoffe, die Glaubwürdigkeit des Buches wird damit erhöht. Erneut, wie in der Einleitung des ersten Bandes, bezeuge ich die uneingeschränkte Authentizität. Alle Geschehnisse im Buch sind wirklich so geschehen, wie sie geschildert werden. Nur wenige Kunstgriffe habe ich mir, ebenso wie im ersten Band, erlauben müssen. Aus Gründen der Dramaturgie – aber im Interesse einer sinnfälligen Didaktik für den Leser, mussten einige Bezüge neu geknüpft werden. Die Geschehnisse selbst aber sind unverändert und durch und durch authentisch.

Der Leser wird gefordert, ja herausgefordert mit diesem Buch. Der zweite Band mag stilistisch zugänglicher sein, prosaischer sein als der von einer epischen Grundschwingung bestimmte erste.

Bei der Eigenart des Buches, beim ständigen Wechsel zwischen unmittelbarem Erlebnis und faktenträchtiger Überlegung, beim Wechsel zwischen gefühltem Eingebunden-Sein und sinn-suchendem, sinnklärenden Abstand dazu ist stets die uneingeschränkte Aufmerksamkeit des Lesers notwendig, ansonsten dürfte die Lust am Weiterlesen vergehen – wegen des verloren gehenden Zusammenhangs.

Bei mir, beim Autor, waren jahrzehntelange Klärungs- und Reifungsprozesse nötig, um die Besonderheit der Erlebnisse, die Tragweite der spirituellen Ereignisse zu verarbeiten. Ich selbst habe zwischen der Vollendung des Buches und seiner letzten Durchsicht über ein Jahr verstreichen lassen, um Abstand zu gewinnen, möglichst frei zu sein oder zu werden von gewissen persönlichen Befangenheiten und persönlicher Blindheit.

Subjektiv, im wahrsten Sinne des Wortes, ist das Buch dennoch. Ich, das Subjekt, bin freilich um ein Höchstmaß von Objektivierung bemüht. Ganzheitliche Identität und geistig-denkerischer Abstand will, sollte miteinander vereinbar sein, den Tag- und Nachtläufen des Lebens, ihren Kreisläufen entsprechend.

1992 erschien der erste Band – vielleicht wird dem Leser nachvollziehbar nach diesen Ausführungen, warum der zweite so lange hat auf sich warten lassen. Mancher „Knoten“ der Verhinderung musste erst noch platzen, gelöst werden, manche neue synaptische Verbindung erst erschlossen werden. Trotz allem Einsatz ist – gemäß der Urweisheit eines Laotse – nur bedingte Klarheit und Antwort erreicht. Schlüsse aus längeren, beweis-bemühten Ausführungen enden oft in Fragen, in einem Fächerwerk von Fragen. Nichts soll dem Leser aufgedrängt werden! Er möge aus eigener Aufmerksamkeit, aus eigener Geistesarbeit zu einer Antwort finden.

Fragen gibt es überhaupt in dieser Zeitenwende, die Fragen bleiben. In einem Buch wie diesem können sie nur in ihrer Tragweite, in ihrer Unermesslichkeit aufgeworfen werden. Die Zukunft, nah oder fern, mag Antwort geben.

Die mittlerweile weit zurückliegende Zeitspanne von bloß zwei Jahren, eben von Ende 1977 bis Ende 1979, mag manchem Leser etwas seltsam vorkommen, um nicht zu sagen absurd. Vielleicht auch, oder vor allem dann, wenn er mit dem Buch prophetische Erwartung verbindet.

Der aufmerksam mitgehende Leser wird jedoch bald bemerken, dass die angesprochenen, die aufgekommenen Phänomene in einer Überzeitlichkeit stehen, auf jeden Fall nicht in der Enge und Dichte des chronologischen Ablaufs. Solche Phänomene, ihre Darstellung, der Versuch ihrer Ergründung sind jedenfalls das eigentliche Anliegen des Buches, und nicht bestimmte, gar spektakuläre Prophetien.

Die größte Gefahr von damals, der Atomkrieg zwischen den Supermächten, ist längst in der großen Wende des Ostens abgewendet.

Das Friedensgebot aber bleibt in einer von Kriegen geschüttelten Welt. Das existenzielle Gebot bleibt, zu Gott und Schöpfung zu einer grundlegend erneuerten Einstellung zu finden. Es ist drängender denn je. Umwälzungen in Natur und Umwelt, im Klima, Veränderungen in den Land- und Meerabgrenzungen werden die Menschheit immer mehr zu tief greifender Einsicht, zu umfassender Umstellung nötigen.

Das Gesamtwerk ist vierbändig vorgesehen. Der Autor hofft – in die siebziger Jahre seines Lebens gekommen, reifer und souveräner geworden –, die weiteren Bände zügiger schreiben und vollenden zu können.

DER HIMMEL, DER SICH öFFNETE

Unter der Eiche

Mächtig ist der Stamm. Ich, noch außer Atem, lehne mich an. Ich stütze mich am Baum, aber den Übermächtigen vermag ich mit den Armen nicht zu umfassen. Das Kinn an die rissige Rinde gedrückt, wandern meine Augen nach oben, aber ich sehe nur die Ansätze seiner unübersehbaren Baumkrone. Ihn mehr zu erfassen, blicke ich nach unten. Wulstig ist die Wurzel, die aus dem Stamm hervorspringt, die neben meinen Füßen ein Stück über dem Boden verläuft, ehe sie verschwindet, hinab geht ins Erdreich; zu all den Wurzeln, die dem Riesen, Halt gebend, sich nach allen Seiten ausbreiten. Vermag ich ihnen in die gründende Tiefe zu folgen? In die Tiefen ihrer Verwurzelung?

Erhabener Baum! Um des Überblickes willen bin ich einige Meter zurückgetreten vom Stamm, und ich schaue in Bewunderung nach oben.

Mächtig bis Du, und mächtig bleibst Du im Übergang vom säulenartigen Stamm in die knorrig gewundenen Äste, ehe sich in ausladender Baumkrone die Feinheit der Zweige entfaltet – in Zweigen über Zweigen, nur leicht, nur erahnbar vom Hauch der Winde bewegt. Welch ein Leuchten ist dort! Welch ein Flimmern! Dort, wo die unzähligen Blätter im Grün des Sommers wehen – in den luftigen Höhen so nahe sind dem Blau des Himmels.

Und ich? Bin ich im Dasein, im Kreislauf von Himmel und Erde – so wie der Baum? Bin ich der Sonne geöffnet, so wie seine Krone, so wie seine Blätter? Bin ich verwurzelt wie er, bin ich gegründet in der Tiefe?

Im Dauerlauf bin ich vor dem Dienst zum Baum geeilt; gerannt bin ich, um Zeit zu gewinnen, um einige Minuten länger am Baum stehen zu können, um Kräfte, um Sonnenkräfte aufzunehmen im Umfeld seines Seins, seiner Mächtigkeit. Besonders heute, an einem Montag, erwartet mich in der Redaktion die Mühsal übermäßiger Arbeit. Seit Jahren schon mache ich an den besonders belasteten Tagen die beglückende Erfahrung, dass ich beinahe beschwingt bin, auf jeden Fall aber von einer Zügigkeit beflügelt bin, wenn ich vorher am Baum war und sei es nur für eine kurze Zeit.

Die Bäume – schon immer liebe ich sie. In früher Jugend war es nicht ein bestimmter, von mir erwählter Baum; es war der Wald schlechthin, der mir Lichtquell war, der mir der Allfördernde war für meine Entwicklung. Der Wald, das war für mich Geheimnis und Offenbarung zugleich.

Nach der Schule zog es mich stets hinaus – auf vertraute, immer wieder begangene Wald- und Wiesenwege, und immer wieder geschah das Ereignis der Ereignislosigkeit – des dastehenden und schweigenden Waldes. Von Zeit zu Zeit gab es Steigerungen, dann ging ich noch tiefer, noch weiter in die Wälder; ein bestimmter Buchenwald, ein bestimmter gras-grüner Waldweg war dann mein Ziel.

Wenn ich dort war unter den mächtigen Buchen, unter der Blätter- und Licht-Fülle ihrer Kronen, dann war still-gegenwärtiger Frieden in mir und mit mir, dann wurde aus ruhelos suchendem Eilen ein sonnig beseligendes Wandeln und Verweilen.

Erst Jahrzehnte später, erst bei einem erneuten Besuch in dem besagten Wald, auf jenem gras-grünen Weg – nahm ich wahr, was damals geschehen war. Das Licht – war es einer anderen Art, einer anderen Sphäre, das da gegenwärtig gewesen war in wahrhaft heiliger Stunde, das mich in Gänze erfüllt, beglückte hatte, ohne dass ich es damals schon als das Wirkende, als das Leuchtende erkannt hatte? Aber es gab mir damals schon Stärke, gab mir Geistes-Gewissheit für das Leben.

Unbewusst und jung, wie ich war, 1941 in der Kriegszeit des Dritten Reiches geboren, aus dem Machtbereich der DDR in die Bundesrepublik nach Steinau in Hessen gekommen, ließ ich mich, konfessionslos in den Konfirmandenunterricht geraten, erst eine Woche vor der kirchlichen Weihe taufen. Mit übergroßer Erwartung, mit übergroßer Offenheit ging ich gemeinsam mit den anderen Anwärtern in die Kirche, um sie nach der Konfirmation mit den schlimmsten, tagelang andauernden Kopfschmerzen zu verlassen.

Mir damals noch unbewusst – das Daseinsentscheidende war für mich nicht in der Kirche, es war im Wald geschehen, und deshalb zog es mich auch immer wieder zu seinen hoch stehenden Bäumen hin.

Früh schon hatte ich die Neigung, mich in der Abenddämmerung an den Waldrand zu setzen, etwa mit dem Blick nach draußen auf eine angrenzende Wiese. Ich hoffte damals schon, dass sich in der nieder senkenden Nacht eine andere, bisher unsichtbare Welt offenbaren möge. Aber solange ich auch saß und da im Dunkeln schaute und schaute, ich sah nur die Nacht, in die je nach Mond und Witterung hellere oder dunklere Nacht – sonst sah ich nichts trotz aller sitzend beschworener Erwartung. Schutz war es für mich, ich begriff es später erst, denn die Sicht ins Jenseits ist weiß Gott nicht ohne Gefahren.

Das Diesseits und sein heller Tag schenkte mir stattdessen ein Erlebnis, das mir zu einer aufregenden, begeisternden Offenbarung wurde.

Der Tag war es, an dem sich die Sonne in den herrlichsten Strahlenkranz brach. Der Tag war es, an dem ein mächtiges Gewitter hernieder gegangen war. Es grollte noch in der Ferne, aber mich hatte es sofort in den Wald, zu den Bäumen gezogen. Da stand ich nun unter den nass-dunklen Stämmen mitten im Buchenwald. Die Erde dampfte noch, und darüber wallten Nebel, schleiernde Nebel zwischen den Bäumen, den Ästen und Zweigen bis hinauf in das Blätterdach. Da auf einmal war überall Licht! Hinter den Wolken war die Sonne hervorgekommen, brach sich in den Kronen der Buchen in die Strahlen, leuchtete wider bis hinab bis zur Erde – in der Nässe, in den Schleiern der funkelnden Wassertropfen.

Überwältigt vom Anblick, riss ich mich dennoch los. Ich hetzte nach Hause, um im nicht fernen Heim die Kamera zu holen. Und die Aufnahmen gelangen tatsächlich; der Lichtzauber nach dem Gewitter hatte lang genug im Walde angedauert. Außer der unauslöschlichen Erinnerung hatte ich noch Fotos, deren Schwarz-Weiß-Kontraste ich dann selber in der Dunkelkammer, in den beiden Flüssigkeitsschüsseln, entwickelte und fixierte. Der Nachweis des Erlebten, Bild für Bild, schwarz auf weiß – mir war er wichtig.

Fünfzehn, sechzehn Jahre alt geworden, brauchte ich Bestätigung, Vergewisserung. Der Dichter als Berufung und Lebensaufgabe erschien mir als das Höchste, als das Erstrebenswerteste in einem Leben. Mit Notizbuch und Bleistift zog ich nun in den Wald, versuchte mich im Reimen von Gedichten, sprach mir Zeilen vor, ehe ich sie in das Büchlein eintrug. Angeregt und zugleich verleitet von Goethes Epos „Hermann und Dorothea“ versuchte ich mich ebenfalls im

Sprachrhythmus dieser Kunstgattung; völlig ungeschult zwar, völlig ungeübt, aber mit eigentümlichem, weg-weisenden Inhalt. Um einen Mann ging es, der, zutiefst enttäuscht von der Welt der Menschen in die Einsamkeit des Waldes flieht, dort aber in der Abgeschiedenheit zu der Einsicht gelangt, dass Weltflucht keine Lösung ist und deshalb zu den Menschen zurückkehrt.

Goethe, den Unvergleichlichen, als Vorbild – plagten mich alsbald tiefe Zweifel. Sie trieben mich zu albern-aberwitzigen Vergleichen mit dem sechzehnjährigen Johann Wolfgang. So vergewisserte ich mich, was dieser bis zu diesem Alter geschrieben hatte und was ich bisher. Das erste Gedicht, von dem ich meinte, es sei mir gelungen, schickte ich sogleich mit größter Erwartung auf Widerhall an ein Dutzend Tageszeitungen. Widerhall hatte ich schon nach wenigen Tagen; Schlag auf Schlag erfolgten die Rücksendungen, einige durchaus wohlwollend in ihrer Ablehnung, auf eine mögliche Zukunft vertröstend, andere aber herablassend, ja in ätzender Kritik geradezu empört wegen der Zumutung.

Am schwersten traf mich das Urteil eines Dichters. Walter von Molo war es, der Autor großer Romanbiographien über Friedrich den Großen, über Schiller und Kleist. Ihn hatte ich im Herbst 1956 auf seinem alpenländischen Hof in Murnau besucht und ihm Monate später mein Erstlings-Werk zugeschickt. Onkel Walter antwortete postwendend, nannte sich „saugrob“, beschimpfte sich selbst mit hin gekritzelten Bleistiftzusätzen auf dem Briefbogen. Unmissverständlich aber sagte er, ich sei kein Wunderkind der Dichtung. Meinen frühen, fragwürdigen Ehrgeiz hatte er klar erkannt, tröstend bedeutete er mir, dass es viel wichtiger sei, ein wirklicher Mensch zu werden, und ermutigend setzte er hinzu, vielleicht hätte gerade ich das Zeug dazu.

Meine Liebe, meine Verehrung für die Klassiker, für Goethe, Schiller, aber auch Stifter, war erwacht. Irmtraut Neurath, meine Deutschlehrerin am Gymnasium in Schlüchtern, war mir als hoch gebildete Frau ein hoch verehrtes Vorbild. Freilich ebenso wenig wie der Dichter Molo oder die Feuilletonisten bestätigte sie mein von Ungewissheit überschattetes und übersteigertes Dichtertum. Dabei waren meine Anstrengungen außerordentlich. Schillers Wallenstein-Triologie, in Bad Hersfeld in der Stiftsruine erlebt, trieb mich in den Sommerferien, unentwegt schreibend, zu einem schließlich über 20seitigen Manuskript; von der bereitwilligen Mama mit der Schreibmaschine abgetippt. Mein „Werk“, nach ungezählten Arbeitsstunden meiner Lehrerin überreicht, blieb freilich ohne den erhofften Widerhall.

Meine Überschwänglichkeit verleitete mich auf „Holzwege“. „Das moderne Klassenzimmer“, als Aufsatzthema im Deutschunterricht gestellt, endete bei mir in einer Ode an das Licht, da ich spätestens bei den Raum-Kriterien „Licht und Luft“ das einengende Thema verließ. „Thema verfehlt“, hieß es dann, und ich, der ich mich in meinen innersten Gedanken und Gefühlen so rückhaltlos offenbart hatte, ich war zutiefst beschämt und vergrämt, wenn solche „Seelenergüsse“ mit der Note „befriedigend“ bedacht wurden. Im Bewertungszwang der Schule hatte meine Lehrerin ihre liebe Not und gar keine andere Wahl. Als mütterlich mitfühlende, als künstlerisch gebildete und selber malende Frau war sie mir immer, vielleicht auch in einer gewissen Sorge, zugetan.

Die Dichtung, meine übermäßigen Versuche warfen grundlegende philosophische Fragen auf. Neben der Schule war die Volkshochschule ins Blickfeld meines brennenden Wissensdurstes geraten. Abends nahm ich Vorträge wahr, etwa über Hegel, über den dialektischen und den historischen Materialismus der kommunistischen Weltbewegung. Bei meinem Wissensdrang war es mir völlig unverständlich, dass meine Mitschüler so gut wie nie zu den Vorträgen erschienen. Offensichtlich reichte es ihnen, die Schulbank am Vormittag zu drücken. Ich freilich, geradezu aufgebläht von einem Gemisch von Idealismus und Geltungsdrang, bot dem VHS-Leiter einen Werbe-Vortrag vor der Oberstufe an. So geschah es denn, dass der Untersekundaner die Oberstufler wegen ihres nachlässigen Bildungsdranges ermahnen wollte.

Ich ahnte das Risiko, das ich mit dem Unterfangen einging, spürte schon Tage vorher ein übermächtiges Lampenfieber. Stundenlang bereitete ich mich vor, im Wald wie in einer Schrankkammer unserer Wohnung. Beim Vortrag jedenfalls hatte ich einen ersten, wirklich befriedigenden Erfolg, obwohl ich um 11 Uhr, beim Einzug der Oberstufenklassen in die große Aula, in überwiegend spöttisch abweisende Mienen blickte. Ihre Auflehnung gegen den anmaßenden Untersekundaner machte sich denn auch alsbald in einem schallendem Gelächter Luft, als ich, unkundig des Jazz und seiner englischen Aussprache, mich in einer dämlich-deutschen Ausdrucksweise vergriff. Zu meinem eigenen Erstaunen blieb ich jedoch selbstsicher, sogar schlagfertig im entscheidenden Augenblick. Ich wusste die Peinlichkeit abzufangen.

Erstaunlich war auch eine Erfahrung gewesen. Das schrecklich peinigende Lampenfieber der Tage vorher – es war wie weggeblasen, als ich am Rednerpult in der Aula stand und mein Blick über all die Versammelten schweifen konnte.

Der Umbruch meines Lebens, geradezu schicksalhaft in seinen Folgen, kam mit unserem Umzug im Frühjahr 1958. Das Land, das mir Heimat, ja beinahe zum Paradies geworden war – ich musste es verlassen. Verlassen das Holzhaus, Fischerhaus genannt, das uns fast fünf Jahre Wohnhaus war inmitten eines großen Gartens, verlassen den Weinberg mit den angrenzenden weiten Wäldern, verlassen Steinau an der Straße unten im hessischen Kinzigtal, verlassen das Ulrich-von Hutten-Gymnasium in Schlüchtern.

Unsere Familie zog um – in die Großstadt Köln. Es war ein Wechsel in extreme Gegensätze. Vom Häuschen unter Obstbäumen, am Rande der Wälder mit Sonne, Mond und Sternen darüber, in ein ruß-verdrecktes Reihenhaus, wo Neonlampen standen, nachts mit kaltem Licht leuchteten, wo am Tag, aber auch in der Nacht, Lastwagen mit bedrängendem Getöse vorbei donnerten. Es war der Wechsel aus dem altehrwürdigen, mauer-schirmenden Schulgebäude in Schlüchtern, einem ehemaligem Benediktiner-Kloster, hinein ins kahl-moderne, neonbeleuchtete Büro, wo sich meine schönheits-sehnsüchtigen Augen stundenlang auf Formulare und Zahlen zu richten hatten.

Unser zweiter Umzug in den fünfziger Jahren brachte für mich erst einmal das schulische Aus. Die Veränderung erzwang die frühere Berufsausbildung. Im Sommer des Jahres 1953 waren meine Mutter, mein Bruder und ich aus Eisenach in der DDR in die Bundesrepublik gekommen – endlich, wie es schien, zum Vater, der nach dem Zusammenbruch in den westlichen Besatzungszonen geblieben war. Wir, die vaterlose Familie, hatten zwar schon lange vorher vergebens die Familienzusammenführung bei den DDR-Behörden beantragt; erst aber nach dem Aufstand des 17. Juni gab es Interzonenpässe für einen Besuch beim Vater. Wir aber kehrten nicht mehr in die DDR zurück.

Für mich, den bereits Zwölfjährigen, war der Wechsel auf die höhere Schule nur über das so genannte Aufbaugymnasium möglich. Es begann mit der Quarta, also der siebten Klasse, und sollte vor allem der Landjugend den etwas späteren Schulwechsel ermöglichen. Im Frühjahr 1958 dann hatte ich in Schlüchtern die Mittlere Reife erreicht. Der erneute Schulwechsel nach Köln jedoch, also von der

Kulturhoheit Hessens zu der von Nordrhein-Westfalen, erwies sich als überaus schwierig.

Gedrängt von der Unvereinbarkeit der Schulsysteme, aber auch vom familiären Schiefstand, entschloss ich mich schließlich, aus Not und Zwang eine Tugend zu machen und vorzeitig in die Berufsausbildung zu gehen. Mit Nachhilfeunterricht wäre sicherlich auch in Köln das Abitur erreichbar gewesen; außerdem hätte ich, zurückgekehrt nach Schlüchtern, als Heimbewohner das Zeugnis der Reife erlangen können, aber zu Beidem fehlte das Geld.

Mein Vater, J.F.G. Grosser, war zwar Sonderbeauftragter der Deutschen Lufthansa, war zwar Aufsehen erregend in großer Firmenmission in aller Welt unterwegs; aber er, auf Unabhängigkeit bedacht, hatte mit dem Vorstand der seit 1956 wieder fliegenden deutschen Gesellschaft ein freieres Vertrags-Verhältnis ausgemacht mit entsprechend geringerem Salär. Mein Vater bewahrte sich Zeit und Kraft für schriftstellerische, für politische Bestrebungen, zudem führte er ein kostspieliges Eigenleben.

Vater war für mich eher der bestaunte, der bewunderte Onkel, der ab und zu aus der Ferne zu uns zu Besuch kam. Im Gegensatz zu all den verwaisten Kindern des schrecklichen Krieges fiel mein Vater nicht im Feld. Für mich war er der große Abwesende. 1941, mitten im Krieg in Berlin geboren, wurde ich 1943 mit meiner Mutter wegen der Bombenangriffe auf Deutschlands Städte ins Erzgebirge nach Sayda evakuiert, wo noch im selben Jahr mein jüngerer Bruder Germar geboren wurde.

Die Ferne des Vaters, eine Art Vakuum an Vater – welche Auswirkungen hat sie auf die Entwicklung eines Sohnes? Welche Wirkung hatte sie auf mich? Überdeutlich entsinne ich mich, dass mich erstmals in Eisenach eine tief beschattende Schwermut überfiel; es geschah an einem Abend, als Mama und der wieder einmal zu Besuch weilende Vater in die Oper gegangen waren.

Damals, im Jahre 1948, wohnten wir in einer Villa auf der Marienhöhe, oberhalb der Bachstadt mit dem Blick auf die Legenden umwobene Wartburg. Der Zusammenbruch und Machtwechsel hatte 1945 auch das herrschaftliche Haus mit dem beinahe parkartig zur Stadt hin abfallenden Garten verwaist und in der Nachkriegszeit etwas verkommen und verwildern lassen. Wir, die Zugezogenen aus den kalt-windigen Höhen des Erzgebirges, konnten jedenfalls die großen, fast schon saalartigen Räume nicht mit unseren wenigen

Habseligkeiten ausfüllen. Geradezu winzig wirkten unsere Betten auf dem Parkett des stuck-verzierten, hochwandigen Raumes. Die Küche war mit einem riesigen Herd und einer mechanischen Rufanlage einstiger Herrschaften ausgestattet. Öde und kalt blieb auch nach unserem Einzug der gekachelte, hoch verglaste Wintergarten; und das in Nussbaumholz getäfelte Herrenzimmer löste, völlig leer geblieben, geradezu ein Frösteln aus.

Die Zeit des Herbstes war es, in der die Nacht früher einfällt in den Tag, da geschah es. Ich saß allein im spärlich möblierten Wohnzimmer, nur durch eine doppelte Schiebetür vom leer öden Herrenzimmer getrennt. Ein Rest von Tee war noch in Mamas Tasse. Überstürzt war sie mit Vater aufgebrochen. Sie hatten sich verspätet und mussten ja zu Fuß hinunter in die Stadt zur Oper gehen.

Allein, verlassen saß ich da in dem spärlich beleuchteten Raum. Die Kühle eines Luftzuges, die Kälte des Daseins schien von nebenan, aus dem Herrenzimmer, herüberzukommen. Ich nahm es deutlich wahr, ohne dass sich damals für mich ein Gedanke damit verband, etwa der: Was mochte vor Jahren, bei Kriegsende in dem Herrenzimmer geschehen sein? Wer hatte überhaupt in dem Herrenhaus gelebt und war vielleicht bei Kriegsende von den neuen Machthabern abgeführt worden?

Die Kühle und Kälte, nur sie nahm ich damals wahr; sie beschlichen mich geradezu mit unheimlicher Macht in ihrer Finsternis. Es war mir, als ob mein Dasein in dieser Stunde tiefer und tiefer in eine übermächtige Beschattung fiel.

Ein anderes Mal – Jahre waren vergangen – da sah ich meine Mutter weinen. Eisenach hatten wir vor nicht allzu langer Zeit verlassen, waren in Steinau, waren auf der Höhe des Weinberges in ein möbliertes Holzhaus eingezogen, inmitten des obstreichen Gartens. Germar, mein zweieinhalb Jahre jüngerer Bruder, hatte sich an der Eisenacher Villa unten am Fuße der aufragenden Steinmauer eine eigene Bleibe gezimmert. Als er nun in das gemütliche, bretter-getäfelte Holzhaus eintrat, sagte er nur anerkennend: „Wie in meiner Bude…“

Der häuslichen Enge begann ich damals in die Weite des Waldes zu entfliehen, denn das dunkel angestrichene „Fischerhaus“, wie es hieß, beherbergte nicht nur uns, die Mutter mit den beiden halbwüchsigen Söhnen, sondern auch den Schmerz der verlassenen Ehefrau.

Meine Mutter weinte. Eines Tages bekam ich es mit. Ich war wohl überraschend und geräuschlos in die Küche getreten. Die Tür zum benachbarten Schlafzimmer stand halboffen; meine Mutter saß auf dem Bett, leicht geneigt zum rechten, abstützenden Arm. Sie vergoss Tränen des Herzeleids.

Erst 1954, neun Jahre nach Kriegsende, wurde ihr offensichtlich in der ganzen Tragweite klar, dass sie den Mann ihres Lebens, den Vater ihrer beiden Söhne, verloren hatte, obwohl er weiterhin alle vier bis acht Wochen für einige Tage in der Familie anwesend war. Die Katastrophe des Zusammenbruchs, die Trennung im geteilten, von den Alliierten besetzten Reich, die Zwänge und Verlockungen der Nachkriegszeit hatten den gleichermaßen idealistisch wie realistisch veranlagten Vater verändert. Seit 1945 gab es neben uns eine weitere Familie in seinem Leben. Es war eine Kriegswitwe mit zwei kleinen Kindern, die noch in den letzten Tagen des Krieges ihren Mann verloren hatte. Mit ihr baute Vater in Frankfurt am Main einen Verlag und einen buchhändlerischen Großhandel auf, mit ihr war er nicht nur eine geschäftliche Beziehung eingegangen.

Das Leid der Mutter fiel in meine Seele. Ich litt nicht, ich weinte nicht, als ich sie nebenan im Schlafzimmer in ihrem übermächtigen Leid wahrnahm. Die bittere, endgültige Wahrheit, die meine Mutter danieder warf, ich vermochte sie noch nicht zu ermessen. Bewahrt in einem Selbstschutz litt ich nicht mit ihr; aber, unerfasst, unermessen von mir, fiel der Mutter Leid in die Tiefe meiner Seele.

Zugleich war es, ich sollte es bald erleben, eine Beschattung der Liebe für mich; der Liebe zwischen Mann und Frau. Wie so oft unter jungen Leuten ereignete sich meine erste, große Liebe in der familiären Verwandtschaft. Meine 13jährige, knapp zwei Jahre jüngere Cousine war es, die uns im Sommer 1956 zusammen mit ihren Eltern in Steinau besuchte. Die Familie lebte zwar in der DDR, in Rabenstein bei Karl-Marx-Stadt, aber Vater Rudolf, Mutters Halbbruder, war Direktor einer Textilfabrik und hatte zwecks Verhandlungen mit westlichen Vertragspartnern die seltene Reisegenehmigung, sogar zusammen mit seiner Familie bekommen.

Im Garten, im mitgebrachten Zelt, hatten Brigittes Eltern übernachtet. So traf es sich am Morgen, dass Mama wegen Vorbereitungen früher aufgestanden war und nur ich und meine schöne Cousine im drei-bettigen Schlafzimmer lagen. Im ersten Bett war sie, und ich im äußeren des Doppelbettes.

Brigitte schlummerte noch. Aber auf einmal hatte sie ihr liebliches Köpfchen mir zugewandt, und ihr golden blondes Haar war ihr bei der Drehung in die Stirn gefallen. Die Schlafende hatte mir ihr feines, ebenmäßiges Antlitz tatsächlich zugewandt; mir, der ich hellwach war und schon verstohlen, Stück für Stück, aus meinem Bett gerutscht war, mehr ins verlassene Nachbarbett hinein, um ihr näher und näher zu kommen – ihr, der Freude meiner Augen und des schon so verheißungsvoll begonnenen Vortages.

Bei Kaffee und Kuchen hatten wir gestern nach ihrer Ankunft draußen auf der Terrasse gesessen – am rustikalen Holztisch mit den astknorrigen, schwer beweglichen Stühlen. Brigitte hatte mir schräg gegenüber gesessen. Irgendwann während der Kaffeetafel, zufällig wie es schien, hatten sich unter dem Tisch unsere Beine berührt. In ersten Moment waren wir leicht zurückgeschreckt. Aber alsbald suchten wir einander erneut; dabei wagten wir es nicht, uns anzuschauen.

Verzögert zwar, auch von der Vorsicht, von der Achtsamkeit auf die Erwachsenen fanden wir uns immer wieder unter der Tischplatte im tastenden Druck, im behutsamen Widerdruck unserer Füße, unserer Beine. Welche Bestätigung, welch ein Empfinden auf einmal! Beglückende Erwiderung dann über die Augen. Wir schauten uns auf einmal an, und das Gefühl war so schön, so leicht und so licht.

Erwacht war Brigitte, sie hatte die Augen geöffnet, ihren Kopf leicht erhoben und blickte mich an. Sie lächelte. Lächelte sie in der Erinnerung an den gestrigen Tag? Ihren leuchtenden Blick erwidernd, rückte ich noch näher, da streckte auch sie mir ihre Hand entgegen und unsere Fingerspitzen, unsere spürenden Fingerspitzen – über dem Gang zwischen den Betten – da berührten sie sich.

Hand in Hand gingen wir an diesem Tag, stundenlang auf einer langen Wanderung in meinen weiten, geliebten Wäldern. Bei solchem erfüllenden Miteinander wagte ich nicht mehr – nicht den Kuss auf ihren fein geschnittenen Mund. Alles war so sonnenhaft, so leuchtend, so schön – und der Missklang danach, die ermahnend strenge Miene von Brigittes Vater, war alsbald wieder vergessen.

Unausweichlich aber war der Abschied. Ich schrieb Brigitte sogleich nach ihrer Abreise einen längeren Brief, in dem ich all meine, all unsere Empfindungen bestätigte, aber ich sprach auch von Schicksal und Einsicht, wollte ihr helfen, uns trösten bei dem Unabänderlichen. Auf diesen Brief antwortete Brigitte nicht. Woche für Woche wartete ich auf ihren Brief; aber ich fasste nicht nach, fragte nicht an, ob sie meinen Brief überhaupt erhalten hatte. Stattdessen tauschten wir, als sei nichts zwischen uns gewesen, Briefmarken aus; bunte, kleine Postwertzeichen unserer durch Stacheldraht geteilten deutschen Staaten. Den Austausch, bereits vor dem Besuch begonnen, setzten wir mit harmlosen Begleittexten fort.

Ohne Aussprache, nur in unseren Herzen – Brigitte hat es mir Jahrzehnte später bestätigt – lebte die Erinnerung fort, erneuerte sich schwelgerisch immer wieder bei mir, indem ich immer wieder dieselben Waldwege entlang ging, auf denen ich mit ihr gegangen war.

Die Liebes-Schwärmerei – im Frühjahr 1957 brach sie in sich zusammen. Die Konfirmation von Brigitte führte Mama und mich nach Rabenstein zu einem mehrtägigen Besuch. Heimlich schlossen sich zwar unsere Hände, unsere Finger ineinander; hinten auf dem Rücksitz geschah es, bei einer Ausflugsfahrt im alten, knatternden Auto vom Typ DKW; und die Kurven nutzten wir genießerisch aus, denn für Momente führte der Fahrtenschwung Wange an Wange.

Im Rückspiegel des Wagens jedoch waren wir von Brigittes Vater beobachtet worden. Er hatte ein überwaches Auge auf seine einzige, umhütete Tochter. Eine Störung, anfänglich kaum wahrnehmbar, war zwischen uns getreten. War der Vater deutlich geworden? Hatte er seine Tochter gar ins Gebet genommen? Jenes helle, reine Licht unserer Zuneigung – es verblich. Abstand, zufällig erscheinend, harmlos noch, stand zwischen ihr und mir, wurde dann betonter, wie beabsichtigt, immer unerklärlicher, immer schmerzlicher für mich.

Als Fotos von der reich geschmückten, mittäglichen Festtafel gemacht wurden, da war ich zwar noch unbefangen genug, einfach nach vorne zu gehen. Ich war an der Seite meiner Brigitte, die neben ihrem Vater saß, nieder gekniet. Aber während der langen, von Kunstpausen betont unterbrochenen Ansprache ihres vornehm-gestrengen Vaters, während des üppigen Festmahles saß ich fern von ihr, neben einer Großmutter der Familie.

Einer unwägbaren Schmerzlichkeit ausweichend, steigerte ich mich immer mehr in eine geradezu leidenschaftlich werdende Rede. Mit einem Wortschwall ohnegleichen überfiel ich meine geduldig zuhörende Nachbarin. Ich sprach über die Notwendigkeit, über die Gewissheit der Wiedervereinigung Deutschlands. Sprach ich so feurig, weil dann Hoffnung war auch für unsere Liebe? Eine Ehe wäre ja möglich gewesen zwischen uns, Brigittes Vater war ja nur der Halbbruder meiner Mutter.

Ich war in Not, in untröstlicher Not! Die Liebesgesten – sie wurden von Brigitte nicht mehr erwidert. Die unbegreifliche, für mich unerklärliche Veränderung ihres Verhaltens wollte ich ansprechen, im Hausflur bei den Großeltern. Auch ich war hinausgegangen, weil Brigitte vorher die familiäre Kaffeetafel verlassen hatte. Als ich aber endlich wieder einmal allein mit ihr war, für Momente nur im kahlen, dunklen Flur, da wagte ich es nicht. Stumm ging ich an ihr vorbei – ein Schatten, ein geradezu lähmender Schatten war über meine erste große Liebe gefallen.

Die lustige, die mitunter frech-kecke Unbefangenheit von früher – in Eisenach, da hatte ich sie noch im Umgang mit Frauen. Zur Untermiete wohnte da eine Flüchtlingsfrau mit ihrer Tochter. Sie, die um einige Jahre Ältere, mochte ich sehr, wir schäkerten miteinander und gelegentlich zwickte ich auch mal in ihren behosten, aber prallen Po.

Wieder einmal, wie an jenem Abend in Eisenach, fühlte ich mich unsagbar allein. Diesmal jedoch war es nicht eine namenlose Schwermut ohne erkennbare Ursache. Brigitte war der Grund, ihre, wie es schien, unerwiderte Liebe. Die Schatten, die Düsternis einer Lebenstragik – zum ersten Mal nahm ich sie wahr, schmerzlich bewusst wahr; im Gegensatz zu der Erfahrung mit der Mutter vor Jahren, als sie weinend um den verlorenen Ehemann im Schlafzimmer saß. Die Pubertät, das männliche Erwachen in der Welt, weckte mir ein tiefes, schwer brütendes Empfinden.

Ich saß in der winzigen, nicht abgeschlossenen Wohnung der Großeltern. Der Flur, die Stätte meiner Ohnmacht, trennte die Küche von dem Wohnzimmer, in dem ich saß. Mama war mit den Großeltern zum Einkauf unterwegs. Ich hatte Stunden für mich allein und suchte nach meinem rhetorischen Ausbruch in die große Politik Trost und Halt in einer dichterischen Unternehmung. Vor mir lag ein Schreibbuch, daneben eine Ausgabe von Schopenhauers Aphorismen.

Der skeptische Blick von Brigittes Vater – sein Blick bohrte noch immer in mir. So entwürdigend – jedenfalls so empfand ich es – hatte er mich angesehen, als er mir schließlich doch, eher widerwillig den Band aus seinem Bücherschrank entlieh. Ich hatte, für zu jung befunden, beinahe trotzig in Schopenhauers welt-pessimistischen Texten gelesen, hatte mich schließlich in eigenen Ergüssen versucht, war in den Versuchen dichterischer Selbstbestätigung aber kläglich stecken geblieben.

Im Wohnzimmer, am Tisch sitzend, konnte ich den Stuhl kaum bewegen. So eng, so voll gestellt war der kleine Raum mit Möbeln, gerettet einst im Krieg nach Bombennächten. Das Schlafzimmer nebenan, ebenso klein, ebenso eng und kaum zugänglich das breite Doppelbett. Bedrückend einschränkende Räumlichkeit – eine Atmosphäre empfand ich von Bedrängung und Verweigerung.

Brigittes Vater – er musste doch etwas gesagt haben. Sicherlich hatte er verwehrend eingegriffen. Seine Beweggründe – erst viele Jahre später wurden sie mir bewusst. Im Krieg, früh schon Soldat, hatte er seine Frau auf dem Parkett bei erregend gekonnten Tänzen kennen gelernt; und in der Ungewissheit der Zeit wurden sie schnell ein Hochzeitspaar. Unterschiede zwischen den beiden, Anzeichen einer Unvereinbarkeit, wurden erst Jahre nach der Geburt von Brigitte, der einzigen Tochter, offenbar.

Mit Philosophie, mit Theater- und Museumsbesuchen, mit Vorträgen, mit Büchern darüber, die Rudolf, der Mann, in seiner Freizeit schätzte, wusste die lebenstüchtige Mutter von Brigitte nicht allzu viel anzufangen. Den vierspännigen Pferdewagen aber, den wusste sie wohl auf der Straße, übers Land zu führen!

Befremdung und Abstand kam zwischen den Eheleuten auf. Sie lebten mehr nebeneinander als miteinander. Hatte Vater Rudolf befürchtet, dass frühe, jugendliche Reize der Liebe bei Brigitte und mir ebenso wie damals bei ihnen zu einer zu frühen Bindung führen könnten? Hatte er deshalb den moralischen Zeigefinger erhoben? Dachte er als Realist an das geteilte Deutschland? Oder war es schlicht die Eifersucht des stolzen Vaters?

Nach diesem Schock war alle Unbefangenheit im Umgang mit dem weiblichen Wesen dahin. Die Selbstverständlichkeit von einst war verloren, zumal in den überstark werdenden, häufigen Erregungszuständen der Pubertät. Das weibliche Wesen entrückte mir geradezu, ohne dass mir das wirklich bewusst wurde, in Höhen der Göttlichkeit. Meine Seele schaute in Anbetung empor zur hohen Frau, zur mädchen-schönen Göttin und erfuhr zugleich in Scham, ja mit Schuldgefühlen das pralle Verlangen des männlich gewordenen Körpers.

Eine geheime, tiefe Anziehungskraft begann die Nacktheit des weiblichen Körpers auszuüben. Das Geschlechtliche war ein Tabu, man merkte es am Verhalten, an der Verschwiegenheit der Erwachsenen. Als Sechs-, als Siebenjährige war in Eisenach, zumindest unter uns Kindern, noch völlige Unbefangenheit. Unter uns Jungen war eines Tages ein Mädchen dabei, als wir uns einmal splitternackt in einem Holzhaus im Garten unserer Villa auszogen. Wissend um die Erwachsenen waren wir mit Achtsamkeit, mit spähenden Blicken darauf bedacht, dass die Erwachsenen unser Treiben nicht bemerkten. Mit dem Mädchen gab's sogar noch eine Verabredung. Allein trafen wir beide uns im verborgenen Winkel ihrer elterlichen Villa. Ohne eine Absprache, in aller Selbstverständlichkeit entblößten wir einander den intimsten Bereich, um ihn gegenseitig mit Neugierde, aber feiner Behutsamkeit mit langen Gräsern zu berühren. Geheimnis Vagina und Geheimnis Phallus! Ein unschuldiges Doktorspiel nur, aber schon in einer Lebensahnung.

Im Jahr darauf schon blieben wir Jungen, längst nicht mehr so unbefangen, unter uns, wenn es unauffällig zu erforschen galt, wie es gehen, wie es vorgehen könnte bei der Liebe zwischen Mann und Frau.

Nach dem Liebesleid mit Brigitte, irgendwann im Sommer des Jahres 1957, machte ich in der Aktentasche meines Vaters eine aufregende Entdeckung. Bei einem Besuch in Frankfurt am Main, bei der zweiten Familie meines Vaters, stieß ich von Neugier nach dem Vater getrieben, im äußersten Winkel seiner Aktentasche auf eine gläserne Plastikschachtel, in der ein Dutzend Fotos waren von jungen, nackten Mädchen. Die Nacktheit der voll entwickelten Frau, für mich war sie damals, wenn überhaupt, nur über Kunstbücher zugänglich; hier jedoch, bei der ersten atemberaubenden Durchsicht, hatte ich wirkliche, sozusagen authentische Abbildungen vor Augen. Zu kostbar, zu selten waren sie mir; alle Bedenken schob ich beiseite, ich entwendete die Fotos. Ich vergrub sie im Wald, unter jungen Fichten, an einer Wurzel, um sie, im Unterholz dahin kriechend, gelegentlich wieder auszugraben und sie mir Bild für Bild mit Andacht anzuschauen.

Den Busen, der sich spitz unter Utes Bluse abzeichnete, konnte ich mir nun schon eher in seiner Fülle und Herrlichkeit vorstellen. Weiter jedoch wagte ich nicht vorzudringen – in meiner erotischen Phantasie. Den schwärmerischen, in der Verdrängung des Sexuellen erblühenden Empfindungen, die sich in wunderlichen Wortgebilden in meinem kleinen, roten Notizbuch niederschlugen – solchem pubertären Drangsal gab Ute die Ausrichtung, die heimliche, heiß ersehnte Gestalt. Ute war wie ich Schülerin am Ulrich-von-Hutten-Gymnasium; sie war freilich zwei Jahre älter als ich und damit in der Oberstufe. Mir, dem

Untersekundaner, kam sie, die schon Ausgereifte, wie eine Vollendete vor.

Ute fuhr ebenfalls wie ich mit der Bahn von Schlüchtern nach Bad Soden-Salmünster, eine Station weiter entfernt als mein Zielbahnhof Steinau. Des Öfteren fuhr ich nach Schulende erst später mit dem Zug, dann wartete ich auf sie in der Nähe des Bahnhofs oder irgendwo am Wald, der unterhalb des Bahnhofes lag. Bis zum Halse schlug mir das Herz, wenn sie nahte, aber ich blieb auf Abstand, wagte sie nicht anzusprechen, war bemüht, zufällig, ebenso wie sie, auf der Heimfahrt zu sein.

Nahe, zu nahe kam ich Ute nur im Wald, auf meinen Wanderungen, wenn ich Liebesgedichte an sie schrieb. Eines davon warf ich eines Tages – die Dunkelheit war schon herein gebrochen – in den Briefkasten ihres villenartigen, freistehenden Hauses. Wieder wartete ich Tag für Tag auf die Antwort. Nie sprach sie mich an, wenn wir uns sahen, auf dem Schulhof oder auf dem etwa zwanzigminütigen Fußweg von der Schule hinauf in die Höhenlage des stadtauswärts liegenden Bahnhofs.

Nur ein einziges Mal geschah es, es war am Tag meines Werbevortrages für die Volkshochschule i vor der Oberstufe. Auf dem Nachhauseweg war ich zufällig gemeinsam mit ihr in ein Grüppchen geraten, gemeinsam saßen wir tatsächlich immer noch im Zugabteil, Ute mir schräg gegenüber. Da schaute sie mich einmal wirklich und länger an und sagte: „In Deutsch hast Du sicherlich eine Eins."

Sie irrte. Als ich mit der Mittleren Reife die Schule 1958 verließ, hatte ich mit Mühe eine zwei erreicht, mit dem einschränkenden Hinweis, im Schriftlichen läge die Note bei Befriedigend. Die Gegensätze in mir waren unvereinbar; der hohe, auf die Klassik von Goethe und Schiller ausgerichtete Anspruch war absurd, aber eben doch schicksalhaft in meinem Alter. Die Aufsatzhefte in Deutsch hatten einen grün gekennzeichneten Rand. Ich entsinne mich wie rot die Innenseiten mitunter waren, rot von den Korrekturen meiner geliebten Deutschlehrerin. Nur an einen einzigen Satz – er war von ihr mit doppelter Wellenlinie unterstrichen – kann ich mich noch genau erinnern. „Sein Suchen ist Gott", so hatte ich geschrieben. Vielleicht hätte ich mich ihr verständlicher gemacht, sie nachsichtiger gestimmt mit den Worten: „In seinem Suchen wirkt Gott."

Daseinsprobleme waren, aus welchen Gründen auch immer, viel zu früh, in unlösbarer Tragweite in mir aufgebrochen; der Gegensatz etwa von Ideal und Wirklichkeit, von Macht und Gerechtigkeit, von Geist und Liebe – die innerlich erahnten, erspürten Widersprüche des menschlichen Daseins waren lastend schwer – deshalb floh ich schwärmerisch in die Wälder, in die freie, die herrliche Natur.

Solche Ausflucht aber war schwieriger geworden seit dem April 1958, seit dem Umzug nach Köln. Der Vorstand der Deutschen Lufthansa hatte wohl seinem Sonderbeauftragten bedeutet, mit der Familie nach Köln, in die Stadt der Zentrale, zu ziehen. Mein Vater jedoch, der auf Unabhängigkeit bedachte und deshalb im Halbtagsverhältnis stehende Weltenbummler, hatte in Köln eine Wohnung ausgewählt, die wir Drei, meine Mutter, mein Bruder und ich, als nicht standesgemäß empfanden. Ich selbst schämte mich geradezu wegen der Parterre-Wohnung in der Vitalisstraße 386, vermied es, Freunde dorthin einzuladen. Auf unserer Seite bestand die Straße aus einer Häuserzeile von kleinen, einstöckigen Bauten, in Abständen unterbrochen von Zufahrten. Das Schlimmste an der Gegend waren die Lastwagen, die auch noch zu später Stunde lärmend vorbei donnerten.

Armut – erstmals empfand ich Armut in Köln. Der Geldmangel verwehrte uns eine Heimstatt im schöneren Ortsteil von Müngersdorf, mir die Nachhilfestunden zur Überwindung der unterschiedlichen Schulsysteme von Hessen und Nordrhein-Westfalen. Auch die verlockende Alternative, die Rückkehr nach Schlüchtern und von meiner Deutschlehrerin, Irmtraut Neurath erhofft, blieb verwehrt, wurde mit Papa überhaupt nicht besprochen. All die Aspekte unserer Familienproblematik waren Tabu. Vater, meistens abwesend, schrieb weiterhin Ansichtskarten aus aller Welt. Dennoch war er es, der mir den Ausweg, eine Zukunft eröffnete.

Statt Abitur und Studium sollte ich beim Verlag eine geradezu verlegerische Ausbildung erhalten; erst eine kaufmännische Lehre, dann ein halbes Ausbildungsjahr in in der Technik, in Setzerei und Druckerei und abschließend ein zweijähriges Volontariat in der Redaktion.

Ein Ausbildungsgang war das, den es eigentlich gar nicht gab, allenfalls für den Jungerben eines etablierten Verlagshauses. Aber was nicht ist, kann ja noch werden; das tolle, von väterlicher Verweigerung ablenkende Konzept entsprach ganz und gar seiner Selbstherrlichkeit, aber auch seinem tatsächlichen Werdegang.

Mein Vater hatte seinen gesellschaftlichen Aufstieg ohne Papiere, ohne besondere Abschlüsse geschafft. Arm war er bei der vom Mann verlassenen Mutter in Sachsen aufgewachsen. Es gab Zeiten, da wohnten die beiden in einer ehemaligen Mehlkammer. Mit Volksschulabschluss war er nach Bürolehre Journalist geworden, später Buchautor über den Frankreichfeldzug und dadurch Offizier. Nach dem Krieg betätigte er sich als Buchhändler und Verleger.

Im kühnen, selbstsicheren Übergang, eine sich bietende Gelegenheit nutzend, war er deutscher Pressechef der Skandinavischen Luftfahrtgesellschaft SAS geworden und schließlich wegen seiner Pressewirbel abgeworben, Sonderbeauftragter der nach dem Krieg wieder gegründeten Deutschen Lufthansa.

Auf einer Reise in Südamerika – mein Vater betreute im Auftrage des Vorstandes eine deutsche Wirtschaftsdelegation – hatte er den ambitionierten Jungverleger Alfred Neven DuMont kennen gelernt. Ihm schrieb mein Vater, ihn bat er um Einstellung seines Sohnes, den anspruchsvollen Ausbildungsplan bereits andeutend. Zwar wurden mein Vater und ich nicht persönlich vom Verleger empfangen, dafür aber vom Verlagsdirektor des altehrwürdigen, liberalen Kölner Verlagshauses, und unversehens war ich, unabhängig von den sonst üblichen Einstellungsterminen, kaufmännischer Lehrling, und das für drei Jahre.

Da saß ich nun – es war zur Winterzeit – frühmorgens bei grellhellem Neonlicht über den Anzeigenteil des *Kölner Stadt-Anzeiger* gebeugt; das Manuskript der Kleinanzeige in der Hand war ich auf der Suche nach dem winzigen gedruckten Gegenstück, und dieser mühevolle Vorgang wiederholte sich endlos, Stunde für Stunde.

Kopfschmerzen, zeitweise schlimmster Art, peinigten mich. Wie im Gefängnis, als Strafgefangener kam ich mir vor. Beklemmendes Schweigen umschloss mich, nahm mir die Luft, den freien Atem. Die beiden Frauen der Anzeigenabteilung, denen der Lehrling Grosser nach Ausbildungsplan zugeordnet war, waren in ihre Arbeit vertieft – vielleicht auch betroffen über den Jüngling, der ihre bisherigen, vertraulichen Gespräche auf einmal verhinderte.

Die Unerträglichkeit der bleiernen Stunden suchte ich zu durchbrechen, indem ich unvermittelt anzeigenfremde, etwa politische Themen ansprach, ich Abwechslung und Befreiung in Rede, in Ansätzen eines Gespräches suchte. Meine rhetorischen Ausfälle jedoch waren – auf welchem Wege auch immer – dem Leiter der Anzeigenverwaltung zu Ohren gekommen.

Er zitierte mich eines Tages zu sich, ermahnte mich beinahe grob in seiner schlicht-redlichen Art, wir seien doch hier in der

Anzeigenverwaltung und nicht im deutschen Bundestag. Ich, so ertappt und wie ein kleiner Junge gemaßregelt, glaubte mich rechtfertigen zu müssen, wagte zu widersprechen mit dem Hinweis auf den politisch profilierten Staatsbürger.

Ich entsinne mich deutlich, dass mir die letzten Worte im Halse stecken blieben, weil der körpergewichtige Herr Mertens die Fassung verlor, und, das Bürochaos vor Augen, im kölschen Dialekt lospolterte: *„Dat künne mer doch nit maache...“* Um dann Hochdeutsch hinzuzufügen: „Wo kämen wir denn hin, wenn jeder nur täte, was er wollte.“

Das Pressehaus lag in Kölns historischer Mitte an der Breite Straße. Es war ein hoher, großer, verschachtelter Gebäudekomplex. Dort gab es auch Zimmer, deren Fenster nur den Ausblick auf dunkle Innenhofmauern zuließen. Vor allem da hatte ich jene bitteren, schweren Zustände, Insasse in einem Gefängnis zu sein. Fern, schier unerreichbar fern erschien mir der vierte Stock, wo die hoch angesehenen Redakteure in hellen, lichtdurchfluteten Räumen mit Perspektiven auf den Horizont und das Stadtpanorama thronten.

Freilich, nicht nur die kaufmännischen Abteilungen, die Großstadt überhaupt mit ihrer von Uhr und Geschäftigkeit, von Neonlicht und Autoverkehr bestimmten Wirklichkeit ödete mich an, schien mir des Daseins nicht wert zu sein. Ich sank zeitweise ab in Dauerzustände von Traurigkeit, von einer Lähmung, einer Erstarrung gar der Gefühle oder befremdete, wenn sie sich regten, gar eruptiv ausbrachen, durch Seltsamkeit des Verhaltens.

Meine schwärmerische Verehrung von Mädchen setzte sich fort, hatte mitunter Anzeichen von Anbetung. Ein Mädchen, eine Verkäuferin, hofierte ich in einer Buchhandlung in der Nähe des Doms. Ich tat es offensichtlich so absonderlich, dass sie verschreckt davoneilte, als ich ohne jegliche Absprache eines Abends nach Ladenschluss auf sie zu warten schien. Einer anderen Schönheit, auf dem Hof der Berufsschule immer wieder bewundert, schrieb ich Liebesbriefe, ohne sie ihr freilich jemals zuzustecken. Unbedingt, überstark war meine Liebe nur aus der Ferne. Die Nähe zum Weiblichen, bot sie sich einmal an, etwa bei einem Opernbesuch, löste Zwiespältigkeit und Unsicherheit aus.

Meine Lehrzeit hatte mich auch in die Zweigstelle unserer Zeitung am Hohenzollernring geführt. Jeden Tag erschien dort die hübsche, französisch anmutende Tochter des örtlichen Generalvertreters.

Sie hatte dann meist ein Bündel Anzeigenaufträge unter dem Arm. Stets tauschten wir unsere Blicke, Blicke gegenseitiger Ermutigung. Eines Abends saßen wir nebeneinander in der Oper, sahen und hörten Rossinis „Der Barbier von Sevilla“. Aber zwischen uns ergab sich nichts, und ich wusste, darüber grübelnd, nicht so recht warum. Schämte ich mich wieder mal unserer Wohnung? War es eine dunkle, hintergründige Ahnung von unvereinbaren Welten?

Mehr noch als auf dem waldreichen Weinberg zog ich mich in Köln in mich selbst und in Traumwelten zurück. Die Außenwelt, die mir allein im Verlag fast alle Stunden der Wochentage abverlangte, mied ich, ging lieber in den Abendstunden, manchmal auch des nachts bei Mondhelle im Kölner Stadtwald spazieren, die Augen nach oben in die bleich schimmernde Scheibe gerichtet. An Wochenenden fuhr ich oft mit der Straßenbahn in den rechtsrheinischen Königsforst. Dort, in dem weitläufigen Wald des Bergischen Landes, wanderte ich stundenlang, am liebsten, wenn es bewölkt war. Gern war ich bei Regen unter den Bäumen. Im Cape geschützt war es so beruhigend, so erholsam, wenn die Wasser hernieder kamen.

Aufschwünge der Seele, schwanengleich, gab es durchaus; dann waren die Stunden beseelt, erfüllt von Wesen, göttergleich wie im olymp-hohen Griechenland oder wie bei Hölderlin, in Hyperions Briefen an Diotima.

Im Lichte des Mondes wandelnd, in Gemütszuständen einer Traumverlorenheit, einer Traumentrücktheit, erfuhr ich mich als ebenbürtig solchen Göttern, einmal sah ich mich im Flugzeug irgendwo ankommen, im weißen, wallenden Gewand, mit erhoben segnenden Armen die Treppe hinunter schreiten. Den krassen Kontrast dazu – den gab es auch: das düstere Traumbild eines noch offenen Sarges, in dem ich bleich und erstarrt lag, von Kerzen beleuchtet.

Mein Wissensdrang allerdings holte mich immer wieder in die Realität meines Lehrlingsdaseins zurück. Geradezu in Panik geriet ich beim Anblick von Büchern, von Grundlagenwerken der Philosophie etwa, der Religion, der Wissenschaft. Mir widerfuhr es am Schaufenster der Eckbuchhandlung am Neumarkt, an der ich oft vorbeikam.

Der Berufsweg, ohne Abitur und Studium, das war mir klar, das war mein Schicksal, das ich irgendwie zu meistern hatte. Die

Ausbildung zum Verlagskaufmann führte eigentlich zu allem anderen, nur nicht zum angestrebten Beruf des Journalisten. Auf meinen Vater, auf seine damalige, eher einmalige Beziehung zum Verleger, wollte und konnte ich mich nicht verlassen.

Ein glücklicher Umstand – war es Fügung? – kam mir entgegen. Meine Lehrzeit hatte in der Vertriebsabteilung von *Magnum* begonnen. *Magnum* war eine Monatszeitschrift, die sich in der Gleichgewichtigkeit von Bild und Text als Avantgarde verstand einer modernen Zeit- und Weltsicht. *Magnum* war in den fünfziger Jahren ein „Lieblingskind" des Jungverlegers Alfred Neven DuMont. Das großformatige, hochintellektuelle Fotomagazin hatte er aus Wien nach Köln geholt, als Herausgeber übernommen. Redaktion und Verlagsverwaltung waren gesondert in einem kleineren Kölner Geschäftshaus untergebracht.

Bei *Magnum* also verbrachte ich die ersten Monate meiner Lehre. Der Chefredakteur und seine hochelegante Vertreterin gaben sich zwar unnahbar, aber ihre Redaktionsräume lagen im Stockwerk gleich nebenan, und im präsentierenden Flur, auf den Tischen, lagen überall die *Magnum*-Hefte herum.

Lange dauerte es nicht, da hatte ich aus ausgeschnittenen Fotoseiten vieler Jahrgänge mit selbstverfassten Texten ein eigenes Heft zusammengestellt. „Weltgedanken eines Jugendlichen" nannte ich es, aufgekommen aus der Anregung und Auseinandersetzung mit *Magnum*. In Absprache mit dem Werbeleiter nutzte ich einen ersten Besuch bei meinem Schlüchterner Gymnasium zu einer Werbeaktion für das Magazin. Mit einem Projektor zeigte ich einem großen Kreis von Lehrern und Schülern die zu „Weltbildern" verdichteten Fotos; in der Abfolge, in der Deutung meiner Leitgedanken. Und tatsächlich, ich hatte Erfolg. Ich kehrte mit 17 Abo-Bestellungen von der Reise zurück.

Aus der Erfahrung des gelungenen Probelaufes entwickelte ich ein Konzept für eine Werbeaktion an höheren Schulen, Ich legte das von mir gestaltete *Magnum*-Heft bei und schickte alles klopfenden Herzens an den für neue Ideen so offenen Verleger. Tatsächlich, er dankte alsbald mit einem persönlich gehaltenen Brief und der Mitteilung, dass sich die entsprechenden Verlagsgremien mit meinem Aktionsplan befassen würden.

Der Aktionsplan, der sozusagen von oben, vom Verleger persönlich kam, wurde offensichtlich wie ein rohes Ei hin- und her geschoben, von Gremium zu Gremium, von einem Haushaltsjahr zum nächsten. Von Führungskräften, deren Abteilung ich während meiner Ausbildung durchlief, hörte ich, dass mein Projekt immer noch in der Beratung sei. Der Lehrling Grosser war also in Führungskreisen immer mal wieder im Gespräch.

Der Aktionsplan wurde nie Realität – stattdessen aber genau nach dreieinviertel Jahren mein Aufstieg in die Redaktion. In der Endphase meiner Lehre hatte ich dem Verleger erneut geschrieben, meinen Wunsch bekräftigt, Journalist zu werden. Eine fünfseitige Einleitung zu einer fast hundertseitigen Schrift zur Frage der Wiedervereinigung – ich hatte sie während der Lehrzeit geschrieben – legte ich bei.

Drei Prüfungen hatte ich allerdings vorher, vor der Annahme als Volontär, zu bestehen. Es war wie in einem Märchen. Die erste war die Abschlussprüfung als Verlagskaufmann. Da ich 1958 ein Vierteljahr später als normal meine Lehre begonnen hatte, musste ich wegen Vorzeitigkeit mit der Gesamtnote Zwei bestehen. Wegen der Fächer Rechnen und Buchführung erreichte ich jedoch nur Zwei bis Drei und war erst einmal gescheitert. Auf die Wiederholung bereitete ich mich – ich wusste ja, was auf dem Spiel stand – wie ein Besessener vor. Ich überschätzte den Schwierigkeitsgrad des kaufmännischen Rechnens derartig, dass ich dabei völlig versagte und beim allmählichen Aufdämmern dessen, beim erschreckenden Bewusstwerden dessen, schlimmste Stunden erlebte. Es war an einem Spätsommertag im Jahre 1961. Bei strömendem Regen lief ich stundenlang in meiner Verzweiflung im Stadtwald herum, noch nicht wissend, dass ich trotzdem bestanden hatte.

Die zweite, grundlegende Prüfung war ein Artikel. Zur Auswahl standen ein Bericht über eine Parteiveranstaltung der in diesem Herbst laufenden Bundestagswahl oder eine Reportage über den Kölner Tanzbrunnen, ein zeltartig überdachtes Tanzplateau, Treffpunkt der jungen Leute, gleich rechts des Stromes, im schönen Rheinpark gelegen. Vom Büro des Verlegers war die Prüfung ausgegangen, ich entschied mich für den Tanzbrunnen und musste sie bestanden haben, denn in der zweiten Hälfte des Septembers erhielt ich plötzlich einen Anruf aus der Redaktion. Ich möge doch am selben Tag um 15 Uhr zum Redaktionsleiter, Herrn Rohlinger, kommen.

Da saß ich nun in seinem Zimmer und wurde erst einmal ignoriert. Der Schreibtisch des überbeschäftigt wirkenden Mannes war voller Fernschreiben, und neue kamen ständig dazu, von Boten herein getragen. Obwohl ich zum Termin bestellt war und pünktlich gekommen war, war ich offensichtlich nicht willkommen. Widerstände gab es offensichtlich gegen meine Aufnahme als Volontär. Erst später erfasste ich ihre Motive. Wer über den Verleger kam, galt schnell als Protektionskind höherer Kreise und nicht unbedingt als redaktionstauglich. Ich, der nicht gerade zeitgemäß markant kritisch wirkende Jüngling, war als erneuter „Fall“ in diese Einschätzung geraten.

Redaktionsleiter Rohlinger, ein eher grobschlächtig direkter Typ, gab sich jedoch beinahe fürsorglich, als er sich mir schließlich zuwandte. Kurz und gut, er setzte all seine Beredsamkeit ein, um mir mein Vorhaben auszureden. Ich, der als weich und beeinflussbar eingeschätzte Jüngling, erwies mich jedoch, so bedrängt, als hartnäckig und unbelehrbar. Der Verleger blieb mein wohlwollender Förderer, und so stieg ich, der erst Zwanzigjährige, ohne Abitur und Studium tatsächlich auf.

Am 1. Oktober 1961 stieg ich die Treppen hinauf – der ehemalige Lehrling war Volontär geworden – er stieg hinauf in den vierten Stock der Redaktion.

Ein Strahl des Glückes

Donnerstag, den 29. März 1962

Mit Schwung, in freudiger Eile habe ich mir das Fahrrad gegriffen, habe flugs das Bein über den Sattel gehoben, bin losgefahren. Die Amsel, aufgeschreckt von meiner Hast, ist mit Spektakel aufgeflogen, sitzt nun mit gespreizten Flügeln im noch kahlen Walnussbaum, schüttelt sich in gesicherter Höhe, reckt den schwarz gefiederten Hals empor und aus dem gelben Schnabel ertönt der Ruf.

Ich verharre, erneut beglückt. Der Klang, so bewegend im Ton, so ergreifend im Augenblick. Ist er nicht wie eben bei Beethoven? Da oben erklang es wie in seiner Dritten Sinfonie, die ich soeben gehört habe. Ein Ton – welch ein Ton aus der Kehle der Amsel – ein Tönen wie eine Stimme mehr zur stürmisch-schönen, zur ausgreifenden Melodie am Anfang, im Ersten Satz der Sinfonie.

Aufs Fahrrad gestützt, verharre ich noch im Gärtchen hinter dem Reihenhaus in der Vitalisstraße. Die Amsel ist einen Ast höher geflogen, sie schweigt nun, sie hat ihr Revier lautstark behauptet. Ich öffne das klapprige Gartentor, stoße mich ab auf dem schmalen Sandweg hinter der grauen, einstöckigen Häuserreihe, gelange auf die eigentliche Fahrstraße, radle über den großen Platz zur Aachener Straße, die breit und geradeaus in die Innenstadt von Köln führt. Ich radle zum Pressehaus des *Kölner Stadt-Anzeiger*. Ich radle, wie beflügelt von Liebesgefühlen. Und in der Tat! Es ist ja auch Frühling in diesem Jahr 1962 und für mich, den 21jährigen, ist die Liebe, weiß Gott, an der Zeit...

Der Aufstieg in die Redaktion hat mir die Welt verwandelt. In den ersten Tagen des vorigen Oktobers musste ich mir schon mal ins Bein zwicken zu meiner eigenen Vergewisserung. Zur Arbeit, auf dem Rad, fuhr ich wie die Jahre zuvor. Aber Arbeit war es nun: Im vierten Stock des Pressehauses im Konferenzraum zu sitzen, dabei zu sein bei den Vorträgen der Ressortvertreter zur aktuellen Meldungslage, dabei zu sein bei der Diskussion über Fragen der Zeit, über spannend fesselnde Themen, denen ich mich während der kaufmännischen Lehre nur in der knappen Freizeit widmen konnte. Nun, so erschien es auf einmal, war das alles dienstlich geworden, nun gehörte es zu meiner täglichen Arbeit, etwa Geschichten zu lesen für die Bunten Blätter, die Wochenendbeilage des *Kölner Stadt-Anzeiger*, die Geschichten zu bewerten, eine Illustration dazu mit dem Zeichner zu besprechen, sie auszuwählen für die nächste Veröffentlichung, sie zu redigieren, sie in Satz zu geben, sie, neben dem Metteur in der Technik stehend, nach dem Layout, dem Umbruchspiegel zu einer Zeitungsseite, zu formatieren.

All das durfte ich erstaunlicherweise schon als Volontär an meiner ersten Ausbildungsstätte. Ich durfte es, weil mein Ressortchef ausgiebig mit Nebenverdiensten beschäftigt war – wegen zu vieler Kinder und ihrer Mütter, für die er aufzukommen hatte.

Einige Mal ist es schon geschehen, dass über oder unter meinen ersten eigenen Artikeln mein Name gestanden hat. Hunderttausende mochten sie in Köln und seinem Umfeld gelesen haben. Waren das nicht Vorboten künftiger Erfolge? Wirklich, es war wirklich so, ich war Volontär und hatte alle Aussicht, als Redakteur die Welt zu gewinnen.

Eines Vormittags jedoch – der Redaktionsdienst begann meist erst gegen 11 Uhr – war all das in akuter Gefahr. Zuhause, bei mir im Briefkasten, fand ich Ende November ein Schreiben vom Wehrersatzamt vor. Ich, längst im wehrpflichtigen Alter, war wegen der kaufmännischen Lehre zurück gestellt worden, wurde aber nun nach ihrem erfolgreichen Abschluss zu erneuter Musterung vorgeladen. Das hieß ganz unverblümt, ich sollte nun endlich meinen Wehrdienst antreten. Es folgten Wochen bedrückender Ungewissheit, das so mühsam Errungene, es konnte schlimmstenfalls endgültig verloren gehen.

Die Streitfrage unter Experten war, ob das Redaktionsvolontariat nur eine Weiterbildung darstellte, dann wäre eine weitere Rückstellung unmöglich gewesen, oder eine eigenständige Ausbildung. Wilhelm Crombach, Chef vom Dienst in der Redaktion, setzte sich entschieden und erfolgreich für den in arge Bedrängnis geratenen Volontär ein. Sein von ihm erdachter Kunstgriff war der Ausweg; es wurde ein bei der Industrie- und Handelskammer Köln amtlich registrierter Praktikantenvertrag geschlossen und die weitere Rückstellung war auf einmal genehmigt.

Freie Bahn hatte ich wieder, jedenfalls für weitere zwei Jahre. Mit dem Fahrrad konnte ich weiterhin zum Pressehaus fahren und mit der kastenartigen, mitunter auf den Schienen arg rumpelnden Vorgebirgsbahn in die Schloss-Stadt Brühl, zwischen Köln und Bonn gelegen. Die Berichterstattung über besondere Vorträge der dortigen Volkshochschule hatte ich mir ausersehen, und deshalb war ich immer mal wieder, vom Kölner Barbarossaplatz aus, dorthin unterwegs.

Zum Jahresbeginn war ich nämlich in die Redaktion „Köln-Land“ versetzt worden. Die Redaktion selbst war zwar im innerstädtischen Pressehaus untergebracht, das Gebiet der Berichterstattung lag aber draußen vor den Toren Kölns, in Köln Land und eben auch in Brühl.

Meine Vorliebe für thematisch schwierige Vorträge und Diskussionen war alsbald in der Redaktion aufgefallen. Brühl, mit dem Barockschloss Augustusburg, Brühl ist berühmt, aber auch ein wenig berüchtigt als Geburtsstadt des dadaistisch-hintergründigen und umstrittenen Künstlers Max Ernst: Brühl hatte bei solcher geschichtlichen und künstlerischen Bedeutung ein anspruchsvolles VHS-Programm. So ergab es sich, dass ich am Mittwoch, dem 7. März, wieder einmal gegen 17 Uhr am Barbarossaplatz in die Vorgebirgsbahn stieg, so kam es, dass es an diesem Mittwoch erstmals geschah.

Sie war, eben noch haltend, erneut angefahren – die Vorgebirgsbahn mit den aneinander hängenden und in den Kurven quietschend rollenden Wagen, mit Türen, die bei der Abfahrt mit schnarrendem Geräusch zusammenfuhren. Versonnen, entspannt, wie es meine Art ist beim Unterwegssein, schaute ich hinaus auf die Straße, auf die vorbeiziehende Kulisse der allmählich dämmernden Stadt.

Mir war es deshalb entgangen, wann und wo sie eingestiegen war. Die Luxemburger Straße, Kölns breite Ausfahrtstraße ins Vorgebirge, hat, ebenso wie bei einer Straßenbahn, viele Haltestellen, ehe die Vorgebirgsbahn dann schließlich zum schnellen Zug wird bei der Fahrt übers Land.

Sie, die Blonde, saß mir schräg gegenüber – in unserem Wagen mit dem Mittelgang und den zwar geschwungenen, aber steif wirkenden Holzbänken an den beiden Fensterseiten. Ein reges Ein- und Aussteigen vollzog sich an den Haltestellen. Leute schoben sich hinaus, drängten herein. Mit anderen, mit den beiden älteren Frauen, mit denen sie am Fenster saß, mit denen musste sie herein gekommen sein. Die Bahn hatte Köln verlassen, fuhr nun zügig übers Land. Die Eingestiegenen, sie alle hatten noch einen Platz im Wagen gefunden, und mein Blick zu ihr, zur ihr, die mir schräg gegenüber am Fenster saß – mein Blick zu ihr war endlich frei.

Sie ist es! Jäh durchschoss mich der Gedanke, immer wieder, wenn ich erneut zu ihr aufschaute – erneut nach dem vorherigen Blick, der sich schamhaft gesenkt hatte in Ergriffenheit.

Sie ist es – das Mädchen dort am Fenster! Das Mädchen da, es ist die Ersehnte meiner nächtlichen Träume; an den hellen Tagen gesucht mit rastlos schweifendem Blick. Das Ideal, mein Ideal von Weiblichkeit, das Traumbild – es war nicht zu fassen – mein Traumbild war wirklich, saß leibhaftig da, saß mir gegenüber im Zug nach Brühl.

Ihr Antlitz da, gerade leicht zum Fenster geneigt, ihr Profil, mir trotz des Abstandes im schon beleuchteten Wagen deutlich sichtbar, unvergleichlich schön ihr Profil; so dachte ich, so fühlte ich; vor Augen war es mir bisher nur in der Kunst, in einem Relief etwa der griechischen Antike. Welch ein Ebenmaß an Schönheit! Die hohe, klare Stirn, die gerade Nase, hervorgehend aus dem leichten Knick um die Augenbrauen und dann herrlich endend mit dem das Haupt behauptenden Kinn und dem feinen, blutlippigen Mund darüber. Ein Antlitz der Begegnung, der Offenheit gegenüber Mensch und Welt.

Ich sah es, ergriffen und bestürzt zugleich; ich sah es, als sie sich vom Fenster abwandte, sie zurückschaute ins Wageninnere und sich nur für einen Moment unsere Augen trafen. Sah sie mich wirklich, der ich, in der Ewigkeit dieser Sekunde, standhielt ihren Augen?

Groß waren sie, offen, rehbraun und sanft... und das Haar, das hellblonde Haar, dicht und glatt fiel es geschmeidig herab vom Kopf, am Nacken reizend gefasst in einem klassisch einfachen Lockenkranz. Ihr Angesicht, so mädchenhaft blühend, so überwirklich schön! In der Klarheit ihrer Gesichtszüge waltete Milde, eine liebliche Sanftheit, und ihr Lächeln war strahlende, heitere Lebensfreude.

Sie war aufgestanden, als sich der Zug verlangsamte. Ich stand hinter ihr, erfasste mehr von ihr, ihre hohe, gerade Gestalt im langen, hellbeigen Wollmantel. Erhaben, wohl-gestaltig war alles an ihr, auch in der Rückansicht, in der Reihe der vor dem Ausstieg Wartenden!

In Brühl verließ sie den Zug, ebenso wie ich, dann entschwand sie mir, die namenlos Unvergleichliche, sie entschwand mir unter den Leuten, in der abendlichen Dunkelheit.

Mein Termin, der Lichtbildervortrag über Brühls Schloss Augustusburg, über den Barockbau auf dem Grundriss der einstigen, frühmittelalterlichen Wasserburg – das Bauwerk unter Kurfürst und Erzbischof Klemens August im 18. Jahrhundert errichtet – es lenkte mich, den Kunstbegeisterten, ab; es musste mich ablenken wegen der anstehenden Berichterstattung.

Aber die Prachtentfaltung in Architektur und Parkanlage, im Rokoko schwingenden Treppenaufgang im Inneren des Schlosses – all die Bilder prächtig blendender Macht – sie wichen mir schnell wieder aus dem Sinn, sie verblassten alsbald, als ich allein zurückfuhr im Zug, in der Straßenbahn saß nach Müngersdorf, als ich im Bett lag noch stundenlang mit wach bleibenden Augen. Die Prachtbilder des Schlosses, sie verblichen alle vor ihr, vor ihr der blonden Unbekannten, die mir gleich einer Göttin erschien, mir unauslöschlich vertraut war und zugleich unnahbar war – so bestürzend fern.

Die Begegnung im Zug, da sie auf der anderen Fensterseite saß, der unvergleichliche Augenblick, da sie herüberschaute...!

Ich bemühte mich, ihr Bildnis mir zu vergegenwärtigen, ich strebte mit all meiner Einbildungskraft ihr Antlitz nachzuzeichnen, das klassisch klare, das schöne Profil – die Nase, den Mund, die Stirn... das Kinn.

Beglückend war sie mir im Bild, in all den Eindrücken wieder nahe; dann aber, zu oft gewollt im erregt bemühten Willen, ihr Bild zu erfassen, ihr Bildnis zu halten, entzog es sich mir immer mehr und nichts, nichts sah ich mehr von ihr!

Ich war geblendet von ihr!

Verzweifelt raste mein Geist. Sie, die Vollkommene – im Wesen, in der Gestalt, sie, die Göttliche, die Vollendete schon als Mädchen und ich, was bin ich? So peinigte mich in der Nacht die Frage, die grausame Frage, die immer wieder in neue, quälende Fragen zerfiel. Bin ich nicht ein unwirklicher Schatten im Vergleich zu ihr, zu ihrem vollgestaltigen Dasein? Bin ich nicht der Klägliche, der Unzulängliche, der Umdüsterte im Vergleich zu ihr, der heiter Umlichteten?

Alles, was ich entbehrte, aus tiefstem Herzen ersehnte – bei ihr, in ihr war es gegenwärtig, und deshalb zog es mich trotz aller Scheu mit Macht zu ihr hin. Nur am Mittwoch, am nächsten Mittwoch, war Aussicht, war Hoffnung auf ein Wiedersehen. Obwohl ich bebte, mir das Herz bis zum Halse schlug beim Gedanken an die erneute Begegnung mit ihr, saß ich am 14. März kurz nach 17 Uhr erneut in der Vorgebirgsbahn, diesmal nicht durchs Fenster hinausträumend ins Blaue, diesmal hatte ich wachsam Haltestelle um Haltestelle im Blick.

Der Tag war günstig, wenige stiegen ein und aus, leichter und freier war der Überblick. Da traf er mich, der blitzartige Schlag; die Bahn hatte gehalten, an der Haltestelle Klettenberggürtel, und da hatte sie wirklich gestanden auf dem Bahnsteig in ihrem hell-beigen Wollmantel. Sie war eingestiegen und hatte sich tatsächlich zu mir ins leere Abteil gesetzt.

Schräg mir gegenüber saß sie nun. Ihre Nähe, so unsagbar, so unendlich ersehnt, ließ mich erstarren. So nah war sie noch nie. So selbstverständlich, so beiläufig hatte sie Platz genommen. Die blühende Frische des Mädchens hatte sie wieder, die mild strahlende Offenheit in Bewegung und Haltung, aber sie zeigte keine Regung des Erkennens. Sie bemerkte es nicht oder sie zeigte es nicht, dass wir uns wieder sahen.

Ich, überfordert in der Begegnung mit ihr, wie gelähmt auf meinem Platze sitzend, war fiebernd im Kopfe – im Widerspruch meiner Impulse. Was sollte ich nur tun? In den wenigen Minuten Fahrtzeit bis nach Brühl? Soll ich sie ansprechen? Darf ich das? Soll ich ihr sagen, wir haben uns doch schon gesehen – am letzten Mittwoch, um die gleiche Zeit, im gleichen Zug! Soll ich vom Wetter sprechen, das sonniger sein könnte? Sollte ich möglichst unbefangen, erfrischend zuversichtlich vom kommenden Frühling reden?

In Widersprüchen ohnmächtig verwarf ich den Vorstoß. Sicherlich wirkte ich teilnahmslos, steif in ihrer Gegenwart, eben wie ein Fahrgast unter vielen. Fiel ihr gar etwas auf an mir? Wer weiß, was gerade ihre schönen Wangen rötete?

Ich jedenfalls wagte die Entscheidung nicht zu fällen; in diesen Minuten jedenfalls nicht auf der zweiten Fahrt nach Brühl! Ich wagte es nicht aus eigener Vollmacht. Das Schicksal, so beschloss ich schweren Herzens, soll's entscheiden. Begegne ich ihr ein drittes Mal, ein drittes Mal am nächsten Mittwoch, dann, bei solcher Fügung, dann will ich's wagen. So wechselte ich nur verhaltene, harmlos bemühte, vielleicht seltsam wirkende Blicke mit ihr und ließ sie unangesprochen gehen.

Sieben Tage des Hoffens und Bangens waren vergangen, der dritte Mittwoch, der 21. März, war gekommen. Der Frühling – auf dem Kalender hatte er begonnen. Das Wetter war noch trüb, eher regnerisch und kalt. Auf ein Stück Papier hatte ich meine Anschrift geschrieben, sorgfältig verstaute ich es im blauen Popeline-Mantel, sorgfältig in der rechten Seitentasche. Jedoch, die Erwartete – sie stieg nicht ein, als der Zug hielt – an der Haltestelle Klettenberggürtel. Sie blieb aus auf der Hinfahrt nach Brühl. Meine Enttäuschung war groß, groß allerdings auch meine Erleichterung. Die schier unerträgliche Spannung, die Nerven fordernde Anspannung bis zum entscheidenden Zeitpunkt, bis zur entscheidenden Haltestelle Klettenberggürtel – sie wich von mir wie ein Dämon.

Freier in der Aufmerksamkeit, in der Wahrnehmung fühlte ich mich für den Abendtermin, erneut ein Lichtbildervortrag, diesmal über Max Ernst und seine traumatisch verfremdeten Bildwerke. Seltsam und unheimlich berührten mich insbesondere seine skurrilen Fabelwesen, der schnabel-bewehrte, schaurig drohende, sphinx-hafte Typus von Vogel.

Mit den Eindrücken, mit den Erläuterungen zu dem in Paris lebenden Künstler beschäftigt, kehrte ich zum Bahnhof Brühl zurück, ging zum Bahnsteig.

Es war unglaublich, kaum zu fassen: sie stand dort. Sie, die nicht mehr Erwartete. Schlagartig war jener Dämon der Beklemmung wieder da. Ich blieb auf Abstand zu ihr, auf dem Bahnsteig, im Zug, blieb ihr aber immer so nah, dass ich sie genau beobachten, sie ununterbrochen verfolgen konnte. Während der Zug mit dem hell erleuchteten Großabteil durch den späten Abend ratterte, stand mir unerbittlich, unausweichlich das Entweder-oder bevor. Schon an der übernächsten Station, eben am Klettenberggürtel, musste es sich erweisen, ob mich Mut oder Feigheit bestimmten.

Als der Zug gehalten hatte, folgte ich ihr, der behände Ausgestiegenen, ging ich ihr nach auf dem Klettenberggürtel, auf dessen Mittelstreifen mit den Bäumen über uns und den hohen, leuchtenden Bogenlampen. Noch hinter ihr, musste ich den Schritt beschleunigen, leicht außer Atem geraten, erreichte ich sie, sprach ich sie an.

Im Augenblick verunsichert von ihrem erstaunt abwehrenden Blick, ließ ich mich selbst ganz aus dem Spiel. Spontan mogelte ich drauflos. Ich sprach von einem Freundeskreis, in dem wir sie gerne dabei hätten und überreichte ihr einen lediglich handschriftlichen Zettel. Im Lichte der Bogenlampe schaute sie darauf, verwundert, wie befremdet von meinem Gerede. Sie blieb jedoch gelassen und höflich – trotz der seltsamen Umstände. Sie schüttelte ein wenig ihr schönes Haupt und steckte den Zettel ein.

Es war vollbracht. Ich hatte das Wagnis vollbracht, und nun, so wähnte ich, wird alles wie von selbst vor sich gehen. In einem sonderbaren Schwebezustand war ich in den Tagen darauf in der ziemlich aberwitzigen Erwartung, eine Nachricht von ihr, eine Erwiderung auf meine spätabendliche Ansprache könne schon Tage darauf in meinem Briefkasten liegen. Tag für Tag verstrich. Nach dem Briefträger spähte ich in den Morgenstunden aus, sah ihn auf der anderen Straßenseite näher kommen, aber der Briefkasten blieb leer, als er schließlich vor der Haustür stand. Post fiel nur in den Briefkasten für die Mieter von oben. Wieder kein Brief, keine Antwort, kein Zeichen von ihr!

Alle Erwartung verlagerte sich schließlich auf den nächsten Mittwoch. In der Sorge, ein anderer Termin könne mich abhalten, wieder gegen 17 Uhr am Barbarossaplatz in die Vorgebirgsbahn zu steigen, hatte ich schon Tage vorher Vorsorge getroffen. Erneut hatte ich mir aus dem Brühler Programm der Volkshochschule einen passenden Vortrag ausgesucht, ihn deutlich sichtbar ins Terminbuch eingetragen.

Der lang ersehnte Mittwoch dämmerte herauf, nach wach-erregter Nacht, der Mittwoch des 28. März. Der Frühling war linde wehend schon in den Lüften, eilig schwang ich mich aufs Fahrrad – auf dem Weg zum Pressehaus. Im Einfluss prall erblühender Hoffnungen schaute ich in der Redaktion immer wieder auf die Uhr. Endlich, der große Zeiger war auf 16 Uhr 30 gerückt, ich wollte mich gerade erheben, um die Redaktion zu verlassen, da kam der Brühler Mitarbeiter gehetzt herein und wandte sich, eine Einladung in der Hand, an den Ressortchef: Die Verabschiedung der Ursulinen, die könne er nicht auch noch wahrnehmen, ob nicht der Grosser das machen könne…

Der Volontär Grosser konnte und musste, er hatte ja nur einen selbst gewählten, nicht so wichtigen Termin. Die Aktualität hatte Vorrang. Statt in der geliebt rumpeligen Vorgebirgsbahn war ich auf einmal im Auto des Fotografen unterwegs. Nervös zog der, neben mir am Steuer sitzend, an der arg qualmenden Zigarette. Auch ihm war, zu allem anderen noch, der katholische Termin aufgedrückt worden.

Auf der Luxemburger Straße, im Grenzgebiet der Stadt, hingen wir fest im Stau. Unruhig schaute ich auf die Armbanduhr. Es war schon 17 Uhr. Bereits in fünfzehn Minuten sollte der Festakt beginnen. Nach siebzigjährigem Schuldienst im Brühler Gymnasium, so stand es in der Einladung auf Büttenpapier, galt es, den Orden der Ursulinen im Festsaal des altehrwürdigen Brühler Hotels Belvedere zu verabschieden.

Als ich endlich, hastigen Atems, die eiserne Klinke niederdrückte und sich die hohe, torartige Tür öffnete, da schallte uns mächtiger Chorgesang entgegen. Der Festakt hatte bereits begonnen. Reihe um Reihe, bis vorne hin zu der festlich geschmückten Bühne, war jeder Platz besetzt. Wir sahen nur Schultern vor uns, dicht nebeneinander gereiht. Mein Blick, abschätzend, suchend in dem lang gestreckten Saal, konnte nicht einen einzigen leeren Sitz entdecken. Nach vorne wollte ich, ebenso wie mein fotografierender Kollege, als Berichterstatter musste ich doch alles mitbekommen, was dort vorne geschah, auf der saal-breiten Bühne. Der Chorgesang erschallte noch immer, die Singenden standen in dunkler Festkleidung hinter farbenprächtigen Blumengestecken.

Vorne links stand ich endlich. Leicht an die Wand gelehnt schrieb ich, Steno-unkundig, hastig gedehnte Worte aufs Papier, denn

Professor Grenzmann hatte seinen Festvortrag begonnen. Er würdigte die Ursulinen, die Nonnen, indem er sie zum Vorbild machte in einer Zeit, in einer Gesellschaft der Gottferne. Die Wissenschaft habe sich in die Zergliederung, in die Analyse verloren, Goethes „ahndendes Gefühl“ für das Große, das Geheimnisvolle bestimme nicht mehr die Begegnung des Menschen mit der Schöpfung, mit Gott und damit auch nicht mehr mit dem Mitmenschen.

Der Professor sprach von Leitbildern. Aber mehr als Goethe war der Hymniker Hölderlin seine Zentralsonne. Als Hauptthema hatte er sich das lyrisch geprägte Jugendwerk des schwäbischen Dichters ausersehen, den Briefroman Hyperion. Dabei redete er sich immer mehr – die Beziehung zu den Ursulinen, den Nonnen verlierend – in flammende Begeisterung. Sie erfasste auch mich, den Hölderlin-Verehrer, der am liebsten abheben wollte in hohe Zustände des Geistes, in allschwingender Empfindung - und der doch wusste, dass er in der Pflicht des Berichterstatters auf dem Boden der Fakten und Informationen bleiben musste.

In der Öffentlichkeit, vor Prominenz und Volk, hatte der Professor offensichtlich seine große Stunde und die wollte er in leichter Verfehlung des Themas nutzen. Die Versammelten hatten mit feierlicher Miene auszuharren, so schüttete er überreich – mit Zitaten und Interpretationen – das Füllhorn seines Lehramtes über die Festgäste aus.

In der Wende zum 19. Jahrhundert kämpft Hyperion in Griechenland gegen die türkische Herrschaft, und entflammt vom antiken Griechenland, von seinen ruinen-heiligen Stätten schreibt er hymnische Briefe an seinen Freund Bellarmin.

Und der Professor zitierte, mit rhetorisch schwingender Stimme, was Hyperion zum Einssein mit der Natur verkündet: „Eines zu sein mit Allem, was lebt, in seliger Selbstvergessenheit wiederzukehren ins All der Natur, das ist der Gipfel der Gedanken und Freuden, das ist die heilige Bergeshöhe, der Ort der ewigen Ruhe…“ Zur Problematik der Wissenschaft, der Professor schlug sich dabei leicht theatralisch auf die eigene Brust, zur Wissenschaft, zu leidvoll erfahrener Enttäuschung schreibt Hyperion an Bellarmin: „Ach! wäre ich nie in Eure Schulen gegangen. Die Wissenschaft, der ich in den Schacht hinunter folgte, von der ich, jugendlich töricht, die Bestätigung meiner reinen Freude erwartete, die hat mir alles verdorben.“

„Die Schönheit“, so erläuterte der Professor, „die Schönheit ist die Allvereinigende, die Allbelebende im Gegensatz zur Wissenschaft, die das Ganze aufsplittert in die Teile. Die Schönheit ist für Hölderlin das Höchste, das wirklich Erlösende. So schreibt denn Hyperion aus Griechenland: 'O ihr, die ihr das Höchste und Beste sucht, in der Tiefe des Wissens, im Getümmel des Handelns, im Dunkel der Vergangenheit, im Labyrinthe der Zukunft, in den Gräbern oder über den Sternen! Wisst ihr seinen Namen? Den Namen des, das Eins ist und Alles? Sein Name ist Schönheit.'“

Zutiefst berührt, hoch erregt war ich von Hölderlins Botschaften. Hyperion! Das Buch war mir vertraut von Lesestunden des Gleichklanges mit dem eigenen Wesen; aber nun in aller Öffentlichkeit solches Erleben! Nicht in häuslicher Verborgenheit, nicht in der Einsamkeit des Waldes, nein, bei einem Festakt der Bürger, im Alltag der Gesellschaft erlebte ich auf einmal das mir Heilige in der Wirklichkeit.

Ungeahnt sollte es sich nur Sekunden später steigern, in unerahnbarer Weise sich eröffnen, ja, sich eröffnen in der Allmacht einer Offenbarung!

Im Augenblick, in jenem Augenblick geschah es, als Professor Grenzmann vom allverwandelnden Augenblick sprach, da Hyperion der Schönheit tatsächlich begegnet in der Gestalt, in der Erscheinung von Diotima und ihn, den Liebesergriffenen, den Liebes-Bewegten sagen lässt:

„Was sind Jahrhunderte gegen den Augenblick, wo zwei Wesen sich ahnen und nah'n? Ach! es war alles geheiliget, verschönert durch ihre Gegenwart. Wohin ich sah, was ich berührte... alles war in geheimem Bunde mit ihr. Und da sie zum ersten Male mit Namen mich rief...“

In diesem Augenblick, da des Professors begeisterte Stimme, da Hölderlins Dichterworte noch im Festsaal verhallten, in diesen von Schicksal und Fügung gegebenen Sekunden öffnete sich die Tür und sie, meine Angebetete, sie, meine Diotima, sie trat herein...

Wirklich – sie war es, war wirklich in meiner Wirklichkeit. Gegenwärtig war sie im Saal in unser aller Gegenwart. Sie, die Stehende, die königlich Stehende – im schnellen Überblick hatte sie mich, den ebenfalls Stehenden erfasst, mich, den Fassungslosen, dessen Augen unentwegt an ihr hingen.

Da – unsere Augen trafen sich. Atmende Ewigkeit war es, als ob es nichts anderes mehr gäbe auf der Welt. Ob ich sie erstaunt, aufleuchtend zwar aber irgendwie erstarrt angeschaut habe? Ich weiß es nicht. Nichts, aber auch gar nichts weiß ich mehr, wie ich mich in diesen ewigen Sekunden verhielt. Ich weiß nur, dass alle meine Sinne, dass mein ganzes Wesen offen war für sie, und sie, die Erschienene, die mich erblickt hatte, die Unvergleichliche, sie lächelte mich an.

Wie eine Pflanze war ich, der nach langer Dunkelheit die Sonne aufgeht! Kein Gedanke war in mir, kein grüblerischer Zweifel, nichts vom Zwiespalt der Seele. Eins war ich mit mir, eins war ich mit ihr in diesen Sekunden von Ewigkeit.

Der Festakt freilich war noch nicht zu Ende. Andere Redner folgten, die Pflicht der Berichterstattung hatte mich erneut erfasst. Ich hatte DIN-A4-Seiten zum handlichen DIN-A5-Format geknickt; auf harter Unterlage warf ich fliegende Worte aufs Papier, hastig mit eigenen Kürzeln. Schnell war so ein Blatt voll geschrieben, es musste ebenso hastig und umständlich umgeblättert werden. All das musste, der Gedanke kam mir erst in der folgenden Nacht, wunderlich, recht belustigend gewirkt haben.

Sie – das blutjunge Mädchen – es lachte immer wieder, erstaunt, erheitert möglicherweise von meinem leicht skurrilen Anblick. Für mich war's das unbefangene Wechselspiel der Augen, im sich Suchen, sich Finden, im sonnig-heiteren Widerhall – da war für mich die so ersehnte, die beglückende Vertrautheit, das selbstverständliches Einvernehmen mit ihr.

Das Einvernehmen jedoch war alsbald vorbei. Es wurde geradezu gestört, ja entrückt, als der Festakt zu Ende war, die Gäste noch draußen standen in der Vorhalle vor dem Saal. Sie, meine Sonne, war auch unter ihnen im munter albernden Plausch mit anderen Mädchen. Da auf einmal, ich nahm es betroffen wahr, spürte ich wieder den Abstand, die schmerzhafte Beklemmung – bei ihrem Anblick. So nickte ich ihr nur zu, ging stumm und steif an der Mädchengruppe vorbei.

War schon wieder alles vorbei?! Alles dahin!? Nein, der helle Stern des Schicksals, der Stern der Fügung – er leuchtete noch. Am

Brühler Bahnhof, auf dem Bahnsteig stand sie, so wie ich – wartend auf den Zug. Sie stand da, was entscheidend war – allein. Ein Widerstand, ein kleiner noch, bei mir, vielleicht auch bei ihr; dann war er überwunden.

Wir begrüßten uns mit Handschlag, saßen im Zug zusammen, immer mehr uns findend im angeregten Gespräch. So war es fast schon selbstverständlich, dass ich am Klettenberggürtel mit ihr ausstieg, ich sie nach Hause begleitete.

Längst hatte ich erfahren, dass sie Renate Müller heißt, dass sie als ehemalige Schülerin zum Festakt gekommen war, dass sie sonst mittwochs immer zum Turnen fuhr nach Brühl und dass sie Sport und Musik am liebsten hatte. Mich hatte sie neugierig gefragt, wieso ich so viel Zeit zum Gespräch mit ihr hätte, wieso ich nicht gleich in die Redaktion müsse, um den Bericht zu schreiben. Ich erklärte ihr, die Bezirksausgaben, zu denen auch die von „Köln Land" gehören, hätten aus technischen Gründen früher Redaktionsschluss, so dass ich meinen Bericht erst morgen früh schreiben müsse, da er erst am übernächsten Tag erscheinen werde.

In der Dunkelheit, unter den Bäumen des Klettenberggürtels, auf dem Wege zu ihrem Elternhaus in der Siebengebirgsallee kam unversehens zwischen uns ein spaßiges Albern auf. Ein kölsches Wortspiel, irgendwie waren wir darauf gekommen, belustigte uns und wie von selbst ins Rollenspiel übergehend, führten wir es auf, im Schritt verharrend unter einem Baum:

Ein Kind, mit der Mutter im Zug unterwegs, malt mit der Butter vom Brot Zeichen auf die Fensterscheibe. Fragt die gegenübersitzende Frau die Mutter.

Darf dat dat?
Dat darf dat!
Dat et dat darf!

Wir lachten herzhaft! Wie im Fluge war die Zeit vergangen, schon standen wir vor ihrem villenartigen Elternhaus – und ich ging davon. Die Verbindung zu ihr zu halten, hatte ich sicherlich zu betont versprochen, ihr den Bericht zuzuschicken.

Nur widerstrebend ging ich davon, immer wieder schaute ich zurück zu dem stattlichen Haus, in dem sie verschwunden war.

Als ich auf dem Nachhauseweg, die Straßenbahn wechselnd, an der Aachener Straße ausstieg, da war ich, da war meine Bewegung, ich nahm es überdeutlich wahr, so beschwingt, so frei in der Gewissheit einer leuchtenden Zuversicht. Wach, offen für das Leben, fürs wunderbare Erleben waren alle meine Sinne; überwach in der Spannung von jüngstem Erlebnis und bebender Erwartung lag ich offenen Auges da – die ganze Nacht.

Eine beseligende Unruhe, zweimal hatte sie mich aus dem Bett getrieben. Fragend hatte ich durchs Fenster hinausgeschaut in den nächtlichen Himmel. Hell schimmerten die Sterne, aber sie schwiegen. Jedoch, am Morgen, begannen sie in herrlicher Verheißung zu tönen, die Sterne, die unendlichen Sterne wie überhaupt die ganze – auch die alltägliche Welt. Es geschah, als ich zuhause noch vor dem Dienstbeginn Beethovens Dritte Sinfonie, die *Eroica*, hörte.

Das beschwingt-drängende, das mächtige Motiv zu Beginn, beflügelnd, glanzvoll eröffnend die Welt; der unvermittelte, pochend ergreifende Wechsel ins kontrastierende Motiv, ins innigst verlangsamte Flehen der Holzbläser und der Violine – das unerhört gefühlstiefe, pochend-bebende Bangen ums Errungene; die atemberaubenden Steigerungen des Hauptthemas, die dramatisch erhöhenden und vertiefenden Einsätze der Streicher, der Bläser, der Paukenschläger, hart und klar rhythmisiert oder ins Allhafte, ins Grenzenlose anschwellend – all das entsprach so ganz und gar, so erschreckend, so aufwühlend schön meiner Seelenbewegtheit, blieb mir so unauslöschlich im Sinn, ließ mich, schon fahrbereit auf dem Fahrrad verharren, als die auf geschreckte Amsel jenen einen, widerhallenden Ton traf und im Baum jubilierte.

Der Lärm der Autos braust um mich. Auf vertrauten Straßen, auf günstigeren Nebenstrecken bin ich zügig, auf dem Fahrrad wie seit Jahren, am Kölner Pressehaus angelangt, dort am Seiteneingang Kupfergasse, habe ich mein Fahrrad ins Gestell geschoben.

Der Artikel über die Verabschiedung der Ursulinen – an der Schreibmaschine in der Redaktion sitzend, geht er mir schnell von der Hand. Wie im Fluge vergeht der Tag. Am frühen Abend sitze ich erneut auf dem Rad, bewegt immer noch, vom Geschehen der Tage.

Da, als ich auf der Aachener Straße schon bis Müngersdorf geradelt bin, da geschieht es erneut. Aus einem Vorgarten der gerade „vorbeiziehenden" Villa, da singt erneut eine Amsel, da höre ich ihn erneut, den allverheißenden Ton…

Im Liebes-Leid

Dienstag, den 1. Mai 1962

Tiefer, tiefer noch, zieht es mich in die Schonung – unter die dunkelgrünen Fichten. Ich, wenn auch gebeugt vom übermächtigen Schmerz, überrage noch ihre straffen, nadligen Spitzen; einige Schritte noch… weiter noch; vor mir eine offene, Moos bewachsene Stelle. Einen Schritt noch dahin, und ich sinke in mich zusammen. Auf dem Boden kniend verhüllen mich die Fichten, die unbeirrbar stramm ihre Zweige himmelwärts richten. Die Fichten nehmen mich auf – in ihre bergende Mitte; und endlich nach den Wochen ohne Tränen – endlich füllen sich im Niederschlag des Schicksals die Augen, und ich weine bitterlich.

Nach dem Hoch der Gefühle, nach dem beflügelnden Auftrieb hochgespannter Erwartungen kamen bittere Enttäuschungen. Der Freitag nach jenem Donnerstag war noch in jenem Hochgefühl, war noch in den blau leuchtenden Träumen… Mein Artikel war erschienen, mit Sorgfalt hatte ich ein Streifband beschrieben, die Zeitung versandfertig gemacht. Morgen, am Samstag, würde Renate sie in Händen halten.

Gegen 12 Uhr an diesem Freitag in die Redaktionskonferenz der Bezirksausgaben entsandt, hatten die Wolken und eben nicht die Redaktionsthemen all meine Aufmerksamkeit auf sich gezogen. Der Konferenzraum, im dritten Stock des Pressehauses gelegen, hatte breite, hohe Fenster, die den Blick freigaben auf die Wolken am Himmel. Ich verlor mich in ihnen, schwebte wie sie dahin und wurde hart und mit Nachdruck zurück gerufen:

„Herr Grosser, Herr Grosser tragen Sie vor... Wo sind Sie mit ihren Gedanken..."

Den peinlichen Vorfall nahm ich nicht als Warnung. Ich nutzte ihn als erheiterndes Element in einem Brief, den ich Renate schon am Sonnabend schrieb. In quasi harmloser Selbstverständlichkeit wollte ich das heitere Zwiegespräch von Mittwochabend fortsetzen; tatsächlich erging ich mich aber in einem offenherzig enthüllenden Monolog:

„Liebe Renate", so schrieb ich, *„bitte nimm mir das Du, mit dem ich Dich anspreche, nicht übel. Mein Herz sträubt sich, Dich mit dem unpersönlichen Sie anzureden...*

Ich kann es noch immer nicht fassen, dass ich Dir erneut begegnet bin. Wohl trug ich die geheime Hoffnung auf ein Wiedersehen im Herzen, als ich am letzten Mittwoch nach Brühl fuhr, aber ein Wiedersehen mit Dir erschien mir zu wundervoll, als dass es sich erfüllen könnte. Nur eine wehmütige Erinnerung, glaubte ich, bliebe mir an Dich...

Das Unfassbare aber ist geschehen, das Wunder hat sich erfüllt, und Du kannst ruhig lächeln beim Lesen der folgenden Zeilen: Ich stehe da mit großen Augen wie ein Kind und kann das Glück nicht fassen. Es ist der beseelenden Blume gleich, deren Schönheit alle Worte nimmt. So steht man stumm von ihrem Zauber angerührt. Ein Licht der goldenen Sonnen wogt im Busen, bis er der Fülle übermächtig den Schrei des Jubels in den Himmel stößt..."

Hans Ambacher, mein einige Jahre älterer Freund, hatte im Café Schmitz – es liegt gegenüber dem Pressehaus – meinen seitenlangen Brief gerade gelesen. Er runzelte bedenklich die Stirn, behandelte mich aber behutsam wie ein rohes Ei. Hans hatte ich während der kaufmännischen Lehre kennen gelernt. Damals war er Sachbearbeiter im Anzeigenressort „Reisen und Wandern". Zwar musste auch er mir, zur Bearbeitung an der Schreibmaschine, Stöße von Karteikarten aufbürden, aber er, das spürte ich erleichtert und dankbar, er tat es mit Mitgefühl, im Wissen, wie schwer mir solche Büroarbeit fiel. So wurden wir Freunde.

Die Gefühle von himmelhoch jauchzend und zu Tode betrübt – die konnte er durchaus nachvollziehen – nach schwerster Kriegszeit im zerstörten Köln und bitter armen Familienverhältnissen. Der Traumfrau, seiner Christa, war auch er begegnet, aber sein Herz hatte er nicht wie ich sogleich offen gelegt. Mit Christa war er, nach aufregend schönen Verlobungsjahren, glücklich verheiratet.

Schon am dritten Tag vergeblichen Wartens auf ihre Antwort – auf meinen enthusiastischen Brief... schon am dritten Tag danach hatte ich Hans meinen unbesonnenen Erguss zum Lesen gegeben.

„Du lässt ihr doch gar keine Zeit", sagte Hans, die Tage nachrechnend. Er holte tief Luft und dann sprach er es aus: „Bitte verstehe... lass es mich ehrlich sagen. Auf solch eine Liebeserklärung kannst Du gar keine Antwort erwarten." Hans, im rührenden Mitgefühl für mich, aber in nüchterner Klarheit, versuchte mich denn mit den abschließenden Worten zu trösten: „Habe mehr Geduld, Hanns-Günter, sei vorsichtiger... dann könne doch noch alles werden."

Kurz entschlossen, wir hatten uns im Café am Mittwoch, eine Woche nach dem alles bewegenden Mittwoch getroffen, fuhr ich um 17 Uhr wieder mit der Vorgebirgsbahn nach Brühl. *Sie* aber stieg an der Haltestelle Klettenberggürtel nicht zu.

Ach, sie hatte es ja gesagt, ich erinnerte mich mit Widerstreben, dass der Turnkursus während der Osterferien unterbrochen sei. So ging ich allein zum Hotel Belvedere, drückte sie nieder, die eiserne Klinke zum großen Festsaal. Die torartige, schwere Tür war verschlossen. Eine Gaststätte, im Flur schräg gegenübergelegen, nahm mich, den Verzweifelten, auf. An einem Tisch, in einem bergenden Winkel des ziemlich leeren Restaurants saß ich nun und schrieb einen erneuten Brief an Renate, allerdings in der wehen Einsicht, dass ich ihn nicht mehr in den Briefkasten werfen würde.

„Liebe Renate, warum strafst Du mich so furchtbar? Du schweigst und ich leide Qualen der Ungewissheit. Einsam sitze ich in einer Gaststätte des Hotel Belvedere und hänge voll schmerzlicher Wehmut der Vergangenheit nach.

O, waren es nur Augenblicke, in denen ich glücklich sein durfte? Sie erscheinen mir wie ein unwiederbringliches Glück. Am gleichen Tag, zur gleichen Stunde bin ich dort gewesen, wo ich Dir begegnet bin.

O, werde ich Dich wieder sehen? Seitdem ich Dich gesehen habe und ich um Dich bange, ist die Welt so schmerz-bewegt. Ich finde keine Ruhe mehr. Ziellos irre ich durch die Straßen, Verzweiflungsschreie gellen in meiner Seele. Ich werde schier ohnmächtig bei dem Gedanken, Dich zu verlieren.

Ich liebe Dich, hörst Du, ich liebe Dich. Weißt Du, was das bedeutet? Abgrundtiefe Verzweiflung, qualvoller Schmerz oder lichteste Erfüllung."

Ein Brief, und gar ein solcher Brief, das hatte mir mein Freund Hans klar gemacht, würde alle Aussicht auf eine Zukunft nehmen. Statt mit Worten versuchte ich es am Wochenende mit Blumen. Von der Redaktion nach Holland zur Tulpenblüte gesandt, konnte ich dort, in einem Blumenladen, der Versuchung nicht widerstehen, Rosen für sie auszuwählen und einige Zeilen für den Fleurop-Versand dazu zu schreiben. Solche Beschäftigung mit ihr, solche Geste ihr gegenüber weckte doch erneut die herrlich-wehen Gefühle, ließ neue, träumerische, aber trügende Hoffnungen erblühen.

Wieder vergingen Tage des Wartens. Hans hatte Recht behalten. Von Renate kam keine Antwort. Neue Aussicht, neue Hoffnung versprach da ein Plakat am Haupteingang des Kölner WDR-Gebäudes. Angekündigt wurde für den 30. April, am Vorabend des 1. Mai, die Aufführung der *Eroica*, der Dritten von Beethoven. Ausgerechnet die Dritte Sinfonie wurde gegeben, die Sinfonie, die mich vor Tagen so unvergleichlich beglückt hatte.

Ich nahm es an, sah es erneut als verheißungsvolle Fügung! In die überlange Warteschlange im Foyer vor der Konzertkasse hatte ich mich sogleich eingereiht; und es gelang mir gerade noch, zwei Eintrittskarten zu ergattern.

Wie aber, das war nun die große Frage, bringe ich die Einladung bei Renate an? Ein erneuter Brief? Ein Brief ohne Antwort, der mich Tag für Tag in quälende Ungewissheit fallen ließ? Nein, nur keinen Brief! Ich beratschlagte das Vorgehen mit Freund Hans. Nur ein Anruf konnte schnelle, unerlässliche Klarheit bringen.

Der Anruf – beim Gedanken daran schlug mir das Herz schon bis zum Halse – undenkbar, unmöglich war er von der Redaktion aus. Von anonymer Stelle aus musste der Anruf erfolgen, am besten von einer Telefonzelle. So zogen wir, der Freund begleitete mich auf meinem schweren Gang, vom Pressehaus zum nahe gelegenen Neumarkt. Ich klappte die widerspenstige, die quietschende Tür der Telefonzelle auf, trat ins Gehäuse, wählte die Nummer, hängte, im Augenkontakt mit dem draußen stehenden Hans, die Gabel nicht ein. Ich ertrug es, dass der Ruf durchging, er durchtönte.

Zuerst meldete sich das Geschäft des Vaters, des Goldschmiedemeisters, dann wurde, nach meiner bang klingenden Frage nach Fräulein Renate Müller…, weiter verbunden. Sie meldete sich tatsächlich, war sogleich, ohne dass ich ein Wort gesagt hatte, ebenso befangen wie ich. Eine wortgenaue Erinnerung an den Dialog habe ich nicht mehr. Aber nach meiner holprigen Begrüßung lief das Gespräch etwa wie folgt ab:

Ich: „Die *Eroica* wird am 30. April im WDR-Sendesaal aufgeführt!"

Sie: „Ja… da gehe ich auch hin…"

Ich: „O, das ist aber schön, dann sehen wir uns ja…"

Sie: „Ja… aber… ich gehe mit jemand anderes hin…"

Endlich war es heraus: eine Erklärung, die unendlich weh tat und dennoch verständlicher, erträglicher war als ihr furchtbares, beharrliches Schweigen.

Ins Konzert aber, in ihre Nähe, wagte ich mich nicht allein. Die Begleitung, die wenigstens etwa ablenkte vom Eigentlichen, die Spannung und Erregung wenigstens milderte – eine Begleitung brauchte ich unbedingt. Hans, jede freie Stunde mit seiner jungen schönen Frau verbringend, war leider nicht abkömmlich. In der Not verfiel ich deshalb auf einen Musik liebenden Kollegen aus der kaufmännischen Zeit.

Jedoch – nur aus der Ferne sah ich sie, am Abend im Großen Sendesaal des Kölner WDR. Einige Reihen vor uns, links etwas seitlich – das musste sie sein, das beschwingt drängende, das mächtige Anfangsmotiv der Dritten war gerade erklungen.

Das blonde Haar mit dem abschließenden Lockenkranz, das war sie – und der Mann neben ihr, das musste er sein, der Freund.

Die *Eroica*, vorne auf der Bühne vom großen Rundfunkorchester aufgeführt, erfüllte überhaupt nicht meine Erwartung. Vor Wochen, an jenem Morgen des 29. März, war sie mir ein tönender Kosmos, obwohl ich nur ein schlichtes Tonbandgerät laufen ließ, mit nur einem Lautsprecher, also ohne Stereo-Wirkung. Und hier im holzgetäfelten, auf beste Akustik abgestimmten Sendesaal, hier in der Gegenwart des leibhaftigen, mit Instrumenten aufspielenden Orchesters war das Musikerlebnis mehr als gedämpft; es war gestört von Verspanntheit, von der Unruhe, mit der ich immer wieder zu ihr blickte – einige Reihen vor uns, seitlich links.

Unbedingt, so dachte ich erregt, unbedingt musste ich sie und ihn, den Freund, aus der Nähe sehen. Nur am Haupteingang – nur dort hatte ich Aussicht, den beiden wie zufällig näher zu kommen. Mit nervöser Ungeduld spannte ich hin – auf das Ende des Konzertes. Mein Begleiter, ahnungslos um mich und meine Gefühle, war sogleich zu bewegen – aus dem Sendesaal hinaus, die große Treppe hinab in die Vorhalle vor dem Haupteingang. Dort aber stehen bleibend, verwickelte ich ihn in ein lebhaftes Gespräch über Beethoven. Zugleich spähte ich, aufmerksam beobachtend, auf die Nachkommenden.

Auf einmal sah ich die beiden...unter den Konzertbesuchern die Treppe herunter kommen. Sekunden verstrichen, die beiden waren die Stufen hinab gestiegen und gingen, nur einige Schritte entfernt, an uns vorbei; Renate hatte mich gesehen und beugte sich, rechts neben ihrem offensichtlich ahnungslosen Freund gehend, auffallend weit vor. Sie schaute mich an und lächelte mir zu. Ich freilich war in diesen unwiederbringlichen Momenten mehr auf *ihn* aus, auf den Freund. Ich hatte ihn schon seit der Treppe im unentwegt verfolgenden Blick; dann, als die beiden nahe an mir vorbeigingen, sah ich ihn ganz in der Nähe und war in der sonderbarsten Mischung explosiver Gefühle – erleichtert und bestürzt zugleich. Einen Apoll, einen strahlend schönen Jüngling, hatte ich an ihrer Seite erwartet. Was ich aber sah, war ein schlichter, zwar schlanker, aber grauer Buchhalter-Typ.

Ausgeliefert meinem aufgepeitschten Gemüt, den jähen Schwankungen meiner Gefühle, war ich, im Gegensatz zu sonstiger Art, unhöflich, nein rücksichtslos und geradezu unverschämt in meinem Verhalten. Eben noch den Eindruck erweckend, als ginge es mir um ein tiefer gehendes Gespräch über Beethovens Musik, verabschiedete ich mich urplötzlich, da das alles entscheidende Paar vorüber war, von meinem Begleiter.

Ich stürmte davon, schnellen Schrittes ging ich wahllos durch die abendlichen Straßen der Kölner Innenstadt. Ein skurriler Triumph der Überlegenheit erfüllte mich. Vom Himmel her, so wähnte ich, stünde mir das Recht an ihrer Seite zu, ein Anspruch, für Minuten, für eine Stunde noch, ehe er wie eine von der Gischt aufgeschäumte Welle in sich zusammen brach.

Ein helles, ein lichtes Feld sehe ich… dann feine, grüne Gräser im Licht… im Sonnenlicht, emporgewachsen aus moosigem Grund. Die Lichtung ist es in den Fichten, den strammen, noch jungen Bäumchen, in der ich liege.

Allmählich dämmert mir immer klarer die Erinnerung. Nach stundenlangem, irrenden Lauf durch den Königsforst bin ich noch in das Fichtenwäldchen gewankt, bin erschöpft an der weichen, moosigen Lichtung in mich zusammen gesunken und habe geweint, aus tiefstem Herzen geweint.

Lange muss es gedauert haben unter den schirmenden Fichten, in der Schonung. Immer wieder hat mich der Schmerz wie im Anfall überwältigt, er hat mich geschüttelt, sich immer wieder gelöst im Strom der Tränen. Endlich die Tränen, die fließenden Tränen! Seit Jahren, seit vielen Jahren habe ich nicht mehr geweint; nicht in den „Gefängnis-Zeiten“ der kaufmännischen Lehre, nicht in all den Zeiten von Traurigkeit und Schwermut. Da war nur eine Starre, eine Lähmung im Gemüt, die mir erschreckend eines Tages im Traumgesicht offenbar wurde – in dem hölzernen Sarg nämlich, in dem ich, der doch noch Lebende, aufgebahrt lag. Nur die Ergriffenheit von Geistes-, von Dichterwelten, nur meine schwärmerischen „Hochzeiten“ wahrten mir den Fortbestand, den irgendwie erträglichen Fortbestand des Lebens.

Den Segen der Tränen, den Segen wahrhaft angenommenen, wahrhaft gelebten und erlittenen Leides – allmählich nehme ich ihn wahr, wird er mir bewusst an diesem Tag! Das Leichte, das Lichte, das Freudige – Spielarten dessen sehe ich leuchten um mich herum, sehe ich aufleuchten in mir. Ich habe mich erhoben, stehe wieder, etwas unsicher noch, über den Fichten, über ihren stramm zur Sonne ausgerichteten nadeligen Spitzen. Auch ich will es: Ich will mich wieder aufrichten, mich erheben der Sonne entgegen.

Möge ich so aufrecht stehen wie sie, die unvergleichliche Renate! Möge ich wie sie in lächelnder Liebe der Welt begegnen, möge ich mich dem Dasein und seinen Anforderungen stellen! Möge ich es tragen in starker und doch ergebener Gelassenheit!

Die Unvergleichliche, auf einmal ist sie mir vergleichbar der Karyatide, jener säulengleich erhabenen antiken Mitträgerin des Dachgesteins am griechischen Tempel! Die Karyatide, die Trägerin des Lebens zwischen Himmel und Erde – als solche bleibt sie mir, die Unvergleichliche, als Muse bleibt sie mir, mich mit Zuversicht erfüllend; das Künftige, das Kommende unvergleichbar beflügelnd!

Die Schonung habe ich verlassen, bin in den benachbarten Buchenwald gegangen, bin dem sich absenkenden Gelände gefolgt. An einem Bach, an der Stelle, wo sich das Wasser beckenartig gestaut hat, da bin ich niedergekniet, habe mit dem kühlenden Wasser die Handschale gefüllt, mir die Augen, mir das Gesicht gewaschen.

Noch tropfend vom Nass, verfolge ich den Bach, seinen plätschernd hellen Lauf in der Landschaftssenke unter den hohen Buchen. Noch in der Knospung ihrer Äste und Zweige scheint die Sonne ungehindert herab auf die Erde. Das rötliche, das braun erstarrte, das gekrümmte oder längst zertrümmerte Laub des Herbstes – noch liegt es herum. Aber im Widerschein des Frühlings ist es nun, des Tag für Tag höher steigenden Lichtes.

Im Bach, dort an einer breiter fließenden Stelle über den gelben Sand hinweg – dort welch ein Blinken, Widerblinken, so wie Funken von Gold! Das Fließende, das Belebende – das Wasser des Lebens – es ist Glück, es ist Gnade!

Der Schmerz – er ist vorbei. Ich schaue ins Blau des Himmels, ins Auge der leuchtenden Sonne. Keinen grausigen Stich, keinen Schmerz mehr wie in den Tagen zuvor, ja wie in den Jahren zuvor, löst ihr Anblick aus bei mir – in mir. Oh, welch ein Glück! Ich ertrage auf einmal, das Blau des Himmels… die Sonne... denn Freude, Freude quillt wieder in meinem Herzen.

Auf Flügeln der Ahnung

Im Juni 1965

Die Wolken, die weißen Wolken wandern weiter, nachdem ich Stunden gewandert bin. Im Winde – angetrieben vom luftig starken Gesell' sind sie oben am Himmel dahin gezogen ebenso wie ich auf der Erde. Seinen Druck habe ich im Rücken gespürt. Der Anorak, leicht gebläht wie ein Segel, hat meine Schritte noch beschleunigt – im Buchenwald ging's dann weiter, unter dem blau-schimmernden Blätterdach. Aus dem Wald hinaus ins Freie getreten, hat sich die eine Wolke in ihrer ganzen Größe und Mächtigkeit gezeigt. Im Westwind ist sie nach Osten gesegelt, in der Ferne dann verschwunden; und Neue sind schon über mir, weiß und aufgeplustert.

Herrlich ist der Tag! Ein Sonntag mit Sonne und Wind! Ich, noch etwas außer Atem, entspanne mich schnell auf der Bank, auf der ich mich ausgestreckt habe. Meine Wandertasche habe ich unter den Kopf geschoben. Recht angenehm gelagert verfolge ich den mächtigen Buchenstamm neben mir hinauf bis in die Höhe. Unmittelbar an dem Rastplatz steht der Baum, er überdacht mich mit seiner im Winde standhaft stehenden Krone. Weiß schimmernd, durchschimmernd die Wolken, mehr oder weniger erkennbar im Gewirk der zitternden Blätter und Zweige.

Da über mir, über dem Ast, auf einem Zweig – auf einmal ein Zwitschern, klar und tönend, durchdringend in der Stimme, dann übergehend in jubilierenden Gesang – ein winziges Vögelchen ist es, ich sehe es im Geflimmer von Licht und Lüften.

Unscheinbar grau-grünlich ist es von wundersamer Zierlichkeit, und die Kehle, die gereckte Kehle mit den leicht gespreizten Federchen, die Kehle, die solche Klänge hervorbringt, sie ist winzig, so erstaunlich winzig.

Der All-Ton ist auch im Allerkleinsten, so es in der Vollgestalt ist einer Vollendung!

Das Erlebbare zu erleben – die Herrlichkeit und Fülle des Daseins im Unterwegs-Sein des Lebens, im Unterwegssein einer Wanderung bei Sonne und bei Wind – es ist Gnade, ist Geschenk! Zu dicht, zu gedrängt, zu fordernd waren die Ereignisse der vergangenen Wochen, der vergangenen Jahre!

An diesem Sonnentag musste ich erst einmal schnellen Schrittes Stunde um Stunde unterwegs sein, ehe nun die Zeit der Ruhe gekommen ist in erinnernder Besinnung.

Renate – es kann kaum noch einen Zweifel geben – Renate habe ich endgültig verloren; und doch ist es so, als habe sie mir Sonne, als habe sie mir Lebenskraft, ja sogar eine Seligkeit mitgegeben auf meiner weiteren Wanderschaft durchs Leben.

Über drei Jahre sind vergangen, seitdem ich Renate zum ersten Mal begegnet bin. Drei Jahre, in denen ich eigentlich stets auf sie bezogen war, mich eigentlich unentwegt mit ihr beschäftigt habe; über zwei Jahre im Abstand aus der Ferne, in den letzten Monaten aber in Annäherung und persönlichem Umgang. Aber ich will der Reihe nach und im Einzelnen erzählen.

Meine Liebe lebte fort – sie war unauslöschlich. Aber der unerträgliche, der furchtbare Schmerz von damals – er kehrte nicht wieder. Bald darauf war mir eine märchenhafte Geschichte in den Sinn und in die Feder gekommen. Vor drei Jahren, in den Monaten Mai und Juni, schrieb ich an ihr. Von einem kleinen Jungen handelt sie, der mit seiner Mutter im Wald lebt und der auf seinen Streifzügen durch die Natur eine sonnengleiche Blume entdeckt, sie aber, die unendlich Schöne, am darauf folgenden Tag nicht wieder findet. Im Verlust und Schmerz aber erschließt sich dem Kind neue Hoffnung und Fülle.

„Die gelbe Blume“ nannte ich die kleine zehnseitige Erzählung. Mama hatte sie mit der Schreibmaschine fein säuberlich auf Büttenpapier abgeschrieben, und ich hatte sie Anfang Juli im großen, mit Pappe verstärkten Umschlag klopfenden Herzens und in erneuter übermächtiger Erwartung in den Briefkasten gesteckt.

Bei meinem Liebeswerben, das in den vorherigen Wochen eher regelrechten Attacken geglichen hatte, wäre ich wohl erneut ohne Antwort geblieben, wenn mir nicht ein merkwürdiger Zufall – oder war es doch himmlische Fügung? – zu Hilfe gekommen wäre.

Hans, mein Freund, hatte sich zum Jahresbeginn 1962 verändert. Innerhalb der Anzeigenabteilung des Verlages war er in die Abteilung für Kundenkorrespondenz hinüber gewechselt. Er hatte dabei, in einer gewissen Ähnlichkeit mit mir, ein ziemliches Nervenflattern gehabt. Hochbegabt, aber ebenso wie ich ohne Abitur und Studium, legte er viel zu hohe Maßstäbe an.

Ein halbes Jahr später freilich hatte er sich längst eingearbeitet. Allseits anerkannt in seinem geschliffenen Stil gab es nun auch entspannende Spielräume zu einem Schwätzchen, etwa beim Diktat mit der Sekretärin. Eine solche Gelegenheit war's, bei der es herauskam, dass eben diese Sekretärin Renate persönlich kannte, auch Einiges über ihre Lebensumstände sagen konnte. Auf jeden Fall – meine Geschichte war gerade vor Tagen abgeschickt worden – bot sich die Möglichkeit, erneut Grüße von mir auszurichten, worauf die überraschend Angesprochene der besagten Sekretärin erwiderte: „Gut, ich schreibe dem Herrn Grosser mal."

Tatsächlich! Erstmals lag ein Brief von ihr im Briefkasten, und ich erfuhr, was mir sonst wohl vorenthalten worden wäre, dass sie sich sehr über die Geschichte gefreut hatte. Sie schrieb: *„Mir ist nämlich noch nie eine Geschichte gewidmet worden. Sie hat mir ganz ausgezeichnet gefallen. Sie haben wirklich Talent für Ihren Beruf. Ich habe nie geglaubt, dass es heute noch junge Männer gibt, die so tief und innig die Natur empfinden können. Auch ihre Schilderung fand ich großartig. Diese Erzählung freute mich umso mehr, da ich selbst eine besondere Vorliebe für die Natur habe..."*

Bei aller Würdigung – Renate blieb bei persönlicher Distanz! Über die Jahre versuchte ich jedoch, Kontakt zu ihr zu halten. Renates Namenstag, ihren Geburtstag nutzte ich mit ausgewählten Karten und möglichst spritzig einfallsreichen Worten. 1963 hatte ich herausgefunden, dass Renate wochentags mit der Straßenbahn von der Innenstadt nach Klettenberg fuhr. Ich bemühte mich um kleine Gespräche mit ihr während der Fahrt, die freilich bei ihrem Widerstand und meiner Beklemmung schnell verebbten. Eine Einladung zu Bachs Matthäus-Passion in ihrer Klettenberger Kirche St. Bruno lehnte die Bedrängte ab; so saß ich stattdessen mit Hans in der überfüllten Kirche. Renate, nach der ich Ausschau hielt, war nicht erschienen. Ob sie gar meinetwegen nicht zum Konzert gekommen war?

Im Herbst 1963 hatte ich mein Volontariat beendet. Ich war Redakteur geworden. Bereits im Mai des Jahres war unsere Familie von Köln nach Bonn in den Rheinweg/Ecke Lahnweg umgezogen, weniger als einen Kilometer entfernt von Bundeskanzleramt und Bundestag. Mich aber zog es, meist auf dem Fahrrad, auf den Venusberg, in die höhere Ebene des Kottenforstes, eines Waldgebietes, von dem es heißt, dass hier Wald war und ist seit Urzeiten.

Ehrgeiz, Geltungsstreben hatte ich schon! Sie trieben mich an, mit Zeitungsartikeln mir einen Namen zu machen. Mein Streben freilich nach mehr literarischem denn journalistischen Ausdruck verursachte mir Schwierigkeiten, besonders beim Vorspann, der Einleitung eines Artikels. Da ging es mir oft mehr um innere, um einstimmende Stilelemente und weniger ums Sachliche, ums Informative. So wurden oft, schmerzlich und ernüchternd für mich, meine so wohlgesetzten Vorspänne einfach umgeschrieben.

Mich aber hatte erneut Hölderlin erfasst. Ich vertiefte mich in sein Werk, las mit neuer Begeisterung seine Hymnen, seine Gedichte.

Mit gelben Birnen hänget
Und voll mit wilden Rosen
Das Land in den See,
Ihr holden Schwäne,
Und trunken von Küssen
Tunkt ihr das Haupt
Ins heilignüchterne Wasser.

Weh mir, wo nehme ich, wenn
Es Winter ist, die Blumen, und wo
Den Sonnenschein,
Und Schatten der Erde?
Die Mauern steh'n
Sprachlos und kalt, im Winde
Klirren die Fahnen.

„Hälfte des Lebens" heißt das Gedicht, das mich immer wieder ergriff und eine unheimlich prophetische Ahnung seines Lebens ist, denn Hölderlin fiel in der Hälfte seines Lebens immer mehr in eine Art von Umnachtung.

Die Gegensätze des Lebens, die er in seinem Werk stets versöhnen wollte in der „Idee des Ganzen", im „Heilsbild" des Friedens – die grausigen Gegensätze des Lebens, am 12. Juni 1964 waren sie aufgebrochen in ihrer Ungeheuerlichkeit, in ihrer unfassbaren Schrecklichkeit – für mich, für die Stadt Köln, für das ganze Land.

Die Vortage waren unerträglich schwül gewesen. Auch am 11. Juni war es so, als der 42jährige Walter Seifert am Vormittag bewaffnet mit einem selbstgebauten Flammenwerfer und einer Lanze in die alte Schule von Volkhoven eindrang, einem Vorort im Norden Kölns. Er verletzte 28 Schulkinder so schwer, dass acht an ihren Brandwunden starben, und tötete zwei Lehrerinnen. Eine von ihnen war einst

Seiferts Klassenlehrerin gewesen. Tagelang war Köln wie im Schock erstarrt. Der Täter, ein Frührentner, hatte sich von Behörden ungerecht behandelt gefühlt, hatte in unfassbarer, nicht nachvollziehbarer Rache seine Wahnsinnstat begangen. Auf der Flucht, von einem Kriminalbeamten angeschossen, hatte er ein Pflanzengift genommen und war im Krankenhaus verstorben.

Die Untat – welch grausige Gegensätze hat unser menschliches Dasein – erkennbar im Attentat von Volkhoven, in all den Verhängnissen der Epochen, der Völker und Kriege! Und dennoch – eine einzige Blume schon, ihr blätter-strahliger Widerschein der Sonne – sie allein schon unter den Unzähligen, kann Trost sein, kann Offenbarung sein, die alles Dunkle verblassen, vergehen lässt. Auch Hölderlins Lebensschicksal – seine Umnachtung in der zweiten Lebenshälfte – es weicht zurück vor seinem einzigartigen Werk, vor der Verheißung seiner dichterischen Offenbarung.

Alle Gegensätze sind überwindbar. Das Geteilte, das Abgesonderte mag es noch so verdreht sein, im Wirrwarr der Spannungen kann doch die Einheit des Ganzen werden; und über den Kriegen kann er leuchten - der Regenbogen als Verheißung des Friedens! Ich las erneut den Briefroman Hyperion, befasste mich mit Grundbegriffen von Hölderlins Poetik und Philosophie. Wirklich überzeugt hatte ich Renate bisher nur mit meiner kleinen Erzählung, ihre Seele wirklich berührt bisher nur mit Dichterworten.

Bei Hölderlin, im Umfeld seiner geistreichen Deuter, fand ich gedankliche Bestätigung. Einheit mit Allem, eben in der Versöhnung der Gegensätze, in der Überwindung des Trennenden ist für Hölderlin nur in der Dichtung möglich. Nur in der Dichtung wird Ereignis, bewegend erlebbares Ereignis, was im philosophischen Text nur gedanklich fassbar ist. Vollkommenster Ausdruck der Dichtung aber ist nach Hölderlin die Schönheit, ist der wundersame Einklang in ihr.

Irgendwann, gegen Mittag, an einem Wochentag im April oder im Mai jenes Jahres 1964 hatte ich Renate wieder gesehen. An bestimmten Tagen der Arbeitswoche nämlich konnte ich es mir erlauben, die Mittagspause auszudehnen. Ich ging dann in ein Café oder – wie an jenem besagten Mittag – zum kleinen Park am Gereonsdriesch, gleich neben Kölns ältester Kirche Sankt Gereon, dem größten Kuppelbau nördlich der Alpen.

Auf der Bank am Blumenbeet hatte ich mich gerade niedergelassen, mich vertieft in eine Hölderlin-Schrift, als ich Schritte hörte auf dem Bürgersteig der gegenüber liegenden Gebäudefront. Das vornehme Eckgebäude, das wusste ich, war der Sitz von Notar Dr. Franz Lemmens, zugleich Bürgermeister der Stadt Köln, und hatte über Eck zwei Eingänge. Vom einen zum anderen – und da kam sie tatsächlich gegangen. Für Augenblicke sah ich sie, die Herrliche, von vorne, ehe sie in dem anderen Eingang verschwand.

Auf der Bank, hinter Sträuchern hatte sie mich nicht gesehen und ich, der im Innersten Berührte, wagte es nicht, mich ihr zu zeigen. Umso unbedingter wurde mein Streben, das Trennende zwischen Renate und mir zu überwinden. Nur die Dichtung konnte zur Brücke werden. Seit dem Mai schrieb ich an einer neuen Erzählung und nannte sie „Die tönende Sonne". In ihr bemühte ich mich mit äußerster Hingabe und Einsatz, in Vollkommenheit und Schönheit, den Wandel von Schmerz zu Freude, von Dunkelheit zum Licht zu gestalten.

Es war erneut die einzige Möglichkeit für mich, die Härte ihrer Zurückweisung künstlerisch zu verarbeiten. Meine Liebe zu ihr hatte in ihrer Übermacht wahrhaftig eine tragische Dimension. Im Übermaß ihres Leides hätte sie auch in einer Tragödie enden können.

Die Wende zum Lichten hin, die Befreiung der Seele aus der Düsternis hatte ich nach den Stunden fließender Tränen geradezu als Erlösung erlebt. Aber war das eine endgültige, eine dauerhafte Erlösung aus solcher Liebesqual? Ich ahnte, dass ein Schicksalsmotiv angeklungen war, in dem sich mir das Gebot, der Auftrag meines Lebens noch gnädig verbarg. Ich ahnte, dass ich das Kommende nur bestehen, nur meistern würde, wenn ich mich aufraffte zu Mut und Zuversicht, zu Grundsätzen eines schicksals-bejahenden Denkens und Fühlens.

In lyrisch anmutender Verklärung sind solche Leitmotive fürs eigene Leben, für die eigene Zukunft ausgesprochen und bekräftigt. So heißt es – hier mit leichter Kürzung - auf den beiden ersten Seiten der neuen Erzählung:

„Der Schein des Mondes, der auf die Erde fiel, war unbeständig wie das Leben. Unwirklich, als sei er nur eine Ahnung des Lichtes, schien er in der Dunkelheit des Waldes auf, um Augenblicke später wieder zu entschwinden. Der Jüngling, der unter kahlen Bäumen ging, schaute zum Himmel empor. Hell schien der Mond und die dunklen Wolken wanderten.

'Groß und rund bist Du wieder, wandelnder Mond', sprach der Jüngling, 'stark strömst Du im Wellenlicht auf die Erde nieder und weckst die Seelen, die Dir verbunden sind. Auch ich, der ich Dir oft ins Antlitz sah, ob es eisig winterlich war oder schwärmerisch leuchtete in der Nacht, auch ich bin wieder hinaus in Deine Welt gegangen. Zwar bewegst Du mich wieder, wie Du das Meer bewegst, aber nicht wehmutsvoll, wie ehedem, sind davon meine Augen. Du warst das Bildnis meiner Schmerzen. Meine tränenvollen Augen sahen Dich, und Du schienst ähnlich schmerzbewegt. Und wenn auch Dein Leiden nur vermeintlich war, Du nahmst mir die Einsamkeit des Schmerzes.'

Der Jüngling verstummte. Er schloss die großen, blauen Augen. Vergangenes sollte vor seinem inneren Auge wieder erstehen.

Die Vergangenheit trat vor den Jüngling. Er sah das schöne Mädchen lächeln und sprach: 'Ich sah es und verlor es und erlitt unsagbar tiefen Schmerz. Ich sank in Finsternis. Ach, wer die Sonne liebt und jemals in dunklen Räumen irrend, das goldene Licht verloren wähnte, Oh, der begreift den Schmerz, der mich befiel. Denn wie die Sonne war sie mir erschienen, die hohe Gestalt mit dem blonden Haar und den schönen braunen Augen. Mit ihr, der Abweisenden, wich die Freude aus der Welt. Ich war dem Schmerz verfallen. Ich liebte sie als meine Seele, und unbegreiflich war es mir, dass meine Liebe unerwidert blieb. So litt ich und mein Mund sprach immer wieder nur das eine Wort: Warum?'

Doch wie der schlimmste Sturm weicht, wenn er sich ausgestürmt hat, so wich die Schwermut. Der Sog verging, die Wogen schwanden, und aus bewegungsloser Stille hob sich die Seele in den lichten Raum. Und nicht nur Licht um mich. Ich ahne Licht in mir, das einst wie eine Sonne strahlen wird. Ich hoffe nun, strebend komm' ich dem eigenen Glücke näher, und auf dem Flug zu ihm bebt ahnungsvoll in mir Erwartung.'

Der Jüngling hob das Haupt, er hob die Arme in den Himmel, und klar und hell klang seine Stimme: 'Mond, du schwermütiger Ton des Sonnenlichts, verstehst Du nun, warum ich nicht mehr traurig bin? Ich höre Klänge vom heiteren Lied der Sonne. Ihr dunklen Wolken, die der Wind dem Tag entgegen treibt, ich eile euch unendlich weit voraus und schaue schon die lichte Welt, die einst entstehen wird.'"

Anfang Juli hatte ich die zwölfseitige Erzählung mit einem kurzen Brief versehen, sie sorgfältig eingesteckt in den versteiften Umschlag

– den Umschlag hatte ich schon eingeschoben in den Briefkasten an der Kölner Hauptpost, ihn dann doch noch, wie zur Vergewisserung, einen Moment in der Hand behalten, ehe ich den Brief mit entschlossenem Schwung in den großen gelben Behälter stieß.

Die zweite Erzählung – wie würde Renate sie aufnehmen? Ich wusste ja bereits, dass Renate nach ihrem Abitur eine Berufsausbildung beim Notar begonnen hatte. Vielleicht, so schrieb ich, habe sie zum Ausgleich Lust auf eine neue Geschichte.

Ihre Antwort kam postwendend. Schon am Tage darauf schrieb sie mir einen doppelseitigen Brief. *„Aus Nacht zum Tag"*, das Leitmotiv meiner Geschichte aufgreifend, bekannte sie. *„Ob Sie es glauben oder nicht – Sie haben darin genau meine Gedanken und Gefühle des letzten Jahres wiedergegeben. Damals, als wir uns kennen lernten, habe ich noch nicht gewusst, was es heißt, einen geliebten Menschen – aus was für Gründen auch immer – aufgeben zu müssen. Jetzt aber weiß ich, wie viel Schmerz es kostet.*

Inzwischen ist aber wieder so viel Zeit vergangen, dass auch mein Herz nicht mehr so schwermütig und schmerzerfüllt ist; auch für mich scheint die Sonne wieder. Nur noch manchmal überkommt mich eine übergroße Traurigkeit.

Es tut mir sehr leid, dass Sie damals so viel haben leiden müssen, weil ich so gar nichts von Ihnen habe wissen wollen. Aber Sie wissen ja, wenn man einen Menschen von ganzem Herzen liebt, dann hat man für niemand anders mehr Sinn. – Ich bin froh, dass Sie inzwischen auch Ihren Schmerz überwunden haben. Sie haben sicher wieder ein nettes Mädchen mit blondem Haar kennen gelernt und tragen jetzt auch für sie wieder Liebe im Herzen. Nur die Liebe allein ist ja die Sonne des Lebens und natürlich die Musik, sie hilft auch über vieles hinweg!"

Ihren damaligen Freund, von mir im hochmütigen Affekt Buchhalter genannt, hatte Renate ohne Angabe von Gründen aufgeben müssen, mittlerweile aber, wie sie weiter ausführte, sei sie mit einem wirklich sehr netten Jungen vertraut, der unendlich viel Einfühlungsvermögen und Geduld habe aufbringen müssen, weil sie immer wieder, immer noch von dem anderen habe sprechen, habe erzählen müssen.

„Aber durch seine überaus große Liebenswürdigkeit und Geduld hat er es fertig gebracht, dass ich den anderen immer mehr vergaß und ihn immer mehr lieb gewann, ja, dass ich jetzt sogar anfange, ihn zu lieben."

Im Herzen war ich von Renates Mitgefühl berührt. Ich fühlte mich persönlicher angesprochen, endlich ein wenig mehr von ihr angenommen, da sie Liebesleid nach eigenen, bitteren Erfahrungen zu ermessen begann. Sogleich antwortete ich ihr, bekannte mich zwar erneut zu meiner Liebe zu ihr, betonte aber, dass ich ihre neue Liebe um Gottes willen nicht stören wolle. *„Ich freue mich"*, so schrieb ich ihr, *„dass die Schwermut wieder von Ihnen gewichen ist. Ich hoffe, dass es eine Liebe ist oder Sie sich diese noch erschließen, die tief und stark genug ist, um ein Leben lang zu währen."*

Ich gestand ihr, dass ich enttäuscht war über ihren Brief. Schmerzliche Schwermut habe mich deshalb aber nicht befallen. *„Offenbar sollte meine Liebe zu Ihnen nur in mir selbst eine Entwicklung auslösen, die ich verheißungsvoll nennen darf. Liebes Fräulein Müller, zu dem Kommenden, das meine bisherigen Arbeiten nur erahnen lassen, haben Sie den Anstoß gegeben. Dafür danke ich Ihnen von ganzem Herzen. Vielleicht haben Sie das Vertrauen zu mir, sich, wenn Sie den Rat eines unbefangenen Menschen brauchen, an mich zu wenden. Ich wäre jedenfalls glücklich, Ihnen dann helfen zu können."*

Große Worte waren das – mit ausgesprochen selbstsicher anmutender Sinngebung des bisherigen Geschehens! Wahrhaftig – von mir ehrlich gemeint und ehrlich gesagt! Aber doch ohne Ermessen! Wer weiß schon so genau um sich selbst und um das Kommende! Wer weiß um Widersprüche zwischen Ideal und Wirklichkeit, zwischen redlicher Bereitschaft und tatsächlicher Fähigkeit und Stärke! Sie zeigen sich erst im Ereignis, vom Leben ausgelöst und entrollt. Und das Ereignis – es überfiel mich geradezu mit enthüllender Macht.

Am 3. September 1964, an einem Freitag, geschah es. Vor anderthalb Jahren waren wir, wie bereits erwähnt, von Köln nach Bonn verzogen. Statt mit dem Fahrrad war ich nun mit der Rheinuferbahn zwischen den Städten unterwegs. Auch an jenem Freitag. Gegen Abend war ich nach meinem Arbeitstag in der Redaktion zu Fuß unterwegs vom Pressehaus zum Rheinuferbahnhof, der unten am Strom liegt, hinter dem Hauptbahnhof. Am Dom, auf dem großen Vorplatz geschah es – vor dem doppel-türmigen Westwerk mit dem Hauptportal.

Auf dem Platz dahinschlendernd sah ich plötzlich Renate auf mich zukommen. Ich sah sie, Hand in Hand mit ihm… Das Paar, so liebend einander zugewandt, so traulich miteinander verbunden, versetzte mir im Augenblick einen solchen Stich im Herzen, dass ich jäh den Gang beschleunigte und flüchtig grüßend an den beiden vorüberstürmte.

Ob es wirklich so sonderbar gewirkt hatte, wie es mir unmittelbar danach mit erschauernden Sinnen erschien? Mir jedenfalls war der Gegensatz zwischen meinem weisheitsbetonten Brief und meinem geradezu unreif-pubertären Verhalten so peinlich, so entlarvend, dass ich nur mit einem langen erläuternden Brief an sie, an Renate, darüber hinwegkam.

„Ich bin doch ein rechter Kindskopf, dessen Verhalten vorherigen Worten krass widerspricht...“, so begann ich den Brief, um fortzufahren: *„Nach meinem letzten Brief hätte ich zumindest einige freundliche Worte mit dem Liebespaar wechseln müssen, wenn mich auch mit dem weiblichen Teil eine schicksalhafte Begegnung verbindet. Ich hätte mich wohl auch so folgerichtig verhalten, denn meine Gesinnung ist dieselbe geblieben, wenn mich nicht die Überraschung und Ihr Verhalten – es erschien mir, als übersähen Sie mich absichtlich – in eine Seelenverfassung gebracht hätte, die noch im vorigen Jahr meine alltägliche war. Für Augenblicke fühlte ich mich als Liebhaber, fühlte ich wieder in aller Stärke den Schlag des Schicksals und ging ohne die Einsicht, den Abstand des Geistes, ein unglücklich Einsamer an zwei glücklichen Menschen vorüber.“*

Der an sich harmlose Zwischenfall war symptomatisch für meine Lebensproblematik. Er war eine Vorwarnung auf die Geschehnisse im April des folgenden Jahres. In der Zwischenzeit, in der Vorweihnachtszeit des Nikolaus, gab es freilich noch ein Zwischenspiel, dessen zeichenhafte Bedeutsamkeit sich mir erst in der weiteren Zukunft entschlüsseln sollte.

Begünstigt durch meinen Vater sollte das Jahr 1964 zum Jahr der Reisen werden, von mir genutzt zu journalistischer Berichterstattung und zur Absendung von Postkarten an die Hochgeliebte in Köln-Klettenberg. Im Frühling war ich mit Vater in Portugal gewesen, in Lissabon und in der Algarve, im westlichsten Staat Europas, von dem aus die neuzeitliche Welt-Entdeckung und Welteroberung begann. Im Oktober dann war es eine kontrast-geladene Reise nach Moskau und Leningrad – merkwürdigerweise genau in den Tagen, da der volkstümlich derbe, aber schlaue Nikita Chruschtschow hinter den roten Kreml-Mauern entmachtet wurde.

Nach Köln, in die Redaktion zurückgekehrt, traf auch mich der Schlag einer unerwarteten Veränderung. Vielleicht hatte mein teilweise gelungener Drang zu höheren journalistischen Ehren eine gewisse

Verärgerung in der Kölner Lokalredaktion ausgelöst, vielleicht waren auch meine Artikel über die Glasfenster in Kölner Vorortkirchen und die dabei aufkommenden Gottes- und Engelfragen für die Entscheidung des Lokalchefs ausschlaggebend – zurückgekehrt aus der Sowjetunion, verlor ich jedenfalls mein Quasi-Ressort. Mir wurde die Federführung der Kölner Vorortbeilagen ohne Ankündigung und Absprache entzogen. Die wöchentlich einmal erscheinenden Beilagen hatte ich nach Beendigung meines Volontariats übernommen.

Irgendwie und damit nicht ohne Gefahr hing ich in der Redaktion in der Luft. Nirgendwo wirklich etabliert, ohne Abitur und Studium, war ich mir durchaus meiner Gefährdung bewusst. Bei der Montagkonferenz der Kölner Lokalredaktion wagte ich mich deshalb Ende November mit dem Vorschlag in den Vordergrund, als Nikolaus ins Kölner Rathaus zu den Oberhäuptern der Stadt zu ziehen.

Die spannende Frage war: Würde der vorweihnachtliche Bote des Himmels alle Vorzimmer-Barrieren ohne irdische Abweisung überwinden können? Mein kühner, vom Ressortchef sogleich angenommener Vorschlag stieß mich in den Tagen darauf in ein unentwegt flackerndes Lampenfieber. Erst als ich in einem Kostümverleih die infrage kommenden Gewänder erblickte, kam eine gewisse Erleichterung über mich. Schlagartig war mir klar, dass im „*Hilligen* Köln" nur das ehrfurchts-gebietende Bischofsgewand mit der kreuz-besetzten, hochgezogenen Mütze infrage kommen konnte und nicht die rote, altheidnische Kutte des Weihnachtsmannes. Ihm, dem Nikolaus im Kirchengewand, würden sich in Köln am ehesten die hohen Türen öffnen, zumal er ja ohnehin vom heidnischen Überbleibsel, dem dunklen, ruten- und sackbewaffneten Hans Muff, begleitet wird.

Die Erscheinung des Nikolaus war generalstabsmäßig vorbereitet worden. Bereits nahe dem Rathaus hatten wir, der Nikolaus mit Hans-Ulrich Wiersch, Fotograf und Hans-Muff-Darsteller, das Auto geparkt, als die Redaktion mittels fingierten Anrufen auskundschaftete, ob die hohen Herren in ihren Diensträumen anwesend waren. Nach ungewissen Minuten hieß es dann über Autotelefon: Grünes Licht für den Nikolaus. Zu Fuß stapften wir über die Straße, über den Vorplatz zum großen Eingangstor des Kölner Rathauses.

Vor mir, dem Nikolaus mit dem langen, im Kreis endenden Bischofsstab, öffneten sich tatsächlich Tore und Türen zum Oberbürgermeister Theo Burauen, zum Oberstadtdirektor Dr. Max Adenauer. Gastlich-freundliche Offenheit herrschte beim schwarz-katholischen

Sohn von Konrad Adenauer, dem ersten Bundeskanzler des Bundesrepublik Deutschland. Nur der SPD-rote Referent von Oberbürgermeister Theo Burauen war im Gegensatz zu den begeisterten Vorzimmerdamen misstrauisch. Ihm musste flüsternd hinter vorgehaltener Hand die wahre Herkunft des Nikolaus verraten werden. Und sein Chef, der in Köln höchst populäre Theo Burauen, empfing den Nikolaus-Bischof zwar in allen Ehren, bemerkte aber irgendwann treffend: „Aber ein Kölscher bist du nicht."

Mein Nikolaus-Auftritt – vom Hans-Muff-Fotografen aus dem Schlitz seines Gewandes mit eindrucksvollen Audienz-Bildern dokumentiert – war ein Riesenerfolg. Meine Stellung in der Redaktion hatte er gefestigt, auch bei Renate. Sie schrieb sogleich einen begeisterten Brief, in dem sie lebhaft bedauerte, dass ich nicht einen Tag vorher im Vorzimmer von Bürgermeister Dr. Franz Lemmens gewesen sei. Dann hätte ich sie dort angetroffen und auch ihren Chef, den Bürgermeister. Ihn, den angesehenen Kölner Notar, hatte ich tatsächlich im Rathaus vergebens aufgesucht.

„Ob ich Sie", so schloss Renate ihren Brief, „im Bischofsgewand erkannt hätte?"

Höchst willkommen war es mir, das Gewand, nur für den gewagten Auftritt gewesen! Fragwürdig, zwiespältig aber erschien es mir als das Gewand der Kirche. Spannungsträchtige Ambivalenz, aufwühlende Gegensätzlichkeit bestimmte mich, mir selbst oft noch unbewusst, im Umgang mit allem Kirchlichen. Kirchen an einsamen Stätten, auf Bergen sowie Dome und Münster im Umfeld der Stadt übten zwar starke Anziehungskraft auf mich aus, aber immer wieder störte mich Bestimmtes, etwa ein zu orientalischer Baldachin über dem Altar, die Überfülle von stilwidrigen Beigaben und überhaupt der ganze Gottesdienst, ob er nun katholisch oder evangelisch war.

Dennoch oder gerade deswegen beschäftigten mich unentwegt Grundfragen von Gott, Mensch und Schöpfung; Bereiche, die von Außenstehenden eher als kirchlich eingeschätzt wurden und werden. Das galt auch für grundlegende Einstellungen zu Liebe, Treue und Ehe, die wenige Monate später im Briefverkehr mit Renate aufkamen.

Am Montag, dem 22. März des Jahres 1965, zog unsere Familie um – von Bonn nach Bensberg, ins Bergische Land unmittelbar östlich der Kölner Stadtgrenze. An der Ecke Rheinweg/Lahnweg stand schon der große Möbelwagen. Unser Wohn- und Arbeitszimmer war schon aus dem ersten Stock hinunter getragen, war bereits zwischen den hohen Wänden des Lastwagens verstaut, als ich, beim erneuten Hinuntergang, unten im Hausflur, im Briefkasten einen weißen Umschlag entdeckte. Es war nicht zu fassen: Er kam tatsächlich von Renate.

Meine Ansichtskarten, die jüngste stammte aus der Bonifatius-Stadt Fulda, hatte sie ausgerechnet an unserem Umzugstag beantwortet. Ich trug den Brief wie ein Kleinod im Anorak über dem Herzen – ungeöffnet. Erst am Abend, nach dem anstrengenden Tag, las ich ihren langen Brief, erfuhr ich von ihrem akuten Problem. Renate schrieb: *„Zwischen meinem Freund und mir klappt es in letzter Zeit nicht mehr so gut. Wissen Sie, er muss nämlich mindestens noch fünf Jahre studieren, und heute (am 20. März) hat er mir gesagt, dass er nicht glaubt, noch so lange warten zu können; er möchte sich lieber noch ungebunden fühlen. Ich habe so das seltsame Gefühl, dass das wieder einmal der Anfang vom Ende ist."*

Diese, ihre Worte griff ich in meiner Antwort auf. Ich nannte sie, wieder vielleicht zu abgeklärt oder gar zu wirklichkeitsfremd, die Enttäuschung, die herbe Ernüchterung einer edlen, hohen Erwartung.

„Im Gegensatz zum Mann", so schrieb ich ihr eine Woche später, *„empfindet die Frau in der Liebe ausschließlicher. Das Verhältnis zu einem Mann, den sie liebt, hat für sie in der Regel immer ein Ziel, die Bindung in der Ehe. Von Anfang an fühlt sich die Frau verantwortlicher in der Liebe, das liegt in ihrer Natur. Sie gebärt ja das Leben, das nur in geborgener Sicherheit gedeihen kann. Freilich, es gibt viele Mädchen, die diesen natürlichen Ernst, in dem schon das Mütterliche wirkt, verloren haben, sich heute dem einen und morgen dem anderen Mann hingeben. Aber wie bedauernswert sind diese Geschöpfe, sie haben längst den beglückenden Zauber des Mädchens und der Frau verloren, der ein Leben lang zu binden vermag.*

Ihre Ungewöhnlichkeit, liebe Renate Müller, liegt wohl weniger in irgendwelchen hervorragenden Fähigkeiten, vielmehr ist es Ihre Schönheit, die Harmonie Ihres Wesens, die Sie auszeichnet und die Sie so liebenswert macht. Es ist die Ausschließlichkeit, mit der Sie einen Menschen lieben. Sie schenken dem Mann das höchste Glück. Der verantwortungsvolle Mann wird das zu schätzen wissen. Er ist sich bewusst, welche Verantwortung er gleichzeitig trägt. Denn solche Liebe, solche Innigkeit bindet ihn. Wenn er in dieser Ausschließlichkeit die Liebe nicht bejahen kann, dann muss er sich von dem Mädchen trennen, ehe es zu spät ist.

Ihre Enttäuschung, von der ich am Anfang des Briefes sprach, brachte die Erfahrung mit sich, dass Sie nicht so ausschließlich, so unbedingt geliebt werden, wie Sie selbst liebten. Sie haben aber auch", so schloss ich meinen Brief ab, „*sehr viel von einem jugendlichen Mann verlangt. Er, der sozusagen noch ein Jüngling ist, ist oft so sehr in der eigenen Entwicklung begriffen, noch so mit sich selbst beschäftigt, dass er sich noch nicht binden kann. Allerdings darf er dann vom Mädchen nie etwas fordern, das nur in der ehelichen Bindung Glück bringend sein kann. Daran ändert das unheilvolle Geschwätz mancher Leute zumindest für unseren Menschenschlag nichts!*"

Renate antwortete postwendend. Ihr Brief war bedeutsam und folgenreich. Sie bedankte sich für meine so offenen Worte: „*Inzwischen habe ich erfahren*", so schrieb sie, „*wie Recht Sie haben. Im ersten Augenblick hat mir Ihr Brief sehr weh getan. Ich habe gedacht, ach, der kann ja nur so reden, weil er den Klaus nicht kennt. Aber jetzt weiß ich endgültig, dass alles aus ist zwischen uns beiden. Er hat ein anderes Mädchen kennen gelernt, das wahrscheinlich viel netter ist als ich. Wenn ich bloß wüsste, was ich machen soll; im Augenblick sieht alles so trostlos aus; ich glaube, mich mag überhaupt niemand mehr leiden.*"

Und dann folgten Sätze, die trotz der vorherigen, mädchenhaft rührenden Worte für ihre Klarheit, für ihren Wirklichkeitssinn sprechen sollten – jedenfalls einige Wochen später wurde es offenbar, als alles vorbei war.

„*Auch Sie machen sich bestimmt ein ganz falsches Bild von mir. Sie können mich ja gar nicht kennen, weil Sie mich doch erst ein paar Stunden alles in allem gesehen haben. Sie wären bestimmt auch enttäuscht, wenn Sie mich länger kennen lernen würden. Auch ich kenne Sie ja auch nicht persönlich, sondern nur aus Ihren Briefen; die haben mir allerdings sehr gut gefallen, es ist einfach wunderbar, wie Sie Ihren Gedanken Ausdruck verleihen können, mir wird das nie gelingen.*"

Schlag auf Schlag aber folgten danach, eben in demselben Brief ihre Vorbehalte, ja ihre geradezu erschreckenden Erfahrungen, die sie mit mir hatte machen müssen. Renate bekannte offen und geradezu: „*Aber trotzdem hat es mich manchmal erschreckt, mit was für einer Sicherheit Sie an die Dinge herangehen, auch damals war ich erstaunt, ja ich habe regelrecht Angst bekommen, als Sie so deutlich und beherrschend mir Ihre Liebe erklärten. Ich war noch viel zu jung, um das zu verstehen. Ich habe mich damals so ablehnend verhalten, weil ich in Ihnen keine Hoffnungen erwecken wollte, die ich nicht erfüllen konnte. Auch jetzt hätte ich Angst, mich mit Ihnen einmal mündlich auszusprechen, denn ich möchte Ihnen nicht noch einmal so viel Schmerz bereiten wie vor einigen Jahren."*

Ihr Brief ergriff mich. Ihre Anregung, sie einfach mal anzurufen, war mir jedoch unmöglich. Im Überschwang bestürzend starker Gefühle setzte ich mich noch am selben Tag hin, es war ein freier Samstag, und schrieb: *„Meine liebe Renate, unzulänglich, unvollkommen fühlt sich nur ein Mensch, der das Vollkommene ahnt. Der Mensch, der ein großes Kunstwerk, wie eine Beethovensche Sinfonie, die Lebewesen der Natur, den gestirnten Himmel, diese funkelnd schweigende Unendlichkeit, zu erleben vermag, ist zumindest verwandt mit diesen Welten, wenn er ihnen nicht sogar schon gleicht und sei es nur für hohe Augenblicke. Durch das Erlebnis ahnt dieser Mensch, mehr oder weniger bewusst, das Geheimnis des Lebens schlechthin, jene alles-erströmende, jene alles-erhaltende Liebe des kosmischen Wesens. Schweigend erlebt der Mensch das Unsagbare, Ehrfurcht macht ihn unsagbar bescheiden. Nur der Vermessene, der sich vor der Schöpfung verschließt, seinen kleinen Geist zum ausschließlichen Mittelpunkt macht, um den die Welt zu kreisen hat, dieser Wahnerfüllte verliert alle Ehrfurcht vor dem Leben..."*

Den langen, emphatisch sich fortsetzenden Brief sandte ich nicht ab. Warnend war mir mein brieflicher Missgriff vor drei Jahren gegenwärtig, als ich Renate mit meiner Liebeserklärung überfiel. Am Tag darauf ließ ich das „Meine" weg in der Anrede, verlegte ich mich mehr auf psychologische Erklärungsversuche zu Renates schmerzlich empfundener Unzulänglichkeit. So schrieb ich ihr: *„Unzulänglich, unvollkommen sind wir Menschen alle. Diese Erkenntnis haben aber nur die Menschen, die in irgendeiner Weise etwas Vollkommenes ahnen. Sie fassen sich selbst nicht mehr als etwas Endgültiges auf, das kein Schicksalsschlag mehr zu einer Veränderung nötigen darf. Sie sind, wenn man so will, sich selbst in einer Stunde des Schmerzes gegenüber getreten; wie in einem Spiegel haben sie sich gesehen und sich als ein Wesen erkannt, dass sich beständig entwickelt.*

Schmerzen, die wir wegen irgendwelcher widrigen Ereignisse ertragen müssen, künden eine innere Wandlung an. Die bisherige Weltsicht ist schicksalhaft erschüttert worden, vom Liebgewonnenen, vom Vertrauten müssen wir uns lösen. Die Schmerzen, die wir dabei empfinden, scheinen unerträglich zu sein. Sie nötigen den Geist über die Ereignisse nachzudenken und sie zu begreifen.

Wenn der Geist das Problem durchdringt, wenn er sein Schicksal bewältigt, dann, allerdings nur dann, ist er durch das Leid, die Schmerzen reifer und damit freier geworden. Die Bewältigung des Schicksals durch den Geist entspricht wohl mehr dem männlichen Wesen. Bei der Frau vollzieht sich die Wandlung unbewusster, sie empfindet alles. Sie leidet tagelang, lässt die Schmerzen ungehindert schmerzen, bis sie von selbst milder werden. In der großen Erleichterung, die in erlösender Weise auf alle Erschütterungen folgt, erscheint die Welt dann wie neugeboren.“

Das Schicksal mit dem Geiste zu bewältigen, es zu lösen, es gar zu erlösen – Ist das wirklich möglich? Hatte ich mein Schicksal mit Renate wirklich schon gemeistert? Voller Zuversicht war ich, im brennenden Wunsch ihr zu genügen, ihr auf jeden Fall der bewährte Berater, der Vertraute zu sein – in diesem Bestreben ging ich im Brief auch auf Renates Vorbehalte mir gegenüber ein: *„Deutlich haben Sie meine Unzulänglichkeiten angesprochen. Es erschreckt Sie manchmal, so schreiben Sie, mit welcher Sicherheit ich an die Dinge herangehe. Wie Recht Sie mit Ihrem Empfinden haben, auch mit der Feststellung, dass Sie regelrecht Angst hatten, als ich Ihnen damals so deutlich und beherrschend meine Liebe erklärte. Damals war ich in tiefster seelischer und geistiger Not, ich war furchtbar unsicher und suchte, diesen Seelenzustand durch eine betonte Sicherheit zu überwinden. Aber diese künstliche Sicherheit, die lediglich eine Willensanstrengung war, hatte etwas Dämonisches, etwas Bedrückend-Beklemmendes in der Wirkung auf den anderen Menschen.*

So war meine Liebeserklärung, die so aufrichtig gemeint war, tyrannisch, sie war wie ein Schrecken erregender Vulkanausbruch. Ich habe sie nur deshalb so deutlich ausgesprochen, weil ich glaubte, Ihnen nur dann näher treten zu dürfen, wenn ich Ihnen in aller Offenheit meine Liebe erklärte. Im Grunde genommen, fühlte ich mich Ihrer Zuwendung gar nicht wert...“

Nachdem ich sie um Verzeihung gebeten hatte, endete mein Brief mit den Worten: *„Die schreckliche Zeit, in der ich in dieser fürchterlichen Not war, ist Gott sei Dank vorüber! Haben Sie denn wirklich immer noch Angst, sich mit mir auf einem Spaziergang oder wo es auch immer sei, auszusprechen?“*

Renate hatte den Mut zur Begegnung, sicherlich trotz Ihrer ahnungsvollen Bedenken. Sofort, am Tag nach dem Briefeingang, rief sie mich an – in der Redaktion. Ich hatte ihr meine Dienstnummer angegeben, weil wir in Bensberg noch ohne Telefonanschluss waren. Dennoch – als ihre Stimme in der Ohrmuschel klang – war ich völlig überrascht, so beklemmend überrascht, dass ich, der Wortgewandte, ziemlich wortkarg, ziemlich hilflos und verhalten war. Ihr Anruf hatte mir die Sprache verschlagen.

Zwar kam es dennoch zu einer Verabredung, aber kaum hatte ich den Hörer aufgelegt, erschien mir mein eigenes Verhalten so befremdlich, so peinlich, dass ich die Redaktion verließ, um Renate noch einmal auf der Straße, von der Telefonzelle aus, anzurufen. Das Treffen war vereinbart. Unter an der Ecke, am hoch geschossigen Pressehaus; dort, wo sich Breite Straße und Neven-DuMont-Straße kreuzen, dort sollte ich sie morgen wieder sehen; dort wollte sie, die Unvergleichliche, mit mir zusammen treffen.

Morgen, am Donnerstag, dem 8. April, am Abend um 19 Uhr sollte es geschehen: Eine Anspannung, eine Spannung, unheimlich, sich ständig steigernd, hatte mich erfasst; ein Seins- und Gefühlszustand, der in seiner Unbedingtheit, in seiner Totalität einem völligen Ausgeliefert-Sein gleichkam. Stunde für Stunde, Minute für Minute – der näher rückende Zeitpunkt ließ all meine Sinne vibrieren. Erst allmählich dämmert mir die Ahnung, erhellt sich mir der Horizont eines Begreifens, was in jenen jäh sich enthüllenden Momenten geschehen ist, als ich einige Minuten früher, von der Breite Straße herkommend die Straßenecke erreichte und sie, die schon Wartende, erblickte.

Mit Selbstbeherrschung, mit der Rücknahme von Wünschen und Gefühlen in überstarker Pflicht- und Opferbereitschaft – kurz mit einem Geist, der Abstand zum Leben und dadurch die Oberhand zu halten suchte, hatte ich insbesondere die überwiegend schrecklichen Jahre der Kaufmannslehre ausgehalten, sie überstanden. In jenem Augenblick aber der Wiederbegegnung an der Straßenecke übermannte es mich wie eine Flut, riss es mich hinfort in die Unausweichlichkeit des Geschehens. Was hatte ich eigentlich, mir unbewusst in meiner Befangenheit, von diesem Augenblick erwartet? Ein glückseliges Erschauern wie damals vor drei Jahren, als sie, eine Göttin mir, durchs Tor herein trat in den Brühler Festsaal?

In der lebhaft bemühten Erinnerung erahne ich, dass es unsagbare Enttäuschung war, die mich erfasste. Als es geschah, da geschah es einfach mit mir, ohne dass mir irgendeine Überlegung, eine Erwägung möglich war. Nach steif-verhaltener Begrüßung hatte ich wohl betreten sekundenlang geschwiegen, so als sei mein Gehirn ausgefallen. Aber dann brach ein unentwegter Wortschwall aus mir hervor, an dessen gedankliche und geschichtenträchtige Überfülle ich kaum noch eine Erinnerung habe. Ich entsinne mich, dass wir uns schnell auf einen Spaziergang geeinigt hatten. So gingen wir, natürlich nicht Hand in Hand, sondern im abständigen Nebeneinander am Dom, am Hauptbahnhof vorbei, auf der Hohenzollernbrücke über den dunkel schimmernden, dahin ziehenden Strom hinüber auf die andere Rheinseite.

Das Gedächtnis weckt mir doch noch einen Gesprächsinhalt, der meinen endlosen Monolog zeitweilig unterbrach. Schemenhaft ungefähr, mit Gedächtnislücken haften sie an Bildern der Erinnerung, an den winterkahlen Bäumen, an den Sträuchern, damals Anfang April erst im Aufbruch der Knospen – sie haften an den noch winterlich verschlossenen Pflanzen, an denen wir im Rheinpark vorbeigingen.

Zukunftspläne, offensichtlich zu schwärmerisch von mir entworfen und in Renates Ohren großsprecherisch klingend, hatten ihren Widerspruch erregt. Zur verheißungsvollen Zukunft, zum segelblähenden Aufschwung in ferne Zeiten hatte mich Renates Anerkennung für meinen Nikolaus-Erfolg verleitet. Sehr betont sprach sie meinen Rathaus-Auftritt bei den Stadtobersten an, wohl um endlich meinen Redefluss zu unterbrechen, wohl aber auch, weil sie mir das bisher Erreichte bewusst machen wollte. Erneut, wie seinerzeit in ihrem Brief, bedauerte sie, dass sie gerade an jenem Freitag vor dem Nikolaustag, ebenso wie ihr Chef, der Bürgermeister, nicht im Rathausbüro gewesen sei. Ihre Würdigung gipfelte in der auffallend betonten Feststellung, wie hochinteressant, wie abwechslungsreich, wie spannend doch die Tätigkeit eines Lokalredakteurs sei.

Renate war offensichtlich bestrebt, mir den Wert eines solchen Berufsstandes mit all seinen Lebensperspektiven aufzuzeigen. Allerdings berührte sie damit einen ausgesprochen wunden Punkt meines Lebens. Auf der Aufstiegsleiter meiner Zukunftsträume war die Lokalredaktion lediglich eine Übergangsstation. Ich strebte, seltsam abgehoben vom Lebensalltag, nach Höherem, fühlte mich trotz meines Aufstiegs in die Redaktion längst schon wieder wie ein Vogel im Käfig.

Renates Lob meines Nikolaus-Auftrittes erinnerte mich umso schmerzhafter an die Tatsache, dass gerade meine eigene, romantisch angehauchte Fassung von Klaus Zöller, dem Chefstellvertreter, umgeschrieben worden war – ohne Zweifel in eine packende, zeitungsgerechte Version. Ich weiß nicht mehr, ob ich Renate diesen Tatbestand gestand. Ich weiß nur, dass meine Erwiderung auf ihre Würdigung jäh und heftig gewesen ist. Für Renate muss es eine unbegreifliche, ja anmaßende Abwertung eines angesehenen Berufstandes gewesen sein; und das heißt einer abwechslungsreichen Tätigkeit in der altehrwürdigen Reichs- und Hansestadt Köln, eben in dem festlichen, medaillen-glänzenden Ambiente seiner Würdenträger. Zugleich aber war es ja, ohne dass es mir in meinem Gefühlsausbruch bewusst wurde, eine Abwertung gerade jenes Umfeldes, in dem sich Renate selbst dienstlich und offensichtlich mit Wohlgefallen bewegte.

Selbstredend – zur Pracht einer Stadt gehört auch das Nüchterne, die kommunal-rechtliche, die kommunal-ökonomische Realität eines Haushaltsplanes – mit seinem endlosen, zu erschließenden Zahlenwerk. Die Unzahl kleiner und großer Projekte im Hoch- und Tiefbau gehört ebenso dazu wie die simple Straßenbenennung, die Aufstellung von Schildern an Gefahrenpunkten öffentlicher Straßen.

Das Finanzielle, das Technische wie das Praktische soll ja der Wohlfahrt dienen, den kleinen wie den großen Bürgern einer Stadt. Es soll Kindergärten wie Schulen, Altenheime wie Bildungs- und Begegnungsstätten schaffen, eben ein menschenwürdiges, ein selbständiges wie geselliges Leben ermöglichen mit seinen schönen, heiteren Augenblicken, die dem Alltag Farbe geben, seinem Grau in Grau.

Solche Gegenwart im Dasein, solche Verankerung in der Wirklichkeit des Lebens entsprach Renates Wesen, ließ sie sicherlich auch öde und schwere Zeiten bestehen; etwa langweilige Büroarbeit am Gereonshof, aufgelockert mit Albernheiten der angestellten Mädchen dort, von denen es, nach Aussage von Renate, gleich volle zehn gab in ihrem Notariat. In meiner Selbstbefangenheit war mir an diesem Tag nicht bewusst, dass ich bei der Übereinstimmung unserer Betätigungsbereiche nicht nur den meinigen infrage stellte, sondern auch den ihrigen. An diesem Tag, bei unserem Rundgang durchs *hillig*-lebensnahe, durchs karnevals-leichte Köln war mir überhaupt nicht klar, dass ich mit meiner heftigen Abstandnahme vom Lokalredakteur auch eine Lebensperspektive verwarf – eine gemeinsame Zukunft mit ihr.

Stattdessen erging ich mich in euphorisch eröffneten Erwartungen. Vermutlich, ja mit ziemlicher Sicherheit sprach ich, nachdem ich Renate bereits zwei Erzählungen gewidmet hatte, von meiner Berufung als Dichter. Ansonsten habe ich überhaupt keine Erinnerung an all meine merkwürdigen Ausschweifungen in die Zukunft.

Bei aller Unklarheit – unvergesslich sind mir Anfang und Ende jenes Donnerstages. Unauslöschlich ist mir der erste Augenblick der jähen Ernüchterung, die mich im Schock für Sekunden schweigen ließ, ehe in der Bewegung des Spazierganges die Schwärmerei anhob; unauslöschlich das beklemmend peinliche Ende des Tages am späten Abend.

Wir hatten unseren Rundgang in Kölns Innenstadt beendet, waren hin und zurück über die unter der Last fahrender Züge erdröhnende Hohenzollernbrücke am Hauptbahnhof vorbei zur Kölner Oper gelangt, hatten uns dort ins Restaurant der Opernterrassen begeben. Dort an der Gläserwand mit dem freien Blick auf Kölns damals moderne Oper, mit dem laternen-erleuchteten Offenbachplatz davor, dort an einem Tisch sitzend geschah es. Etwas zu lange hatten wir auf den Ober warten müssen, das bestellte Bier blieb außerdem noch eine Weile aus. Als die gefüllten, weiß aufgeschäumten Gläser schließlich auf dem Tisch standen, da war es zuerst nur der Gedanke, der schreckhaft einschießende Gedanke, mir könne plötzlich der Gesprächsstoff ausgehen. Kaum gedacht, begann mich die Befürchtung zu bestimmen, ja geradezu zu lähmen.

Nach Jahren endlich, an einem Tisch mit der Angebeteten zusammensitzend – von Angesicht zu Angesicht schwieg ich nun auf einmal, schwieg ich Sekunde um Sekunde, und die vorher so seltenen Intervalle dehnten sich immer mehr aus zu einer unheimlich-unangenehmen Ewigkeit.

Renate schwieg ebenfalls, sie schwieg beharrlich. Sie half mir nicht aus der Klemme. Auf unserem langen Rundgang hatte sie einige Mühe gehabt, zu Wort zu kommen, geschweige denn zu sich selbst etwas zu sagen, zu ihren eigenen Kümmernissen. Mit ihrem klaren Wirklichkeitssinn erfasste sie wohl, wie notwendig, wie heilsam für mich diese Erfahrung war, diese Peinlichkeit des nicht endenden Schweigens.

Das Schweigen – wie lange mochte es sich quälend ausgedehnt haben? – ehe in die lastende Stille Renates Bemerkung fiel, an deren genaue Worte ich mich freilich nicht mehr erinnern kann. Vermutlich sagte sie nach all den erlebten Stunden in herber Deutlichkeit: „Was hat Ihnen die Sprache verschlagen?“ Jedenfalls war es zur Stimmungslage die treffende Bemerkung, auf die ich, unfähig zu einer wirklichen Antwort, nur mit verlegenen Ausflüchten reagierte.

Dieser ersten, aber entscheidenden Begegnung folgten im April noch drei weitere, ein Konzert-, ein Opernbesuch und dann noch eine Zusammenkunft, die für mich von einer regen Aussprache erfüllt war und einer langen, anheimelnden Wanderschaft durch Köln, schließlich im Dunkeln bis nach Klettenberg, durch den Klettenbergpark bis zu Renates benachbartem Elternhaus in der Siebengebirgsallee.

Frohgemut verabschiedete ich mich dort artig mit Handschlag – an der Steintreppe vor der Haustür der stattlichen Villa. Frohgemut war ich voller Hoffnung auf weitere Treffen. Renate aber hielt mich danach hin, verhielt sich ausweichend bei Anrufen, sprach angesichts meiner Terminvorschläge etwa von einer beabsichtigten Reise, um bei erneutem Anruf zu bekräftigen, nächste Woche sei sie bestimmt nicht da, da fahre sie nun ganz bestimmt.

Einmal meldete sie sich zwar in der Redaktion, betonte aber sogleich: „Ich rufe offiziell an." Solche Worte machten mich betroffen, eine Weile noch starrte ich an jenem Tag auf das Manuskript, das vor mir auf dem Schreibtisch lag. Vor den beiden Zimmer-Kollegen schien ich in Korrekturen vertieft, dann sprang ich auf, verließ das Pressehaus und rief Renate vom Telefonhäuschen aus an.

Als sie erneut ausweichend war auf meinem erneuten Wunsch zu einem Treffen, als sie zögernd, hinauszögernd bekannte, sie wisse nicht, ob sie ja oder nein sagen solle, da erfasste mich ein jäher Trotz und ich sagte im engen, eisernen Häuschen, ich sagte in die Muschel des gewichtig in der Hand hängenden Telefonhörers: „...und dann sagen Sie eben nein."

Das Vöglein zwitschert wieder – das zierliche Vögelchen im feinsten, hell-grünlichen Federkleid – es jubiliert über mir in den Zweigen. Eine Mönchsgrasmücke ist es. Das Kehlchen, das zitternde Kehlchen ist tatsächlich, es ist deutlich erkennbar am abgespreizten Federchen, und der Gesang ist durchdringend hell und klar. Welch eine Stimme im Rauschen des Windes – in den zitternden Blättern!

Sommer und Sonne, Wolken und Wind – die mir liebste Jahreszeit – ich habe sie genossen auf meiner langen Wanderung. Beglückend war sie, aber auch anstrengend – da wird die Ruhe auf dem Rastplatz unter der mächtigen Buche zum erneuten, zum Erholung schenkenden Genuss.

Der wundersame Vogel ist oben, irgendwo im Geäst verschwunden. Über mir rauscht nur noch der Baum im Winde. Dicht ist sein Blätterdach, aber über mir, ein wenig schräg rechts, wenn ich den lagernden Kopf dahin bewege, da ist der Durchblick zum Himmel frei. Eine Wolke, weiß – eben ist sie hinweg gezogen, und auf einmal strahlt die Sonne herein, strahlt mir die Sonne ins Gesicht.

Ja, die liebe Sonne – ich vermag sie wieder mit Freude anzuschauen, wenn da auch immer noch drängende Gedanken sind, widersprüchliche Gefühle in der noch immer lebhaften Erinnerung an Renate.

Die Trennung – war sie wirklich so unausweichlich? War ich beim letzten Telefongespräch nicht zu ungeduldig? Hätte ich angesichts Renates Hinhalterei nicht ausdauernder taktieren müssen? War nicht in mir selbst beim letzten Treffen, auf der langen Wanderschaft durch die Kölner Parks, auf den ruhigeren Nebenstraßen irgendwann eine Wende eingetreten? Die schwere Krise in der Kommunikation hatten wir beide tatsächlich, wie es schien, überwunden. Wir hatten wirklich zum Zwiegespräch gefunden, zum unbefangenen, heiter-lockeren und nicht endenden Plaudern. Dabei ging Entscheidendes, wie es schien, mit mir vor – ganz in meinem Innersten. Es war so neu, so überraschend für mich, dass ich kein Sterbenswörtchen darüber verlor. Es geschah mit mir, als wir so munter nebeneinander hergingen.

Renate hatte mir Stunden des Zusammenseins geschenkt, ohne Besuchsprogramm, einfach nur im zwanglos alltäglichen Miteinander. An mir selbst nahm ich mit freudigem Erstaunen wahr, dass ich mich an die leibhaftige Renate zu gewöhnen begann. Geradezu von Minute zu Minute lernte ich den Umgang mit dem schönen, so liebenswürdigen Mädchen schätzen. Ist sie nicht doch die Frau für mich? fragte ich mich und ihre edle Erscheinung war Antwort für mich. Die Aussicht auf mehr Nähe mit ihr, auf Familie und Kinder erwärmte mir das Herz. Die leibhaftige, neben mir dahin schreitende Renate war erstrebenswerter als das Lichtwesen innerer Sphären, als meine Traumgestalt der einsamen Jahre.

Das schlagende, auf einmal blutvoller liebende Herz ließ mich das „Leibhaftig-Wirkliche“ immer mehr bejahen, ließ mich den Verzicht auf das immer mehr bekräftigen, was ich damals gerne mit dem Wort Geist umschrieb – jenen Geist, in welchem Himmel auch immer zu orten, ob in dem des Gewissens oder denen Gottes; Verzicht bedeutete auch Verzicht auf jenen unentwegten Geistesdrang mit all seiner Entwicklung, seiner Daseinsbeanspruchung.

Ihm, dem unentwegt Fordernden, musste ich entsagen. Solches Geistesleben, das war mir klarer denn je, war mit einem Familienleben, mit der verpflichtenden Verantwortung für Frau und Kinder, nicht vereinbar. Renate würde mich unausweichlich ins reale Leben ziehen. Neben der Familie würde der ernährende Beruf zur Hauptsache werden, meine Geisteskräfte würde ich verstärkt für den Aufstieg in der Redaktion, fürs höhere Gehalt einsetzen müssen. Es bedeutete, dass ich in Zukunft statt dichterischer Ambitionen journalistische verfolgen musste.

Ich war bereit dazu, als wir uns an der Treppe vor dem Elternhaus verabschiedeten – um Renate willen, um eines erhofften gemeinsamen Lebensglückes willen war ich bereit dazu.

War aber alles nur ein unglückliches Missverständnis? Bin ich wirklich zu jenem Verzicht auf den „Geist" bereit? Lässt das mein eigenes Schicksal zu? Oder ist es doch unausweichlich, dass wir getrennte Lebenswege gehen werden?

Ein abschließender Briefwechsel brachte Aufklärung. Klugerweise hatte ich in meinem Brief nicht ausgesprochen, welche innere Wende mit mir geschehen war, aber ich hatte doch mit gefühlsstarken Worten deutlich gemacht, dass sie unsere Begegnung gerade in der Phase abgebrochen habe, in der wir erstmals zum wirklichen Zwiegespräch gefunden hätten.

Gerade das aber war das Missverständnis: Renate hatte, wenn sie ihn jemals hatte, schon beim ersten Treffen den Glauben an eine gemeinsame Zukunft verloren, bei mir jedoch war er beim letzten Treffen umso mehr erwacht. Renate hatte es als letzte klärende Aussprache verstanden, bei mir hatte sich die grundlegende Wandlung ereignet. Aber, wie gesagt, war die wirklich beständig?

Meine Enttäuschung über sie, mein vom Schock bestimmtes Verhalten bei der Wiederbegegnung hatte Renate wohl nicht wirklich verletzt. Tief verletzt war sie nach ihren beiden gescheiterten Beziehungen und in quälenden Selbstzweifeln befangen, nicht aber vom Umgang mit ihr. Gerade der hatte ihr schlagartig und offensichtlich endgültig klar gemacht, was sie vorher schon befürchtet hatte: Auch der Hanns-Günter Grosser ist nicht der rechte Lebensgefährte für mich.

Meine Vermessenheit, so schrieb sie, habe sie geradezu schockiert. Beim Lesen meines Briefes habe sie so den Eindruck gewonnen, als wolle ich mein Glück erzwingen. Ein Ausspruch von George Duhamel, dem französischen Schriftsteller, den sie sehr gern habe, ein Wort von ihm könne mir vielleicht weiterhelfen: Duhamel sage: *„In der Jugend glaubt man, Forderungen an das Leben stellen zu können. Später erst erkennt man, dass die schönsten Stunden im Leben Geschenke sind."*

Gerade meine Vermessenheit – Renate bat mich herzlich, ihr diese Offenheit nicht übel zu nehmen – gerade diese Geistesverfassung habe sie gehindert, ja habe sie geradezu davor zurückschrecken lassen, mir von ihren Sorgen zu erzählen.

Renates Sorgen – im Gegensatz zu meiner Selbstdarstellung in den Briefen als uneigennütziger Freund und Berater waren sie bei unseren Treffen überhaupt nicht mehr zur Sprache gekommen. Zu tief, zu schwerblütig musste ich mit mir selbst ringen, um die große Frage: meine Beziehung zu ihr. Renates jüngstes gescheitertes Verhältnis – es war mir überhaupt nicht mehr gegenwärtig bei unseren Treffen, ich hatte es geradezu vergessen.

Nie kam es zwischen uns zu einer Aussprache über das Persönlichste, über Intimes gar, nie kam es außer dem Handschlag bei der Begrüßung oder beim Abschied zu irgendwelchen vertraulichen Zärtlichkeiten, obwohl meine Sehnsucht danach, nach Nähe übermächtig war. Meine eigene Verfassung, aber auch Renates freundschaftliches, aber abständiges Verhalten lähmte mich geradezu im Umgang mit ihr; bei unserem einmalig gebliebenen Besuch in der Kölner Oper etwa, da ging meine rechte Hand nicht hinüber zu ihr im Nachbarsessel, um sich berührend und spürend in die ihrige zu schließen.

Im Alter von 24 Jahren war ich noch *Jungmann*, um den leider altmodisch gewordenen Begriff zu gebrauchen. Und Renate – war die gut drei Jahre Jüngere noch eine Jungfrau? In ihren beiden Verhältnissen, von denen ich erfahren hatte, im Umgang mit den beiden jungen Männern war Renate bestimmt gefühlsstark, einfühlsam und offenherzig – ihrem so natürlichen Erwachsenwerden gemäß. Aber sie suchte ja stets den Mann fürs Leben, und deshalb schreckte sie sicherlich in der vorehelichen Beziehung vor dem „Letzten", vor der wirklichen Vereinigung, zurück. Ihre vermutliche Zurückhaltung darin war wohl vor allem in ihr selbst, in ihrem wunderbaren Wesen begründet und nicht in irgendeiner Unsicherheit der Empfängnisverhütung oder in einer Abhängigkeit von Kirchendogmen.

Offensichtlich waren ihre beiden Verhältnisse gescheitert, weil die jungen Männer eben auf das „Letzte" nicht warten konnten, nicht warten wollten.

Renate fühlt sich verlassen, fühlt sich schrecklich einsam. In ihrem letzten Brief, am 12. Juni, vor einigen Wochen geschrieben, hat sie erneut wie in vorherigen Briefen ihre Klage erhoben:

„Die bittere Wahrheit, die bittere Einsamkeit", so hat sie geschrieben, „wie soll ich das ertragen." Das Schlimmste seien die Wochenenden.

Herber, gefasster war der Grundton ihres Briefes im Vergleich zu jenem Brief vom April, als die gerade Verlassene in ihrer Trostlosigkeit verzagte: „Ich glaube, mich mag überhaupt niemand mehr leiden."

Warum – die wehe Frage erfasst mich doch wieder an diesem sonnig-windbewegten Tag – warum können zwei Menschen mit so ähnlicher oder gar gleicher Lebenssehnsucht nicht zueinander finden?

An diesem herrlichen Wochenende – warum muss jeder von uns beiden einsam sein, allein für sich selbst? In meinem letzten Brief hatte ich zwar eingeräumt, dass ein zeitweiliger Abstand nötig sein könnte zwischen uns, dennoch hatte ich die lebhafte Hoffnung auf weitere Begegnung, auf weitere Aussprache mit ihr ausgesprochen.

Auf solche, gemeinsame Zukunft ist Renate nicht mehr eingegangen. In aller Eindeutigkeit, in aller Endgültigkeit hat sie lediglich versöhnlich im Brief gesagt: „Wenn wir auch getrennte Wege gehen, so bleibe ich dennoch Ihre Renate Müller."

Warum ist sie so sicher? Warum bin ich so widersprüchlich? Warum habe ich im Telefonhäuschen am Kölner Pressehaus, warum habe ich bei meinem letzten Telefongespräch nach all ihren höflich bemühten Ausflüchten in trotziger Aufwallung das Gespräch mit den Worten abgebrochen: „…dann sagen Sie eben nein"?

Warum? Warum immer wieder die aufkommende Hoffnung? Warum die Sehnsucht, bewegend wie der Wind über mir im Baum? Das Schicksal ist stärker, ist bestimmender zwischen uns. Bringt es Erfüllung ihr und mir – auf den getrennten Wegen?

Der bloße Gedanke, jegliche Erinnerung an sie, belebt das Gefühl und all die Empfindungen. Noch immer liebe ich sie, die Unvergleichliche. Aber der Schmerz quält nicht mehr, er ist schwingende Wehmut geworden, er ist durchlichtet von Sonne, er ist mir ergreifender, all-bewegender Klang.

Da hält' s mich, so ruhend und liegend, nicht mehr auf dem Rastplatz, unter dem Schirm der Buche. Flugs erhebe ich mich. Ich wandere in die rufende Ferne.

An Abgründen

Die Rinde ist hart und rissig. Ihren Druck spüre ich auf der Stirn, die ich fester gegen den Stamm drücke. Die Stirn erst, dann allmählich den ganzen Körper.

Auflehnung ist erneut übergegangen in Einsicht und Ergebenheit. Vierzehn Jahre sind seitdem vergangen, seit der Liebesgeschichte mit Renate. Zwar hatte sie noch ein kleines Nachspiel. Kurz traf ich sie noch einmal im Sommer des Jahres 1965 in der Kölner Innenstadt, mit knapp verlegenem Wortwechsel vor dem Haupteingang des Kaufhofes. Dann – es war zwei Tage vor Heiligabend – schrieb sie eine Karte mit der Abbildung von Hans Memlings *Christi Geburt*. Neben den guten Wünschen für den Jahreswechsel bezog sie sich auf meinen kürzlichen Presse-Besuch bei Rudi Conin, dem Vorsitzenden der Kölner CDU-Rathaus-Fraktion. Erneut hatte sie als Sekretärin nebenan im Zimmer gesessen, diesmal sogar am Tag meines Termins. Renate lud mich ein, beim nächsten Besuch doch mal nebenan herein zu schauen. Wollte sie, die die Karte mit „Ihre Renate" unterschrieben hatte, doch wieder Kontakt mit mir aufnehmen?

Erneut machte ich einen großen Fehler, indem ich nicht den nächsten Pressetermin abwartete, um erst danach, wie angeboten, die Tür zum Nachbarraum zu öffnen. Stattdessen schrieb ich ihr erneut einen langen Brief, in dem ich wortreich mein freudiges Erstaunen über ihre Karte und die Hoffnung auf ein Wiedersehen zum Ausdruck brachte.

Für Renate war es wohl ein weiteres, endgültiges Zeichen, dass ich ihr nicht im Alltag des Lebens begegnen wollte. Von ihr kam keine Antwort mehr, nur eine Drucksache erreichte mich Jahre später. Zum Jahresbeginn 1968 teilte sie ihre Verlobung mit.

Hatte Renate ihr Lebensglück gefunden? Es erschien so, denn ich traf sie an einem Samstagmorgen im Jahre 1974 wieder. Ich war unterwegs zu einer Redakteursversammlung im Pressehaus, weil der neue Chefredakteur Kurt Becker vorgestellt werden sollte. Ich kam von der Tiefpassage des Neumarktes, fuhr stehend gerade die

Rolltreppe zur Richmodisstraße empor, da ging sie mit ihrem Mann vorbei, einen Kinderwagen vor sich herschiebend. Ich fuhr – noch immer auf der Rolltreppe – grüßend an ihnen vorüber, drehte mich dann auf dem Bürgersteig um und sah, dass sich Renate ebenfalls umdrehte zu mir – genau im selben Augenblick.

Aber kehren wir zurück zum Jahreswechsel 1965/66. Warum der Widerspruch in meinem damaligen Verhalten? Warum ergriff ich nicht den letzten Fingerzeig von Renate? Bedauerte sie vielleicht doch unsere Trennung? Warum wartete ich nicht ab? Warum stellte ich mich nicht der im Alltag angezeigten Begegnung? Warum wich ich aus in die vielen Worte eines Briefes? Ein Widerspruch in mir selbst ging mir in diesen Jahren auf, er wurde mir deutlicher, wurde mir bewusst in der Begegnung mit Elke und Heidi, zwei jungen Frauen, die mir gute Freundinnen wurden; von denen aber weder die eine noch die andere zur Partnerin wurde fürs Leben.

Schreckte ich in Wirklichkeit vor der Bindung, vor der Ehe zurück? Erkor ich deshalb die Unerreichbare zu meiner Liebessehnsucht?

Das große Liebesgefühl war umso mächtiger, je ferner, je entrückter die Geliebte war. Hatte ich, der ich so früh in die Berufswelt eingetreten war, der ich so früh den Status des Redakteurs erreicht hatte, in Wirklichkeit Angst vor der wirklichen Selbständigkeit? War die gemeinsame Wohnung mit der Mutter, der vereinsamten, vom Ehemann verlassenen Frau, nur vordergründig die Ursache für meine Vorbehalte?

War es in Wirklichkeit Angst vor den Anforderungen der Existenz, Angst vor einer eigenen Familiengründung im so genannten realen Leben? Oder blieb ich ungebunden aus Treue zu dem, was ich den Geist nannte? Aus der Ahnung einer Berufung?

Wahr ist: Die existenzielle Unsicherheit war gerade im Jahre 1965 für unsere Familie größer geworden. Mama, ohne Beruf, war in tausend Ängsten. Papa, der Kurfürst von eigenen Gnaden – der sächsische Papa verstand sich tatsächlich als einen direkten Nachkommen August des Starken, eine Annahme, die bei der hohen Kinderzahl des potenten Herrschers nicht völlig abwegig war.

In der Welt, im Beruf jedoch verhielt sich mein Vater nicht bloß wie einer der unzähligen Nachkommen – er trat auf, er handelte, als sei er der Kurfürst selbst. Bei tatsächlich überragender Befähigung war er auffallend selbstherrlich. Seine Kontakte zu Führungskreisen der Wirtschaft, entstanden aus seiner Tätigkeit für die Fluggesellschaften

SAS und Lufthansa hatte er in den Dienst seiner politischen Ambitionen gestellt. Mein Vater warb in der Wirtschaft für die SPD. 1959 hatte sich die Partei mit dem Bad Godesberger Programm ja endgültig von ihrer marxistisch-sozialistischen Vergangenheit abgesetzt.

Papa, häufiger Gast beim SPD-Vorsitzenden Erich Ollenhauer in der Bonner Baracke, hatte vor der Bundestagswahl 1961 um Vertrauen für die Partei geworben. In einem „Offenen Brief an einen Industriellen" geschah es in abertausenden Versendungen. Er selbst war auf die Landesliste der Partei gesetzt worden und Anfang 1965 plötzlich im Begriff, als Abgeordneter in den Bundestag einzuziehen.

Gegen den über Ollenhauer und den Wirtschaftsexperten Deist aufgestiegenen Grosser regte sich aber auf den Funktionärsebenen der Partei starker Widerstand. Die Bundesparteiführung unter Herbert Wehner und Helmut Schmidt versuchte daraufhin, meinen Vater zum Verzicht zu drängen – ein Versuch, bei dem es dubiose Praktiken gab, letzthin aber den Mandatsverzicht meines Vaters und seinen Austritt aus der SPD.

Der parteilichen Rückendeckung entblößt, kündigte der Lufthansa-Vorstand jedoch meinem Vater. „Kurfürst Grosser" hatte zu hoch gepokert im Machtkampf ganz oben und sich ziemlich unbeliebt gemacht, obwohl er gar nicht mehr bei der Lufthansa selbst tätig war.

Jahre vorher war er nämlich vom Bonner Verkehrsministerium mit der Vorbereitung der Weltausstellung des Verkehrs betraut und von der Lufthansa dafür beurlaubt worden. Mein Vater hatte die Sparten „Luftfahrt" und „Raumfahrt" übernommen. Mit weltweitem Widerhall, gerade auch seiner Abteilungen, fand dann im Sommer 1965 die IVA in München statt. Mein Vater war mit Erfolg Wagnisse eingegangen, So hatte er eine V-2 auf dem Freigelände aufstellen lassen und das mit dem objektiven Tatbestand begründet, dass, wen auch im Krieg, die erste Rakete eine deutsche war.

Gekündigt nun mit dem Rücken zur Wand, gründete mein Vater in der Nachfolge der Münchner Weltausstellung das „Kuratorium Mensch und Weltraum". In der Messehalle 8 in Köln fand bereits im Frühjahr 1966 eine große Ausstellung mit Original-Raketenteilen und Satelliten statt. Vom damaligen Bundespräsidenten Heinrich Lübke eröffnet, konnte ich, merkwürdigerweise vom Ressortchef zur Berichterstattung beauftragt, ganzseitig im Kölner Lokalteil unter dem Titel „Das All in der Halle" um Besucher werben.

Die strömten auch zu Tausenden herbei, dennoch spürte ich, am Eröffnungstag neben meinem Vater stehend, die ungeheure Spannung, die in ihm war. Mein Vater hatte alles auf eine Karte gesetzt, das finanzielle Risiko erst einmal allein übernommen. War es Vabanque? Sicherlich, aber er hatte damals keine andere Wahl.

Das Kuratorium war erfolgreich, stützende Bundesmittel flossen. Die Existenz der Familie war nicht mehr bedroht, zumal meiner Mutter im Herbst 1966 der Wiedereinstieg in den Beruf gelang. Als Justizangestellte war sie fürderhin im Amtsgericht von Bensberg tätig.

Unsicherheiten noch ganz anderer Art machten freilich mir zu schaffen. Unzufrieden mit den Anforderungen in der Lokalredaktion des Kölner Stadt Anzeiger unternahm ich Ausbruchsversuche. Im Zusammenhang mit der Weltausstellung hatte sich Kontakt zur Wochenzeitung Rheinischer Merkur ergeben. Ich bewarb mich dort um eine Anstellung im Ressort „Kultur", erhielt allerdings nur ein Angebot für die „Politik", eine journalistische Aufgabe, zu der ich mich nicht entschließen konnte.

Unter Pseudonym schrieb ich stattdessen Artikel, etwa über die damals in der Planung stehende Domterrasse oder über das Segeln auf dem Chiemsee, über das Segelfliegen an der französischen Mittelmeerküste. Ausgriffe waren das auf dem Wasser, in die Höhen der Atmosphäre – die mehrwöchigen Kurse, das merkte ich bald, waren herrlich, als Mannschaftssport aber ungemein fordernd und zeitraubend.

Nach dreißig Flugstunden machte ich nicht weiter, auch mit dem Segeln nicht – mich erfasste überhaupt eine Ratlosigkeit, eine Unsicherheit, wie es beruflich, wie es privat mit mir weitergehen sollte.

In diese schwierige Übergangszeit fiel außerdem die Begegnung mit einer Frau, die mir zur äußersten Konfrontation und Herausforderung wurde. Auf Umwege lernte ich sie kennen. Die Seltsame lebte in Köln, war verheiratet, hatte zwei Kinder und, wie sich später erst herausstellte, einen völlig ratlosen Mann.

Inge empfing Botschaften aus der so genannten anderen Welt. Eine Freundin von ihr hatte sich in ihrer Not an mich gewandt. Sie machte sich Sorgen um sie, meinte, hoffte gar, ich könne der Freundin irgendwie beistehen – jener mondhaft umnachteten Frau, die die innere Stimme hatte und Texte in gehetzter Schrift auf gerade greifbares Papier warf.

Die Problematik dessen sprach ich in einem langen Brief an. Ich schrieb von der Innenwelt und von der Außenwelt, von der unbedingten Notwendigkeit klarer Unterscheidung, von der wechselseitigen Notwendigkeit, das Innere am Äußeren, das Äußere am Inneren zu überprüfen, damit Klarheit bleibe und Balance und nicht die Nebel aufkämen des unheilvollen Wahns.

Hatte sie meine, aus eigener, schwieriger Erfahrung rührenden Worte überhaupt verstanden? Nie ging sie auf meine Ausführungen ein; stattdessen kamen Tag für Tag Briefe an. Es waren Botschaften an mich, die mich eigenartig, die mich beklemmend berührten:

Einerseits erschienen sie mir wie das Morgenrot einer Verheißung, anderseits verstörten sie mich wie Verderben bringender Sirenengesang.

Der Himmel, der sich öffnete

Unter der Buche, meinem zweiten Lieblingsbaum, geschah es – im Sonnendämmer des Waldesgrundes. Da, an der stein-gefassten, an der über sprudelnden Quelle, da im kühlenden Schatten der hoch-rauschenden Buche – dort reichte die Jungfrau mit dem hellen, dem fallenden Haar – dort übergab sie dem Wanderer den Krug, den Durst zu stillen.

Das Bild der Erquickung, unauslöschlich ist es mir in der Seele gegenwärtig – eine Erinnerung wohl an einen märchenhaften russischen Film, den ich in Eisenach sah in meiner frühen Jugend. Das Bild wurde mir Gleichnis, mir Leitbild einer Lebens- und Zukunftshoffnung. Die Frau, Quelle des Lebens, reicht dem dürstenden Mann den Trunk des Lebens.

Das Tor zur Ehefrau, zu Familie und Kindern hatte mir das Schicksal verschlossen. Ahnungen der Vorjahre hatten sich bestätigt. Verwehrt war mir wohl der übliche Lebenslauf eines Menschen. Betroffen darüber sann der Geist auf Auswege. Die Freundschaft zwischen Männern, so geist-bereichernd für mich, ließ sie sich nicht seelen-bereichernd auf Mann und Frau übertragen?

Freundschaft zwischen Mann und Frau in einem freiheitlicheren Verhältnis? Nicht so geschlechts-, so kindbezogen? Eine Begegnung zwischen Mann und Frau auf höherer Ebene, eben der des Geistes und der der Seele, unbelastet von Moral, von Einengung und Befürchtung, ungestört vom Trieb und seinem Besitzanspruch? War das überhaupt möglich, überhaupt lebbar? Freundschaft zwischen Mann und Frau als eine Minne der Gegenwart? Eine Minne in der bewusstseins-erhellenden Durchlichtung des eigenen Geistes, in der Herzensbildung der eigenen Seele?

Die Jungfrau im lichtgelösten, im fallenden Haar – die erhoffte Junge war es nicht, die mir am Quell den Trunk des Lebens reichte; eine stattliche Frau war es, in der Lebens- und Wesensreife der 49jährigen, aber unverheiratet geblieben, ohne Kinder bestimmte sie eine Art von geistig hoher Jungfräulichkeit. Annelies Petsch ist es, die vom ersten Band Vertraute ist es, der ich im November, am Buß- und Bettag des Jahres 1967, erstmals begegnete und mit der sich seitdem das geist-geführte Geschehen entwickelt und offenbart.

Tatsächlich: Drei Tage vorher war die Ankündigung am Himmel sichtbar – wahrhaftig und wirklich war sie am blauen Himmel erschienen. Am Montag geschah es, dem 20. November. In Eile war ich, weil sich die Vorortausgaben immer in der Vorweihnachtszeit zu umfangreichen Sonderausgaben ausweiteten und sich im Pressehaus in Köln auf meinem Schreibtisch die Manuskripte zu hohen Stößen häuften.

In Eile war ich deshalb unterwegs, von der Bensberger Haustür aus durch den benachbarten Buchenwald zur Haltestelle der Straßenbahn, als mich trotz der Eile eine bestimmte Stätte unter den hohen, kahlen Bäumen seltsam berührte, mich dennoch verweilen ließ. Offen war da der blaue, der wolkenlose Himmel, weil es eine Lichtung war, in die ich getreten war; eine Lichtung, in der die hohen Bäume wie im Kreise standen.

Verwundert, angerührt von einem aufkommenden Ahnen, blickte ich nach oben: Im blauen Himmel darüber erschaute ich auf einmal mehr, anderes als eben noch. Weiß, wie mit Licht geschrieben, erschien da eine große, eine übergroße Hagal-Rune. Hagal, die Senkrechte, mit den rechts und links ansetzenden und schräg verlaufenden, die gemeinsame Mitte bildenden Strichen. Hagal – die Struktur des Schneekristalls! Hagal mit dem Rundbogen oben an der Senkrechten – das hochheilige Christus-Monogramm! HAG-ALL, das gehegte, das in Liebe geweihte ALL!

Hagal stand, leuchtete auf am Himmel – in diesen allbewegenden Augenblicken. Und nicht nur das! Auf einmal öffnete sich, meine Ergriffenheit steigernd, der Himmel. Der Himmel erweiterte sich, vertiefte sich auf einmal – Himmel um Himmel, hinein in eine blauende Unendlichkeit; und die Heils-Rune – beglückt nahm ich es wahr, die Hagal-Rune – sie wiederholte sich immer wieder, endlos in den unermesslichen Weiten und Tiefen des Alls.

Den Himmel in seinem wundersamen Blau – ihn sah ich drei Tage später wieder, nachdem mich das Erlebnis an Montag selbst und an den darauf folgenden, arbeitsüberlasteten Tagen wundersam beflügelt hatte. Das Blau des Himmels sah ich in ihren Augen wieder; ich sah es wieder in den tiefblauen Augen der Annelies.

Merkwürdigerweise, ich möchte mich wiederholen und sagen seltsamerweise, lernte ich Annelies gerade über jene Frau kennen, die mir fast täglich Briefe schrieb, deren Botschaften mir aber unheimlich, ja gefährlich fragwürdig erschienen wie lockender Sirenengesang. Sie aber, gerade sie war es gewesen, die die Begegnung mit Annelies ermöglichte.

Über den George-Sand-Kreis in Köln hatte sie den entscheidenden Hinweis auf Annelies erhalten. George Sand, es war sicherlich eigentümlich, dass es gerade dieser Kreis war, lebte im 19. Jahrhundert, war eine berühmte französische Schriftstellerin. Zeitweise mit dem Klavierkomponisten Fryderyk Chopin befreundet, war sie eine romantisch-revolutionäre Kämpferin insbesondere für die Emanzipation der Frau im Volk und in der Gesellschaft.

Inge, die Kölnerin, die im George-Sand-Kreis ein- und ausging, rief, die erhaltene Telefonnummer in der Hand, Annelies Petsch sogleich an und vereinbarte für sich und für mich ein Treffen mit ihr, eben an jenem Buß- und Bettag. Annelies lebte damals in Bad Godesberg, an den Berghängen der uralten Rheinsiedlung Muffendorf. Im zweiten Stock eines freistehenden Hauses wohnte sie, gemeinsam mit ihrem nahezu achtzigjährigen Vater in einer Dreizimmerwohnung. Sie war infolgedessen auf einen einzigen Raum beschränkt als ihren ureigenen Rückzugsbereich.

Dort, an jenem denkwürdigen Novemberabend, saß ich ihr erstmals gegenüber. Besonderes hatte ich schon Stunden vorher von der Kölnerin Inge erfahren. Zu einem Geisteskreis gehöre sie, der Botschaften aus dem Jenseits empfange, berufstätig sei sie, in leitender Stellung beim Bonner Bundesinstitut für Raumplanung und Landesordnung.

Ziemlich eingeschränkt in ihrer Freizeit hatte sie sogleich den Buß- und Bettag genutzt zu einer Fahrt zum Edersee, eben zu jenem

Geisteskreis. Gerade erst mit dem Zug zurückgekehrt, war es für sie selbstverständlich, schnellstens den Ölofen in ihrem Zimmer anzufachen, das Teeservice auf dem kleinen Couchtisch zu platzieren. Noch am Abend, um 18 Uhr, war sie bereit zu unserem Empfang.

„Ständig aber soll wachsen die Zahl wahrhaft Lebender, wahrhaft Denkender! Niemals drum schließe der Kreis sich!"

Wie zur Erklärung ihrer sofortigen Bereitschaft zu Begegnung und Gespräch sprach sie die Worte aus des sich offenbarenden Geistes, noch immer erstaunt über den großen Rosenstrauß, den ich ihr zur Begrüßung überreicht hatte.

Die Worte des Geistes hatte sie auswendig gesprochen. Meine sogleich bekundete Bewunderung hatte sie lachend mit der Bemerkung erwidert, das stelle sich von selbst ein nach häufigem Lesen und Vorlesen.

Unbedingt wollte ich mehr hören von jenen Texten, die mich sofort im Innersten ansprachen – ganz im Gegenteil zu denen der Kölnerin Inge. Beharrlich bittend hatte ich die anfänglich zurückhaltende Annelies dazu bewegt, weitere Geistes-Worte vorzutragen – jenes geheimnisvollen Ederseekreises aus dem nordhessischen Waldecker Land.

„Mensch sein heißt Menschen achten, fühlen, was der Nächste trägt, ermessen können, wo Macht und Leid die Seele martert. Fühlst mit den Menschen Du, dann bist Du Mensch."

Die Worte, mich im Geiste wie im Herzen berührend, sprach sie ebenso auswendig wie die folgenden:

„O, wenn Alleinsein nicht mehr kennt der Mensch, wenn spürt er, dass er nie allein –, dann, wenn er weiß, dass in und um ihn lebt der Wille einer ewigen Macht, dann kann er Mensch sich nennen."

Die hohe Frau – Annelies Petsch war für mich die hohe Frau – vom ersten Augenblick an unserer Begegnung. Sie ergriff mich zutiefst. Und die Eindrücke, die Empfindungen steigerten sich noch, als sie schließlich doch zu einem Ringbuch griff mit handschriftlich, maschinenschriftlich niedergelegten Aufzeichnungen und daraus vorlas:

„Hört Ihr das große Rufen, das Klagen der blutenden Zeit? So öffnet Eure Seelen dem Geist...! Blumenhaft entschlüsselt sich die Sprache der Entsprechung dem, der trunken vom Schicksal die Einsamkeit des

Weges erkennt als Notwendigkeit. In Liebe eingebettet ist der, der Liebe gibt.“

Wieder schlug sie eine Seite um in ihrem Ringbuch und las:

„Was gehört zum Aufbau einer ZEIT DER SONNE? Leben, wahrhaft leben um der Menschenseele willen, die, je größer sie ist, umso größere Qualen leiden muss, weil sie so viel Menschenliebe in sich trägt. Menschenliebe – das Zeichen von Stärke!“

„Vorgeschrieben ist der Weg eines Jeden. Auf die Würde, mit der Ihr lebt, auf die Seele kommt es an. Frei von wirklichem Erleben, das zutiefst im Schmerz verwurzelt ist – bleibst frei Du vom Leid, werden die Flügel der Seele verkümmern. Nur die, die wahrhaft leben, wissen um die Kraft, die der Schmerz in die Seele brennt, auf dass Erfüllung werde.“

„Jeder, den wir für wert erachten, muss diese Zeit wahrhaft leben, mit ihren inneren und äußeren Nöten, mit ihrem Auf und Nieder.“ Denn:

„Lieben und Leiden sind und bleiben die Freuden der Götter, zu schauen die Wirkung. Je mehr aber die Menschen leiden, wachsen empor die Seelen als Säulen zum Licht.“

Seelen als Säulen zum Licht – welch ein großartiges Bild! Annelies Petsch blickte auf von dem aufgeschlagenen Ringbuch, schaute offensichtlich in meine vor Ergriffenheit weit geöffneten Augen und fragte mich, leicht verunsichert, weil sie solche Einblicke in ihr eigentliches Leben gab: „Ist es so?“ fragte sie.

Ich nickte nur, zu keiner ausgesprochenen Antwort fähig, weil die innere so vollkommen bejahend war. Der Segen des Schmerzes, seine Heiligung geradezu berührte mich zutiefst. Seine läuternde, seine durchlichtende Wirkung hatte ich selbst auf bittere und dann doch auch erlösende Weise erfahren. So schwieg ich noch, so nickte ich nur, und sie, offensichtlich von mir ermutigt, schlug eine weitere Seite auf in ihrem Ringbuch. Annelies Petsch las weiter:

„Wir müssen dieserhalb unsere Kräfte einsetzen, die Menschen der Natur wieder nahe zu bringen, dass sie in der Lage sind, diese Gesetzlichkeit bewusst zu leben. Die Neue Zeit wird die Frau wieder auf den Platz stellen, der die einzige Möglichkeit bietet, den Begriff des Menschen als Masse – in sekundärer Stellung wenigstens – auszuschalten. Damit ist die Gefahr der Entseelung des menschlichen Geistes behoben.“

Endlich – nach quälend langem, sehnsuchtsvollem Unterwegsein, endlich mit sechsundzwanzig Jahren war ich der Frau begegnet, aus der der lebendige Geist sprach; wahrhaft überwältigend, überzeugend für mich.

Ganz im Gegensatz zu dem, was mich über die Kölnerin Inge, was mich in ihren beinahe täglichen Briefen auf beklemmende Weise angetastet hatte. Zwiespältig in der Aufnahme dessen, war ich innerlich zurückgeschreckt, obwohl ich zu Briefwechsel, zu Treffen mit ihr bereit war. Dabei sprach sie immer wieder dunkel von einem Tor, durch das sie mich führen wolle. Widerstrebend blieb ich vor ihrem Tor stehen und wandte mich ab. Ich wandte mich ab von ihr, obwohl sie im beengten Zimmer von Annelies Petsch noch immer dabei saß. Inge, die Kölnerin, schwieg noch, lehnte sich in schlimmen Botschaften noch nicht auf gegen das Bündnis, das bereits zwischen Annelies und mir geknüpft war.

Der Geist, dessen Worte Annelies Petsch übermittelte, überzeugte mich wahrhaftig. Dieser Geist sprach mich an, ich fühlte ich mich eins mit ihm – auf eine allhaft weite, auf eine unermessliche Weise.

Und Anneliess Augen, ihre tiefblauen, aufleuchtenden Augen – in diesen Stunden wirkten sie geradezu übermächtig auf mich! Und an diesem Abend, in dem kleinen Zimmer der Mietwohnung, da geschah es, da in den Momenten von Ewigkeit, da wurde mir ihr eines Auge so groß, so übermächtig; und Gesichte erschaute ich in dem Auge.

Bilder sah ich; Mädchen, Frauen unter Bäumen wandeln. Die Bilder schwanden wieder. Aber das Auge, das eine große Auge blieb mir, übermächtiger noch in den folgenden Tagen!

War es das Auge Gottes?

Der Dritte Weltkrieg – unvermeidbar?

Vollkommen, in der Gänze meines Wesens, hatte es mich erfasst. Nach der Begegnung, schon am übernächsten Tag, schrieb ich Annelies Petsch einen Brief:

„Ich sehe Sie, seitdem ich Sie sah! Und ich sehe die Augen, die ein All sind für mich. Sie sprachen und Ihre Worte wurden Welt mir; so sah ich, was ich hörte.

Ach, mir ist, als trank ich vom Quell, von dem nicht die Menschen trinken.

Ach, mir ist, als sah ich Göttinnen, der Seele Sehnsucht, als Frauen wandeln im Walde.

Ach! Und ich sah ein Antlitz, mit Augen schöner als die Sterne – und einem Schmerz, einem Schmerz – es ist der Schmerz der Erde.

Ich sah es in Ihren Augen, geliebte hohe Frau und ich sah es in Ihnen.

Der Mann, rätselnd irrt er an der Welt, und nach den Sternen greift er, mächtig im Geist – aber im Leeren endet sein Griff, wenn er nicht liebt. Liebt er, so wird die Seele ihm zum Himmel – und nah sind alle Sterne."

Auf diese meine Worte antwortete Annelies Petsch wenige Tage darauf.

„Mein lieber junger Freund", so sprach sie mich an und schrieb:
„Es macht mich glücklich, dass Sie spüren, wohin unsere Begegnung Sie führen will, das heißt der Geist, der all dies gefügt hat. Sie haben wirklich die Quelle gefunden, nach der Sie suchten...

Nur wenige vermögen dies so klar und deutlich bei der ersten Kunde davon zu erkennen. Danken Sie Ihrem Schöpfer, dass Ihnen das möglich ist... Die meisten zweifeln und deuteln herum, kommen näher und entfernen sich wieder. Sie sind ein Dichter und sagen es auf Ihre Weise; und wer weiß, ob Sie nicht eines Tages der Welt die Kunde von all dem hier verborgenen Geschehen singen dürfen.

Doch Sie müssen wissen, dass wir trotz der unendlichen Glut, die die Liebe zu Gott und seinem Werk in uns entfacht, ganz irdische und auch immer wieder irrende schlichte Menschen sind, die sich bemühen, alle ihnen vom praktischen Leben gestellten Aufgaben mit Kraft und Humor zu bewältigen. Wir sind hart und nüchtern geworden... Wir kommen uns so gar nicht als etwas Besonderes vor und wollen auch so nicht gesehen werden. Sehen Sie, da bin ich wirklich keine hohe Frau, das erschreckt mich, wenn Sie mich so nennen.

Doch ich verstehe Sie. Ich weiß, dass Sie ein Jubel erfüllt, dass alle Fragen sich nun beantworten wollen und dass Sie dies ausdrücken wollen mit Ihren Worten...

In unseren Botschaften wurde uns erklärt, dass das Mutter-Sohn-Prinzip für die neue Zeit Gültigkeit hat..."

Das Mutter-Sohn-Prinzip – was soll die philosophisch anmutende Formel bedeuten? Die Frage erhebe ich jetzt, da ich die Erinnerungen niederschreibe. Damals, im Jahre 1967, stellte ich sie nicht, denn ich war unsagbar beeindruckt und überzeugt, unsagbar bewegt von all dem, was über Annelies Petsch auf mich zukam.

Hohe Frau hatte ich sie genannt, in der Übermacht des Erlebens. Eigentlich hatte ich damit die Hohe Mutter gemeint, die Hohe Mutter im Sinne der Großen Mutter, die Annelies in ihrer freimütig eingestandenen Unzulänglichkeit nicht verkörpern wollte und konnte, als die sie mir aber in jenen Stunden der allerersten Begegnung erschienen war.

Die Große Mutter – Mutter-Gott als Ausgleich zum Vater-Gott in einer neuen Zeit? Ist die Aussage so zu verstehen? Eben als der unerlässliche Ausgleich zur Überbetonung des Männlichen in der Vergangenheit, in der Kirche des Abendlandes und ihren Kultur- und Daseinsprägungen! Als Ausgleich eben einer äonischen Ungleichgewichtigkeit!?

Allgemeines, Überpersönliches ist geheimnisvoll verborgen im Persönlichen, ist verquickt mit dem eigenen Leben und Schicksal und damit auch mit dem Menschlich-Allzumenschlichen.

Was mich betrifft – und das vermag ich erst jetzt zu sagen aus dem Abstand der Zeit – so war die Mutter und ist sie in meinem Leben bestimmend, vielleicht sogar zu bestimmend, weil ich auch als Erwachsener in einer gewissen, die irdische Selbständigkeit hindernden Abhängigkeit und Verpflichtung zur Mutter verblieb.

Die Mutter-Kind-Beziehung – ohnehin gehört sie zu den naturhaft stärksten überhaupt: das Kind als der blut- und zell-innigst verbundene Körper, gebildet, geboren, genährt im Mutterleib. Bei mir, bei meiner Geburt im Kriegsjahr 1941, kam bedrängende Todesgefahr hinzu, weil sich bei der Hausgeburt in Berlin in dramatischer Zuspitzung herausstellte, dass sich die Nabelschnur irgendwie um mein Köpfchen gewickelt hatte und sich mein Austritt aus dem Muttermund um eine gefährliche, quälend ungewisse Zeitspanne verzögerte. Die anwesende Hebamme, in Telefonverbindung mit einem Arzt, sicherte dann doch noch die gesunde Geburt für Mutter und Kind.

Ungewissheit und Bedrohung jedoch hielten an in den Kriegsjahren. Allein, auf sich gestellt, blieb meine Mutter mit mir und meinem nachgeborenen Bruder Germar. Während des Krieges als Leutnant, aber auch danach war Vater überwiegend abwesend. Das Deutsche Reich lag danieder, war in die Besatzungszonen der Sieger verfallen, und Vater fast immer in der Ferne, auf eigenen Wegen.

Mutter und Sohn – auf sich allein gestellt – wie hat es sich bei mir ausgewirkt? 1967, als ich Annelies kennen lernte, wohnte ich noch immer, der jüngere Bruder hatte längst das Haus verlassen, zusammen mit meiner Mutter. War es aus Rücksicht auf die Mutter? Eben, weil ich spürte, dass sie sich in der gestörten Ehe mehr auf den älteren Sohn bezog? Wenn ja, ich habe es vorher schon angedeutet, dann geschah es mehr unbewusst.

Bewusst strebte ich im jugendlich-schwärmerischen Aufbruch Fernziele eines besonderen Lebens an, vielleicht als Staatsmann, vielleicht als Dichter. Ziele, die sich mir wie ein riesiger Berg auftürmten, ungeheuren Einsatz forderten. Es war der Hauptgrund für meine Scheu vor dem Alltag, vor Bindungen, welcher Art auch immer, und ihren Anforderungen. Das Versorgt-Sein von und durch die Mutter – über die übliche Zeitspanne hinaus – war mir eine Selbstverständlichkeit in meinem introvertierten, realitäts-abgehobenen Leben geworden.

Zwar wohnten meine Mutter und ich zusammen, dennoch war es mehr ein Leben nebeneinander her. Über meine Ideale, über meine hoch und tief schwankenden Empfindungen vermochte ich mich nicht mit ihr auszusprechen. Nur wenn die Zuspitzung von Ereignissen und Problemen bei mir, an mir unübersehbar wurde – im Gesichtsausdruck etwa, in auffälligem Verhalten – dann gab es stockend mühsame Dialoge, etwa über mein zeitweise alltägliches Leiden an der kaufmännischen Lehre oder in der schlimmsten Phase meines Liebesleides um Renate.

Meine frühe, irreale Neigung, aus gewohntem Leben, aus dem Beruf auszusteigen, mich ausschließlich einer Aufgabe des „Geistes“ zu stellen, fing Mama mit ihrem klaren Wirklichkeitssinn im Jahre 1964 ab. In Stuttgart, genauer gesagt im höher gelegenen Vorort Vaihingen, lernte ich in seinem Reihenhäuschen, ausgestattet mit Vor- und Hintergärtchen, einen alten Mann persönlich kennen, dessen Bücher ich schon vorher mit Begeisterung gelesen hatte.

Friedrich-Bernhard Marby, so hieß der Mann, hatte schon in den zwanziger Jahren Schriften mit der Aufforderung verfasst, Runenübungen auf Bergeshöhen, in Erdhöhlen oder Erdtrichtern zu praktizieren, und zwar möglichst zu Zeiten des Sonnenaufganges oder -unterganges. Unsere Altvorderen, die oft beschworenen Germanen, hätten in vorchristlicher Zeit Grundstellungen der Runen mit ihrem Körper eingenommen und dazu mit veränderlichen Tonlagen und Tonstärken die entsprechende Rune gesungen – geraunt, wie sich Marby ausdrückte. Bei der Is-Rune etwa, also der Versalie I gilt es dabei in I-gestreckter Körperhaltung die Ursilbe Is zu intonieren.

Überall in Germanien, so Marby, gebe es noch immer solche in der Frühzeit angelegten Stätten, die wieder aufzufinden, die wieder zu beleben die Heil bringende Aufgabe der Gegenwart sei. Im Dritten Reich, zu Zeiten einer Überbetonung des Germanischen, hatte Marby zwar anfänglich weiteren Widerhall und Aufschwung erlebt, schließlich aber, offensichtlich als bedenklicher Sektierer eingeschätzt, hatte er Einschränkung und Gefangenschaft im Konzentrationslager erfahren. Nach dem Zusammenbruch hatte ihm der KZ-Aufenthalt keine Entschädigung gebracht. Im Gegenteil, auch er geriet in die Verfemung von allem Nordisch-Germanischen.

Marby, im Alter, in der Endzeit seines Lebens enttäuscht und verbittert, hatte meine schwärmerisch bejahenden Briefe mit dem Angebot erwidert, ich solle seine Nachfolge antreten, seine Monatszeitschrift übernehmen für die immer noch in deutschen Landen vorhandenen Anhänger.

Tagelang war ich mittendrin in einem Entscheidungskampf. Beim Wort von Marby genommen – sicherlich zu unüberlegt ihm gegenüber ausgesprochen – wollte ich unbedingt meinen Worten auch Taten folgen lassen; aufgeben wollte ich tatsächlich den Redakteur bei der Zeitung. Dennoch – mich lähmten überstarke innere Widerstände.

War es bloß Angst vor dem Wagnis? Eine Feigheit gar, die ich durch Selbst-Ermutigung zu überwinden hatte? Oder war die Angst in Wirklichkeit eine Warnung vor einem unbesonnenen Schritt?

Marbys Bücher hatte ich Anfang der sechziger Jahre alle gelesen. Ich war Marbys Runen-Rat gefolgt, der da im Stabreim lautete: Runen raten richtig Rat. Damals, 1964, wohnten wir, wie bereits gesagt, in der Bundeshauptstadt Bonn. In aller Frühe fuhr ich fast täglich mit dem Fahrrad hinaus aus dem Rheintal, hinauf auf den Venusberg, um dort auf der Hochebene, um dort in einem Buchenwald bestimmte Runen zu raunen.

Morgenstimmungen gab es – wenn die Sonne aufstieg während des Gesanges – die zur Seelen-Schwingung wurden bei der Rückkehr und danach noch unglaublich beflügelten. Freilich, zu meinem Leidwesen, überaus belastende Nachwirkungen, die gab es auch – aufwühlende, geradezu düster-bewegte Gemütszustände. Die Runen-Gesänge wirkten wie ein Verstärker auf mich, auf die Leichtigkeit wie auf die Schwere meines Wesens und solche Erfahrung weckte, verstärkte bei mir die Vorsicht, gerade in diesen Tagen des Angebots, da die Entscheidung quälend anstand.

Der Tag der Aussprache – er ergab sich endlich doch. Bei einem Frühstück kamen Sohn und Mutter in das stockend ansetzende, aber das Problem angehende Gespräch. Seit Tagen war meiner Mutter mein verdüsterter, aber starr verschwiegener Gemütszustand aufgefallen. Erstmals an diesem Tag sprach ich sie aus, die mich bedrängende Frage. Und meine Mutter, die mögliche Tragweite dieser Frage klar erfassend, löste sie für mich mit einer verblüffend einfachen Gegenfrage: Bist Du wirklich sicher, in der bloßen Nachfolge dieses Mannes Deine Erfüllung zu finden? Musst Du nicht Deinen eigenen Weg finden und ihn dann auch gehen?

Ich stutzte einen Augenblick, dann aber hatte ich schlagartig die Einsicht und die Klarheit. Meine Mutter hatte Recht. Nach tagelanger Unschlüssigkeit sagte ich dem alten Manne ab. Meine Mutter hatte sich in ihrem Wirklichkeitssinn auch als die Bewahrerin meines derzeitigen, schwer errungenen Berufes erwiesen.

Mit Annelies Petsch, 1918 geboren und vier Jahre jünger als meine Mutter, verstärkte sich das schirmende Muttertum in meinem jugendlichen Leben. Mutter des Geistes wurde Annelies mir, Mutter einer Gemeinschaft, die geweiht, die hervorgehoben war für mich von einer von mir seit Jahren schmerzlich ersehnten Geistesoffenbarung. Und Mutter umfangend erlösender Liebe wurde sie mir auch, als sie mich, anfänglich zweifelnd wegen des Altersunterschiedes, nach erstem Zögern umso inniger in die Arme nahm und dem Jungmann gab, was die leibliche Mutter nicht geben konnte.

Ein halt- und richtungweisendes Müttertum – das war und ist bestimmend in meinem bisherigen Leben. Wie aber steht es um das Vatertum? Mein Vater, der wie ein Onkel zu Besuch Kommende, war durchaus ein Leitbild für mich, insbesondere als der welt-bereisende Kosmopolit, der freilich niemals seine deutsche Wurzeln, seine deutsche Heimat verleugnete.

Dennoch hatte ich markanter noch familienferne, übermächtige Vaterbilder; etwa während der DDR-Zeit: 1953 gab es für mich in aller Unwissenheit, ausgeliefert allgegenwärtiger Propaganda, den „Großen

Vater Stalin". Stalins Tod, im März 1953, war ja überall im Ostblock mit pompösen Trauerfeiern begangen worden.

Später dann, nach dem Wechsel in die Bundesrepublik, waren es die wahrhaft Großen des lebendig ergreifenden Wortes, zuerst Karl May, dann Goethe und Schiller, aber auch Gottfried Keller und Adalbert Stifter, später dann Heinrich von Kleist und Friedrich Hölderlin. Allerdings: auch Berthold Brechts „Dreigroschenoper" fesselte mich in den fünfziger Jahren in einer Fernsehinszenierung. Ich sah das Werk, ergriffen und erschüttert, in einer Bahnhofsgaststätte, da wir zu Hause kein Fernsehen hatten.

Was meinen leiblichen Vater angeht, so war er mir trotz meiner Neigung zu Anpassung und Bewunderung, trotz meiner Bereitschaft, ihm immer wieder Anerkennung zu zollen bei seinen stundenlangen Monologen – trotz alledem war er mir immer wieder Gegner in einem furchtbaren Streit.

Stets ging es dabei um den Dritten Weltkrieg, von dessen künftiger Unausweichlichkeit mein Vater sprach; bedenkenlos, rücksichtslos mit mir, dem 17-, 18jährigen diskutierend. Nahm er mich, seinen Jungen, als Gesprächspartner so ernst, bejahte er mich wirklich als ebenbürtig? Oder welcher Frust seines Lebens, welche abgrundtiefe Enttäuschung wurde in seiner Schreckensprophetie offenbar? In dem meist heftig werdenden Schlagabtausch fuhr er seine niederschmetternde Lebenserfahrung um Mensch und Welt wie Geschütze auf.

Auf Deutschland, auf seine Hybris und den ungeheuerlichen Fall kam mein Vater dabei immer wieder zu sprechen; und damit zwangsläufig auch auf Adolf Hitler, den begeisternden Führer, dessen Bildnis mein Vater meiner Mutter zur Verlobung geschenkt hatte; auf Adolf Hitler, den wahnsinnigen Führer, wie er sagte, der „so große Macht" hatte und dennoch alles verspielte. Adolf Hitler als die Negativ-Größe der Weltgeschichte überhaupt! Dennoch, in einem gewissen Widerspruch dazu, nannte er ihn immer wieder „Adolf, den Kühnen."

Im Streitgespräch gestand ich die deutsche Hybris ein, wandte mich aber gegen Deutschlands „Dummheit", von Vater geradezu vulkanisch hinaus geschleudert, und Deutschlands endgültige Verlorenheit.

Die eigentliche Streitfrage bei den regelrechten Kampfgesprächen blieb jedoch der Dritte Weltkrieg, über den als mögliche, schreckliche Zukunft eigentlich nicht diskutiert werden konnte, weil nur Vergangenes ein wirkliches Ergründen zulässt. Aber Vater und Sohn diskutierten ja auch nicht miteinander, sondern ein jeder von uns beiden fuhr seine Überzeugung auf – und das im unvereinbaren, im unlösbaren Gegensatz. Lebenserfahrung, durchsetzt mitunter von ätzendem Zynismus stand gegen jugendlichen, noch ungelebten Idealismus. Gegenseitig waren wir uns beide damals äußerste Herausforderung! Auch ich, der Sohn, an sich von träumerischer Weichheit, zeigte auf einmal Härte und Unnachgiebigkeit, hatte Unbedingtheit im Anspruch, das Gültige zu vertreten.

1941 geboren, hatte ich den Krieg allenfalls unbewusst erlebt, als Baby und Kind sozusagen nur atmosphärisch in Chemnitz, in den Kriegsjahren in der Wohnung der Großeltern bei Kerzenlicht erlebt. Das Umfeld von Trümmern wurde fraglos als gegeben hingenommen; ebenso der Feuerschein am nächtlichen Himmel bei Seiffen im Erzgebirge, als in der Nacht zum 14. Februar Dresden in Flammen stand.

Als Jugendlicher nun lehnte ich mich mit allen Fasern meines Seins gegen den Weltkrieg auf, als habe ich selbst einen Stahlhelm getragen. Aber mein Vater, der doch im Krieg gewesen war, sprach mit einer für mich unbegreiflichen Leichtfertigkeit von dessen Wiederholung.

Mein Vater hatte in den Wirren der Zeit Glück gehabt. Im adlerhaften Überblick seines wachen Geistes, im Kometenschweif der Begünstigung war ihm persönlich stets das Schlimmste erspart geblieben. An der Ostfront, im Kampf gegen die Sowjetunion war er, als die deutschen Panzerarmeen noch siegreich vorstießen; mit Volksschulabschluss wurde er Offizier, weil er über den vorherigen Frankreich-Feldzug ein erfolgreiches Buch geschrieben hatte; als Offizier war er front-fern bei der Wehrmachtführung im Einsatz. Unverwundet bis zum Kriegsende entging er der Kriegsgefangenschaft mit mutiger Tatkraft und forschem Bluff bei seiner Flucht aus Italien über die Alpen.

Das unermessliche Leid, die Not des Krieges und seiner Folgen – er hatte sie doch um sich herum erlebt! Umso unbegreiflicher war es für mich deshalb, dass er nach diesem Krieg, der in Japan mit dem Abwurf zweier Atombomben endete, dass er in der erneuten Weltkriegsgefahr der nuklearen Supermächte USA und Sowjetunion, dass er im Zeitalter des schrecklichen Gleichgewichtes, im Zeitalter der Undenkbarkeit des alles vernichtenden Atom-Krieges von der Unausweichlichkeit des Dritten Weltkrieges sprach.

Was war nur mit meinem Vater im Krieg und dann danach geschehen? Um die Armut, um den Idealismus seiner Jugend wusste ich, wusste um seine Einsatzfreude für Reich und Führer, wusste aber auch um seinen Bruch mit ihnen, Jahre vor dem geschichtlichen

Zusammenbruch. Der begeisternde Hoffnungsträger Adolf Hitler war für ihn wie für die Welt zum Verbrecher geworden. Offensichtlich war damit meinem Vater der Glaube schlechthin an Mensch und Welt vergangen.

Der Mensch, so argumentierte er drastisch in unserer Kontroverse, sei auf dem Entwicklungsstand des Neandertalers stecken geblieben. Das Verhängnisvolle aber sei, dass er nicht mehr mit Steinäxten und Keulen ausgerüstet sei, sondern mit modernster Waffentechnik. Deshalb sei der nächste Weltkrieg unausweichlich.

Nie wieder Krieg – das sei die Lehre aus dem Krieg – das war meine Entgegnung. Mein Glaube war und ist, dass die Kriegserfahrung zu Einsicht, zu Überwindung und Wandlung führt, das Schreckliche, wenn auch geschehen, wenigstens einen späten Segen hat.

Das Schreckliche, widersprach mein Vater, das Schreckliche lähmt, und in seinem übermächtigen Bann löst es noch Schrecklicheres aus. In endlosen Weiten tote, erstorbene Welten – von der Wasserstoffbombe getroffen und radioaktiv verseucht; das Schreckensbild ließ mich erschauern und umso inniger beten.

Gott sei es gedankt: Dem Schrecklichen und seinem Bann erlag ich nicht. Im Spätherbst des Jahres 1962, als Volontär war ich gerade in der Nachrichtenredaktion, da war es mir, als wäre es ein Gang auf gläsern zerbrechlichem Eis. Aber eine bebende, bewegend klingende Zuversicht war in mir, dass das Eis halten werde in der ungeheuerlich aufgekommenen Weltkriegsgefahr.

Und tatsächlich: Die sowjetischen Schiffe, mit Raketen bestückt für das sozialistische Cuba Fidel Castros – die sowjetischen Schiffe drehten ab vor der von Präsident Kennedy deklarierten Sperrzone der USA. Äußerste, atemberaubende Anspannung wich matter, beseligender Entspannung.

Und ich, als Volontär natürlich nicht mit dem Aufmacher sondern nur mit der politischen Notiert-Spalte befasst, ich hörte aufatmend, mit dem inneren Ohr erregt, in wach gerufener Musik-Erinnerung die letzten, die erlösend ausklingenden Akkorde des herrlich hellen und doch melancholischen Klavierkonzertes a-Moll von Edvard Grieg…

Immer wieder hörte ich sie… die Akkorde... der Frieden des Kalten Krieges blieb uns erhalten.

Von der Vision einer wundergleichen Errettung hatte Annelies gesprochen. Karl-Heinrich, der Dritte im Bunde, hatte sie gehabt: 1971, vier Jahre vor unserer ersten Amerikareise, die wir 1975 im Auftrage Manitous ausführten. Einen goldenen, einen leuchtenden Stab hatte Karl-Heinrich in seiner Schau gesehen, der von der Hand des rechten, dazu bestimmten Menschen gebraucht, märchenhaft wunderbare Verwandlungen auslöse.

Aus einer Dumpfheit erwachend, strichen sich die Menschen über die Stirn. Sie, die miteinander verfeindet waren oder sich in störrischem Unverständnis isoliert hatten, sie alle verstanden sich auf einmal, sie fanden sich zusammen in werdenden Gemeinschaften, im Geiste und in Lebendigkeit. Und Soldaten, die hatte Karl-Heinrich gesehen… die Soldaten ließen die Gewehre fallen. Die Soldaten stiegen aus den Panzern und hatten Zweige des Friedens in den Händen.

In Harbshausen am Edersee, in einem Bauernhaus, genauer noch in einer zum Saal umgebauten Scheune, fand sich im Jahre 1972 eine Gemeinschaft des Geistes zusammen. Am Edersee, in eben diesem Bauernhaus, lebte damals Karl-Heinrich, lebte seine Familie, lebte seine Mutter. Als ehemalige Heuscheune hatte der Saal eine Empore, die nun zur Sitzecke umgestaltet über eine Holztreppe hinunter in den großen, dach-hohen Raum führte.

Ein langer Tisch mit Stühlen stand da in der Achse der beiden hohen, ziegelgemauerten Giebelwände, während an den beiden anderen Seiten das holzgetäfelte Dach fast bis auf den Fußboden hinabreichte. An der vorderen, weiß gekalkten Giebelwand hing, fast die ganze Höhe abdeckend, der Buchstabe Ypsilon. Aus Holz gefügt trug die verlängerte Senkrechte die beiden oberen, seitlich ausgestreckten Arme, in deren Winkel eine große, kupferne Scheibe eingesetzt war – als Symbol des Sonnenhauptes.

Den aufrechten Menschen soll das Zeichen darstellen, den neuen Menschen, der mit erhobenen, mit weit geöffneten Armen das Haupt seines Ego zurückgenommen hat und stattdessen das Haupt, das Sonnenhaupt einer Erleuchtung trägt. Der Mensch als Lichtträger – ein hohes, ein noch fernes Leitbild, denn am Anfang der familiären Gemeinschaft des Geistes – 1945, in der Stunde Null des

Zusammenbruchs, war bloß die Buchstabenrune Y gegeben worden; als Zeichen eben für den Menschen, der sich, der sein Haupt völlig zurücknimmt, der sich mit weit geöffneten Armen dem Himmel öffnet.

Damals, 1945, in der Zeit größter äußerer wie innerer Not, war die Öffnung geschehen im Kreise der Großfamilie. Ein sprechender, ein führender und sorgender Geist hatte sich ihnen offenbart, und die Utensilien der Übermittlung hatte er selber als Notbehelf bezeichnet; als da waren ein Buchstabenkreis, groß und deutlich aufgetragen auf einer Pappe und ein Glas, das von bestimmten Fingern leicht berührt, von Buchstabe zu Buchstabe wanderte und tatsächlich den Erstaunen und Begeisterung auslösenden Sinn von Worten und Sätzen ergab; Worte von ergreifender Höhe und Tiefe des Geistes, Worte von bewegend ausgreifender, ermutigender Weite.

Das Medium Glasgefäß, so hatte es sich herausgestellt, bewegte sich am leichtesten von Buchstabe zu Buchstabe, wenn die Finger zweier Frauen das Glas berührten. Eine Dritte konnte dann aufmerksam die angetippten Buchstaben notieren. Die zwei Frauen waren Karl-Heinrichs Mutter Jutta Bohn und deren Schwester Annemarie Fischer. Die mitschreibende Dritte war Charlotte Geng, aus Danzig stammend, Vertriebene wie die meisten in den Wirren des Krieges und ins Hessenland verschlagen.

Bis in die Anfänge der fünfziger Jahre empfingen die drei Frauen, meistens nachts, wenn alle anderen schliefen, die erregt erwarteten Botschaften. Tamalaner nannte sie der Geist in tiefer Ernsthaftigkeit. Der Humor freilich war ihm nicht fremd, indem er, auf die Nachnamen der drei Frauen anspielend die witzige Aufforderung formulierte: „Fischt die Bohne und macht sie gängig!“

In dieser frühen Nachkriegszeit – was verkündete damals der sich offenbarende Geist? Worte waren es wie diese:

„Der Ruf aus dem Jenseits, der den Menschen erreicht, weil das innere Ohr ihm blieb, der Ruf aus dem Jenseits, der verstanden und freudig befolgt wird, ist immer kommend und gehend vom ewigen Feuer zur Flamme.“

Nach der Stunde Null, nach dem ungeheuerlichsten Zusammenbruch hieß es zum Neuen Menschen in Neuer Zeit:

„Auferstehen muss erst die Persönlichkeit – der Mensch – eh' sonnenklar das Auge wird. Von Innen muss das Neue kommen.“

In anderer, schirmender Nacht fügten sich, Buchstabe für Buchstabe, die zeitlich weit ausgreifenden Worte:

„Nun leben wir bewusst im Zeichen dieser neuen Zeit, die uns wird führen dem neuen Menschen zu. Der Geist soll fortan tragen durch tausend Jahre kommender Geschichte.“
„Nicht herrschen sollen mehr Puppen (Marionetten), nein, Mensch über Mensch, Staat für das Volk.“
„Keine Partei, keine Loge, keine Kirche wird dem neuen Menschen das Gesicht geben, der Geist allein wird Sieger sein.“

Vom Geist, dem sprechend weisenden Geist, kamen jedoch nicht nur Worte zur Zeitenwende; er erteilte auch tatsächlich Lebenshilfe. Damals, in den letzten Tagen des Dritten Reiches, waren die Frauen mit ihren Kindern vor der Todeswalze der Roten Armee geflüchtet; einen Gutshof in Schlesien musste Karl-Heinrichs Familie überstürzt verlassen. In Bad Wildungen notdürftig untergebracht, in der Ungewissheit um die Männer und Söhne im Feld, war eine Bleibe dringend erforderlich – eine Ernährungsgrundlage in der Notzeit nach Kriegsende. Eines Tages nun verwies der Geist, erneut sprechend über die Planchette, auf einen Gutshof an den Bergeshängen des Edersees.

Das Unwahrscheinlichste, geradezu Wunderhafte geschah in diesen bitteren und schlimmen Monaten, Mutter Jutta konnte mit Verwandten den Gutshof Asel pachten, den ihr Sohn Karl-Heinrich, als 21jähriger schnell und heil aus der US-Gefangenschaft zurückgekehrt, alsbald mit dem Pferdegespann bewirtschaften konnte.

Auf jenem Gutshof übrigens, in einer Dachkammer, die nur über eine steile, knarrende Holztreppe erreichbar war, empfingen die drei Frauen dann die Mehrzahl der Botschaften und dort, auf dem Hof, wurde auch der Name der Gemeinschaft bestimmt: KREIS UM MICHAEL.

Der Gutshof konnte bis Anfang der fünfziger Jahre gehalten werden, dann forderte ihn der nach dem Krieg politisch belastete Eigentümer mit Erfolg zurück. Karl-Heinrich, auf dem Hof in Liebes- und Ehebande gekommen, wanderte mit seiner Familie in sein Traumland aus, in den Wilden Westen der USA. Seiner Mutter und den Zurückgebliebenen bot sich Ende der fünfziger Jahre erneut ein bäuerliches Anwesen an, und zwar im benachbarten Harbshausen, einem kleinen Dorf, ebenfalls am Edersee gelegen.

Den Wechsel in das Bauernhaus mit der besagten Heuscheune hatte Annelies ermöglicht. Annelies, schon früh auf der lebhaften Suche nach den Quellen des Geistes, hatte sich vorher besonders mit dem geistigen Indien befasst, hatte sich aber damit, mit den Schriften von

Yogananda, von Sri Aurobindo nicht zufrieden geben können. Annelies hatte stets in Europa, insbesondere aber in Deutschland nach einer Gemeinschaft des lebendig sich offenbarenden Geistes gesucht und sie endlich 1956 im KREIS gefunden.

Annelies, als Junggesellin und Berufstätige in leitender Stellung, war finanzstärker als die anderen. Sie half, wo sie konnte, leistete einen gewichtigen Beitrag beim Erwerb des Harbshausener Bauernhauses, stiftete eine Erbschaft für den Ausbau der besagten Heuscheune zum besagten Saal, der Versammlungsstätte des KREISES UM MICHAEL.

Warum MICHAEL? Warum der Kreis gerade um den Erzengel Michael? Weil Michael, der Licht-Speer-Bewehrte, der Schutzpatron der Deutschen ist, der Schutzpatron Deutscher Geschicke und damit auch jener ungeheuerlichen Umstürze und Wirren, die die Gründungsmitglieder des Kreises aus dem Osten in die Mitte des amputierten und besetzten Landes verschlagen hatte – in die gespaltene Mitte des Abendlandes, in die innerste Reichmitte Europas.

MICHAEL, dessen Speer im Drachenkampf ein Lichtstrahl ist, MICHAEL, der mit der Macht des Lichtes gegen die Macht des Dunklen kämpft, MICHAEL, der mit der Macht des Lichtes siegt – er ist Leitbild des Kreises und seiner Jahrzehnte währenden Geschichte. Eine neue, eine jüngere Mittlerin des Geistes war unterdessen herangewachsen. Juttas Tochter aus zweiter Ehe, Marie-Luise war es, Isa genannt. Sie entwickelte anfänglich in Kaiserslautern, dann, nach gescheiterter Ehe, in Harbshausen eine unmittelbarere Medialität, eben ohne den Notbehelf der Planchette. Aufgekommen war die Medialität, verstärkt hatte sie sich, nachdem zwischen Annelies und Isa eine sich in Treffen bestätigende und immer mehr festigende Freundschaft erblüht war.

Durchsagen des Geistes erfolgten, insbesondere immer dann, wenn sich die Beiden allein oder im Familienkreis trafen, wenn wichtige, wenn aufregende Gespräche stattgefunden hatten. Irgendwann zog sich dann Isa zurück, warf ohne Punkt und Komma schnelle, beinahe stenografisch anmutende Zeilen aufs Papier. Um Jesus und die germanischen Götter ging es dabei, um eine neue Vereinbarkeit von Germanentum und Christentum von der Urlehre her, um die Frage einer Ur-Schuld ging es, um die Schuld-Folgen in den Verstrickungen der Epochen und ihrer Mächte, um die Schuld in der mythischen Prägung, etwa des Amfortas und des Grals und seinem erlösend fragenden Parsifal.

Aber es geschah ebenso, dass Isa bei Feierstunden des Kreises, nach einer musikalischen Einstimmung, frei sprach und die Ansprache dann auf Tonband aufgenommen wurde. Eines Tages sprach der große alte König Preußens, eines Tages bediente sich die Wesenheit von Friedrich dem Großen tatsächlich der Zunge von Isa und verkündete Worte der Verheißung für Deutschland und die Welt.

Karl-Heinrich, Halbbruder von Isa, sollte die dritte große Phase medialer Übermittlungen, vor allem aber der „Taten im Geiste“ bringen. Wegen der schweren Erkrankung seiner ersten Frau war Karl-Heinrich zusammen mit seiner Familie aus den USA zurückgekehrt – allerdings in unentwegter, schmerzlicher Sehnsucht nach Amerika, dem Land seiner erhabenen Ureinwohner und einer pionierhaft unbefangenen Freiheit in den einsamen Weiten des Kontinentes.

1967, im Spätherbst, hatte ich, wie bereits geschildert, Annelies und damit den Kreis kennen gelernt. Bereits 1969 beschlossen wir beide auf dem hinteren Gelände des Harbshausener Anwesens ein kleines Haus zu bauen, das bereits im Jahr darauf beziehbar war. In diesem Haus hatten Annelies und ich zur Jahreswende 1970/71 einen außergewöhnlichen Gast, der uns seitdem, ähnlich wie Karl-Heinrich, zu einem besonderen Freund geworden ist.

Friedrich-Karl Heckmann ist es, Sohn einer Fabrikantenfamilie, 1922 in Breslau geboren. Früh fand er nach Krieg und Gefangenschaft zur Urlehre des Buddha, dem so genannten Kleinen Fahrzeug. In den fünfziger Jahren fuhr er mit dem Fahrrad nach Indien, in den sechziger Jahren war er fünf Jahre lang in Asien als buddhistischer Mönch. In den burmesischen Bergen kam er in einer neunzigtägigen Dauermeditation in tiefste und höchste Bewusst-Seins-Zustände, später dann auf Ceylon zur Schau einer globalen Umwälzung.

In jäh aufkommender Vision, gleich einer Ewigkeit im Augenblick, wurde ihm der Aufriss einer Zukunft offenbar: eine hohe Flut, in wandartiger Türmung als das Allverändernde auf Erden und dann das Bild des Neuen: Gemeinschaften in der Erleuchtung des Geistes. Kristalliner sollten sie nach seiner Eingebung heißen. Und tatsächlich: Nach Friedrich-Karls Vorbild entstand eine neue Gemeinschaft; auch bei uns, im Bauernhaus im Hessenlande.

Ein reichliches Jahr darauf, zu Ostern – die ersten Sitzungen unter Karl-Heinrichs Führung hatten im Saal bereits stattgefunden – da saßen wir zu Dritt, Annelies, Karl-Heinrich und ich, im kleinen benachbarten Neubau und sprachen über die ersten, bisher gewesenen Zusammenkünfte.

Auf einmal, während des Gespräches, hatte ich die Schau eines wundersam leuchtenden, eines blau-strahlenden Kristalls – eines großen Kristalls mit einer licht-hellen, licht-weißen Mitte. In der Spitze der Giebelwand – dort im Saal, wo das Zeichen des Kreises angebracht ist – dort sah ich ihn mit dem inneren Auge.

Den Kristall, den Blau-Erstrahlenden – den sah ich, nachdem Karl-Heinrich an jenem Ostersonntag gesagt hatte, bei den Sitzungen des Kreises gehe es um die Bildung eines Kristalls, gehe es um den Gral, der sich hernieder senken solle. Noch unter dem Eindruck der gerade am Vormittag stattgefundenen Sitzung, im Zauber noch unseres Gespräches und der dabei aufgekommenen Schau stellte ich keine Fragen.

Die Fragen stellten sich erst später. Kristall und Gral – ist das Zweierlei oder ein- und dasselbe? Einmal bildet sich etwas unter unserem Einsatz, unter unserem Einfluss, sozusagen von unten, und dann wiederum senkt sich uns etwas von oben zu. Ist das nicht Zweierlei? Jedoch geheimnisvoll aus oder in einer Einheit stehend und trotzdem eine Wechselwirkung bedingend? Ist es der mühevolle Einsatz einerseits und die gleichzeitig oder daraufhin geschenkte Gnade andererseits?

Eines war klar: Am Anfang war etwas von uns aufzubauen, von uns zu verdichten. Am Neujahrstag 1972, um 10 Uhr 30 – da waren wir zur ersten Sitzung im Saal zusammen gekommen. Am langen Tisch dort hatten wir Platz genommen; Karl-Heinrich an der Frontseite, dann jeweils rechts und links von ihm an den langen Tischseiten seine Mutter Jutta und ihr gegenüber Charlotte, dann Friedrich-Karl, vis-à-vis mit mir und abschließend Gretel, die zweite Frau von Karl-Heinrich, und Annelies.

Wir hatten einander die Hände gegeben und sitzend den Kreis geschlossen. Ein etwa 13 Zentimeter langer, gerundeter Metallstab stand auf dem Tisch in der Mitte der Längs- und Querachse. Das silbern glänzende Metallstück stand da in Ermangelung eines Würfels, der eigentlich vom Geiste angegeben worden war. Als Symbol vielleicht für den Baustein des Anfangs? Wie dem auch sei – auf jeden Fall sollten wir uns gemeinsam und sich wiederholend in den folgenden Sitzungen auf die Mitte des Metallstabes einstellen. Wenn darüber bläuliche

Flammen sichtbar würden – und zwar im inneren und dann orangenfarbige Töne im äußeren Bereich; wenn dieses Phänomen eintrete, dann sei es an Aufladung genug und eine Angleichung von uns Sieben, eine Angleichung unserer Aura sei erreicht.

Solche Einstimmung und Abstimmung im gemeinsam entstandenen Schwingungsfeld sei unerlässlich, um eine Verschmelzung von dritter und vierter Dimension, eine Vereinigung sozusagen von Himmel und Erde, zu erreichen. Eine Vermählung im Geiste sei es, aus der wir als Vollbewusste hervorgehen sollten, in der Gewissheit unbegrenzter Macht, nicht aus uns selbst, sondern in der Gemeinsamkeit, in der Führung des ALLEINEN GEISTES!

Führende sollen wir sein auf der neuen Ebene der Handlungen und doch Geführte bleiben. Geführte und Führende zugleich – nur so könne die große Handlung im Geiste gelingen, die als Rettung unbedingt nötig sei.

Einen Schutzwall gelte es zu errichten – gemeinsam mit sieben weiteren Gruppen – einen Schutzwall der Geistesmacht gegenüber der großen Bedrohung aus dem Osten. Ein Wall der Verwandlung solle es werden und nicht der trotzigen Abgeschlossenheit oder gar fortdauernden Feindseligkeit.

Ein Wall der lichten Offenheit solle es sein; mit dem Tor, das sich Tor um Tor öffnet… und wer durch ein Tor hindurchgehe, der werde gewandelt werden, denn die Erde fordere zurück, was der Mensch ihr entrissen habe… all das Eisen und die Stoffe des Krieges. Wer also vom Osten her durch das Tor nach Westen schreite, der werde ein Gewandelter sein und nur noch die Wolle der Friedfertigkeit tragen.

Nach vier Sitzungen in den folgenden vier Monaten war ein erster Anfang gemacht. Sichtbar wurde Karl-Heinrich, sichtbar wurde mir das angekündigte, das bläulich-orangene Licht, aufscheinend am und über dem Metallstab.

Das gemeinsame Strahlungsfeld in einer ersten Angleichung war ebenfalls aufgekommen, und tatsächlich, vor Karl-Heinrichs seherischem Auge war tatsächlich der Lichtwall erschienen, der Geisteswall im Osten, vom hohen Norden sich erstreckend bis in den tiefen Süden Europas, ein Wall der Bewahrung, ein Wall zur Sicherung, wie es hieß, des atlantisch-nordischen Lebensraumes.

Und Karl-Heinrich erschauerte vor der Offenbarung, vor dem Anblick der Größe, der Höhe und der Weiten. Erst später konnte er es aussprechen, was er geschaut hatte und dann immer noch in leicht stockender Verwunderung:

„Am Lichtwall... da reite im Auftrage Allvaters... da reite Odin entlang und in den Höhen darüber... da schwebe der siegende Schwan."

Erstmals wieder wäre die Dreieinigkeit von Himmel, Erde und Menschengeist gegeben, so hieß es. Wesenheiten des Himmels, Elementargeister der Erde seien endlich wieder im Menschengeist verbunden, alles umfassend. Deshalb wurde auch das Zeichen des Kreises um Michael, das Y mit dem Lichthaupt zwischen den geweiteten Armen, erweitert; und zwar unten an der Senkrechten. Die Senkrechte endet nun mit zwei gespreizten Beinen. Der Mensch, dem Baume gleich, in der Verbundenheit nach Unten wie nach Oben. Der Mensch – gründend in der Erde, geöffnet dem Himmel.

Niemandes Feind sollten wir sein – bei solchen Einsätzen... unter der Führung des Geistes. Die Geists-Taten müssten aus dem Lichte der Liebe geschehen und nicht aus dem Dunkel der Feindseligkeit oder gar des Hasses. Nicht der Adler, der Schwan werde Sieger sein – der urheilige Lichtbringer, der Schwan der nordisch-atlantiden Völker. In unverbrüchlicher Liebe zu Deutschland, zum eigenen Heimatland gelte es, sich im Geiste, in der Bewusstheit zu vertiefen, zu erhöhen – zu erweitern in die großen, wahren Zusammenhänge, im erklärenden Rückgriff auf die Vergangenheit, in der erkennenden Wahrnehmung der Gegenwart und in leitbildlicher Mitgestaltung der Zukunft.

Bei den Saal-Zusammenkünften in Hessen, in der Mitte Deutschlands blieb es nicht allein. Manitou, der Große Geist der Roten, rief uns Drei – Annelies, Karl-Heinrich und mich – 1975 erstmals in die USA. Um nähere und fernere Vergangenheiten ging es; um den grausigen Untergang der roten Völker, aber auch um ihre Auferstehung, dann – tiefer und weiter zurückliegend – um Untergang und Vermächtnis von Atlantis und schließlich, die bisherigen beiden Reisen krönend, um die große Verheißung für die Zukunft, um die welten-wandelnde Herabkunft des ALLEINEN.

Der ALLEINE... die große Versammlung in der Erwartung... im Ereignis der Herabkunft... wie hatte es mich damals ergriffen, an jenem siebten September 1977, als wir Drei uns zur bestimmten Stunde am Steinaltar hoch über dem blau-lichten Bärensee eingefunden hatten, und es geschah. Der ALLEINE senkte sich hernieder.

Zurückgekehrt in die Heimat erlebten wir an verborgen-geheimer Stätte, erlebten wir auf dem Turm, begegneten wir an der brunnenspiegelnden Stätte des Here Mimir zu unserer freudigen Überraschung einem anderen…

BALD'R erschien dem Seher-Auge von Karl-Heinrich; BALD'R, der Träger des Nordlichtes, erschien, so wie in Amerika am Bärensee, diesmal aber stieg er im… er stieg am leuchtenden Regenbogen herab und verkündete freudig: ER kommt… ER, der ALLEINE, betritt den Kontinent des alten Europa, und das Zeitalter der Sonne beginnt…"

Oh… aufleuchtende Verheißung, da oben in lichten Höhen… wie abgründig schlimm dazu ist die Wirklichkeit, ist die Weltlage der gegenseitigen Nuklear-Bedrohung der Super-Mächte, der waffen-starrenden, der raketen-gerichteten Feindschaft zwischen der Sowjetunion und den USA. Unheil-Schwangeres ballt sich da – die dunkle Wolke, so denke ich, die da aufkommt vor dem Fuße des unaufhaltsam voranschreitenden ALLEINEN…

Damals am Bärensee hatte es Karl-Heinrich in großen Bildern gesehen: die GROSSE VERSAMMLUNG, die sich in Ringen gleich einer Pyramide aufgeschichtet hatte, die HERABKUNFT DES ALLEINEN, die die Versammlung in einen Teppich tragender Lichter verwandelte und die BEWEGUNG DES ALLEINEN, zu dessen unaufhaltsam voranschreitenden Füssen sich die aufbäumende, sich die düstere WOLKE bildete.

Ende Mai dieses Jahres war es, da trafen wir uns erneut im Saal am Edersee. Außer dem feststehenden, vom Geist bestimmten Personenkreis war Isa zu Gast, Tochter von Mutter Jutta und in den sechziger Jahren die große Seherin des Kreises um Michael, Isa war Anfang der siebziger Jahre nach Hamburg verzogen.

Den großen, elektrisch erleuchtbaren Globus hatte Karl-Heinrich, den Hinweisen des Geistes folgend, auf den langen Tisch gestellt, in die Mitte unserer Versammlung.

„*Stellt den Globus in Eure Mitte*", so hatte es geheißen, „*legt heilende Hände um ihn! Stellt Euch das vor! Öffnet Euch, öffnet dem geistigen Osten Tür und Tor, aber wehrt Euch, schirmt Euch ab, nach wie vor gegen den Angriff mit Waffen! Also öffnet, weil es entscheidend für die*

Zukunft ist, öffnet dem geistigen Osten Tür und Tor. In Amerika ist das Vermächtnis der Roten wichtig, deshalb seid Ihr nach Amerika gezogen. Und Ihr zieht wieder hin, um das große Netzwerk zu schaffen, die wesentlichen, die zukunftsträchtigen Volkskräfte dort miteinander zu verbinden.“

Wir vollzogen es damals im Saal gemeinsam mit Worten…mit den Händen, die wir einer nach dem anderen auf den Globus legten. Und dreimal sprachen wir gemeinsam zu Acht die Worte, die Karl-Heinrich innerlich vernommen und dann ausgesprochen hatte:

Wir öffnen uns bewusst dem geistigen Osten.
Heilende Hände schließen die Wunden der Welt.

Schweigen war dann – ums uns, in uns – es war die hohe, die schwingende, die aufleuchtende Spannung, die das Schweigen so beredt, so erfüllend macht.

Nach einer Weile sprach Karl-Heinrich wieder; aber er wusste nicht, er ermaß nicht, was er sagte, denn der Geist sprach über ihn, sprach über seine Zunge:
„Dies ist das Ende des Dritten Weltkrieges! Dies ist das Ende der Großen Gefahr, der Allvernichtenden. Lasst es nicht mit dieser einen Handlung bewenden, in der Ihr für Minuten Eure Hände über den Globus hieltet. Immerfort, immerfort tut es! Im Geiste tut es! Haltet die Hände über den Erdball! Es gibt keine Grenzen, es gibt nur eine Menschheit, die im Geiste des ALLEINEN vereint ist, vereint in der werdenden, in der kommenden Ordnung.“

Eine große, unsagbare Sehnsucht bewege all die Völker… der Indianer... die Völker des Westens wie des Ostens, des Fernen Ostens auch…Volksströme sah Karl-Heinrich, die in erwachender Rückbesinnung alle wieder in die Zonen, in die Sphären des einstigen Atlantis ziehen, um dort im Ursprung, um dann aber in der All-Erneuerung des ALLEINEN die Zukunft zu gewinnen.

Montag, den 31. Juli 1979

Die Entscheidung ist gefallen. Ich fühle die Rinde meiner Eiche. Ich fühle sie an meiner Stirn. Ich fühle den Stamm in seiner Mächtigkeit. Und feinste Bewegung – von den Winden her im blatt-rauschenden Wipfel – ist sie mir wirklich spürbar im Baum? Ist denn wirklich alles wahr, was ich tue? Ist es richtig?

Am Baum gelehnt fühle ich mein Herz. Ein Zittern ist da im schlagenden Takt. Die Entscheidung ist gefallen. Horst Schubert, dem Chef der Redaktion „Köln-Stadt", habe ich meine Kündigung erklärt; erst mündlich zwar, aber in einer langfristigen Vorankündigung zum 1. April 1980.

Kein Aprilscherz ist es. Für mich ist es eine bindende Festlegung, eine unerlässliche Vorbereitung auf den Tag X; so entscheidend erscheint mir der Wechsel, so gewagt die Kündigung. Den Status des Redakteurs hatte ich glückhaft nur mit dem Ausbildungsstand der Mittleren Reife und des Verlagskaufmannes errungen, und nun will ich ihn wieder aufgeben?!

Die Spannung freilich zwischen mir und dem Umfeld der Redaktion, zwischen meiner Innenwelt und der alltäglichen, beruflichen Außenwelt war immer stärker, immer belastender, ja zeitweise immer unerträglicher geworden. So reifte in endlosen Gesprächen mit Annelies der Entschluss, die Bindung bei der Zeitung aufzugeben, meine Berufung im Geiste ganz und gar zur Lebensaufgabe zu machen. Ausschlaggebend für den Termin war schließlich die Einführung des Lichtsatzes 1978 in der Redaktion.

Statt an der Schreibmaschine sitzen wir nun, etwa in der Höhe des Bauchnabels, an einem übergroßem Terminal, einem elektronischen Gerät mit Tastatur und flimmernden Bildschirm. Statt wie bisher Texte aufs Papier zu tippen – von den Setzern dann an der Satzmaschine in silbern blinkende Bleizeilen für den Umbruch verwandelt – wird nunmehr der *„Lichtsatz"* auf dem Bildschirm in Datenströmen über den Großrechner in jene Abteilung geschickt, die über Foto-Folien und Klebe-Umbruch schließlich, unverändert wie bisher, zu den Rund-Stereo der Druck-, der Rotationsmaschinen führt.

Die stundenlange, die tägliche Arbeit am Terminal hat bei mir anfangs eher ungefähre, später dann immer deutlicher werdende

Beschwerden ausgelöst. Seltsame, beklemmende Spannungen im oberen, im halsnahen Bereich der Brust waren es, Kopfschmerzen verbunden mit Rötungen der Augen, dann Krämpfe der Gedärme in meinem sich verspannenden Unterleib.

Am kleinen Tischchen zu sitzen mit dem Terminal darauf – in der Schoßstellung ausgesetzt zu sein dem Gerät mit seinem elektro-magnetischen Feld – das bekam mir überhaupt nicht. Der Bauch-Nabelbereich – der so genannte *Solarplexus* – ist besonders empfänglich und damit auch anfällig für derartige physikalische Strahlungen und Schwingungen.

Die Entscheidung ist gefallen. An den Stamm lehne ich mich. Ich umfange ihn mit meinen Armen, um seine Festigkeit zu spüren. Bin ich so stark wie er? So offen wie er dem Himmel? Bin ich so tief wie er verwurzelt in der Erde? Mir ist es immer wieder die Frage...

Welch absurder Gegensatz: So gewiss mir auch der Sinn, die Notwendigkeit der Entscheidung ist, so ungeheuerlich ist sie mir dennoch in ihrer Herausforderung. Werde ich wirklich dem Kommenden gewachsen sein? Es ist ja nicht nur die finanzielle, die existenzielle Ungewissheit, die bedrängende Spannung auslöst. Es ist erneut die dichterische Aufgabe, die auf mich zukommt.

Wird es mir wirklich gelingen, Inhalt und Form in eine Einheit, in eine überzeugende Gestaltung zu bringen und das bei all den großen, unverändert ungelösten Fragen? Lebhaft sind mir noch in der Erinnerung die frühen, die quälenden, die selbstquälerischen Versuche. Schon als 10jähriger hatte ich den Drang zum Dichten. Aber nach Jahren ehrgeizig-zielstrebiger Bemühung hatte ich solche Ambitionen aufgegeben: Nicht Dichter wollte ich mehr sein, ein wahrer Mensch wünschte ich zu werden, mit Gott im Sinne, im Herzen, den Menschen zugewandt.

Der Dichter, die Aufgabe des Dichters, kommt erneut auf mich zu. Nicht in der Prägung, nicht im europäischen Umfeld vertrauter großer Leitbilder wie Goethe, Schiller oder Hölderlin. *Ak-Naut* nannte sie sich, die Wesenheit, die Karl-Heinrich etwa vor einem Jahr erschien. *Ak-Naut* stellte sich Karl-Heinrich als eine Vorinkarnation von mir dar. Er, der rote Atlanter, habe vor über 250 Jahren in den Blue Mountains, im Stammesgebiet der *Nez Percé* Indianer, gelebt. Vor Urzeiten aus Atlantis kommend habe sein Stamm auf langer, langer

Wanderschaft nach Westen, vom Großen Geist geführt, schließlich die Blauen Berge – die neue Heimat gefunden.

Ak-Naut sprach von unschätzbaren Weisheiten seines Stammes, von ihm aufgezeichnet auf heiligen Lederfellen. Ich solle sie wieder finden und die Weisheiten veröffentlichen.

Erneut und diesmal persönlicher noch als vorher fühle ich mich im Kreis des Edersees in meiner Berufung als Dichter angesprochen. Vor knapp zwei Jahren war es, genau am 13. November 1977. Da wurden im Saal am Edersee, am Ende einer bedeutsamen Sitzung mit auffallender und sich wiederholender Eindringlichkeit über Karl-Heinrich die Worte übermittelt:

„Schreibet nieder Satz für Satz! All das, was Ihr lerntet. Dies ist Eure Pflicht. Schreibt nieder Satz für Satz. So entstehet das Gerüste für den neuen Herre Christe."

Damals erschauerte ich ob solcher Worte. Obwohl alle im Saal Versammelten angesprochen wurden, fühlte ich mich ganz persönlich aufgefordert. Ich erschauerte dabei in einer kindhaften Offenheit und Unbedingtheit, in einer Bereitschaft zum Dienst am Geiste; aber gleichzeitig wich ich in der Sorge zurück, der Aufgabe nicht gerecht werden zu können; noch nicht reif, noch nicht fähig, noch nicht rein genug zu sein für sie.

Die Sitzung der sieben Gongschläge war es, Herzschlägen gleich, an deren Ende die auffordernden, die herausfordernden Worte fielen und dann die letzten Worte noch einmal wiederholt wurden.

So entstehet das Gerüste
für den neuen Herre Christe!

Ich stehe an der Eiche, schaue in die Höhe, in den himmlisch-sonnigen Wipfel, blicke nach unten auf den Übergang des Stammes, dort wo die Wurzeln hinuntergehen in erdene Tiefen.

Dann, hinfort gegangen, schaue ich noch einmal zurück, sehe den vertrauten Baum ganz in seiner herrlichen Größe, ehe ich mich endgültig umwende, den Wald zurückeile zum geparkten Auto, dem Dienst entgegen in der hektisch fordernden Redaktion.

Sonntag, den 5. August 1979

Am Horizont, in den Zwischenräumen der Bäume blitzen erste Strahlen auf, fallen ein, zeichnen sich ab rötlich mit goldleichtem Schimmer an den Stämmen, auf dem dunklen Waldesgrund.

In aller Frühe, nach bereits längerem Warten, geht die Sonne auf. Annelies und ich sind auf noch leeren Straßen hierher gelangt, haben das Auto seitlich, vor dem beginnenden Wald geparkt, sind zu Fuß weiter gegangen auf dem Weg unter den hohen Tannen und Fichten und warten schließlich, unweit entfernt von der Lichtung mit dem Turm, auf Karl-Heinrich.

Längst ist die Entscheidung für die dritte Amerika-Reise gefallen. Anfänglich sollte sie bereits im Mai stattfinden, schließlich wurde sie vom Geiste verschoben. Aus Sicherheitsgründen, so hieß es, unüberprüfbar für uns. Aber wir vertrauen dem Geiste, der uns Wahrheit wird im inneren Widerhall.

Am nächsten Sonntag, dem 12. August, werden wir von Frankfurt/Main aus nach Chicago fliegen. Auf eine weite, kontinentale Fahrt werden wir uns in den Westen begeben, bis an die Küste des Pazifiks. Nordwärts, von San Francisco aus, wollen wir uns zum doppel-gipfeligen Mount Shasta begeben, und von dort aus soll es noch in die *Blue Mountains* gehen, in die Heimat der *Nez Percé*, jenes Stammes, von dem sich *Ak-Naut* bei Karl-Heinrich gemeldet hatte.

Der Lichtung, mit dem baumhohen Turm in der Mitte, haben wir uns angenähert. Karl-Heinrich ist vor wenigen Minuten mit seinem Auto zu uns gestoßen. Noch auf dem Wege stehend, sehen wir ihn halb verdeckt von einer Baumgruppe im Hintergrund aufragen – den Turm, der uns seit Jahren schon Stätte der Begegnung ist, seit Jahren schon mit dem geheimnis-tiefen Here Mimir und mit Bald'r, dem Träger des Nordlichtes.

Auf der letzten Amerika-Reise – am Steinaltar oberhalb vom Bärensee… nach der Herabkunft des Alleinen, hatte Bald'r sich uns Dreien zugewandt. Im Herbst des Jahres 1977 geschah das.

Im Frühling des Vorjahres dann war er am Fuße des leuchtenden Regenbogens erschienen; uns, die wir wieder einmal oben standen auf dem Turm, oben in der Höhe der Baumesspitzen – unter dem freien, dem wolken-schwebenden Himmel.

„Er kommt, er kommt“, hatte damals Bald’r freudig gerufen. Er hatte damit den ALLEINEN gemeint, den Allmächtigen auf dem Heer der erleuchteten Seelen...

Er komme, er komme. Er nähere sich alles verwandelnd dem europäischen Kontinent...

Auf Bald’r, auf seinen Sinn, seine Aufgabe neugierig geworden, fragen wir oben auf dem Turm, im Anblick der in morgendlicher Röte aufsteigenden Sonne. Vor kurzem, vor wenigen Minuten, sind wir die Außentreppe am Turm hinaufgegangen, sind dann im Inneren auf der quietschenden Wendeltreppe bis hoch auf die mauer-umrandete Plattform gelangt.

Auf die ins Freie hinausragende Achse der Wendeltreppe, in ihre kleine, Stand gebende Mulde haben wir erneut die Kugel gelegt, die Kugel aus Bergkristall, die unter dem steigenden Licht aufblitzt und selbst zur kleinen Sonne wird.

Ich frage: „Bald’r, der Träger des Nordlichtes – wie ist das zu verstehen?“

„Im Norden stand einst ein aus dem Eise hinausragender Fels. Er hatte eine Spitze, die aussah wie ein römischer Kampfwagen, vorne zu und hinten offen – wie eine Kanzel. In dieser Kanzel, hoch auf dem aus dem Eise ragenden Felsen, so sahen es die Alten, stand Bald’r und hielt eine lodernde Fackel unentwegt der Sonne entgegen.

Die Alten meinten nämlich, sie müssten immer wieder das Licht rufen, da Gleiches Gleiches anziehe. Deshalb war Bald’r der Lichtträger, der die Sonne rief und mit ihm kam ja dann auch die Sonne in ihrem täglichen Rhythmus. Bald’r war also der, der im gewissen Sinne, nach Ansicht der Menschen, die Drehung der Erde in Gang hielt.“

Gerade ist Karl-Heinrich verstummt, gerade hat er die Augen wieder geöffnet, da fährt die brennende Neugier auf das Übermittelte, aber kaum von ihm Erfasste, aus ihm heraus:

„Wie... wie ist die Antwort?“ Kurz entschlossen schaltet Annelies das Aufnahmegerät zurück und spielt ihm das gerade Aufgenommene

vor.
„Im Norden stand einst... “

Karl-Heinrich, beeindruckt von den Worten, nachdenklich geworden über sie, hat nun seinerseits eine drängende Frage: „Inwieweit ist das menschlich gedacht? Oder was ist da wirklich dran?“ Karl-Heinrich schweigt wieder, horcht wieder geschlossenen Auges in sich hinein und übermittelt dann, was er als Antwort im Inneren vernimmt:

„Es ging darum, dem Menschen, wo auch immer, zu zeigen, ihm klar zu machen, dass er die Macht hatte, das Licht zu rufen. Jeder Einzelne konnte und sollte das Licht rufen. Und Bald'r war das große Vorbild für den Lichtrufer. Es bedeutete gleichzeitig, dass ein jeder ein Bald'r sein sollte, ein Lichtrufer.

Das hohe Licht des Nordens – das bedeutet es in der Mythologie der alten Völker: Es ist der, der das Licht rief, jeden Tag von neuem, der die Sonne herbeirief, die Sonne, die hindurch drang durch Nebel und Wolken. Es war Sinnbild, es war Sinn-Geschehen für das Licht-Rufen eines Jeden.

So haltet die Fackel hoch, so rufet das Licht, immer wieder! So flieget erneut über das Große Wasser. Vom Platze der Hasen lasset die Räder rollen. “

„Was ist der Platz der Hasen?“, fragt Annelies.

„Der Flugplatz O'Hare in Chicago. Vom mittleren Osten aus…meidet die großen Städte, Haltet Euch nördlich.“

„Sollen wir erneut zum *Bear Lake*, zum Bärensee?“

„Ihr müsst es nicht unbedingt.“

„Sollen wir ins **Gebiet der Nez Percé?“**

„Wollt Ihr vorbeifahren? Wie könntest Du das, Hanns-Günter?“

Karl-Heinrich blickt uns an, Annelies und mich, dann sagt er erläuternd:

„Ich habe das Gefühl, sie wollen uns ausrichten auf das Herz. Wir sollen den Herztönen folgen; dem folgen, wohin wir uns hingezogen fühlen. Die Reise jedenfalls ist in ein rosa Licht getaucht, in ein rosa-orangenes Licht.

Ja, ja… wir sollen reisen.“

Wir fliegen wieder, jubelt es in mir… wir fliegen wieder über den Ozean, über die endlos sich dehnenden Wasser – wir fliegen zum dritten Male nach Amerika.

DAS GEHEIME AMERIKA

Gnadenlose Verfolgung

Montag, den 13. August 1979

Warum die ungeheuer weiten Strecken? Warum unentwegt unterwegs sein? Warum unentwegt im Auto fahren, Stunde für Stunde? Warum solche Anstrengung in nur dreieinhalb Wochen? Warum das nach einem Jahr des Stresses im Beruf, eines unentwegten Daseinskampfes um das innere Gleichgewicht?

Die Frage bedrängt mich beharrlich. Sie weckt Widerspenstigkeit, als wir auf der *Interstate 80*, immer westwärts, zu den fernen Rocky Mountains fahren. Gestern sind wir gegen Nachmittag in Chicago gelandet: wir, Annelies, Karl-Heinrich und ich. Wir sind zum dritten Male in Amerika.

Natürlich haben wir alles schon vor Monaten geregelt, als der verspätete Termin für die ursprünglich im Frühjahr vorgesehene Reise feststand. Wir hatten die Flugtickets gebucht von Frankfurt nach Chicago, zurück in die Mainmetropole aber von San Francisco aus. Die weite Autostrecke bis zum Pazifik hatten wir schon bedacht, freilich nur mit dem Finger über die Landkarte fahrend. Aber wir, wenigstens Annelies und ich, hatten nicht annähernd geahnt, was die Strecke bei der knapp bemessenen Zeit tatsächlich bedeutet.

Mir jedenfalls ergeht es so: Erschöpft vom langen Flug wirkt die Erschöpfung vergangener Monate umso übermächtiger nach. Ich stoße meine Frage geradezu herausfordernd hinaus, als ich mit Annelies allein bin, als Karl-Heinrich in einem kleinen Ort seitlich des *Highway* unterwegs ist nach Lebensmitteln für das Frühstück im Freien.

„Hatte es nicht geheißen", so erinnert sich Annelies, „Lasset vom Platze der Hasen aus die Räder rollen?" Vor einigen Monaten hieß es so, als wir unsere Geistführer fragten, ob wir nach Chicago oder gleich weiter in den amerikanischen Westen fliegen sollten. Und auf die verwunderte Gegenfrage: „Was ist der Platz der Hasen?", da kam die schnelle Antwort: „Der Flugplatz *O-Hare*." So heißt der Flughafen ja in Chicago.

In einem rosa-farbenen Licht, das herrlich überglänzt war von leuchtendem Orange, war die ganze Reise erschienen, unsere dritte Unternehmung in den Staaten. Ich erinnere mich immer wieder daran, nehme es als ein gutes Omen und beruhige mich. So lehne ich mich zurück im weit zurück klappbaren Autosessel und döse eine Weile vor mich hin.

Als schließlich Karl-Heinrich zurückgekehrt ist, wir draußen in der Sonne gefrühstückt haben, fühle ich mich schon beträchtlich wohler. Dennoch: Die Frage, ob wir wirklich die ganze Strecke bis an den Pazifik im Auto zurücklegen müssen, will ich stellen. Warum können wir nicht mit dem Flugzeug ein beträchtliches Stück schnell und bequem überspringen?

Dienstag, den 14. August 1979

Den Hügel sind wir hinaufgestiegen. Erst oben, auf dem steinigen Grat angelangt, haben wir den Überblick. In naher Ferne erhebt sich ein Berg, kreisrund aus mächtiger Breite aufsteigend verengt er sich, um abrupt in einer Hochfläche zu enden, so als sei die Spitze abgeschlagen worden von einer Urgewalt. Rötlich und grau zugleich schimmert sein Gestein, das da widerleuchtet in der Sonne.

„Erneut sind wir in Amerika“, sagt Annelies, „erneut sind wir dem Ruf des Geistes gefolgt. Die Tage sind vor uns und wir haben Fragen.“

Karl-Heinrich steht da; den Kopf leicht geneigt, verharrt er in Schweigen. Sekunden verstreichen, vielleicht sind’ s Minuten, ehe er innerlich hört.

„Ocht in na klan“, wiederholt er nachdenklich, was er vernahm.

„Ich höre indianische Worte, die ich nicht verstehe. Der Geist – dort drüben am Berg – kann er sich nur in seiner Sprache ausdrücken?“

Karl-Heinrich schaut hinüber zum Berg, sagt dann aber, mehr in sich hineinsprechend: „Gib mir Verständigung über Bilder, nicht über Worte.“

„Aha“, sagt er erfreut, da er nun Bilder schaut, die ihm Orientierung geben und Information.

„Ein Klagestein war es, wo sie ihre Toten beisetzten. Dahinter war eine Stätte, wo sie sich versammelten. Auf dem Klagestein legten die Mütter ihre Kinder, die Frauen ihre Männer, die Verwandten ihre Toten nieder. Sie gaben sie den Geiern preis. Auf Geierschwingen sollten sie emporsteigen in den Himmel. *Tin hoch-nan* – oder so ähnlich – muss die Stätte geheißen haben.“ Karl-Heinrich verstummt, doch dann formen sich seine Lippen leicht, er pfeift vor sich hin. Erst leise, dann deutlicher nachahmend den pochenden Rhythmus, den er vernimmt.

„Sie versammeln sich wieder – so wie einst – sie tanzen wieder an der Stätte... den Sonnentanz des Großen Geistes…“ Karl-Heinrich, der Musikant, der die Klarinette spielt, pfeift erneut, bemüht sich Klang und Rhythmus noch besser zu treffen. Dann, ins erneute Schweigen hinein, spricht Annelies nach Sekunden vergeblichen Wartens die Worte: „Der ALLEINE kommt.“ Wir wiederholen die Worte zu dritt dreimal, und im Geiste senden wir das Bildnis aus des ALLEINEN, der da schwebt auf dem Heer der erleuchteten Seelen.

„Das ist ihm geläufig“, sagt Karl-Heinrich, fast zu sachlich im Ton. „Er wird ganz offen, er wendet sich uns zu. Seltsam, nun verstehe ich ihn, ich höre keine fremden unverständlichen Worte mehr.“

„Tatsächlich“, so wiederholt er, „sie tanzen wieder, vom ALLEINEN erweckt. Nach langer Ohnmacht ist wiedererstanden ihre Gemeinschaft im Großen Geiste.“

„Welche Aufgabe haben wir diesmal, bei der dritten Reise?“

„Findet das Tor zu Atlantis! Und wirket auf die Lebenden, auf dass sich immer mehr Gemeinschaften bilden im neuen Geiste.“

„Was können wir dazu tun?“

„Fahrt immer weiter in die Richtung des Großen Meeres.“

„Unsere Urlaubszeit ist beschränkt“, so entgegne ich, „können wir uns die Mühsal der weiten Autoreise nicht ersparen? Können wir nicht ein Stück der Strecke im Flugzeug zurücklegen?“

„Ich bitte Euch eindringlich, jeden erreichbaren Punkt unserer Erde zu berühren. Sagt an markanten Punkten: ‚Der ALLEINE kommt!‘ Sagt es dem Wind, sagt es den Felsen, den Seen und Bäumen! Präget das Bildnis überall ein: Denn der Alleine kommt, nicht nur für die Menschen, er kommt für die Tiere und Pflanzen, er kommt für die ganze Erde.

Fahret von Osten nach Westen, bis zum Großen Meer, fahret als der Bruder, den der Rote Mann aus dem Osten erwartete! Fahret auf Wegen der Schuld im Geiste der Versöhnung! Präget überall ein das Bildnis des ALLEINEN, denn nur in ihm löst sich die Schuld zwischen Rot und Weiß, nur in ihm wendet sich das Grauen der Geschichte zur erlösenden Zukunft.“

Der Berg vor uns, in der hügelig weitläufigen, herb-öden Landschaft ist wahrhaftig ein markanter Punkt. Wie ein Vesuv erhebt er sich, so als ob Glut in ihm schlummere.

„Lasst uns erneut", beginnt Annelies, „lasst uns erneut das Bildnis eingeben in sein Gestein... der ALLEINE, getragen vom Heer der erleuchteten Toten, getragen von immer mehr Lebenden... der ALLEINE kommt und sein Bildnis...auf Gedankenwellen wird es ausgesandt vom Berg – der Berg sendet, er sendet, er sendet mitten im Herzen des Indianerreservates."

Wir stehen lange, schweigend in der Einstellung, spüren den Aufbau, die Verdichtung der übermächtigen Vorstellung, ihre unentwegten Schwingungen. Als schließlich nach Minuten die Anspannung weicht, wir uns wieder lösen aus der kräfte-zehrenden Einstellung, da spricht Karl-Heinrich wieder:

„Der Geist des Berges", so sagt er, „der Geist des Berges sagt: »Ich bin alle, bin eins mit allen, die hier wohnen, bin der Hüter ihrer Seelen. Der Weiße Mann nahm uns unsere Seele, der Weiße Mann muss sie uns zurückgeben, und der Bruder, der endlich gekommene Bruder, er wird es mit Freude tun.«"

Über dem felsigen Berg, über der flachen Kuppe hat sich ein Feuerball gebildet... in herrlichem Orange, im Orange, das uns verheißungsvoll schon in der Heimat erschien; im leuchtenden Orange erglüht nun der Feuerball, löst sich ab vom Berg und steigt empor.

Ich nehme es als ein Gleichnis, ganz und gar soll der Mensch mitwirken am Heilsbild der Zukunft! Aber er soll es, so inniglich, so kraftvoll beschwören, dann aber auch wieder loslassen, es im Wechselspiel immer wieder überantworten dem Walten des Großen Geistes.

Wir sind in der *Pine Ridge* Indianerreservation, einem steppig schluchtenreichen Gebiet mit felsig schroffen Bergen. Die letzten und blutigsten Kämpfe zwischen Weiß und Rot fanden hier in der Prärie westlich des mächtig strömenden Missouri statt. Ekstatische Verheißungen glühten hier auf über der bittersten, der endgültigen Niederlage des 19. Jahrhunderts.

Unter dem Bevölkerungsdruck, dem nicht endenden Zustrom von Weißen aus dem Osten, war westwärts alles in Aufruhr und Bewegung geraten. Auch die Stämme der Sioux – u.a. als *Da-coh-tah* bekannt –

waren im 18. Jahrhundert aus den Wäldern im Osten von anderen indianischen Gruppen vertrieben worden, hatten Wisconsin, das Land westlich vom Binnenmeer des Michigan, verlassen müssen.

Immer auf der Flucht westwärts ziehend, als Vertriebene in der Not selber andere Stämme bekämpfend, stießen sie an den Ufern des Missouri neben anderen auf die *Arikara* und gelangten erstmals in den Besitz von Pferden. Die Kanufahrer von einst, die Hirschjäger der Wälder Minnesotas entwickelten sich innerhalb von wenigen Jahrzehnten zum todesmutigen Reitervolk der Prärie – kühn und mächtig zu Pferde, im strahlenartigen Federschmuck des Weißkopfadlers. Sie führten zahlreiche Kriege und Überfälle gegen andere indianische Gruppen, von denen sie gehasst und gefürchtet aber auch bewundert wurden.

Die Dakota-Völker hatten in Wisconsin auch Ackerbau betrieben. Während die mittleren und südlichen Stämme der Dakota die Agrartradition mit Hilfe des Pferdes wieder aufnahmen, oder wechselnd beides wurden, Sesshafte und Nomaden, erschlossen sich die nördlichen Völker auf dem schnellfüßigen Vierbeiner eine völlig neue Existenz: Sie, die in die Präriegebiete westlich des Missouri geraten waren, wurden zu Büffeljägern.

Als wagemutige Jäger und Kämpfer haben sie das Indianerbild des Europäers entscheidend geprägt; zu bestimmend freilich und damit in vielerlei Hinsicht zu einseitig, zu missverständlich.

Um *„Pte"*, den Büffel, drehte sich alles in ihrem nomadenhaften Dasein. Er gab ihnen, was sie zum Leben brauchten: Fleisch als Nahrung, Haut als Leder für Tipi und Kleidung, Knochen, umgeformt und bearbeitet, als Werkzeug. Im Bewusstsein der Allverwandtschaft mit dem Lebendigen nannten die Dakota den Adler zwar Bruder, nur der Büffel jedoch erfuhr die ehrerbietige Anrede „Vater."

Die Dakota-Völker behaupteten sich, so schien es jedenfalls. Obwohl immer mehr Weiße in die westlichen Bereiche eindrangen, wurde den Indianern 1865 das Büffelland westlich der *Black Hills* bis zu den Rocky Mountains als Lebens- und Jagdgebiet garantiert. Bald darauf aber wurde im nordwestlichen Montana Gold gefunden, am Streit um Zufahrtswege entzündeten sich Kriege, in denen sich die Dakota jedoch behaupteten.

1868 wurde der *Vertrag von Laramie* geschlossen. Die westliche Hälfte des heutigen Staates South Dakota, also einschließlich der den

Dakota heiligen *Black Hills*, wurde den Indianern als Reservation zugesprochen.

„...und dieses (Land)“, so hieß es unter anderem im Vertragstext, „wird abgetrennt – zum absoluten und ungestörten Gebrauch und der Besiedlung durch die oben genannten Indianer.“ Ausdrücklich wurde festgelegt, „dass kein Teil des eingangs beschriebenen Territoriums abgegeben werden darf, es sei denn drei Viertel aller erwachsenen Indianer erklären sich damit einverstanden und unterzeichnen einen diesbezüglichen Vertrag.“

Jedoch – die Anzeichen einer friedlichen Zukunft trogen. Wenige Tage nach Vertragsschluss wurde ein Dorf der *Cheyenne* überfallen. Das Siebte Kavallerieregiment unter Oberstleutnant George A. Custer machte über hundert Krieger, Frauen und Kinder nieder, und schon ein Jahr darauf wurde den Indianern kraft einer Verordnung die Jagd außerhalb der Reservation, eben in dem erst vier Jahre vorher garantierten Gebiet westlich der *Black Hills*, verboten.

Die indianischen Völker, fassungslos über diesen Wortbruch, waren noch fassungsloser, als bald darauf die systematische Ausrottung der Büffelherden begann. Jahre flackernder Kämpfe, der Unruhe und des Aufruhrs vergingen, da wurde Gold in den *Black Hills* gefunden, Gold in sagenhafter Fülle.

Im Osten gaben Glücksjäger Besitz und Habe auf, strebten zu Pferde oder in Karren, im Tross mit Habenichtsen nach Westen; aber sie wurden aufgehalten, ihr Goldgräberwerkzeug wurde sogar verbrannt. Die US-Armee hielt Wache an den Grenzen der Reservation, verwehrte den Zugang zu den gold-gründigen *Black Hills*.

Die US-Regierung, gerade siegreich im entbehrungs-schweren Bürgerkrieg, war jedoch finanziell erschöpft, wollte neue Geldquellen erschließen. Sie wollte ein Abkommen über die Schürfrechte in den *Black Hills* oder gar deren Verkauf. Die *Black Hills*, die heiligen Berge der Dakota, waren aber nicht verhandelbar für die Indianer. Das Ansinnen der US-Regierung wurde zurückgewiesen. Daraufhin zog sie die Armee von den Reservationsgrenzen zurück; ungehindert strömte fortan das Heer der Glücksritter, der Hasardeure und Gauner in die gold-trächtigen Berge.

Red Cloud, der berühmte Siouxhäuptling, ein Kämpfer nicht nur mit der Streitaxt, sondern auch mit dem Wort, warnte vor dem erneuten Krieg mit den Weißen. Jahrelang hatte er im Osten, im Land der weißen Städte, bei öffentlichen Versammlungen über die

Vertragsbrüche gesprochen. Er tat es so überzeugend, dass er die Gunst der launischen Öffentlichkeit gewann und Regierung wie Armee in beträchtliche Verlegenheit brachte.

Mit eigenen Augen hatte *Red Cloud* den nicht endenden Strom der Weißen gesehen, die da in großen Schiffen über das große Wasser kamen. *Red Cloud* erkannte ihre Unbesiegbarkeit.

Aufs Kriegsbeil aber nach all den entehrenden Vertragsbrüchen setzte *Sitting Bull*, der berühmte Sioux-Medizinmann. Er tat es gemeinsam mit den verbündeten Stämmen der *Cheyenne* und *Arapaho*. Zwar errangen die Indianer, sich selbst übertreffend in Mut und Todeskühnheit, erstaunliche Siege, den größten über den ehrgeizig-waghalsigen „General Custer“, der 1876 am *Little Big Horn* mit über 200 Mann seines siebten Kavallerieregimentes unterging.

Ekstatische Hoffnungen, gründend auf visionären Verheißungen, flammten immer wieder auf, entfesselten im Kampf um Sein oder Nichtsein den Wagemut der Krieger bis ins Übermenschliche. Dennoch: der Untergang war unausweichlich.

Ende der achtziger Jahre, als der ungleiche Kampf längst entschieden war, brach die zweite Geistertanz-Bewegung aus. Ein Prophet, der *Paiute Wovoka*, der die Geistertanz-Bewegung der 1860-er Jahre wiederbelebte, verkündete, Jesus Christus, der von den Weißen gedemütigt und ermordet worden sei, werde nun als indianischer Messias auf die Erde zurückkehren. Der Große Geist werde kommen. Er bringe alles Wild zurück. Alle toten Indianer kämen zurück und lebten wieder.

Und wenn der Große Geist zurückkomme, dann stiegen alle Indianer hoch in die Berge; und wenn sie oben seien, dann komme die große Flut und die Weißen ertränken. Dann aber gehe das Wasser zurück und nur noch Indianer würden überleben und das Wild.

In Erwartung des Erlösers tanzten die Indianer; Tag und Nacht dröhnten die Trommeln, kreisten sie in Hingabe und Einsatz um lodernde Feuer.

Die Agenten der Reservationen wurden zusehends unruhiger und nervöser. Ein neuer Krieg wurde befürchtet und Washington alarmiert. Eine Kommission, von der Hauptstadt entsandt, wollte *Sitting Bull*, den vermeintlichen Urheber der Geistertanz-Bewegung, verhaften. Der Häuptling wurde dabei jedoch, im Verlauf eines plötzlich ausgebrochenen Handgemenges, erschossen.

Der Tod des berühmten Medizinmannes erhöhte die Spannung und Unruhe. Indianer verließen die Reservationen, trieben sich aus Sicht der Weißen beunruhigend rege herum, tanzten und trugen Geisterhemden, deren Stoff, so hieß es, sogar gegen die Kugeln der Weißen schütze.

Truppen wurden zusammengezogen, eilends ins Kriegsgebiet entsandt. Fatalerweise waren es erneut Truppen eines Siebten Kavallerieregimentes, offenbar bewusst gewählt, um Rache an der Niederlage Custers zu nehmen. Unter Major Samuel Whitside stieß die Truppe am 28. Dezember 1890 auf 120 Krieger und 230 Frauen und Kinder des *Minneconjou*-Stammes.

Ein weißer Stoff-Fetzen signalisierte Ergebenheit. *Big Foot*, ihr Häuptling, lag lungenkrank danieder. Die Sioux, zwar gezwungen, zum Militärlager am *Wounded Knee Creek* mitzuziehen, erhielten wenigstens Zelte für die Nacht; und der kranke Häuptling wurde ärztlich versorgt. Colonel James W. Forsyth jedoch, vor Mitternacht noch mit dem Rest des Siebten Kavallerieregimentes erschienen, ließ das Indianerlager vorsorglich umstellen, wie er es später ausdrückte, und vier Kanonen auf die Zelte richten.

Ungeheuer widerwärtig war das Geschehen des nächsten Tages. Nur noch um die völlige Entwaffnung, um die endgültige Unterwerfung schien es zu gehen. Aber die Rache im längst entschiedenen Krieg war noch allgegenwärtig. Noch immer waren die Soldaten geschockt und grimmig über den Untergang von Custers Armee vor 14 Jahren und die Indianer im schlimmsten, im äußersten Grenzzustand zwischen Sein und Nichtsein.

Hass und abgrundtiefes Misstrauen auf beiden Seiten! Die ungeheuerliche Spannung entlud sich am nächsten Tag, in einem fatalen Augenblick, als Durchsuchungen stattfanden, die Indianer alle Waffen abgeben mussten.

Angeblich weiß niemand mehr, wie es zu dem Massaker kam. Ein Schuss soll sich gelöst haben, und dann – nach wenigen Minuten – war das Unvorstellbare geschehen. Mehr als dreihundert Indianer waren tot, zerschmettert von den Salven der Kanonen, getötet mit Gewehren, massakriert von Bajonetten. Ein grauenhaftes Massaker hatte sich ereignet, eine Orgie von Blutrausch, bei der auch die Soldaten 31 Tote hatten, wohl größtenteils gefallen im irrwitzigen Kanonen-Amok ihrer eigenen Kameraden.

Die totale Unterwerfung endete mit einem äußerst verwerflichen Verbrechen. Im unentwegten Rechtsbruch war innerhalb von zwei Jahrzehnten das Sioux-Reservat, das noch 1868 die Hälfte des Staates

South Dakota ausmachte, auf zerstückelte Parzellen zusammen geschrumpft.

Nicht nur der Geistertanz, ihre Kultur überhaupt wurde verboten. Kinder wurden in Internatsschulen der Weißen gebracht, wurden gewaltsam entfremdet von Herkunft und Lebensweise. Der Indianer sollte nicht mehr Indianer sein, sollte sich verlieren in der Gesellschaft der Weißen. Assimilation und Integration in die Zivilisation der Weißen wurde den Roten als Verheißung, als Ausweg aus Not und Elend eröffnet.

Der Mensch urzeitlichen Stammeslebens sollte ein christliches Individuum werden, sollte vereinsamt in Familien als Farmer und Geschäftsmann unter den Weißen leben, in weißer Lebensart am Wohlstand der Geldwirtschaft teilhaben.

Unkenntnis um indianische Wesensart, Ratlosigkeit, Überdrüssigkeit, aber auch Scheinheiligkeit und diabolisches Kalkül – im trügerisch schillernden, im trügerisch täuschenden Spektrum der Beweggründe und Absichten entlarvte sich die offizielle Indianerpolitik. Schon 1887 sollte mit dem *„General Allotment Act"* die Integration beschleunigt werden. Die Reservationen sollten aufgegeben und im Zuge der so genannten Landaufteilung in Privatbesitz umgewandelt werden.

Die tatsächlichen Folgen: Die Indianer verloren im Verlauf eines knappen Jahrhunderts Zweidrittel ihres Landes. 243.000 Indianer hatten 1887 noch 137 Millionen Acres Land, davon waren mehr als ein Drittel gutes Farmland und ein beträchtlicher Teil wertvolles Waldland. Zum Zeitpunkt dieser Reise gibt es noch ungefähr 200.000 Indianer, ihr Landbesitz ist auf 47 Millionen Acres geschrumpft. Davon sind jedoch nur 3,5 Millionen Acres gutes Farmland, 8 Millionen Waldland, 16 Millionen gutes Weideland. Der Rest, fast die Hälfte also des Gesamtgebietes, bestehen aus Wüste, Halbwüste.

Zwar wurden die Reservate nicht endgültig aufgelöst, zwar wurden nach der Zuerkennung der US-Bürgerschaft im Jahre 1924 die indianischen Sonderrechte wie Steuerfreiheit, Fisch- und Jagdrechte, Fürsorgeansprüche nicht völlig aufgehoben – so wie in den fünfziger Jahren mit dem *„Termination Act"* erneut beabsichtigt – zwar wurden die Stämme nicht gänzlich zerstört, ihre Überlieferungen nicht völlig ausgelöscht; die Indianer überlebten Verfolgung und Vernichtung, aber sie waren und sie sind noch immer ausgeliefert einer ungeheuren Ohnmacht, einer traumatischen Selbstverlorenheit.

Im Alkoholrausch taumeln viele von ihnen, schwanken sie, die ihre uralten Pfade des Lebens verloren, auf den Asphalt-Straßen der Eroberer. Wohlklingende, Gewissen und Schuldgefühl beruhigende, ja einlullende Worte – die fanden die neuen Herren immer wieder, verheißungsvolle Perspektiven einer indianischen Zukunft. Einfältig ehrlich, oft in religiöser Intoleranz gemeint, aber auch heuchlerisch verschlagen wurden sie entwickelt im Blendwerk der Gründe und Vorwände. Die Indianer müssten ja nur, so hieß es, ihre Wildheit, ihren heidnischen Unglauben, mit einem Wort ihre Barbarei, aufgeben und sich als Mitbürger zivilisieren lassen, dann würden auch sie gleichberechtigte Mitglieder der modernen Gesellschaft sein.

Aber wie sah die Wirklichkeit aus? Nicht nur die „Wilden Stämme“, selbst die Indianervölker, die bereits vor Ankunft der Weißen oder auch danach europäischen Maßstäben von Demokratie gerecht wurden, selbst solche „Staatengemeinschaften“ wurden ebenfalls und erbarmungslos in spitzfindig eifernder, verschlagener Unduldsamkeit ausgelöscht.

Weiße Selbstherrlichkeit in bibelbegründeter Gotteserwähltheit ließ keine Ebenbürtigkeit der Ureinwohner zu oder gar ihre Vorbildlichkeit. Unfassbar ist das! Ist doch die Verfassung der Vereinigten Staaten nach indianischem Vorbild gestaltet worden.

Die Rede der Anklage ist von den *„Six Nations“*, dem irokesischen Staatenverband, von den tatsächlich vorbildlichen Völkern der Langhäuser im Gebiet der Großen Seen im Nordosten der USA. Die Rede der Anklage ist von den so genannten „Fünf Zivilisierten Nationen“ im Südosten der Staaten. Die Rede der Tragik ist auch vom „Marsch der Tränen“ abertausend erbarmungslos vertriebener Cherokee. Eine Rede des unbegreiflichen Grauens ist es, weil nicht nur, was schlimm genug ist, die „Wilden“ ausgelöscht wurden, sondern auch diese „zivilisierten“ Völker. Die *Cherokees* im Südosten hatten zudem noch den christlichen Glauben angenommen.

Vor der Ankunft der ersten Weißen an der Ostküste, bereits im 16. Jahrhundert, war der Irokesenbund gegründet worden. *Deganawida* und *Hiawatha*, zwei heilands-gleiche Lichtgestalten der Roten waren es hauptsächlich, die die Kriege, die die Not beendeten mit dem „Großen Gesetz des Friedens.“

In ehrfurchtsvoller, einst rituell gefeierter Überlieferung heißt es von ihnen, dass sie die Tränen der Trauernden trockneten, dass sie allen Wahn, alle Dunkelheit vertrieben, dass sie die Ohren, die Augen der Mitmenschen öffneten, weil bei ihrer Ankunft der Himmel erstrahlte, sich die heiligen Feuer wieder entzündeten.

Eine „kleine Eiszeit“, Anfang des 14. Jahrhundert im riesigen Bereich der Großen Seen ausgebrochen, hatte wegen schrumpfender Ernteerträge unter den dortigen Völkern zu verheerenden Kriegen geführt. *Deganawida*, so die Überlieferung, pflanzte den „Baum des Großen Friedens“, und im Umkreis seines Segens verbanden sich freiwillig anfangs fünf und schließlich sechs Stämme zum Völkerbund; der sechste Stamm allerdings ohne Stimmrecht im Großen Rat.

Hatten vorher Zwietracht und Not geherrscht, so herrschte nun Frieden und Wohlstand. Für Jahrhunderte wurde der Frieden Wirklichkeit, weil nach dem „Großen Gesetz des Friedens“ eine dreistufige Abstimmung und das Gebot von streit-lösender Einstimmigkeit eine wahrhafte, von unten nach oben verlebendigte Demokratie bewirkte.

Der *Clan*, die Familiensippe als kleinste Einheit eines Stammes, schlug die Häuptlinge vor, und zwar waren es die drei Clanmütter, die Oberhäupter eines Clans, die das Vorschlagsrecht hatten. Ihre Entscheidung musste allerdings von der Gesamtheit der Clanversammlung bestätigt werden.

Groß war die Macht der Clanmütter auch deshalb, weil sie bei Nichteignung nach dreimaliger Verwarnung einen Häuptling seines Amtes entheben konnten.

Die *Mohawk* zum Beispiel, eine der sechs Nationen, hatten drei Clans, den des Wolfes, des Bären und der Schildkröte. Also entsandte jeder Clan drei Häuptlinge in den Stammesrat, der seinerseits die Vertreter für den dritten, höchsten Rat bestimmte, für den Großrat der Irokesen-Föderation.

Drei Körperschaften also sollten eine konflikt-erhellende und konflikt-lösende Meinungsbildung gewährleisten – mit dem Ergebnis einheitlicher Entscheidungen. Wurde im obersten Großrat kein Einvernehmen erzielt, wurde die unstimmige Angelegenheit erneut an die kleinste Gemeinschaft, den Familienclan, zurückgewiesen. Über gewisse Vor- und Vetorechte bestimmter Stämme dauerte der Klärungs- und Entscheidungsprozess so lange, bis Einstimmigkeit erreicht wurde; denn nicht mehrheitlich, sondern einstimmig mussten die Beschlüsse des Großrates wie der Stammesräte gefasst werden.

Die so gründlich und umsichtig, mitunter auch langwierig erlangten Entscheidungen bestätigten und festigten eine einzigartige Gemeinschaft, die keine Polizei, keine Adligen und Könige brauchte, keine

Präfekte und Richter; eine utopisch anmutende und dennoch tatsächlich bestehende und lebendige Demokratie, die bei den Nachkommen immer noch praktiziert wird.

Das Erstaunen und Bewunderung erregende Einigungswerk des Irokesischen Bundes hatte Benjamin Franklin, einer der Gründungsväter der Vereinigten Staaten von Amerika, vor Augen, als er vor der Etablierung der US-Verfassung in einem Brief bekannte:

„Es ginge schon mit seltsamen Dingen zu, wenn sechs Nationen unwissender Wilder fähig sein sollten, die richtige Staatsform für eine solche Union zu finden, und sie zudem in einer solchen Weise zu praktizieren, dass sie Jahrhunderte überdauert und absolut unzerstörbar erscheint – und eine solche Union nicht auch für zehn oder zwölf englische Kolonien anwendbar wäre, für die es außerdem weit notwendiger ist... " Die USA sollten allerdings als Massen- und *Show*-Demokratie eine diametral andere Entwicklung nehmen.

Weiße Selbstherrlichkeit und Anmaßung allein waren es nicht, die Ende des 18. Jahrhunderts zur beinahe vollständigen Vernichtung des Bundes führten. Es waren politisch-kriegerische Folgeerscheinungen. Die Irokesen hatten sich im Gegensatz zu ihren heiligen Friedensgrundsätzen doch in den Unabhängigkeitskrieg verstrickt. Der Völkerbund der Langhäuser hatte sich zwar in unheilschwangerer Ahnung verzweifelt um die Neutralität zwischen den Kriegsparteien bemüht.

Unter dem allseitigen Druck, in den Zwängen der revolutionär sich verändernden Zeit wurde die Unbedingtheit der Einstimmigkeit doch aufgegeben; es verbündeten sich Teile des Bundes doch mit den royalistischen Briten, andere Teile mit den aufständischen Siedlern. Als diese mit Hilfe des kolonialen Erzrivalen Frankreich ihre Unabhängigkeit gegenüber dem Empire durchsetzen konnten, zerbrach der Bund endgültig, und zwar in einen kanadischen und einen US-amerikanischen Teil.

Trotz der Bewunderung Franklins – in einer der ersten Machtentscheidungen der gerade konstituierten Vereinigten Staaten war das große Irokesenland auf ein winziges Restgebiet verkleinert worden. Die US-Siedler, gerade unabhängig geworden, hatten unter George Washington, dem General und ersten Präsidenten der Staaten, die Unabhängigkeit der Irokesen erstickt.

Noch schlimmer, noch endgültiger in seiner Unumkehrbarkeit verlief das Schicksal der „Fünf Zivilisierten Nationen“ im Südosten der Staaten. Die *Cherokee* in den Süd-Appalachen lebten in einem hoch entwickelten Staatswesen; sie lebten genau, wenn auch eigenständig, in der Assimilation mit weißer Kultur, wie sie von „kultivierten“ Erobern immer wieder von den „Wilden“ gefordert worden waren. Zum Christentum waren die *Cherokee* schon Anfang des 19. Jahrhunderts übergetreten. Schon damals hatten sie in ihre hoch zivilisierte Städte- und Agrarordnung problemlos gewisse Vorzüge und Techniken der Europäer übernommen.

Staats-Utopien Europas – hier waren sie Realität geworden. Das Wohlergehen der Gemeinschaft war wirklich vereinbar geworden mit der freien Entfaltung des Einzelnen. Der Staat der *Cherokee* hatte eine Verfassung, ein präsidiales Zweikammern-System, ein Parlament, in dem bereits Frauen als Abgeordnete wirkten, eine unabhängige, richterliche Gewalt, Schulen, Akademien, Ärzte, Wissenschaftler. Sie hatten sogar einen eigenen Botschafter am englischen Hof. Im Übrigen waren sie ausgesprochen geschäftstüchtig, hatten eine eigene Aktiengesellschaft. Allerdings beschäftigen sie ähnlich wie die Weißen der Südstaaten schwarze Sklaven auf den Plantagen.

Sie waren, so hieß es, sowohl sozial wie kulturell höher entwickelt als die weißen Siedler aus Europa. Besonders die englischen Kolonialisten waren beeindruckt vom Staatsgebilde der *Cherokee*, und weiße Frauen heirateten Männer der Cherokee und umgekehrt.

Alle Voraussetzungen, so schien es, für ein friedliches Zusammenleben, für eine gegenseitige, fruchtbare Förderung der Staatenverbände waren gegeben. Es war doch das ureigene Land der *Cherokee*, und das offensichtlich seit Jahrtausenden. Sie hatten doch eine eigene hoch entwickelte Kultur, eine eigene Schriftsprache entwickelt und gaben selbst Zeitungen und Bücher heraus. Ihre schöpferische Offenheit bei weitgehender Assimilation versprach doch nur das Heil, den Segen der Vereinbarkeit mit den Zugewanderten, zumal diese, die Bürger der Vereinigten Staaten, seit wenigen Jahrzehnten erst von der Bedrückung einer Fremdherrschaft befreit waren und eigentlich aus eigener Leiderfahrung den Wert der Freiheit ermessen mussten; und zwar nicht nur für sich selbst, sondern auch für andere, und sei es wenigstens für kulturell und zivilisatorisch so hoch stehende Indianervölker wie die *Cherokee*.

Nicht das menschlich Naheliegende, das menschlich zu Erwartende geschah. Es geschah das Unmenschlichste, das Schlimmste, das Ungeheuerlichste: Andrew Jackson, siebter Präsident der USA, Anwalt und Bodenspekulant, veranlasste die „Umsiedlung" der *Cherokee* westlich des Mississippi ins für alle Zeiten garantierte Indianerland Oklahoma.

Die Gier nach Gold und Land genügten wieder einmal, um Menschen, Stämme, Völker erbarmungslos und gewalttätig zu entrechten. Nach jahrelangem, schließlich vor dem obersten US-Gericht ausgetragenen Widerstand mussten 16.000 *Cherokee* im Winter 1838/39 den Marsch nach Westen antreten. Über 7.000 Soldaten zwangen sie dazu. Es war *„The Trail of Tears"*, der „Pfad der Tränen", weil auf der langen, entbehrungsreichen Strecke ein Viertel der Vertriebenen, über 4.000 *Cherokee*, ihr Leben verloren.

Die staatliche Unabhängigkeit in Oklahoma, vom US-Staat „für alle Ewigkeit" garantiert, währte nur 70 Jahre. Nach schwerster Übergangszeit wurde das erneut aufgeblühte indianische Gemeinwesen aufgelöst.

Kein Unrecht geschieht ohne die Aufdringlichkeit wort-schwelgerischer Rechtfertigung. Auch die *Cherokee*, seit der Kolonisation Nordamerikas mit der britischen Krone verbunden, hatten im Unabhängigkeitskrieg auf Seiten der Engländer gestanden und später, nach ihrer Vertreibung ins „Indianerland Oklahoma", hatten sie im amerikanischen Bürgerkrieg mit den Südstaaten paktiert. So gehörten sie gleich zweimal zu den Verlierern. Aber das Bündnis mit den Gegnern der USA war nicht ausschlaggebend für ihren entsetzlichen, zweimaligen Verlust staatlicher Selbständigkeit.

Herrischer Anspruch der Sieger war es, die Unduldsamkeit der Weißen, die ebenso wie beim „einzig wahren Glauben" keine andere, keine alternative Eigenständigkeit zuließen. Es war die sich immer mehr enthemmende Gier nach Gold und Land, auch nach Monokulturen, wie hier von Baumwolle, mit hohen Erträgen und hohem Profit.

Eine einzigartige Möglichkeit zu einem anderen Geschichtsverlauf, eben einer Synthese aus europäischem und indianischem Vermächtnis, wurde vertan. Angesichts der gegenwärtigen, fortschreitenden Verfallserscheinungen in den Staaten haben die Worte von John Ross, dem berühmten *Cherokee*-Präsident, damals im vorigen Jahrhundert gesprochen, eine unheimlich aktuelle Gültigkeit:

„Ich kenne die Welt der Weißen genug, um sie beurteilen zu können. Diese Menschen sind nicht besser und schlechter als wir

Indianer. Sie haben Talentierte, Schufte und Heuchler ebenso wie hervorragende Persönlichkeiten, gleichermaßen wie wir. Ich erkenne nur, dass ihr ganzes soziales, gesellschaftliches System einfach schicksalhaft schlecht ist.“

„Welchen Vertrag, den die Indianer geschlossen haben, haben die Indianer gebrochen: nicht einen. Welchen Vertrag, den die Weißen jemals gemacht haben, haben sie gehalten: nicht einen.“ Die Worte von *Sitting Bull*, dem großen Sioux-Medizinmann, entsprechen der entlarvten Geschichte von 371 Verträgen, die alle, nach Zeiten kürzerer oder längerer Gültigkeit, von den „weißen Herren“ gebrochen wurden.

Verschlagenheit, Verderbtheit, die Goldgier – die Unarten der Bosheit waren es nicht allein, die zu den Verhängnissen, den Untergängen der Indianer führten. Zwänge des Daseins und Schicksals waren es ebenso; der unentwegte Strom, der Druck der Zuwanderer aus dem überbevölkerten Europa. Not und Kriegsfolgen waren es – aus der Sicht der Zugewanderten.

Immer wieder Kriege! Das war doch auch ihre Leiderfahrung trotz aller Zuversicht des befreienden Aufbruchs in die Neue Welt: die Kriege gegen die Indianer, die Kriege zwischen den Kolonialmächten England und Frankreich in Nordamerika, die Kriege später gegen das Empire, dann gegen die Südstaatler. Und all das geschah in einer revolutionären Zeit des Umbruchs, unvorhersehbar in ihrer sozialen Dynamik, in der Expansion technischer und industrieller Neuerungen.

Noch Anfang des 19. Jahrhunderts schien es ja, als sei der endlos weite und schwer zugängliche Westen des Kontinentes für die Land- und Pfründenutzung der Weißen unbrauchbar. Damals, auch zur Beruhigung des schlechten Gewissens, bot sich eine grundlegende Lösung an, die die Räume der Ostküste den weißen Siedlern zusprach, riesige Räume des Westens aber seinen Ureinwohnern. Eine Konzeption, die alsbald im Papierkorb der Geschichte landete.

Die Umsiedlung, diabolische Verharmlosung grausamster Vertreibung, ereilte jedenfalls alle Indianer, ganz gleich, ob sie Freund oder Feind der Siedler oder des US-Staates gewesen waren – in welchem Krieg auch immer.

Die *Choctaw*, ebenfalls zu den „Fünf Zivilisierten Nationen“ gehörend und dem US-Staat stets verbunden, wurden sogar sieben Jahre früher, 1831/32, vertrieben. Entsetzt, geradezu gelähmt über den Vertrauensbruch der Weißen, hatten sie vergeblich an alte Pakte und

Bande erinnert, sich schließlich vergeblich aufgelehnt. Ihr Aufstand wurde niedergeschlagen und im Zwang, unter der Bewachung tausender US-Soldaten, mussten 13.000 *Choctaw* in die Einöde von Oklahoma ziehen. Zweitausend von ihnen überlebten die „Umsiedlung“ nicht.

Wenige Jahre später, 1836, beim Volk der *Creek* und benachbarter Völker, verlor auf dem logistisch völlig unzureichend ausgestatteten Zug jeder Dritte der 17.000 Vertriebenen das Leben. Nur 15 Kilogramm Gepäck pro Person, und das war manchem US-Politiker noch zu viel, durften die armen Menschen mitnehmen. Auf Dampfschiffe wurden sie verfrachtet, wie Vieh von US-Heeren nach Westen getrieben – zu Fuß, zu Pferde, im Planwagen – unter unsäglichen Strapazen in eine unsägliche Ungewissheit.

1847 war Gold in Kalifornien gefunden worden. Im jäh und übermächtig aufgekommenen Goldrausch der Glücksjäger war Oklahoma, das *für ewig* garantierte Indianerland, zum Durchzugsgebiet geworden. Außerdem hatten sich, von den Indianern um des lieben Friedens willen notgedrungen geduldet, immer mehr Farmer niedergelassen. Die Folge war, dass die Indianer in Oklahoma in die Minderheit gerieten. Ihr unabhängiges, freies Land wurde zuerst geteilt und verlor 1907 endgültig die Selbstständigkeit. Was blieb, waren nur winzige Reservationen mit zutiefst enttäuschten und geschockten Menschen, die sich nicht mehr aus eigener Kraft, aus eigener Gemeinschaft erhalten konnten, sondern abhängig geworden waren von der Sozialhilfe des US-Staates.

Eine Schreckensserie skrupelloser Machtdurchsetzung, überdeutlich wird sie in ihrer für die Indianer zerstörerischen Konsequenz: Im krassen Gegensatz zu einer Religion der Nächstenliebe, im heuchlerischen Gegensatz zu deklarierten Idealen und Menschenrechten herrschte bei Vertragsabschlüssen das Kalkül des Vorteils: Verträge wurden um eines Vorteils, eines Profits willen geschlossen und um eines größeren Vorteils, eines größeren Profits willen gebrochen. Im Teufelskreis lief es ab: Krieg, Friedensvertrag, Vertragsbruch und neuer Krieg und neue Verschlagenheit.

Als *Pontiac*, der große Häuptling der *Ottawa*, der Kriegsheld, der die Indianerstämme um die Großen Seen im 18. Jahrhundert von Sieg zu Sieg führte, da waren es pocken-infizierte Decken der Weißen, die die Kriegswende sicherten.

Welche Tragödie! Unausweichlich Geschichte geworden! Was können wir Drei da bewirken? Wir drei kleinen Menschen, wir Touristen im gemieteten Straßenkreuzer? Den *Trails* nach Westen, den blutigen Spuren der Eroberung und Unterwerfung, können wir folgen, aber können wir Vergangenes lösen oder gar erlösen?

Wenn überhaupt, vermögen wir es nur in der Einheit mit dem ALL-EINEN. Übermächtig ist er mir im Bilde, schwebend in himmlischer Allmacht, als wir drei im Auto den Strom der Ströme, als wir auf der Brücke den Mississippi überqueren, der sich ausdehnt so weit, so endlos – fast wie ein Meer.

Schatten des *„American Way Of Life"*

Sie torkeln über die Straße, schwankend, mit ausgebreiteten Armen, treten sie uns entgegen, die wir langsam im Auto fahren. Ihre Gesichter erscheinen wie abwesend und sind doch für Augenblicke starr auf uns gerichtet.

Ich muss den Wagen stoppen. Unbehaglich ist mir schon zumute, als einer von ihnen plötzlich an meinem Fenster auftaucht – ein dunkles, hakennasiges Gesicht mit hektischer Röte auf den knochigen Wangen und stierend drohenden Augen. Mulmige Momente dauerts, ehe er, als sei seine zielgerichtete Kraft schon erschöpft, wegkippt nach vorne, er sich wieder fängt und mit den anderen davon torkelt.

Indianer im Jahre 1979, betrunken über die Straße irgendeines verlorenen Örtchens taumelnd, pfadlos im Rausch des Alkohols. Häuser stehen da, einige wenige, die einigermaßen das Wort rechtfertigen. Die anderen sind eher Häuschen, armselige Hütten, windschiefe Behausungen, notdürftig gebaut und gezimmert aus Lehm und Stein, aus Sperrholz und Pappe.

Im Hintergrund steht, halb verdeckt vom Strauchwerk, ein Eisenbahnwagen, dessen schienenlose Räder eingesunken sind in zerbröselnder Erde. Längst ausrangiert, verrostet und verrottet dient er als

Unterkunft, ebenso ein Autobus, nicht weit davon. Dazwischen eine Wäscheleine, an der Hemden und Hosen baumeln.

Abseits davon und doch in Sichtnähe steht eine winzige Blockhütte mit einer Bank daran, ebenfalls gefügt aus rohen Stämmen. Auf ihr sitzt, an die Wand der Blockhütte gelehnt, ein Mann von unbestimmbarem Alter. Irgendwie wirkt er älter schon und gleichzeitig unglaublich jung. Wider alle Bedenken sind wir doch ausgestiegen. Trotz aller Scheu sind wir ihm entgegen getreten.

Der Auftrag, vom ALLEINEN, von seiner Herabkunft zu künden, treibt uns voran, und die Offenheit, seine Ungezwungenheit, in der er uns mit dunkel leuchtendem Auge empfängt, erleichtert uns die Schritte der Annäherung. Unbehelligt, ungetrübt offensichtlich von der slum-artigen Not seiner Umgebung sitzt er da, wie es scheint, im bloßen Müßiggang in der Sonne des Tages.

Die Lässigkeit, in der er beinahe gammlerhaft dasitzt – im breitkrempigen Hut, im großkarierten Hemd und den blauen Jeans – ist gepaart mit geschmeidiger, katzenhafter Spannkraft. In der Bewegung der Arme, einer gelegentlichen Aufrichtung des Körpers wird sie sichtbar – diese Kraft, diese Stärke.

Mit Muskeln, so gelöst wechselnd zwischen Anspannung und Entspannung mag er Tage, mag er Wochen der Versenkung, der Vorbereitung auf die Begegnung mit dem Großen Geist erheblich unverspannter überstanden haben. An meine Geistes-Nacht vor vier Jahren in den Rocky Mountains muss ich denken. Nur eine einzige Nacht war es – aber wie klamm versteift war damals mein ungeübter Körper gewesen, als ich mich mühsam nach den endlosen Stunden der Nacht aus der Sitz-Haltung am Fels erhob und erste, unsicher tastende Schritte wagte.

Ob er erfasst, irgendwie erspürt, dass ich auf dem Einweihungspfad der Indianer war, dass sich die Nacht mir offenbarte in übermächtiger Herrlichkeit? Aber die Schau dieser einzigartigen Nacht – vielleicht war sie doch mehr eine persönliche Botschaft an mich. Blitzartig denke ich, mit der Botschaft an die Allgemeinheit, mit der Botschaft des ALLEINEN will ich mich an ihn, den Roten Bruder wenden.

Im Augenblick ist das hohe Bildnis wieder gegenwärtig – so wie es geschehen war, als wir den meerhaft weiten Mississippi überquerten. Ob er's erschaut? Kein Wort der Bestätigung! Oder sind es gerade die Worte der Offenheit, die er zu uns sagt, zu uns den ihm fremden Weißen?

Von den heiligen Riten fängt er auf einmal an zu sprechen. „Die Quellen der Kraft“, so sagt er, „das sind die *Black Hills*“: *The Black Hills*, die heiligen Schwarzen Berge der *Dakota*-Völker! Der *Bear Butte* sei es besonders, der Berg, der die Gestalt habe eines schlafenden Bären. Er sagt nichts dazu, ob er auf dem *Bear Butte* gewesen ist – in sonnenhellen Tagen, in mond-dunklen Nächten.

Er spricht nicht von sich. Er spricht von *Red Power*, der indianischen Befreiungsbewegung. Er spricht von Gemeinschaften, von Einzelnen, die in Aktionen wochen-, monatelang unterwegs seien in den Landen.

So wie wir drei, denke ich. Aber der Rote Bruder fährt fort – nach kurzer Atempause.

„Hier, in den heiligen Schwarzen Bergen, suchen sie beim Trommelschlag mit Gesang und Tanz die Begegnung mit *Wakan Tanka*, dem Großen Geist.“

„Alles ist schwierig und langwierig“, sagt er. Einladend hat er uns drei gebeten, auf einem daliegenden Baumstamm Platz zu nehmen.

Es sei schwierig! Nur mit Kriegstaktik entständen Zeiten und Räume für heilige Handlungen. Die Weißen seien überall. Einst hätten sie die *Black Hills* nach Gold zerwühlt, jetzt suchten sie dort Uran. Touristen störten dreist und respektlos, bedrängten die Ureinwohner mit Kameras und neugierigen Fragen. Und die von der Staatsmacht eingesetzten *Ranger* schrieben ihnen Regeln vor in einem Land, das seit Urzeiten das ihrige sei.

Unfassbar: Keine Düsternis oder gar Hass ist spürbar bei ihm, dem Mann auf der Bank der Blockhütte. Abstand aber, schier unermesslichen Abstand aber zur US-Gesellschaft und ihren Machtträgern, den nehme ich wahr. Ahnt er ihren Untergang? Ahnt er die Verheißung, die Neugeburt der Roten?

Unsere Annäherung, unsere Nähe im Sitzkreis seiner Blockhütte kann er nur bejaht haben, weil er die Seelenverwandtschaft empfindet zwischen ihm und uns, weil er das Neue erahnt, das ihn wie uns bewegt.

„Ich war dabei“, sagt er nun und es fällt auf, dass er sich einen Ruck gibt zu solch offener Aussage.

„Ich war dabei, als *Tahca Ushte* den Stab über den Präsidentenköpfen errichtete.“ *Tahca Ushte* ist ein Medizinmann der *Ikce Wicasa*, so nennen sich die Sioux selbst, und das heißt in der Übersetzung: die natürlichen, die freien, die wilden Menschen. *Tahca Ushte*, in den

Staaten bekannt geworden wie in Europa durch sein biographisches Buch, *Tahca Ushte* hat den Stab über den monumentalen US-Präsidenten errichtet und damit gleichsam den Stab über ihnen gebrochen.

Die Präsidentenköpfe, vier an der Zahl, erheben sich etwa 20 Meter hoch im Granitgestein der *Black Hills*, genauer gesagt im Fels des *Mount Rushmore*. George Washington, Thomas Jefferson, Abraham Lincoln und Theodor Roosevelt sind es, deren Riesenportraits in jahrzehntelanger Arbeit, von 1927-1941, vom Bildhauer Borglum aus dem Gestein gehauen wurden. Für das weiße, für das offizielle Amerika eine Art Heiligtum als *„Shrine of Democracy"* geweiht, und das in offensichtlich provokanter Herrschaftsbekundung ausgerechnet in den *Paha-Sapa*-Bergen, den heiligen *Black Hills*, den Bergen eines der schlimmsten Vertragsbrüche der US-Verantwortlichen.

„Ich war dabei", sagt er, „als *Tahca Usthe* den Stab errichtete – unten schwarz bemalt für das Dunkle der Vergangenheit, für das Schlimme, andauernd bis in die Gegenwart. An seinem oberen Ende aber ist der Stab im leuchtenden Rot: Rot gleich der Morgenröte der Sonne, der Morgenröte eines neuen Tages, einer aufleuchtenden Zukunft – so lange es auch immer noch dauern mag."

„Ich war nicht dabei", sagt er, schweigt und schaut uns mit seinen dunklen Augen an, in denen die Ruhe ist und die Stärke und plötzlich ein aufblitzender Schalk. Einer von ihnen habe sich, von Kampfgefährten gehalten, über die meterhohe Stirn eines Präsidenten abseilen lassen und auf dessen Nase gepinkelt. „Ich weiß nicht, welche Nase es war." Das sagt er noch, und dann lacht er, dass es ihn schüttelt. Der Große Bär, er lacht.

Dem *Trail*, abseits der Fernstraße, folgen wir tatsächlich, nachdem wir South Dakota verlassen, wir die Weiten der *Great Plains* von Wyoming erreicht haben. Dem *Oregon Trail*, der sich in den Rocky Mountains verzweigt ins nordwestliche Oregon und südwestliche Kalifornien, dem *Trail* von einst folgen wir tatsächlich auf stundenlangen Wegstrecken.

An markanten Stellen der Landschaft halten wir immer wieder, steigen in die Höhe eines Berges, wir verweilen unter Bäumen, stark und mächtig geworden im Druck ständiger Winde. Wir berühren Steine, rissige Rinde, wir berühren die Erde, immer wieder; für fünf bis zehn Minuten stellen wir uns das Bildnis des ALLEINEN vor, des

Übermächtigen, des Allvereinigenden, des Fortschreitenden auf dem Heer der Erleuchteten.

Die Schuld der Vergangenheit könne Anstöße zur Überwindung, zur Auflösung erfahren, eine Wandlung auslösen, wenn Menschen geistes-bewusst in geschichtlichen Spuren gingen – im Wissen um Geschehenes und im Geiste der Liebe.

Eine Feuerspur der Erneuerung, so war es über Karl-Heinrich übermittelt worden, sollten wir in den verblichenen Rinnen der Wagenkolonnen ziehen, eine Feuerspur des Sinneswandels, der Sinnerhellung, ja gar der Sinnverheißung. Schuld von einst möge sich zur Verpflichtung wandeln, zu Aufgabe und Bereitschaft für die Zukunft, für das Neue.

Die Eroberung eines Kontinents, die zur ungeheuren Schuld wurde! Aber die ersten Siedler etwa, die 1841 mit der ersten Wagenkolonne auf dem *Oregon Trail* nach Westen zogen – waren sie sich überhaupt einer Schuld bewusst? Waren sie sich bewusst, in welchem ungeheuren Weltprozess sie winzige Beteiligte waren?

Sie waren doch selber in Not, auf beschwerlicher, mühseliger Suche nach einer neuen Heimat; sie, die meist Mittellosen, die die 700 bis 1.000 Dollar für Ausrüstung und Ausstattung vielleicht gerade noch aufgebracht hatten und im für sie menschenleeren Westen Land zu finden hofften, Land, das ihnen so gut wie kostenlos versprochen war, wenn sie es denn landwirtschaftlich erschlössen.

Aber aus den Wenigen der ersten Jahre wurde der Menschenstrom der Begierigen, als 1848 riesige Goldadern in Kalifornien entdeckt wurden und nun fast alle auf Gold aus waren. Im Jahre 1849 waren es bereits 30.000, im Jahr darauf, auf dem Höhepunkt des Westzuges, 55.000 Menschen – vom Fort Laramie, am legendären Trail gelegen, sorgfältig registriert. Glücksjäger, kleine und große Gauner, zogen nun in Scharen zu den Goldgründen. Übergriffe, Verbrechen häuften sich. Militär rückte nach. Immer mehr Kämpfe, Kriege flammten mit den Prärieindianern auf.

In der dritten Eroberungswelle des Kontinentes – die erste war die an der Ostküste, die zweite die bis zum Mississippi – in der dritten Besiedlungswelle also begaben sich bis 1869 über 350.000 Menschen, meist zu Fuß neben dem Planwagen westwärts. In den rumpeligen, mit der Plane überspannten Karren war nur für das Allernötigste an Habe und Werkzeug Platz; geschont werden mussten zudem die vier Ochsen davor – während des Unterwegsseins auf der abertausende Kilometer langen Strecke.

Eines Tages aber heulten die ersten Züge über wider-dröhnende Schienen. 1869 wurde die erste transkontinentale Eisenbahnlinie fertiggestellt. Im Anspruch des Fortschritts, in den Zwängen der Technik wurden Verhängnis und Schuld unübersehbar in den Leichenbergen, in den Abermillionen abgeschossener Bisons, in der erbarmungslosen Härte von Massakern, von Zwangsumsiedlung und Zwangsanpassung, mit denen der verzweifelt aufflammende Endkampf der Prärieindianer erstickt wurde.

Bisons und Indianer gehörten einer primitiven, zum Untergang bestimmten Welt an, so die allgemeine Einschätzung. Für sie gab es keine Zeit mehr. Keinen Raum mehr. Die neuen Herren hatten die Skrupellosigkeit und die Technik, sie zu vernichten. Und hundert Jahre vorher, wie gesagt, die Heimtücke! Als der geniale Kriegshäuptling *Pontiac* im größten Indianerkrieg erfolgreich blieb, wurden einer Friedensdelegation pockenverseuchte Decken überreicht, die zu verheerenden Seuchen unter den Stämmen führten.

Die Eroberung eines Kontinents, die zu einer Schuld wurde, die mehr noch als die Schuld an den verschleppten und versklavten Afrikanern bis in die heutigen Tage verdrängt wird! War sich damals etwa Andrew Jackson, der siebte Präsident (1829-1837), einer Schuld bewusst? Wir erinnern uns: Jackson, der Bodenspekulant und Präsident, war einer der Hauptverantwortlichen für die tödliche Vertreibung der „Fünf Zivilisierten Nationen“ in das angeblich „ewige“ Indianerland Oklahoma. Aber Andrew Jackson – war er nicht der strahlende Held des neuen, vom britischen König unabhängig gewordenen Staates? Und tatsächlich, der Draufgänger Jackson war ohne eine sonderliche Ausbildung zum General aufgestiegen. Im zweiten, von den USA begonnenen Krieg gegen England war er es, der mit tollkühner Strategie und Tapferkeit New Orleans – und damit das Mündungsgebiet des ungemein wichtigen Mississippi – vor der Eroberung durch die britische Flotte bewahrte.

Der Patriot, der Präsident geworden war, hatte doch klare Verhältnisse geschaffen, hatte den „Fünf Zivilisierten Völkern“ riesige, neue und eigene Länder in Oklahoma gegeben, so einheitliche und voneinander geschiedene Staaten geschaffen; hier im Osten die Weißen, dort im Westen die Roten. Endlich konnten ungehindert Plantagen für Massenanbau und produktive Massenverwertung angelegt werden, endlich konnten noch mehr *Negersklaven* aus Afrika herübergeschifft werden. Bei steigenden Erträgen stieg der Wert des Bodens und der Immobilien ins Ungeheure und mit ihm die operativen, die gewinnpotenzierenden Möglichkeiten des Handels und der Spekulation.

Hatte Präsident Jackson ein Schuldbewusstsein für die Verhängnisse, die er zu verantworten hatte? Wohl kaum. Für ihn wie für Generationen galt und gilt: Nichts ist in den USA erfolgreicher als der Erfolg, nichts verdrängt mehr alle Skrupel, nichts rechtfertigt mehr alle Taten und Untaten als der Erfolg, und nichts machte die Ideale propagierter Menschenrechte weltweit offensiver als die völlig verdrängte Schuld.

Nachweisbar jedenfalls ist: Eine wirkliche, volks-staatliche Selbstständigkeit und damit eine wirkliche, dauerhafte Alternative zum *American Way of Life* wurde nicht zugelassen. Alle indianischen Volksgebilde wurden früher oder später zerstört. Alle wirklich eigenständigen Versuche in der Gegenwart, ob *Red* oder *Black Power*, wurden und werden vereitelt, notfalls auch mit Gewalt.

Die Freiheit der Fackelträgerin, der *Liberty*-Statue vor New York, gilt dem Individuum, ausgespielt bis zur grellen, chamäleonhaft wechselnden Extravaganz, gilt dem Verbraucher in einer Massengesellschaft, die zwar gegründet und konstituiert ist in der Gewaltenteilung der Demokratie, aber hintergründig im Bann ist, in der Steuerung steht dunkler Mächte, ihrer unersättlichen Macht-Anmaßung und Gier.

Bibel, Technik und Geld gingen insbesondere im Staatenverband der USA eine welt-erobernde Allianz ein. Mit der Bibel als dem wahren, dem einzigen Wort Gottes wurde der Anspruch auf totale Herrschaft, mit der Bibel wurde das Recht auf Vernichtung beim Widerstand der Ungläubigen begründet, die völlige Entwurzelung und Umerziehung der übrig gebliebenen Ureinwohner.

Mit der Technik, mit der durchschlagenden Überlegenheit von Gewehren und Kanonen, mit der erd- und weltumwälzenden Macht der Maschinen wurde der Anspruch durchgesetzt und mit dem entfesselten, sich selbst maßlos vermehrenden Geld eine alles-umfassende, eine alles-durchdringende, eine alles-beherrschende Wirtschafts- und Finanzdynamik ausgelöst.

Geld, nicht wirklich und nachhaltig als Mittel zur Wohlfahrt aller, sondern zuerst und letzthin als Selbstzweck – in wahnhafter Gleichsetzung mit der lebendigen Schöpfung sich erneuernd und vermehrend in Zins und Zinseszins, im Kalkül der Liquiditätsvermehrung. Die Börse bringt eine bisher unvorstellbare Potenzierung der Geldmacht in der Erweiterung und Beschleunigung der Geld- und Werte-Ströme, damals schon nachrichtlich schnellstens übermittelt durch ein kontinentales Telegraphensystem – ganz zu schweigen von der späteren Beschleunigung und dem Verfügungsspielraum durch Computer und Internet, verquickt mit der Selbsttätigkeit profit-programmierter Mega-Rechner und ihren Zukunftsperspektiven.

Die Börse in ihren erhitzten Ausschlägen der Hochkonjunktur und der Spekulation, in den Tiefschlägen der Zusammenbrüche bewirkte ungeheure Bereicherung und Machterweiterung ebenso wie Verarmung im Sturz in die Bedeutungslosigkeit. In Schüben gleich Explosionen entwickelte sich die US-Wirtschaft. Und im Hoch und Tief der Konjunktur, im entfesselten *dumping*-gesteuerten Wettbewerb behaupteten sich immer mehr die wenigen Großen. Unausweichlich vollzog sich die Monopolisierung, die Konzentrierung, die Anonymisierung aller Macht. Politik bestimmte nicht die Wirtschaft, sondern die Wirtschaft mit ihren hintergründigen Fädenziehern bestimmte immer mehr die Politik.

Im 19., im 20. Jahrhundert etablierte sich erst ein allbeherrschender Industriekapitalismus, später dann in der plutokratischen Steigerung der Geldherrschaft, ein Finanzkapitalismus der Großbanken und Konsortien. Erst die Eroberung des Kontinentes von Küste zu Küste, ehe mit gleichen Grundsätzen und Praktiken mit dem Eintritt in den Ersten Weltkrieg die Ausweitung des *American Way of Life* begann, die Eroberung anderer Kontinente der Erde über eine offensive, eine globale Geld-, Wirtschafts- und Kriegspolitik.

Auf dem *Trail* der Eroberung von damals, vom Osten der USA nach Westen, sind auch wir unterwegs, wenn auch über ein Jahrhundert später. Eine Feuerspur der Erneuerung sollen wir ziehen.

Wie hieß es doch – vor vier Jahren – am Altar auf dem Berge, hoch über dem blau schimmernden Bärensee? Karl-Heinrich hörte es mit dem inneren Ohr, und wir sprachen es gemeinsam im Vertrauen auf die weisheits-hohe Führung.

„Wir drehen die Ströme im Menschen um. Wir drehen den Kreislauf im Menschen um. Bisher war der Mensch so eingestellt, dass das Licht des Hohen Geistes nicht in den Lebenskreislauf des Menschen eintreten konnte. Der Mensch der Zukunft aber wird die Sonne wahrhaftig erschauen.“

In der Führung des ALLEINEN, im Gleichgewicht von Himmel und Erde soll sich eine andere Lebensart, eine schöpfungsgerechte Lebensordnung entwickeln; erst in kleinen Gemeinschaften, sich schließlich netzartig in den Völkern auf der Erde verbreiten.

Warum wagte Franklin D. Roosevelt, der uns vor zwei Jahren hoch im Wolkenkratzer einer New Yorker Nacht erschien, warum wagte er nicht ins Licht des ALLEINEN zu gehen? Warum sieht er die Weltmacht der USA bedroht? Ist es so, weil gerade er diese Weltmacht durch den schrecklichsten aller bisherigen Kriege errungen hatte?

Mir erschauert vor den Dimensionen, die sich eröffnen. Warum bewegen gerade wir uns in den Spuren der Vergangenheit? Warum folgen gerade wir ihnen, um der Zukunft willen?

Begeisternd in auflohender Flamme, aber auch niederdrückend in erstickender Dunkelheit ist der Gegensatz zwischen dem Heilsbild einer Zukunft und der Realität der Gegenwart.

Und welch ein paradoxer Widerspruch! Sind es nicht gerade die vom Verderben gezeichneten und Verderben bringenden USA, die mit ihrem Atomschild Westdeutschland und Westeuropa Freiheit und Unabhängigkeit vor der expansiven Sowjetunion bewahren? Und gleichzeitig – Widerspruch im Widerspruch – unsere Existenz, unser Leben und Dasein in der permanent sich steigernden Aufrüstung der Atom-Raketen gefährden?

Die Weltlage ist hochgradig verstrickt in drohende Verhängnisse! Wann und wie wird die Zukunft Entwirrung, Entwarnung bringen? Bei allem Einsatz – und unsere dritte Amerika-Reise ist ja ein solcher Einsatz der Geistestat – bei allem Einsatz möge die unerschütterliche Stärke und Gelassenheit jenes roten Mannes mit uns sein, der vor seinem Blockhaus saß und *lächelte*.

Unterwegs gebremst

Donnerstag, den 16. August 1979

Ein Gefühl des Druckes, der Härte spüre ich zuerst. Ich blinzele mit den Augen, noch von bleierner Schlaftrunkenheit befangen. Draußen ist noch Nacht. Dunkel liegt die Straße vor mir. Aus Laternen fällt ein schwacher Lichtschein auf die Häuser.

Ich versuche mich zu bewegen. Auf Anhieb gelingt das nicht. Die Füße sind verklemmt, zwischen Bremse und Gaspedal, die Beine in ungewohnter Schräglage steif geworden. Augenblicke verstreichen noch… dann erinnere ich mich: Wir sind in *Rawlins*, einem kleinen Ort im Staate Wyoming, an der *Interstate 80* gelegen. Die großen Neonlettern vom Haus gegenüber sind dunkel, dennoch ist im Dämmerschein der Laterne die Aufschrift *„Motel"* zu erkennen. Gestern gegen 22 Uhr waren wir nach stundenlanger Autofahrt hier angelangt. Schon mehrmals in unserer Erwartung enttäuscht, hofften wir hier endlich die begehrten Zimmer zu bekommen. Wieder vergebens: Auch dieses Motel war belegt. Als wir weiter fahren wollten, sprang der Motor nicht mehr an. Unser Auto – genauer gesagt: seine Batterie – war erschöpft. Schon drei Tage sind wir unterwegs. Den Himmel haben wir durch die Autoscheibe gesehen. Am Steuer habe ich gesessen, Stunde um Stunde – wie andere am Arbeitsplatz. Nur kurz sind wir immer wieder ausgestiegen, haben uns immer wieder an markanten Punkten des Landes auf den ALLEINEN eingestellt.

Vielleicht treibt es uns ja zu schnell in den Westen – an die Küste, hin zum großen Meer. Aber der Urlaub ist nun mal befristet, und die Entfernungen sind riesig. Unserem Automobil jedenfalls ist solche Beanspruchung nicht bekommen. Ob unser Stillstand wirklich nur an der Batterie liegt? Und nicht noch einen anderen Grund hat? Uns blieb nichts übrig als zu warten. Der Batterie vor allem mussten einige Nachtstunden der Erholung gewährt werden – ohne Rücksicht auf die Autoinsassen.

Schnarchende Töne eines tiefen, trotz widriger Umstände gesegneten Schlafes vernehme ich von hinten. Karl-Heinrich liegt, den Kopf leicht hinweg geneigt, mit fest geschlossenen Augen auf dem Rücksitz. Und die Beine, im zu schmalen Wagen nicht ausstreckbar, hat er einfach hochgestellt. Sie schauen mit den Socken zum Autofenster hinaus. Niemanden erheitert's freilich, denn die Straßen sind menschenleer.

Ich schaue auf die Uhr. Es ist halb vier am frühen Morgen. Annelies ist neben mir in nicht gerade bequemer Stellung auf dem Beifahrersitz. Mit Rücksicht auf den hinten liegenden Karl konnten wir die Vordersitze nicht in die Schlafstellung bringen. Annelies hat sich zwar zusammen gerollt. Allerdings vermag sie es nicht so katzenhaft geschmeidig, wie es der Autositz erfordert. Trotzdem schläft sie, todmüde von den vergangenen Tagen. Was mag sie für Träume haben?

Ich jedoch kann nicht mehr schlafen, bin des Wartens müde, harre dennoch eine endlos anmutende Weile aus. Dann jedoch probiere ich es einfach. Ich stecke den Schlüssel ins Zündschloss, drehe ihn und… *Juhee,* wer hätte das gedacht, der Wagen springt an.

Er ist sofort angesprungen. In überraschte Gesichter blicke ich, aufgescheucht aus erschwertem Schlaf. Ich sehe, wie sie sich aufrappeln, und lache, und sie Sekunden später auch.

Allerdings – gemeinsam lachen wir nur kurz, denn bereits nach wenigen Kilometern müssen wir feststellen, dass das Lichtfeld der beiden Scheinwerfer vor uns auf dem entgegenhuschenden Asphalt schwächer und schwächer wird.

Die Folge ist: Wir stehen wieder, vom Gedanken beunruhigt, der Motor könne überhaupt nicht mehr anspringen. Wir stehen, der Wagen steht – bei abgeschaltetem Licht aber laufendem Motor. Auf einem Autobahnparkplatz der *I-80* müssen wir den Morgen abwarten. In einer rot-glühenden Sonne steigt er endlich empor.

Juhee – wir haben erneut freie Fahrt!

Donnerstagnachmittag, den 16. August 1979

GO WEST – dem Geiste, seiner Führung folgend, nähern wir uns dem Bärensee – zum dritten Male innerhalb von vier Jahren. Unser Auto läuft zwar wieder einwandfrei. Aber unser Zutrauen in seine US-Technik ist angeknackst; den störanfälligen Wagen wollen wir deshalb bei der nächsten Niederlassung des Autoverleihs umtauschen.

Nach Karls jahrelangen Wildnis-Erfahrungen in den Staaten wollen wir erstmals heute Abend unsere Schlafsäcke ausprobieren: Marke Eigenbau und unter freiem Himmel. Das störungsfreie Hoch- und Himmelbett, wie es Karl-Heinrich scherzhaft nennt, besteht aus einem Gummiboot, das aufgeblasen und umgedreht wird und auf das schließlich der Schlafsack aufgelegt wird. Jeweils zwei Exemplare von ihnen haben wir mit auf die Reise genommen. Karl-Heinrich und ich werden gegen Abend einiges zu pusten haben, während Annelies sich das Autoinnere einigermaßen schlafgerecht gestalten muss.

Die Übernachtung im Freien ist auf unserer dritten und längsten Reise eingeplant. Bei Annelies und mir rührt die Absicht allerdings weniger aus Abenteuerlust sondern mehr aus dem Gebot von Sparsamkeit.

Im erhöhten, aus Holz gefügten Gebäudetrakt zu übernachten, mit dem weiten Blick auf den herrlichen Bärensee – das wäre erneut unser Wunsch gewesen. Aber das Anwesen unseres alten Freundes Gus Rich ist uns nicht mehr zugänglich. Er, unser liebenswürdiger Gastgeber am Bärensee, er, der würdige alte Herr, ist schon nahezu zwei Jahre tot.

Im November 1977, wenige Wochen nach unserer damaligen Abreise, ist er plötzlich nach kurzer, schwerer Erkrankung verschieden. Seine Tochter sandte uns die Todesnachricht und dazu ein Vermächtnis als Papier. Er hatte es, wie die Tochter mitteilte, wenige Wochen vor seinem Tod niedergeschrieben.

„Ich bin dankbarer, als es alle Worte ausdrücken können. Meine Gesundheit ist mir bewahrt geblieben. Ich bin gesegnet in der Lebhaftigkeit des Geistes. Dennoch: Ich weiß, ich habe den Abend meines Lebens erreicht, aber er glänzt im Lichte.

Dankbar bin ich für die Erfahrung, dass das Erdendasein wirklich für die schön und beglückend ist, die es mit Lebensbejahung, mit

Entschlusskraft und Gerechtigkeitssinn zu gestalten wissen. Unweise freilich ist es, sein Herz zu sehr an das Vergängliche und seine Freude zu binden oder gar zu widerstreben, wenn der RUF DES VATERS kommt, wenn alles dahinschwindet und ich die Erde verlasse.“

Hat Gus Rich, hat seine Geistseele die Erde wirklich verlassen? Der Himmel der Seele – wo ist er zu finden? Ist er wirklich so fern der Erde, wie es etwa christliche Jenseitsvorstellung nahelegt? Oder ist es der Himmel, der gleich der Ionos-Sphäre die Erde umgibt? Blau ist der Himmel ja nur von der Erde aus. Ein Himmel freilich, so scheint es, ganz im Sinne der dreidimensionalen Physik, eben der blauen Atmosphäre, ihrer auch sturm- und wolkenbevölkerten Höhen. Oder gibt es eben doch den Himmel der Erde?

Nur ein Himmel könnte es sein eines anderen Seins, einer anderen Wirklichkeit – ein Himmel, der der Erde gleichermaßen fern ist wie auch nah. Karl-Heinrich jedenfalls hatte bald nach dem Tod von Gus Rich eine innere Verbindung mit seiner Wesenheit. Als Freund, als Verbündeter erschien er ihm, als Hüter unserer Geistes- und Wirkstätte am Bärensee.

Das Bild vom Haus am Bärensee – Karl-Heinrich sah es bei unserer zweiten Amerikareise – hat eine unverhoffte Lösung gefunden: Das Bildrätsel von damals, das uns in zeitweiliger Verwirrung geradezu einen Umzug an den Bärensee erwägen ließ, das Bildrätsel von damals hat sich offensichtlich aufgelöst.

Nicht wir – oder einer von uns dreien – sollten sich in Amerika am Bärensee niederlassen – als Hüter der Stätte, wie es damals hieß; nein, ein Verstorbener aus dem hiesigen Umland ist es wohl, der die Aufgabe übernommen hat.

Hat die Seele von Gus Rich da am Bärensee ihren Himmel gefunden? Einen Himmel als ein Jenseits des Irdischen, als einen Seinsbereich, in dem das gerade zu Ende gegangene Leben noch nachwirkt; ein Himmel des Verweilens für eine gewisse Zeit, ein Himmel offensichtlich aber auch des Wirkens, vielleicht im Ablauf einer sich überhöhenden Schau.

Alles Irdische hat Strahlung, hat sozusagen eine Aura. Ist sie auch eine Stufe zum Himmel, zu einem Jenseits in uns selbst? In der Höhe oder Tiefe – wir merken, dass Angaben schwierig werden – im Innersten jedenfalls unserer atmenden Brust, unseres Herzens? Und wenn es so ist, dann gilt es doch auch für die Erde überhaupt – eben für einen Himmel, wie es uns Märchen und Sagen überliefern, eben für einen

Himmel, für ein Jenseits in den Wassern, in den Bergen, in den Wäldern. In einer Parallelwelt muss das sein.

Es scheint, als bleibe auch Verstorbenen die Erde mit ihrer allumspannenden Himmelshülle eine Art Heimat des Jenseits – zumindest für Zeiten oder überhaupt, solange jedenfalls ihr unvollendetes Geschick noch gebunden ist; ihre Aufgabe bindet sie an die Entwicklung ihrer selbst und dieser Erde. „Ausflüge" der Geistseele ins All des Universums, wie es Mythen bezeugen, schlösse solche Deutung ja nicht aus.

Klar jedoch ist, dass solches Jenseits der Erde, dass solcher Himmel hoher und tiefer Seins- und Schicksalsverbundenheit nicht das Gleiche ist wie schlimmste Erd-Verhaftung, die aus der Unersättlichkeit entsteht von Gier und Lust, von Macht und Reichtum, die Menschen im Leben zu verhängnisvollen Taten, zu schlimmsten Untaten verleitete.

Wie mag es solchen Seelen ergehen? Dem Niederen verfallen, bleiben sie im Niederen, zum düsteren Schatten ihrer selbst geworden, bleiben sie im düsteren Schattenreich ihrer Süchte, gleich dem Tantalus der griechischen Sage, der im Schattenreich des Tartarus, einer Höllenwelt, von unersättlichem Verlangen getrieben, vergebens nach der Fata Morgana süßester Weintrauben greift.

Hier Himmel, dort Hölle – unterschiedliches Jenseits als Folge des eigenen Lebens, als Folge der eigenen Kreuzweg-Entscheidungen. Wie hatte es doch Gus Rich wenige Tage vor seinem Tod gesagt?

„Unweise ist es, sein Herz zu sehr an das Vergängliche und seine Freuden zu hängen...".

So sind ihm, dem guten ehrwürdigen Gus, der um Aufrichtigkeit und Gerechtigkeit in seinem Leben bemüht war, so sind ihm in der Weisheit seines gelebten Daseins tatsächlich Flügel gewachsen. Gleich einem Adler ist er in einen Himmel des Geistes, der Freiheit aufgestiegen, und von der Höhe, vom Jenseits eines anderen Seins ist seine Wesenheit uns offensichtlich verbunden, uns in unserer gemeinsamen Aufgabe am Menschen und unserer so geliebten und so gefährdeten Schöpfung Erde.

Solche Gedanken, solche Bilder und Vorstellungen bewegen mich, als ich etwas abseits von den Freunden ruhe. Wir hatten eine längere Pause eingelegt zur Erholung nach der Brotzeit. Dem Drang der Überlegungen folgend hatte ich mich erneut ins Abseits begeben, mich ausgestreckt auf der roten, der sonnentrockenen, aber sonnenwarmen Erde, auf der nur Büsche wachsen – grau silbern schimmernd.

Vor der prallen Sonne hatte mich mein Hut geschützt, mir ein wenig Schatten gegeben, ein wenig Kühle – und die Erfrischung ist noch angenehm auf dem Gaumen, die Erfrischung aus der leer getrunkenen Wasserflasche.

Höchstens zwei bis drei Autostunden noch entfernt ist der Bärensee. Die Tochter von Gus Rich hatten wir zwar angeschrieben, aber sie konnte, sie wollte uns nicht aufnehmen. Alle Unterkünfte am Seeufer, so hatte sie geschrieben, seien auf Dauer vermietet. Doch das waren sie schon zu Zeiten ihres Vaters, aber der hatte uns dennoch aufgenommen.

Mögliche Vorbehalte der Tochter aber respektieren wir. Wir kennen sie ja nicht persönlich. So haben wir es unterlassen, ihr unsere Ankunft mitzuteilen. Einladend für uns drei soll es diesmal in der Nähe des Campingplatzes werden, am hellen Sandstrand mit dem Ausblick auf das tiefblaue Wasser des Sees und die Berge. Einladend ist es uns wirklich, weil der Strand so weitläufig ist und fast menschenleer. Wir wissen es noch von unserer vorherigen Reise.

„Das wird die Nacht der Nächte", sagt Karl-Heinrich augenzwinkernd, als wir schon wieder unterwegs sind, schon näher unserer abenteuerlichen Lagerstatt.

Die Nacht unter Sternen

In der Nacht zum 17. August 1979

Dazuliegen für Stunden mit dem Blick in den Himmel, im Angesichte der Unermesslichkeit, der Unzählbarkeit ihrer leuchtenden Punkte, im Angesichte ihrer schimmernd umspannenden Unendlichkeit – das ist nichts Alltägliches. Zwar habe ich oft den Blick erhoben, habe erstarrenden Nackens in die Nacht des Alls geschaut: Aber das waren Sekunden, allenfalls Minuten, wenn ich im Dunkeln spazieren ging und nicht wie jetzt, da ich ausgestreckt unter freiem Himmel liege für all die Stunden einer langen Nacht.

Klar und hell leuchten die vielen, die vielen Sterne, die einzeln auszumachen sind am Firmament; aber im blickenden Verweilen sinken sie hinweg, die Sterne des hell blinkenden Vordergrundes, verlieren sie sich in der Überfülle, verweben sich in Schleiern der Unendlichkeit, in Schleiern schwindender Vorstellung. Auf der Netzhaut meines

Auges – da spiegelt sich alles in der Winzigkeit meines Sinnesorganes, in der Winzigkeit hochsensibler Zellen. Aber im Labyrinth des Gehirns, in der Unendlichkeit des Kleinen, da erahnen wir die Unendlichkeit des Alls.

Noch nie habe ich so lange, so bewusst einen solchen Nachthimmel gesehen, noch nie erschien er mir bisher so klar und gleichzeitig so sphärisch verschwommen. In der Einsamkeit der Berge, am stillen Ufer des Sees stört den Nachthimmel kein anderes, kein künstliches Licht. Nur als schwache Leuchtpunkte sind drüben am anderen Ufer die Lichtlein von Garden City zu sehen. Aber sie haften am Boden.

Wolkenlos ist der Himmel geblieben. Als wir am späten Nachmittag angekommen waren, wir die Tagestaxe am Eingang des Campingplatzes entrichtet hatten, als wir Ausschau hielten nach dem geeigneten Lagerplatz für die Nacht, als wir, langwierig genug, mit viel zu kleiner Luftpumpe unsere Schlauchboote aufbliesen, da zogen am blauen Himmel immer mehr Wolken auf und ballten sich dunkel.

Bedenken beunruhigten uns schon wegen der bevorstehenden Nacht im Freien. Die Vorstellung, dazuliegen und ausgeliefert zu sein einer nicht abzudrehenden Brause des Himmels, weckte in der Flachserei darüber medizin-männische Gedanken und Einsätze.

Tatsächlich, wir redeten nicht nur, wir vollführten schließlich, da wir uns im Abseits unseres Standortes unbeobachtet sahen, einen regelrechten Indianertanz. Anfangs mehr aus Spaß und Tollerei dann doch, mehr und mehr, in der weiß Gott gegebenen Befürchtung; immer mehr, immer triefender könnte unser Hochbett zum Wasserbett werden.

Ja, im Spaß, der zum Ernst wurde, legten wir unsere Hemmungen ab! Wir tanzten im Kreise, beschwörten einen wolkenlosen Himmel, und zur Bekräftigung dessen stampften wir im pochenden Rhythmus auf die sandige, sonnen-trockene Erde.

Zufall oder Geistesmacht? Der Nachthimmel ist Stunden später tatsächlich wolkenfrei. Lächeln muss ich bei der Frage, bei ihrem Entweder-Oder. Ich bin froh, ich bin erleichtert darüber, dass ich zu lächeln vermag und nicht mehr selbstquälerisch grüble über fragliche Zusammenhänge – so wie es früher war, früher – so oft.

Zugegeben: Schnelle Wechsel der Witterung sind hier im Gebirge nichts Ungewöhnliches. Also doch nur ein Zufall? Eben wie bei einem Glücksspiel? Oder ist es doch eine, uns auffällig zugefallene Auswirkung, die wir im Wirbel tanzender Rotation angezogen haben? Ich schmunzele über mich selbst: Etwas merkwürdig wird man schon, so wach liegend unter funkelnd-schimmernden Sternen.

Das Bett, das ich mir, Karls Anregung folgend, bereitet habe, ist wirklich bequem und, eine regenlos bleibende Nacht vorausgesetzt, überraschend angenehm. Das Schlauchboot, aufgeblasen, einfach umgedreht und so zur vom Boden abstehenden Unterlage geworden, ist tatsächlich besser als eine flache Luftmatratze.

„Im Hochbett", lachte Karl-Heinrich, „fühlst Du Dich einfach sicherer." Karl sprach von möglichen Besuchern: von verfressen herumstöbernden Braunbären und vom eigenwilligen Stinktier.

Braunbären gibt es hier wohl kaum, denke ich in kritischer Abwägung von Karls nicht immer allzu ernst zu nehmenden Bemerkungen. Aber Stinktiere, jene schwarz-weiß gestreiften, possierlich anmutenden Gesellen, die vom Menschen verschreckt in der Bedrängung, so unausweichlich den buschigen Schwanz erheben und so zielsicher die rückwärtige Drüse auf den Störenfried richten – Stunks, die Stinktiere, die gibt es hier sicherlich.

Wie ein solch galliger Spritz-Strahl einen unserer Artgenossen voll getroffen hat, wie er mühsam alles gewaschen, wie er sich selbst ausgiebig gebadet und geschrubbt hat und dennoch tagelang unerträglich gestunken hat – angeblich mehrere Meter gegen den Wind, das hatte uns Karl-Heinrich noch beim Abendessen erzählt und vor unbändigem Vergnügen an der wahren, aber wohl auch munter geflunkerten Geschichte auf seine Schenkel geklopft.

Still sollte ich mich schon verhalten, regungslos und unverwandt nach oben schauen – auf keinen Fall aber plötzlich hochschrecken, wenn solch ein Tierchen sich der Erhebung meines Lagers nähern sollte und davor verhaltend mit der spitzen, mit der schwarzen Nase schnüffelte?

Schlafen kann ich jedenfalls nicht, ganz im Gegensatz zu Karl-Heinrich, der drei Meter neben mir leicht vor sich hin schnarcht. Von Annelies sehe und höre ich nichts. Den Kopf muss ich schon weit zurück biegen, um wenigstens das Auto, ihr heutiges Nachtlager, zu erblicken. So liege ich wach und bin doch ohne alle Langeweile. Still, wie ich bin, bin ich wohl am besten gefeit gegenüber nächtlich streunenden Besuchern, bin ich auf die kleine Ewigkeit einer Nacht im Angesicht der Sterne. Sie schläfern nicht ein, die blinkend funkelnden Fernen; den Geist regen sie an, der zu wandern beginnt wie das Auge über den nächtlichen Himmel.

Dreitausend Sterne, so heißt es, soll der Mensch mit bloßem Auge sehen können. Sie allein am Firmament zu zählen, wäre wohl vergebens wie bei einer großen, sich kreuz und quer bewegenden Schafherde. Viele Millionen Sterne sind in modernen Teleskopen erkennbar. Über 200 Milliarden aber soll allein unsere Milchstraße enthalten. Und unsere Milchstraße selber soll wiederum nur eine sein von Milliarden Galaxien.

Steigerungen sind das in die Unerfassbarkeit! Energie-Giganten, so genannte Quasare, soll es im Universum geben, deren Leuchtkraft so gewaltig sein soll wie die von hundert oder gar tausend Sonnen. Schwarze Löcher, so sagen die Astro-Physiker, muss es geben. Unsichtbar sind sie, daher ihr Name, und dennoch von unvorstellbarer Wirkung. In unvorstellbarem Ausmaß ziehen sie alle Materie an, wandeln sie um in Energie und schließlich – so eine Forschungstheorie der Wissenschaft – in ein Nichts.

Hochmodernes trifft sich mit Uraltem! Dass die unermesslichen Räume des Weltalls in fernsten Zeiten zusammen schrumpfen könnten auf die Unvorstellbarkeit eines Punktes; dass das Weltall aus einem Nichts entstanden ist, sich immer mehr ausdehnt, ehe es „umkippen“ wird und in einem Nichts enden mag: Das sind modernste, auf wissenschaftlichen Experimenten beruhende Erklärungsversuche des Universums. Von der sogenannten Singularität wird gesprochen, von einer Art von Ureinheit vor aller Teilung, materieller Verdichtung und Vervielfältigung.

Erinnert das nicht an Urvorstellungen der Menschheit vom Urgeist oder Urgott, der sich ausstülpt in die Schöpfung und sich nach Ewigkeiten wieder einstülpt in sich selbst? Wer denkt dabei nicht an Brahman, der ausatmend Welten schafft und einatmend sie auflöst? Jüngste Wissenschaft berührt, bestätigt bestimmte urhafte Überlieferung!

Wenn in den Anfängen, im Aufbruch von Zeiten und Räumen, wenn in der Auswirkung einer Ur-Supernova, einem Energiegiganten im kosmogonischen Prozess, wenn im ungeheuerlichen Tönen ihrer ungeheuren Druckwellen, Turbulenzen und Vibrationen - unsere Milchstraße entstand und in ihr sich unsere Sonne bildete und die sie umkreisenden Planeten, gemahnt das nicht an das mythologische Muspelheim, an das Feuerreich des Urbeginns, dessen einer Funke vielleicht zur Sonne wurde? Gemahnt das nicht an den Urton des vedischen OM, das unentwegt tönend das Universum erhält?

Immer dasselbe zu schauen, Minute um Minute, Stunde um Stunde in einer endlos erscheinenden Nacht; immer die Sterne zu schauen, ohne dass mich irgendeine Langeweile und schließlich dann die Müdigkeit erfasste – oh, diese Erfahrung ist wunderbar. Zum Glücksgefühl wird mir die wache Dauer der Aufmerksamkeit. Welche Vertiefung des Seinsgefühles sich da eröffnet – beim unentwegten Liegen mit dem freien Blick nach oben! Aber ist's eine Vertiefung beim Anblick des erhabenen Himmels? Ist's nicht eher eine Erhöhung des Daseinsgefühles?

Nur ein Wortspiel – all das? Die Sterne, die unzählbaren Sterne über mir, die Schleier von Sternen in den Unendlichkeiten, ihre Wirkung auf uns, die Menschen – ist das letztlich fassbar in Worten, in Begriffen üblicher Raum- und Zeitbestimmungen? Mein Geist wird immer wacher, reger, er wird fragender im Angesicht des Alls.

Von der Höhe des Himmelsraumes zu sprechen – ist das zutreffend? Ist' s nicht eher die Tiefe des Raumes? Die Tiefe der Höhe sozusagen oder gar die Höhe der Tiefe? Wo und wie sind Bezüge, ist Bestimmbarkeit im All? Was ist Gegenwart? Was Vergangenheit? Der Sternenhimmel über mir in dieser Nacht vom 17. zum 18. August – dieser Sternenhimmel ist mir, der ich da ausgestreckt auf unserer Erde liege, funkelnde Gegenwart und doch ist es ein Anblick einer schier unbestimmbaren Vergangenheit; denn das Licht sehen wir, nicht die Sterne. Und so lange schon ist ihr Licht vergangene Vergangenheit, so lange wie es unterwegs war zu uns auf dem Planeten Erde.

Der Sternenhimmel mit den Verschleierungen der Unermesslichkeit ist Jahrmillionen alte Vergangenheit. Aber ist das wirklich zutreffend? Auf das Sichtbare, auf seine Licht-Erscheinungen mag es zutreffen; das uns Unsichtbare und doch Gegenwärtige umfasst es wohl kaum. Die Schwarzen Löcher, die sich aller Fassbarkeit entziehen, die Schwarzen Löcher, die alle Körper, alle Gestalt gewordene Materie aufsaugen – sind sie Tore zur Zukunft? Sind sie Tore jenseits von Zeit und Raum? Sind sie Tore ins Nichts, aus dem ein Alles einer Zukunft kommen kann?

Der Sternenhimmel ist eher ein Anblick von Allgegenwärtigkeit; einer Allgegenwärtigkeit in all ihrer Unergründlichkeit! Das Unergründliche – muss es uns Menschen entmutigen? Die unendliche Größe des Alls, die Ungeheuerlichkeit seiner Geschehnisse – macht uns das zum Staubkorn der Nichtigkeit? Die Supernova, die Quasare – die gigantischen Energieentladungen des Kosmos – bedrohen sie uns? Müssen sie uns in Angst und Panik schlagen? Das Chaos im All, seine unermesslichen Umwälzungen und Wandlungen – müssen sie uns nicht alle Ruhe, nicht jegliche Gewissheit der Sicherheit rauben? Die stille Schönheit des leuchtenden Sternenhimmels ist erhabener Anblick, und Schiller dichtete in seiner Ode „An die Freude“: „...über’m Sternenzelt muss ein lieber Vater wohnen.“

Aber in den Tiefen, den Weiten, den Höhen des Alls – ist da nicht das Chaos ungeheuerlicher Umwälzungen? Ist Chaos in Wirklichkeit ein Schöpfungsprinzip? Ist es nicht die ewige Ordnung des Kosmos, sind’s nicht die ewigen, die vom Gesetz bestimmten Planetenbahnen?

Eine einfache Wahrheit mag erste Antwort sein: Ist es nicht das Werden und Vergehen des Seins, eben im Unermesslich-großen des Universums, das ewige Stirb und Werde, uns Menschen im Kleinen durchaus vertraut, gewohnt in Erfahrung und Schicksal auf unserer guten alten Erde? Und kann überhaupt das Kleine oder gar das Kleinste von minderem oder geringsten Wert sein, da doch das Kleine wie das Kleinste etwas ähnlich Unergründliches hat wie das Allergrößte?!

Unsere Milchstraße – einen Durchmesser von ungefähr 100.000 Lichtjahren soll sie haben – und das in der Erhabenheit einer Spirale im All. Auf Bewegung, auf Drehung deutet das – Drehung um eine Mitte. Ein Schwarzes Loch, so vermuten es die Astro-Physiker, könnte das Zentrum unserer Milchstraße sein. Wäre es dann nicht treffender zu sagen: eine Schwarze Sonne?

Die Weiße Sonne, die Sonne unseres Sonnensystems, die Sonne unserer Erdentage strahlt seit Milliarden von Jahren im äußeren Drittel der Milchstraße. Und unsere alles erleuchtende, unsere alles erhaltende Sonne wird nach Einschätzung der Wissenschaft noch Milliarden Jahre unser kleines, unser großes All-Heim erhellen, mit seinen näher und ferner die leuchtende Mitte umkreisenden Planeten.

Welche Dauer, welche Ordnung, welche Seins-Sicherheit! Und das trotz aller Gefährdung sowohl von außerhalb wie innerhalb des Sonnensystems! Von einem Ring gigantischer Eis- und Steinbrocken ist unser Sonnensystem umgeben. Von alles zerstörender Gewalt wären sie, wenn sie nicht eine geheimnisvolle Kraft in der Schwebe des Ringes hielte. Aber auch innerhalb unseres Sonnensystems, genauer gesagt, zwischen Mars und Jupiter, gibt es einen Asteroiden-Gürtel, der unsere Erde in ständige Gefahr bringen könnte, wenn da nicht der beschützende Jupiter wäre, der um ein Vielfaches größer als die Erde mit seinem mächtigen Schwerefeld die Irrläufer an sich zieht und die Aufstürzenden unschädlich macht, indem er sie verschluckt.

Kosmisch behütende Gegenwart ist das! Kosmische Ur-Vergangenheit, lange bevor es biologisches Leben gab, ist die Entstehung des Mondes. Unser ständiger Begleiter, der matt Leuchtende in der Nacht, geht wohl, so der Stand der Wissenschaft, auf eine geradezu schöpferische Katastrophe zurück, denn der gigantische Aufprall eines Meteroiten und seine schließliche Abspaltung von der Erdmasse haben einst in der Mondumkreisung eine entscheidende Stabilisierung der Erde bewirkt.

Trotz aller Rätsel, trotz bleibender Geheimnisse des Alls, trotz aller ungeklärten Fragen – unzweifelhaft eindeutig und durchaus eindeutig in der Tragweite einer Gottesschöpfung lässt sich die Linie des Lebens erkennen, die Linie einer kosmischen Entwicklung bis hin zur Geburt des Menschen. Die Erde nämlich ist im Gegensatz zu den schneller und langsamer die Sonne umkreisenden Planeten genau, unglaublich genau in jenem Abstand zur Sonne, der als unbedingte Voraussetzung das uns auf der Erde vertraute Leben ermöglicht; zudem sind die atomaren und planetarischen Verhältnisse zwischen Kern- und Schwerkräften exakt so, wie es die langwierige Evolution bis hin zum Menschen erfordert.

Anthropisches Prinzip wird von der Wissenschaft solche all- und naturgesetzlich eindeutige Abstimmung des Kosmos auf die Ermöglichung des Menschen genannt. Bloßer Zufall, der erst eines erdgeschichtlichen Tages in die steuernde Folgerichtigkeit der Gene überging, wie es der Biochemiker Jacques Monod lehrte, kann also die Menschwerdung nicht sein. Schon im All unseres Sonnensystems, sozusagen von Anfang an, ist das Kommende, ist das Menschsein vorbestimmt. In der Urmythe des Lebensbaumes, dessen Blätter die Sterne sind, ist das Urvermächtnis des Alls gegeben an die Erde, ist das Bindeglied gegeben zwischen der Erde und dem All. Die Krone des alles erhaltenden, des alles erneuernden Lebensbaumes – das war der weite, sich blinkend wölbende Sternenhimmel; und die einzelnen Sterne waren deshalb die Blätter seiner Krone. Sein Stamm aber war die Achse der Erde, die im Ur-Bilde am Nordpol in das All ragte und Himmel und Erde verband. Iggdrasil, der Lebensbaum der nordischgermanischen Urschau von Himmel und Erde!

Oben, in der Weihe der Nacht, leuchtet der Schwan unter den Sternen-Blättern des Alls.

Oh, Schwan – heiliger Vogel der Reinheit, des Friedens schwebe am Himmel mit segnend geweiteten Flügeln! Uns hier auf Erden beherrscht, bedroht in dunkler Schwere der krallen-fürchterliche Adler des Krieges!

Oh, Sternbild des Schwanes, hell leuchtend in sommerlicher Nacht am nördlichen Himmel, funkelnder Juwel in der Himmelskrone! Ich bin nicht so sternenkundig, nicht so genau orientiert über die Lage der Sternbilder, so ahne ich ihn nur, den Schwan des Himmels. Da ich hinaufschaue ins All – in dieser Nacht der Nächte!

Der Stamm des All-Baumes ist das Rückgrat der Erde! Es sei wiederholt wegen der unermesslichen Tragweite! In der Urschau des Nordens ragte ihre Achse empor am Nordpol – hinaus in die Weiten des Alls. In der Urschau des Nordens war alles in der Einheit und doch spannungsvoll lebendig im schöpferischen Gegensatz anziehender und abstoßender Pole. Alles war im Gleichgewicht der Urgewalten von Feuer und Eis, glut-schmelzend und gesteins-verhärtend; und die Schöpfung Erde und ihre Geschöpfe waren eins im Strahlungs- und Schwingungsfeld des Geistes; und die Menschheit war eins in den Urgöttern der Erde, den Ur-Ingenien, die da thronten oben am Pol, sich ihrerseits im Kreis öffnend dem alleinigen All.

Wieder einmal draußen in der Nacht, diesmal flach liegend auf dem Sand des Strandes, unter all-freiem Himmel, muss ich an jene erste Nacht in den Rocky Mountains denken; vor vier Jahren am Devils Head in Colorado. In einer Felsnische des Gipfels saß ich damals, als ich die Offenbarungen der Nacht erlebte. Der Devils Head, der Teufelskopf, so hatte es Karl-Heinrich erfahren, war der Sitz Hoher Wesenheiten, damals zu Zeiten der heimischen Roten, bevor die neuen Herren den Berg verteufelten. Der Baum, der Berg! Der Baum auf dem Berg – das gehört zusammen, sich dann noch steigernd hinaus ins All. Klar wird mir in dieser Nacht, klar wird mir in der ganzen Tragweite, all das geht zurück auf die Urschau des all-bezogenen Lebensbaumes.

Von dort, von den Sternen, sind nach der Überlieferung der Osage-Indianer die Menschen herabgekommen. Ihre Urahnen waren es, die vorher in der Sternenwelt einen „schattenhaften“ Zustand hatten, die als Geistwesen sozusagen körperlos hernieder kamen auf die Erde und sich hier den Stoff suchten, um daraus ihren leiblichen Körper zu bilden.

Oder eine andere Herkunfts-Mythe, geradezu sprühend vor Leben und das mit knalligem Humor! Wie pralle, reif gewordene Eicheln prasselten die Urmenschen hernieder, als der Große Geist die Äste des Lebensbaumes schüttelte. Die Sternenmenschen jedoch, so weiß es die Mythe der Ureinwohner Amerikas, waren nicht allein auf dieser Erde. Auf ihrer Wanderschaft über Höhenzüge, in Tälern trafen sie auf die Erdmenschen, die in Unordnung, in Unwirtlichkeit, in Unsittlichkeit dahinvegetierten. Da veranlassten die Sternenmenschen die Erdmenschen, ihr „Todesdorf", wie sie es drastisch nannten, zu verlassen und gemeinsam mit den Sternenkindern eine neue Gemeinschaft zu gründen, in der sich Himmel und Erde, die Ur-Zweiheit des Seins spiegelt.

In solcher Überlieferung leuchtet doch trotz aller Eigenart des Mythos die Ur-Wahrheit, dass wir Menschen tatsächlich beides sind von unserer Herkunft her, Kinder des Himmels und Kinder der Erde. Tiefgründige Wechselbeziehungen gab es, gibt es jedenfalls zwischen dem Sternenhimmel und dem Menschen.

Jenes Geschöpf, das sich allmählich aufrichtete, schwankend noch, im sich auspendelnden Gleichgewicht auf Beinen und Füßen zu stehen und zu gehen kam; jenes Geschöpf, das sich tastend, fühlend, fassend – über die Hände greifend und begreifend zum Menschen entwickelte – erst im Angesicht des Sternenhimmels, im Angesicht seiner ungreifbaren Unfassbarkeit sei der Geist des Menschen, sei der in Gedanken grenzenlos wandernde Geist endgültig erwacht, sei das Geschöpf endgültig zum Menschen geworden. So jedenfalls erklären gescheite Denker die Menschheitsevolution.

Unzweifelhaft ist es wohl, dass sich das Lebendige in ungeheuer langer Entwicklung entstehender und aussterbender und neu-erstehender Arten irgendwie, irgendwann und irgendwo im Menschen zum Himmel erhob und zwar insofern, als er erstmals eine Ganzheit des Seins, eine Ganzheit von Himmel und Erde zu spiegeln, zu erfassen vermochte.

Und wieder einmal erhebt sich die große Streitfrage: Ist der Geist nur eine Folge-Erscheinung des Irdischen, seiner Entwicklungslinien über Erfahrung und Meisterung, mit den unvermeidlichen Lehrmeistern der

Fehler und Scheiterungen? Oder ist der Geist, um mit dem Philosophen Immanuel Kant zu sprechen, a priori vorgegeben, also vor aller Schöpfung da? Ist er da vor aller im Dasein und Leben „gewordenen" Vernunft?

Unzweifelhaft ist ebenfalls, dass Dasein in Erfahrung und Erprobung, in Fertigkeit und Erkenntnis, in Wissen, Technik und Kultur durchaus eine entwicklungsbedingte oder epochale Art von Geistigkeit werden lässt. Unzweifelhaft ist, um die Frage noch allgemeiner zu fassen, dass das bloße Dasein schon eine Meisterung darstellt, eine bewältigte Herausforderung von Daseinskampf und selbstredend Erkenntnis und Bewusstheit weckt und bildet über den Weltkreis der eigenen Existenz – im Weltkreis des eigenen Daseins.

Aber das ist ja eine Geistigkeit, in der sich gelöste oder ungelöste Beziehungen des Menschen unter sich, zu seiner Umwelt, eben zu seinen Daseinsherausforderungen spiegeln. Solche Geistigkeit, wie sie sich etwa in der Unzahl von Büchern niederschlägt, ist aber nicht der Geist a priori, der Geist, der alles ist und nichts, der Geist, der gleich Gott ist und aus dem das All und alle Welten, aus dem der Mensch selbst als Geschöpf geworden ist. Charles Darwin, der revolutionäre Wissenschaftler der Evolution, erfasste schon eine entscheidende Wahrheit; eben den schauervoll erregenden, den großartig bewegenden Werdegang der Geschöpfe zwischen Geburt und Tod und Wiedergeburt; aus urhafter Einfachheit zu unvergleichlicher Vielgestaltigkeit, in schwierigster Weltvernetzung.

Aber geschieht das nur in der Auslese, im Kampf der Arten? Ist das Genom, selber noch feinste Substanz, allein die Steuerungs-Macht der Gestalten-Werdung? Kann es also nur die Erdevolution geben, sozusagen die Entwicklung auf Erden von Unten nach Oben?

Die Emanationen aus dem Nichts eines unbenennbaren Gottes haben die Schöpfung doch wohl erst hervorgerufen, ehe Entwicklungen sein konnten der Evolution in der Erde, auf der Erde, in den Dimensionen von Raum und Zeit. Die Emanationen Gottes, jenseits und innerhalb der Schöpfung, die Emanation etwa der der Ur-Gene, der Ur-Bilder im Geiste – als Anfang und Ende, als Leitbild unendlich langer Abläufe von Gestaltenwandel.

Eine Lichtentladung, eine Supernova, soll nach den Astrophysikern unser Sonnensystem bewirkt haben; eine Aufblähung der Sonne, ebenfalls eine Supernova, wird in Milliarden von Jahren alle Planeten erglühen lassen. Das Ende wird gleich dem Anfang sein. Das Urbild ist es des SURTUR, des Feuerriesen der Nordmythe. SURTUR, aus dem alles kam, in den alles münden wird. Vom UR zum UR!

Unermessliche Zeiten, unermessliche Räume sind es. Seit Milliarden von Jahren wandert die Erde im All. Ist es im Angesicht solcher Zeiträume, und der Sternenhimmel ist ein Anblick dessen, nicht geradezu nahe liegend, dass die Urüberlieferungen der Urvölker Wahrheit sein müssen, nach der es in tiefste Vorzeiten zurückreichend auf Erden schon mehrere Menschheitszyklen mit entsprechenden Hochkulturen gegeben hat? Manches davon kann sich aber auch auf das All, auf ferne Planeten beziehen.

Sind vorzeitliche Menschheiten untergegangen, weil sie sich auf Erden erfüllt hatten? Oder sind sie gescheitert an ihrem Unvermögen, an ihren Untaten? Unvermögen und Untaten, so heißt es, zogen in Atlantis die Folge der Katastrophe, die Folge des Unterganges nach sich.

Atlantis, Mahnung uns und Verpflichtung zugleich, die drohende Ost-West-Katastrophe, den Nuklear-Krieg abzuwenden. Das Verhängnis, vergleichbar dem von Atlantis – worin bestand es? Ist es fassbar, begreifbar in der Eigenmächtigkeit, in der Verblendung der Atlanter? Sie, vermutlich in einer Vollendung der Erscheinung, sie, in einer Vollendung von Kultur und Technik, sie, die Unvergleichlichen, sie, die Einzigartigen verstanden sich wohl als Gott, wie Gott? Selbst wenn sie in der Vollendung von Göttern waren, so waren sie doch nicht Gott. Selbst wenn sie erhaben waren in einer Allmächtigkeit, wie konnten sie sich selbst, gewissermaßen als einen Götzen verherrlichen?

Die Urordnung der Welt – in den verheerenden Folgen dessen – so musste sie aus dem Gleichgewicht fallen. Einst zu gefügter Stunde, an geweihter Stätte hatte uns dreien Bald'r, der Hüter des Nordlichtes, gesagt, worin die Urordnung bestand. Gott als das Tiefste der Tiefen, Gott als der Höchste der Höhen, Gott als der Allumfassend-Allgegenwärtige – Gott ist der Unnennbare, der Unfassbare, der Undeutbare!

Seine Statthalter, seine Statthalter auf Erden aber waren die leuchtend waltenden Ingenien, jene Ingenien, die bekundet haben, dass sie die Bezeichnung Götter niedlich fänden. Im Übrigen, was entscheidend ist, seien sie nicht nur für die nordisch-germanischen Völker da, sondern für alle Völker der Erde.

Die Ingenien also waren die Krone der Welt. In heiliger Runde waren sie auf dem Berg der Welt, auf dem Nordpol, versammelt, dort empfingen sie aus dem All, aus dem All der Sonne das ur-eine Licht, und gleich den Sternen, die oben am Nordpol zu kreisen scheinen um den Allpunkt der ruhenden Mitte, so tanzten sie um das Tiefste, um das Höchste, um das trotz aller Benennung Unnennbare.

Die Ingenien, die Schöpfungsmächte – so wanderten sie, sich wandelnd in Erscheinung und Kraft entlang am Lebensbaum der Erde, von Pol zu Pol, und das empfangene Ur-Licht brach sich in seine herrlich farbige, in seine herrlich vielgestaltige Wirklichkeit und Wirksamkeit.

Bald'r, der Hüter des Nordlichtes, hat von der Achse der Erde gesprochen, um die eine alles-entscheidende zweite Achse gleich einer Spirale kreisen müsse, die innere in der Umkreisung immer wieder erneuernd. Wenn die Menschheit eins sei, ein Leib sei im Geiste, wenn sie wahrhafte, wirkliche Krone sei der Erdgeschöpfe, wenn sich die Menschheit ausrichte auf die Ingenien im höchsten Norden, wenn sie um den Lebensbaum tanze so wie die Ingenien tanzen um die all-ruhende Mitte, wenn in Kultus und Alltag heilige Gotteshingabe walte, dann eben schwinge, der Spirale gleich, die Achse um die Achse, dann sei Einheit und schöpferische Polarität zugleich, Einheit und schöpferische Polarität gegeben zwischen der Menschheit und Gott zwischen der Menschheit und der Schöpfung.

Aber, oh unermessbares Schicksal, die Menschheit fiel aus der Alleinheit des Geistes, aus der Alleinheit der Liebe und damit auch aus der Alleinheit der Kraft. Verhängnisse haben sich verdichtet, haben sich zugespitzt: Am Ende des abendländisch-christlichen Äons hat sich in ungeheuerlicher Dimension der Gefahrenhorizont des West-Ost-Gegensatzes aufgespannt. Atomraketen, alarmbereit, abschussbereit sind in Ost und West ausgerichtet auf gegnerische Macht- und Lebenszentren. Der Kalte Krieg droht zum Heißen Krieg zu werden. Ungeheuer ist die Gefahr, dass sich in unserer Gegenwart das Verhängnis von Atlantis wiederholt.

Das Tor zu Atlantis sollen wir finden…auf dieser unserer dritten Reise. Auf unserer langen Fahrt nach Westen sind wir auf den Mount Shasta gewiesen worden, den erloschenen Vulkan – auf ihn, den Erhabenen. Warum gerade auf diesen Berg, so weit im Westen gelegen, so fern dem einstigen Atlantis? Warum diese Rückwendung auf das archaische Verhängnis? Ist da noch etwas zu überwinden, eine Schuld gar aufzulösen?

Den Vulkan sollen wir umwandern, Töne sollen wir spielen auf den mitgenommenen Flöten und ich, warum ich?, ich soll den Zugang finden ins Innere des Berges, ich soll das Tor nach Atlantis durchschreiten.

Das Tor nach Atlantis – ist es das Tor in die Vergangenheit? Ist es das Tor in's neue Äon?

Schließlich doch ermüdet von der Anstrengung sternenwärts schweifender Gedanken, von der Anspannung sich verbindender, sinn-deutender Erkenntnis-Gefüge, erschöpft vom flimmernden Glanz des Alls bin ich schließlich doch eingeschlafen. Unter Sternen senkte die Nacht mir die Lider.

Freitagabend, den 17. August 1979

Verblichen waren schon die Sterne, nur wenige standen noch am Himmel. Ich war aufgewacht. Früher Morgen war es noch. Noch benommen von ungewohnter Nacht richtete ich mich auf. Gegenüber, am Horizont des Gebirges, flammte schon das Rot des Morgens, während noch Dämmer war über dem See, am Ufer, in den reglos dastehenden Bäumen.

Ich rieb mir die Augen, blickte hin – angestrengter, aufmerksamer. Tatsächlich, in Ufernähe, zwischen den Büschen, bewegte sich etwas – ein geduckter Körper mit buschigem Schwanz; ein Skunk, ein Stinktier trottelte da – bei Gott.

Ich tastete die Decke, die Kleider ab. Ich roch mit wacher Nase über meiner Lagerstatt. Die Luft war morgendlich frisch und angenehm. Friedlich, ungestört war das Stinktier mir wohl fern geblieben und alsbald verschwunden.

Der folgende Tag war sonnig, der Müßiggang am Strand erholsam. Die Gummiboote hatten wir umgedreht, in den See geschoben. Von sanften Wellen geschaukelt, lagen wir abwechselnd auf dem Wasser oder im Sonnenbad auf dem Sand.

Ich genoss es, in der Leichtigkeit zu sein, in Licht und Wärme. Ich genoss es, da zu sein am herrlichen See, zu atmen und zu lächeln.

Sonnabend, den 18. August 1979

„Zum dritten Male folgen wir dem Ruf, zum dritten Male sind wir da. Drei Reisen – aller guten Dinge sind drei.“

Karl-Heinrich spricht aus, was uns drei bewegt und mich in der plötzlichen Eingebung, dass die Eins gleich einer Achse ist, die Zwei gleich der Polarität und die Drei alles in die Drehung der Bewegung bringt. Es ist gegen 11 Uhr am Vormittag. Der Tag erhebt sich zum Höchststand der Sonne. Wieder stehen wir oben auf der Bergeskuppe; dort, wo von der Höhe die Weite ist der Landschaft und der See inmitten. Überschaubar ist er uns seiner Länge und Breite. Er, der uns der See aller Seen ist, uns das Auge Gottes ist in seiner spiegelnd himmlischen Bläue.

„Wir folgten dem ersten Ruf“, fährt Karl-Heinrich fort. *„Der Ruf Manitus war es. Aus den Tiefen ihres Geschicks sahen wir die Ureinwohner, die sogenannten Indianer, aufsteigen. Wir erlebten den Tag ihrer Wiederauferstehung aus Untergang und Schmach.*

Wir folgten dem zweiten Ruf vor zwei Jahren. Die Herabkunft des ALLEINEN geschah. Wir sahen, wie er sich hernieder senkte auf das Heer aufleuchtender Seelen, den Seelen der Toten, den Seelen der Menschheit, die sich in vielen Leben vollendet haben im Dienst am heiligen Ganzen.

Dem dritten Ruf folgen wir heute, und schwere Sorge begleitet uns. Gefahr ist für Europa, Gefahr ist für das gespaltene Deutschland. Der Gegensatz der Supermächte, der Teufelskreis der Rüstung und Gegenrüstung schraubt sich höher und höher... wir bangen um unsere Heimat.“

Karl-Heinrich schweigt, geschlossenen Auges wendet er sich nach innen. So sieht er die Schmetterlinge nicht, die sich vor uns auf dem gewärmten Stein niedergelassen haben. Die großen, farbenprächtigen Flügel haben sie aufgeschlagen. Sie ruhen, sie laden sich auf in der Sonne.

Karl-Heinrich schweigt noch immer, das Gesicht jetzt tief in den Händen vergraben. Mit den feinen, den langen Fühlern tasten die Schmetterlinge –

Mit Fühlern feiner, inwärts gerichteter Sinne tastet auch Karl-Heinrich...

„Nebel sehe ich“, beginnt er, *„weiß-milchige Nebel... doch da Löcher... dunkle Löcher sind da... sie stoßen, sie stoßen hervor aus dem Nebel. Rohre sind es, Unheil bringende Rohre von Panzern sind es. Unzählige Panzer sind es, die die Mündungen ihrer fürchterlichen Rohre aufrichten – treffsicher auf alles Leben. Die Operation läuft... auf eisernen Ketten rollen die Räder... Befehle... Befehle und das Räderwerk dreht sich, das Räderwerk des Krieges.“*

Karl-Heinrich verstummt, ist gebannt, ist wie gelähmt von grausiger Schau.

Ein Weh, unsagbar, berührt mich im Augenblick, ein Weh unermesslicher Schmerzlichkeit... wie schön ist das Leben... das Lebendige... die Schmetterlinge vor uns auf dem Stein... sie atmen... wie zerbrechlich das alles vor drohender Vernichtung.

„O Licht, o Rettung! Die Bilder des Krieges weichen.“

Die Hände, die das Gesicht bargen, die Hände fallen, und in Karl-Heinrichs Gesichtszügen breitet sich ein Licht aus... ein Licht des größten Erstaunens, der äußersten Verwunderung.

„Die Räder stoppen“, sagt er nun, *„der Angriff stockt. Befehle verpuffen, und plötzlich ist Stille. Über dem plötzlichen Stillstand der Räder... darüber ist ein mächtiges Licht... das Licht... und die Soldaten, sie werfen Gewehre weg. Andere öffnen die Luken der Panzer, springen heraus, streichen sich über die Stirn...immer wieder, aus einem Trauma erwachend... fassungslos über die Absicht, die Kriegs-Bereitschaft, die sie eben noch bestimmte.*

Friede im Herzen, Friede in der Welt!
Friede im Herzen, Friede in der Welt!“

Dreimal wiederholen wir die Worte, die Karl-Heinrich halblaut und doch betont angestimmt hat. Dann, nach kurzer Unterbrechung, spricht er weiter:

„Der ALLEINE fand das Heer der Toten... nun geht es um die Lebenden... Wisset“, so hört es Karl-Heinrich innerlich, und so gibt er es mit der eigenen Zunge wieder, *„wisset, dass der ALLEINE die Welt heilen wird, ihr Heil bringen wird. Heil dem, in dem er sich heil wiederfindet... Fühlt Ihr Euch stark genug, mitzuwirken am Friedenswerk des ALLEINEN?“*

Karl-Heinrich wiederholt mit leiser Stimme, was er mit dem inneren Ohr vernahm.

„Fühlt Ihr Euch stark genug, dem irrsinnigen Blutvergießen auf Erden Einhalt zu gebieten?"

Wir schweigen – überrascht von der Frage, die noch weitgehender ist als die Frage bei der ersten Reise an derselben Stätte, hoch über dem Bärensee. Damals wurden wir gefragt, ob wir bereit seien, Lichtträger zu sein. Schon damals fiel uns die Antwort schwer, und nun diese Frage.

Wir sind wie benommen von ihr, von ihrer Wucht, von ihrer Tragweite. Bei aller Bereitschaft zu Dienst und Einsatz, so denke ich leicht befremdet, wer kann sich anmaßen, darauf mit „Ja" zu antworten. Ein „Nein" aber wäre eine Verweigerung in dieser besonderen Stunde, an dieser für uns heiligen Stätte, die uns geradezu undenkbar erscheint. So sitzen wir still, erst einmal ratlos in der Runde, jeder auf einem der großen Steine. Ein jeder von uns verunsichert und verlegen.

„Die Verheißung, die Verheißung, dass der Krieg überwunden wird", Annelies spricht es erregt und befreiend aus, „die Verheißung soll uns ermutigen."

Da blitzt es in Karl-Heinrichs Auge auf: „Ich sage Ja, wenn es in Eurem Willen liegt."

Die eigentliche Verantwortung – sie hat er damit den Fragenden zugeschoben. Annelies und mir erscheint der Vorbehalt freilich wie des Pudels Kern, so sagen auch wir „Ja".

Doch die Antwort mit dem Hintertürchen genügt nicht.

Die ureigene Antwort sei wichtig, so heißt es aus anderen Sphären, und so wird die ungeheuerliche Frage wiederholt:

„Fühlt Ihr Euch stark genug, dem irrsinnigen Blutvergießen Einhalt zu gebieten?"

Da bleibt uns nach letzter Abwägung, aus jahrelang gewachsenem Vertrauen in die Geistführung, da bleibt uns in der Zuversicht auf stärkere eigene Möglichkeiten keine andere Antwort als ein schlichtes, dreimaliges „Ja".

Ja, Ja, Ja! Die geradezu beschwörte Bejahung freilich weckt erneute Fragen. Ist es beharrlicher Vorbehalt, ist es die Bitte um Rat und Beistand, die Karl-Heinrich etwas knapp, etwas spitz fragen lässt: „Wie können wir dem denn Einhalt gebieten?"

„Seid Ihr nicht die Menschen? Der Mensch selbst – wer denn sonst?“

„Aber, was können wir denn wirklich, was können wir tatsächlich tun?“ Nun ist es Annelies, die sich fragend einschaltet.

„Findet Ihr die Klarheit im ALLEINEN, findet Ihr das Reich in Euch, dem folgt die Freiheit und Mensch werdet Ihr sein, wahrer Mensch werdet Ihr sein. Steht dafür ein, und öffnet die Seelen der Menschen!“

„Erst öffne ich mich selbst…“ Annelies hat sich erhoben, hat die Arme weit nach oben geöffnet, wir, Karl-Heinrich und ich, folgen ihr, erheben uns ebenfalls und öffnen unsere Arme. So stehen wir drei in der Geste der Offenheit, in der Geste des Empfanges.

Momente von Atemzügen, von tiefen, wehenden Atemzügen verstreichen.

„Ah… Aha…“, sagt Karl-Heinrich auf einmal und weist in eine Himmelsrichtung.

„Er streckt uns beide Arme entgegen. Er kommt auf uns zu...“ Karl-Heinrich sagt es, setzt sich wieder auf seinen Stein, um der inneren Sammlung und Aufmerksamkeit willen – auch wir, Annelies und ich, gehen ebenfalls nieder, jeder auf seinen Stein – sitzend sagt Karl-Heinrich: „Tatsächlich, es ist Gus Rich.“

„Friends, welcome back home“, so sagt er. *„I cannot talk to you in your language, but I know you understand.*

Freunde, willkommen daheim. Ich kann nicht in Eurer Sprache sprechen. Aber ich weiß, Ihr versteht mich. Nachdem Ihr hier wart, folgte ich Eurer Eingebung. Ich sah den Weg, und ich folgte dem Weg. Nun sind wir vier, die zusammenwirken. Natürlich ist da der Tod. Aber dennoch, da ist keine Trennung zwischen Euch und mir. Wir arbeiten zusammen an einem Werk, geführt vom ALLEINEN. Die Menschen hier in der Gegend rätseln über Eure wiederholten Besuche. Wenn ich einen von denen sehe, ernsthaft fragend und sinnend über Euch, dann öffne ich ihnen eine Tür zum ALLEINEN… manche jedoch stehen davor und zaudern...

Ich liebte dieses Land. Ihr liebt Euer Land, und Liebe ist überall. So finden wir uns in Liebe, versammeln uns in Ringen um den ALLEINEN. Das ist die Art, in der wir wirken. Und wir geben das Beste, das wir geben können, was wir entwickelt haben in vielen Leben. Nach dem Großen-Alleinen suchten wir in all den Leben. Endlich haben wir ihn gefunden. Und wir wissen nun, warum wir an dieser Stätte sind. Für mich persönlich ist es schön und irgendwie wirkungsvoller, auf dieser Seite des Lebens zu arbeiten. In meinem ganzen Leben strebte ich nach vollendeter Harmonie, und ich fand sie hier. Und das ist es doch, was wir tun: Wir bringen Harmonie in die Seelen der Menschen."

Tief berührt, ja ergriffen hat uns die Ansprache von Gus Rich. So schlicht seine Worte, schlicht und groß. Unsere Antwort, aus der sitzenden Runde – Karl-Heinrich spricht sie aus:
„Dear Gus Rich, thank you. We are happy... Lieber Gus Rich. Wir danken Dir. Wir sind glücklich. Wir sind glücklich, Dich hier wieder zu finden, Dir zu sagen, was uns bewegt. Erneut sind wir hier, an dieser Stätte, die uns besonders lieb ist. Aber diesmal ist es mehr denn je die Sorge, die furchtbare Bedrohung, die uns hierher treibt. Über unserer Heimat, über Deutschland, über Europa liegt der Schatten des Krieges. Untergang droht, totale Vernichtung. Wir sind aber hier, weil wir auf Rettung hoffen."

Das erneute Schreckensbild des Krieges, erneut von Karl-Heinrich in so düsteren Worten angesprochen, verwundert mich. Hat Karl-Heinrich, die Vision der Rettung, vor wenigen Minuten über seine Lippen gekommen, überhaupt nicht wahrgenommen? Oder zweifelt er an der übermittelten Verheißung, innerlich weiterhin bedrängt von Sorge und Befürchtung?

Spricht er Gus Rich an, weil er ihm als Lebender vertraut war, weil er von ihm, dem er offensichtlich mehr vertraut, erlösende Antwort erhofft?

Ist unser Einsatz im Geiste, mit all seinen Anforderungen – ist er gar wegen all seiner Überforderung auf der Kippe? Ich spüre die andere Gefahr, die Gefahr der Zweifel, die Gefahr, den hohen, den tiefen Sinn zu verlieren, die Spannung nicht auszuhalten, die sich aufspannt, die sich so unheimlich aufspannt zur grauen, zur schlimmen Realität.

Unbedingter noch gebe ich ein, was ich immer eingebe bei solchen Zusammenkünften – meine Geisteskraft, meine Herzenskraft, auf dass die innere Säule der Gewissheit halte, die Lichte.

Die Licht-Säule – sie bleibt uns, und in bleibender Allverbindung wird Antwort uns. Nicht von der Wesenheit des Gus Rich. Geheimnisvoll namenlos bleibt der, der da sagt: *„In Jahrmilliarden habe sich das Leben auf Erden nicht aus Uranfängen zu herrlicher Mannigfaltigkeit entwickelt, damit der Mensch und sein Ungeist sie im Wahnwitz vernichte. Die Übermächtigen hätten längst eingegriffen, ein atom-beraubend Netz hätten sie gezogen, es spanne sich über die ganze Erde.“*

Die Technik der Selbstzerstörung, der Vernichtung werde überwunden durch die Technik der Übermächtigen, werde überwunden durch die Übertechnik des neuen Äons, werde überwunden im Geist des ALLEINEN.

„Seht sie, seht sie!
Seht die strahlenden, die rasenden Scheiben im All.
Seht sie, sie strahlen und bewahren...“

Eigene Schatten

Sonntag, den 19. August 1979

Den Bärensee haben wir verlassen. Wir sind hoch in die Berge gefahren, zu dem verborgenen Hochgebirgssee, zum Tony Grove Lake, der in der Zufälligkeit amerikanischer Namensgebung wohl nach irgendeinem Trapper benannt ist, der hier vermutlich als erster vorbeiritt. Es ist jener kleine, klare See, wo einst die Indianer der Umgebung auf der Suche der Einweihung waren, auf der Suche nach der Begegnung mit dem Großen Geist.

Geschützt unter den dunklen Tannen, so hatte es Karl-Heinrich in der Rückschau gesehen, dort seitlich am Ufer hatte einst ein Zelt gestanden, in dem der erschöpfte, aber mit der Begegnung gesegnete Jungmann Erholung fand, leibliche Stärkung nach den Tagen des Verzichtes.

Ganz in der Nähe des Bergsees haben wir einen Campingplatz gemietet, der erstaunlich groß ist, der eine eigene Feuerstelle hat, abgeschirmt ist vor den Blicken der Nachbarn durch Sträucher und Bäume. Zum Glück gibt es keine Nachbarn, die Plätze um uns herum sind unbesetzt. Annelies hat erneut im Auto übernachtet, Karl-Heinrich und ich im Freien auf unseren umgedrehten Booten. Am Morgen wache ich auf, spüre Nässe auf der Nase, auf meinem Gesicht. Es regnet – sanft zwar und mäßig.

Bedenklich hilflos ist man schon, so eingemummt, wie verpackt im Freien liegend – von wegen der wilden Tiere. Überhaupt, was die Wildnis angeht, bin ich doch ein richtiges Greenhorn. Ein Blick zu Karl-Heinrich belehrt mich; er hat den Schlafsack aufgezogen und zur Decke gemacht, aus der er, wenn nötig, blitzschnell herausrollen kann. Am nahen Bach will ich mich waschen. Ich versuche es. Zuerst verrinnt mir das Wasser zwischen den noch klammen Fingern, dann schwimmt mir der entglittene Rasierpinsel davon. Der Regen lässt wenigstens nach, so dass ich mein stoppeliges Gesicht nun genauer auf dem vorher vertropften Spiegel erkenne. Es ist offensichtlich, der Sonntag beginnt mit unangenehmen Momenten.

Trüb ist es geblieben, auch wenn kein Tropfen mehr hernieder fällt. Eine qualmig graue Wolkendecke hängt herab, alles Helle verdeckend. Alles ist glanzlos, ohne den offenen Himmel. Und die Bäume stehen da, feucht triefend, mit hängenden Ästen. Nach dem Frühstück sind wir erneut hinaufgestiegen, Schritt für Schritt auf steilem Gelände, hinauf auf die Hochebene, genauso wie damals vor zwei Jahren. Dort oben, wo nur noch Büsche wachsen und einzelne Bäume, dort oben, wo die Bäume am höchsten Horizont wie winziges Spielzeug aussehen, dort oben gehen wir erneut auf dem sich dahinschlängelnden Pfad; achtsam, vorsichtig Schritt für Schritt, denn seitlich sind Abgründe – steil und tief. Brocken am Pfad, Felsen hängen schwerlastig über, als könnten sie abstürzen – plötzlich im nächsten Augenblick.

Wortkarg sind wir drei an diesem Morgen. Uns fällt es so recht auf, als wir an der Stätte angelangt sind, wo das fahl-verdorrte, wo das silbern-schimmernde Zwillingspaar der Bäume immer noch aufsteigt, immer noch endet in den beiden schwebenden Schwingen. Alles erscheint unverändert, so wie damals vor zwei Jahren. Nur das Grün – die jungen Triebe am Fuße der Stämme – ist höher, ist üppiger geworden.

Eine Schwere, unwägbar lastend auf dem Gemüt, hat uns erfasst. Wie damals vor zwei Jahren hat sich ein jeder von uns auf seinen Stein gesetzt, am leicht abschüssigen Abhang unterhalb der auffallenden Bäume in der Gestalt der Irminsul. Erleichtert sind wir, weil wir sitzen können. Ist es eine Erschöpfung? Nach dem Aufstieg, nach der Ereignis-, nach der Erlebnisdichte der ersten Reisetage? Oder ist es die Stätte selber, die uns beschattet, die uns, wie damals vor zwei Jahren, die herbe, die graue, die bittere Wirklichkeit vergegenwärtigt? Eine ernüchternde Wirklichkeit, die so drastisch der Herrlichkeit, der Verheißung, visionärer Innenschau widerspricht?

Den Widerspruch suchend und Entlastung zugleich – Karl-Heinrich lässt die Entgegnung heraus, nachdem er sie länger schon im bereden Schweigen ausgetragen hat.

„Seit Jahren“, so beginnt er patzig-verdrossen, „seit Jahren laufen wir Dingen hinterher, die wir nicht sehen können!“ Unüberhörbar hadernd, geradezu vorwurfsvoll ist der Unterton in seiner Stimme.

Aber die so vorwurfsvoll Angesprochenen, „drüben“ in einem anderen Sein, gehen verständnisvoll auf Karl-Heinrichs Ausbruch ein, geben allerdings dem da hingeknallten Topf der Verdrossenheit den passenden Deckel.

„Solange Ihr nicht das, was Ihr nicht sehen könnt, erfühlt und als gleichwertige Realität anerkennt, so lange werdet Ihr suchen.“

Erstaunlich, ja bewundernswert ist es schon, dass der aufmüpfige Karl-Heinrich zugleich aber offen, empfänglich ist für den Rüffel und ihn auch selber noch übermittelt hat. Aber leicht verdattert, leicht verärgert ist er schon, als er die eben im Innern vernommenen Worte mit der eigenen Zunge wiederholt. Die deutliche Bestandpunktung erfassend, regt sich erneut Unwilligkeit in ihm. Mit einem Anflug von spöttischer Beflissenheit sagt er nun:

„Wir wollen weiter hoffen, glauben und wünschen, dass sich alles so entwickelt, wie wir es vor zwei Jahren erfahren haben.“

„Ihr braucht weder zu hoffen, zu wünschen, noch zu glauben. Ihr wisst es doch...wie klein ist doch der Mensch...Ihr wisst es doch!“

Erneut, dass es nur so klirrt, der Deckel auf den Topf. Punktum! Da sitzen wir nun, abgekanzelt und verstummt.

Wissen wir es denn wirklich? denke ich. Die Selbstverständlichkeit, mit der die Geist-Erhabenen das „Unwirkliche“ ihrer Schau zur Wirklichkeit schlechthin erklären, ist gleichermaßen verblüffend wie herausfordernd. Wissen denn die Geist-Erhabenen nicht um den Widerspruch, den ihre Verheißung in unserem Alltag erfährt, jener Alltag, in dem wir leben, wir leben müssen? Wissen sie nichts um den brennenden, den verzehrenden Gegensatz zwischen dunkler, unzulänglicher Gegenwart und der idealen, in aller Vollkommenheit aufleuchtenden Zukunft?

Die Frage kann ja durchaus gestellt werden. Was hat sich wirklich entwickelt – seit den zwei Jahren unserer zweiten Amerika-Reise? Was seit den vier Jahren unserer ersten Fahrt 1975? Vor vier Jahren – was geschah damals? Da erhoben sich die Seelen der Indianer aus den Tiefen ihres grausigen Geschicks in das Licht ihrer Wiederauferstehung! *„Resurrection Day"*, hieß es damals. Wie erbärmlich, wie niederschmetternd ernüchternd ist das unveränderte Elend der Ureinwohner! Der Eine aber an der Blockhütte, Wenige wie er haben sich schon aufgerichtet aus sich selbst, im Lichte der Verheißung.

Die Herabkunft des ALLEINEN erlebten wir vor zwei Jahren: Der ALLEINE, der Allmächtige auf dem Heer der erleuchteten Seelen, unaufhaltsam voranschreitend; der ALLEINE, von Bald'r, dem Hüter des Nordlichtes, freudig am Fuße des leuchtenden Regenbogens bereits angesagt als der Kommende, als der Ankommende an den Ufern Europas, an den Gestaden Deutschlands.

Trotz solcher Ankündigung aber werden die Supermächte von Ost und West immer monströser, immer gefährlicher. Trotzdem ist Berlin immer noch geteilt, ebenso schaurig wie das ganze Land – durch Mauer und Todesstreifen mit Schussautomaten.

Aber täuscht uns nicht die drängende Erwartung? Ihre Kurzatmigkeit dort, wo Langatmigkeit unerlässlich ist? Verleiten uns nicht Wünsche, geheime, persönlich bedingte Wünsche zu Illusionen? Ist es nicht unsere Unreife, unser Unvermögen, die bei dem ungeheuer vielschichtigen Weltprozess zu Fehleinschätzungen führen? Zwangsläufig dazu führen müssen? Ist es gar eine gewisse, uns auszeichnende Naivität, die überhaupt erst unseren Glauben, unsere Zuversicht auf das Neue, auf die Wende ermöglicht? Brächten wir überhaupt die Unbedingtheit unseres Einsatzes auf, wenn wir, jeder auf seine Art, jene gewisse Naivität nicht hätten?

Vielleicht wollen die Geist-Erhabenen mit ihrer Standpauke nur aufrütteln, uns nur ermutigen, den offensichtlich langen, sehr langen Weg durchzustehen, ihn auszuhalten; sich an Abgründen der Unvereinbarkeiten, an der Kluft der Gegensätze sich immer wieder aufzuraffen im

Geiste zum überwindenden Übersprung? Vielleicht aber ist es auch ihr doch allwissender, ihr all-liebender Humor, der sich da kundtut, ein Humor, der uns auflockern soll in unserer Schicksals-, in unserer Alltagsschwere.

Schicksal ist es schon für Karl-Heinrich, seinen Alltag bestimmend, Übermittler solcher Botschaften zu sein. Schicksal ist es schon für Annelies, für mich, offen zu sein solchem Zustrom von Bildern und Worten. Aber ist es nicht auch unser Leben, unsere Aufgabe, unsere Daseinserfüllung? Und das trotz der unausweichlichen, der unvermeidbaren Krisen. Dabei hat ein jeder von uns dreien seine eigene Art, damit umzugehen, sie menschlich in Alltag und Beruf einigermaßen sinnig und stimmig zu verkraften.

Karl-Heinrich ist sozusagen das Naturtalent unter uns – gewachsen, geworden wie es einmal hieß, in Jahrhunderten, in wechselnden Inkarnationen als Indianer und Germane; die Fähigkeit nämlich, mit inneren Sinnen zu hören, zu sehen – in weite Räume, in ferne Zeiten; diese Fähigkeit ist ihm beinahe so selbstverständlich gegeben wie uns Menschen das Ohr, das Auge mit ihrer Wahrnehmung für die Umwelt. Längst aber, nach erheiternden wie schmerzenden Erfahrungen, hat er erkannt, dass seine Offenheit für unterschiedliche Ebenen der Wirklichkeit Probleme, ja Verwirrungen mit sich bringen, ja in Sackgassen enden kann. Die Geistwesen, die ihm sichtbar, die ihm hörbar werden – welche Gültigkeit haben ihre Worte, ihre Leitbilder? Ist es die Wahrheit? Ist es nur ihre Wahrheit? Kann Täuschung bei all dem mitspielen? Unbeabsichtigt oder gar in verhehlter, unguter Absicht?

Gewisse Stunden der Nacht sind es, in denen Karl-Heinrich Begegnung, Zwiesprache hat mit Geistern, mit Verstorbenen, auch aus näherer oder fernerer Vergangenheit, in denen er Einblicke hat in ihre mitunter seltsamen, eigen-befangenen Welten. Immer auf der Suche nach dem eigenen Bauernhof gerät er mitunter an erd-befangene Geister, die, um seine Aufmerksamkeit zu binden, ihm eine solche Fata Morgana vorgaukeln. Nachts geschieht es, nicht nur wegen der günstigeren Geisterstunde, sondern vor allem aus Mangel an Zeit und sonstiger Gelegenheit.

Tagsüber ist der zweifach verheiratete, der kinderreiche Karl-Heinrich überaus gefordert, geradezu bedrängt von Beruf, Landwirtschaft und natürlich nicht zuletzt von der Familie. Das unerlässliche Einkommen sichert eine Anstellung als landwirtschaftlicher Berater. In der täglichen Praxis bedeutet das freilich immer wieder, Schweine zu wiegen und damit Zucht- und Mastergebnisse zu bewerten.

Zu seinen Aufgaben gehört es, Leitsätze und Schriften zu vertreten, die er selber, der Bauer aus Liebhaberei und Naturverbundenheit verwirft. So sind Gegensätze, Spannungen – innere wie äußere – unvermeidlich, gemildert nur durch Freiheiten, die sich beim ständigen Unterwegssein ergeben – eine etwas längere Rast etwa an einem hohen Baum, an einem plätschernden Bach, auf der Anhöhe eines Berges. Abends, in der Freizeit, sind die Schafe zu hüten. Je nach Jahreszeit stehen Aussaat und Ernte der kleinen, eigenen Felder an, die tägliche Fütterung der Pferde und all des anderen Hausgetiers, Wartung und Pflege schließlich der betriebsbereit zu haltenden Maschinen.

Und die Ehefrau, die mittlerweile großen und noch kleinen Kinder – sie wollen auch ihr Recht – auf den Mann, auf den Vater haben, mit ihm die ohnehin seltenen Zeiten fröhlicher Geselligkeit erleben. Und Karl-Heinrich, selbst in gewisser Weise mehr ein „großes Kind“ denn ein Familienvater, fühlt sich zum Schluss selber noch benachteiligt – angesichts ureigener, unerfüllter Wünsche. Wünsche, wie zum Beispiel der des Bauernhofes, Wünsche, die mitspielen können bei den spirituellen Kontakten, die den Gehalt, die Aussagen beeinflussen, färben, ja verfälschen können... Wünsche ebenso wie innere, oft verborgene Ängste und Befürchtungen.

Karl-Heinrich schüttelt sich deshalb mitunter wie ein Bär, der auf Honig begierig zu weit vordrang und nun umschwärmt ist von aufgescheuchten Plagegeistern. Er schüttelt sich, den heraufbeschworenen Spuk wieder loszuwerden, ihn nach wagemutiger Neugier mittels Missachtung schlicht und einfach zu vergessen.

Aus solchen Seiten-Wegen, Abwegen des Eigensinns findet Karl-Heinrich immer wieder zur Gemeinschaft zurück, insbesondere jetzt zu der von uns dreien und unseren geist-geführten Unternehmungen. Gewisser, stärker, allgemeingültiger erscheinen ihm dann die Übermittlungen in Bild und Ton – und dennoch, wie es der heutige, nicht nur am Himmel getrübte Tag, wie es der patzig-verdrossene Vorwurf zeigt – auch unsere Dreier-Gemeinschaft bringt ihm nicht nur Sonne und Klarheit.

Sonnenhaft stark erscheint Annelies im Umgang mit dem Geiste. Sie, die ohnehin Unternehmungslustige, lebt geradezu auf, wenn sie der Ruf des Geistes erreicht, wenn sie zu solchem Einsatz aufgefordert wenigstens zeitweilig ihren Schreibtisch mit den Abertausenden Karteikarten hinter sich lassen kann. Sie, die Abteilungsleiterin im Bad Godesberger Institut für Landesplanung und Raumordnung, hat die gesamte, einschlägige Fachliteratur in kennzeichnenden Kurztexten zu beschreiben, sie in ihren archivarischen Gesichtspunkten zu bestimmen, ehe sie von ihrer Mitarbeiterschar weiter verarbeitet und in die Archivschränke eingeordnet werden.

Annelies, so in sitzender Weise Tag für Tag in hirn- und augen-fordernder Tätigkeit, sie, die Berlinerin – tatsächlich in der Schloßallee, im Sichtbereich des Charlottenburger Schlosses geboren – ist geradezu mit preußischem Arbeitseifer im Einsatz. Sie schätzt es, in ihrem Chefzimmer zügig und ausdauernd die Vorarbeit für ihre Mitarbeiterinnen zu leisten.

Sie schätzt es überhaupt nicht, im Auftrag und im Umfeld ihres Institutes öffentlich aufzutreten – gar noch mit einem Referat über ihr Archiv vor all den eigenen und angereisten Akademikern. Vorgekommen ist es schon, dass ihr bei einem Vortrag vor lauter Aufregung die Spucke wegblieb. Annelies atmet deshalb freudig auf, wenn der erneute Ruf des Geistes erfolgt, wenn sie die Reise wie diese dritte nach Amerika vorbereiten, Bücher, Prospekte, Tickets, Papiere besorgen und bearbeiten kann. In der Anforderung des Geistes zu sein, in seinem Auftrag zu leben und zu wirken – das ist ihr eigentliches Element, ja das ist ihr das beflügelnde Lebenselixier.

Eine seltene Unbedingtheit ist ihr eigen – ein Glaube, der Berge versetzt. Der Gegensatz, die Kluft gar zwischen Innenschau und realer Wirklichkeit – in ihrer Seele tut sich derartiges nicht auf. Das Sein ist ihr Einheit, alleinige Wirklichkeit. Geborgenheit in solchem Sein, Hingabe an solches Sein, Vertrauen in die Heilsmacht des Schicksals – das ist ihr Wahrheit in der Wesenstiefe; in der tapfer gehaltenen Gewissheit, dass Fragen und Konflikte sich klären, dass in solcher Grundeinstellung zum Dasein, zum Leben Überwindung und Lösung möglich werden in der Reife der Zeit.

Getroffen, erschüttert und geprägt vom Schicksal, vom deutschen Schicksal ist auch Annelies, eigentlich mehr noch als Karl-Heinrich, der 1925 geboren, als 18jähriger in Frankreich im Kriegseinsatz war und glücklicherweise schon 1944 in die USA kam in eine wegen seiner Jugend leichtere Kriegsgefangenschaft.

Annelies hingegen war von beiden schrecklichen Weltkriegen betroffen. Ende Januar 1918, in der Reichshauptstadt, der

Millionenstadt, geboren, waren bereits ihre ersten Lebensmonate beeinträchtigt vom Versorgungsmangel des letzten Kriegsjahres, dann von der schlimmen Hungersnot nach Kriegsende, als die Alliierten mit einer Handelsblockade und Hunderttausenden von Todesopfern die deutsche Unterschrift unter das Diktat von Versailles erzwangen.

Vom emphatischen Aufbruch des Dritten Reiches war bereits ihre gymnasiale Oberstufe bestimmt, ebenso wie die Fahrten, die Wanderungen durch Wald und Feld in der singend hinausziehenden BDM-Gruppe (Bund Deutscher Mädchen). Bereits nach dem Abitur als Volontärin ins Deutsche Auslandswissenschaftliche Institut eingetreten, stieg sie als junge Frau schon mit Kriegsbeginn in erhöhte Verantwortung und Stellung auf. Frauen mussten Aufgaben der Männer übernehmen, die längst im Kriegseinsatz waren.

Berlin, das Reich sah Annelies wehen Herzens immer mehr in Schutt und Asche sinken. Sie selbst aber wurde vor dem Äußersten bewahrt. In den letzten, den fürchterlichsten Kriegsmonaten war sie entrückt vom Grauen, von Tod und Zerstörung. Auf der ostsee-schönen, der friedlichen Insel Rügen, der Insel der weiß-jähen Kreidefelsen durfte sie sich monatelang von einem schweren Augenleiden erholen. In einer Bahn-Odyssee von ungewiss-bangen Tagen und Nächten kehrte sie erst nach dem Zusammenbruch zurück, nach Hause getrieben von der Sorge um die Eltern, die ausgebombt in der Berliner Schloßallee, in einem Verwaltungsgebäude von Potsdam eine Notunterkunft bekommen hatten. Da waren sie unter jämmerlichen Nachkriegsbedingungen allein auf sich gestellt.

Sohn Martin, Matrose bei der Reichsmarine, war zunächst verschollen, später dann ein Überlebender in britischer Gefangenschaft. Der Vater, ein kleiner Beamter des Reiches, der während des Krieges in seiner Freizeit mit äußerster Sorgfalt die alles entscheidenden Lebensmittelkarten in seinen Häuserblöcken ausgegeben hatte – der Vater musste als PG, als schlichtes Parteimitglied, schwerste ungewohnte Straßenbauarbeiten leisten und drohte allmählich zu verhungern.

Einen regelrechten Fahrplan der Reichsbahn gab es nicht mehr. Irgendwann fuhren Züge los, die freilich in der Ungewissheit, in der Willkür der Zeit gestoppt wurden – aus Mangel an Kohlen oder verfügt von einer Kommandantur der Sowjets. Manchmal fuhr der Zug überhaupt nicht mehr weiter, weil die Gleisstrecke noch zerstört oder als Kriegsentschädigung bereits demontiert war. Dann ging es zu Fuß weiter, mühsam und keuchend, die Koffer an den schmerzenden

Fingern hängend. In schäbig verstaubten Warteräumen, oft auch schutzlos im Freien musste Stunde um Stunde gewartet werden, ehe wieder einmal ein Zug anfuhr mit üblichen Personenwaggons oder auch nur aneinander gekoppelten Viehwagen.

Im offenen Viehwaggon widerfuhr es Annelies – das Schreckliche. Das eine, das einzige Mal fuhr ihr, lähmend nachwirkend, in alle Glieder. Ein russischer Soldat versuchte sie, die junge Frau, aus dem Waggon herauszuziehen. Nachts war es, irgendwo zwischen Ostsee und Potsdam, da hielt der dahinrumpelnde Zug wieder einmal an. In einem Wald war es – da leuchtete plötzlich ein greller Lichtstrahl die Aufgeschreckten an. Zwei kriegsgestählte Männerhände griffen gierig nach dem jungen Weib, es gefügig zu machen, es als begehrte Beute über den Rand des Waggons zu ziehen.

In Todesängsten, für Augenblicke stark wie der Soldat geworden, stemmte sich Annelies gegen die Wand. Annelies hatte Glück, sie hatte den Schutz des Schicksals – da, genau in dem Augenblick, in dem ihre Kräfte zu erlahmen drohten, der Zug wieder anfuhr. Widerwillig fluchend musste der Russe von ihr ablassen.

Todmüde, aufs Äußerste erschöpft, aber unversehrt erreichte Annelies Potsdam und ihre Eltern. Alsbald verdingte sie sich als Tellerwäscherin bei einer sowjetischen Einheit, um mit den täglichen, dort aufgeklaubten Speiseresten der Sieger ihre Eltern und sich selbst vor dem Hungertode zu bewahren.

In Lebensgefahr geriet sie dort ein zweites Mal. In der Großküche der Kaserne war eines Abends ein betrunkener Soldat auf die Siebenzwanzigjährige aus. Er wurde zudringlich, dreist; und Annelies gab ihm eine Ohrfeige. Wütend zog der Soldat die Pistole und richtete sie auf Annelies, die zutiefst erschrocken über ihre Spontaneität dennoch zu einer weiteren fähig war. Annelies brach, ihre Lebensgefahr überwindend, in ein schallendes Gelächter aus. Da ließ der martialische Schürzenjäger, wenn auch noch grollend, ab von ihr.

Der Mut zum Leben, der Mut zur Zukunft – aus welchem Charakter, aus welchen Tiefen der eigenen Seele steigt er auf? Aus der Bindung an Mensch, Volk und Geschichte? Aus ihren ideellen Beweggründen? Im Vertrauen auf Gott, auf seine Engel, auf jenseitige Geistesmächte?

Oder ist es bloße Angst vor dem Danach, vor der Ungewissheit des Todes? Ist es der Lebenswille, die Überlebenskraft schlechthin, die immer wieder in Zeit- und Daseinsräumen erfolgreich Gefährdungen überstanden hat? Ist es gar erwachende Erinnerung des Menschen daran, an Leben vorher und seine Meisterungen?

Mit ihrem Schicksal, mit all seinen Folgen hadert Annelies nicht. Sie hadert nicht damit, dass sie, als sie nach einigen Jahren in Potsdam der Ruf erreichte, am Aufbau des Raumordnungsinstitutes in Bad Godesberg mitzuwirken, ihre Eltern mitnehmen musste über die noch freie Grenze Westberlins in die Bundesrepublik; sie hadert nicht damit, dass ihre Mutter 1960 früh an Krebs verstarb, nicht damit, dass ihr der so redliche, aber so irdische Vater in der Fürsorge blieb, Tür an Tür in der an sich zu kleinen Drei-Zimmer-Wohnung.

Sie hadert nicht damit, dass der Zustand äußerer wie innerer Einengung Jahr für Jahr sich fortsetzte – aus Zeitmangel für einen Umzug, aus Rücksicht auf die Schwerfälligkeit des alten Vaters, aber auch aus Gründen der Kostenersparnis, denn längst seit vielen Jahren schon unterstützt sie auch mit Geld ihre Geistesfreunde.

Als ihr Vater, der sich in der Ablösung des Sterbens als „letzten Preußen" bezeichnete, 88-jährig im Winter 1974 verschied, da genoss es die mittlerweile 56 Jahre alt gewordene Annelies erstmals, sich in drei Zimmern ausbreiten zu können. Verzichte, Einschränkungen der Vergangenheit, Enge und Bedrängung einerseits – anderseits die Größe, die Offenheit und Weite des Geistes, der begeisternde, der beflügelnde Aufbruch ins Unbekannte…

Solche Lebensspannung gilt ja auch für mich, hat Annelies und mich in märchenhaft erregender Fügung zueinander geführt. Auch bei mir die Enge und Bedrängung mit der vom Vater verlassenen Mutter – die Enge der gemeinsamen Wohnung und dann die sphärischen Dimensionen des Geistes, die endlos sich erweiternden Horizonte – innerlich wie äußerlich, gerade auch bei dieser dritten Reise nach Amerika.

Eine gewisse Ähnlichkeit des Geschicks vermag aber wesensbedingte Unterschiede nicht zu verdecken. Annelies lebt sozusagen aus einer inneren Einheit heraus, während ich bei aller, mitunter auch pathetischen Glaubensüberzeugung von einer schöpferischen wie quälenden Polarität bestimmt bin, einem unentwegten Hell-Dunkel-Gegensatz des Erlebens.

So bin ich beständig-unbeständig in einem dialektischen Prozess begriffen – von These und Antithese – in dem oft grüblerischen, dem oft zuversichtlichen und auch erfolgreichen Streben nach einer Lösung – der Überwindung, der Aufhebung der Gegensätze in der Synthese.

Inneres entspricht tatsächlich Äußerem, manchmal offensichtlicher, manchmal verborgener. So etwa in unseren Berufen. Annelies ist in der archivarischen Bibliothek ihrer Dienststätte mehr für sich, als Abteilungsleiterin mit ihrem weiblichen Personal mehr noch in einer Abschirmung vor den Akademikern des Institutes und wirkliche, wenn auch seltene Konfrontation mit ihnen, etwa bei einem Referat, ist ja schwierig genug für sie.

Ich hingegen bin in der Redaktion der Tageszeitung mehr im Ereignis-, im Spannungsfeld der modernen Welt. Zwar habe ich mich mit der Federführung der Kölner Vorortbeilagen auf ein Nebengleis begeben, aber bei der Offenheit einer Redaktion, bei meiner kritisch hinterfragenden Veranlagung bleibt es nicht aus, dass mich im Umfeld der Redaktion Bedenken, Einwände, scheinbare oder tatsächliche Widerlegungen geradezu überfallen, mich zutiefst erschrecken und in tiefe, grüblerische Nachdenklichkeit stürzen.

Glaube und Hingabe, Treue und Gefolgschaft, Fügung oder gar Vorsehung – solche Worte, die Welten, Erfahrungswelten in sich tragen, werden von journalistischen Intellektuellen weiß Gott nicht als kleine Sonnen wahrgenommen in ihren Möglichkeiten, in ihrer herrlichen Verheißung. Für sie sind es eher Begriffe des erfolgten Missbrauchs; auf jeden Fall fragwürdig geworden, ja verdüstert von jüngster Zeit-Geschichte, aber auch vom abendländischen Jahrtausend der Macht-Kirche, befleckt von Nötigung und Unrecht. Und wahrhaftig, das sind schwer-gewichtige Einwände.

Gott, Göttliches – in der von mir, von uns erlebten Wahrheit und Wirklichkeit, Zukunftsverheißungen aus der so genannten geistigen Welt – hier in der Redaktion sind sie zwangsläufig einer Hydra von Anfechtungen ausgesetzt; Anfechtungen, die nagende Zweifel heraufbeschwören, bohrende Fragen von zeitweilig lähmender Beharrlichkeit. So jedenfalls ergeht es mir immer mal wieder, wenn ich in Köln am Schreibtisch meiner Zeitung sitze, wenn ich mich ausgesetzt fühle der modernen Intellektualität, die alles relativiert, die alles infrage stellt und bezogen bleibt auf die Oberfläche der Aktualität.

Klar ist: Meine tiefsten Überzeugungen habe ich gegenüber meinen Kollegen niemals ausgesprochen, wenn ich auch oft lebhafte Gespräche mit ihnen führe über soziale, kulturelle, über menschlich-psychologische Fragen. Getroffen dann von ihren Argumenten, betroffen dann in schwerer Nachdenklichkeit habe ich oft noch stumm auf meinem Redaktionssessel verharrt, auch wenn der Kollege längst gegangen war.

Im Geist habe ich dann das Gespräch fortgesetzt, den Kollegen im inneren Dialog mit dem von mir Ungesagten konfrontiert. Erschreckend dann immer wieder die Kluft, die sich auftut; so tief, so gähnend breit, unüberbrückbar im Versuch einer Verständigung.

Wie erhaben groß die Worte, wie erhaben schön die Bilder, die herübertönen aus dem Inseits, aus dem Jenseits des Seins! Wie fraglich, wie unwirklich nehmen sie sich aus in Räumen gesellschaftlicher Öffentlichkeit, wie fragil scheinen sie zu zerschellen an ihrer Realität.

Wie oft bin ich, der Fragend-Schwankende, in Streitgespräche mit Annelies geraten – mit der beharrlich glaubenden, mit der beharrlich standfesten, mitunter aber auch überaus starrsinnigen Annelies; den Mund hat es mir dann verschlossen in wissensloser Ohnmacht!

Wie hat es mich immer wieder zu Studien angetrieben in dem geradezu verzweifelten Streben nach Durchblick, nach begreifendem Verstehen.

In Sackgassen, auf Holzwege geriet ich, in Labyrinthe der Ausweglosigkeit, solange ich wähnte, im Aufbruch des Willens, in kühner Bestrebung Welträtsel lösen zu können. Düsternis beschworen sie in mir herauf, ehe die Einsicht reifte unter der sonnenhaften Liebe von Annelies, dass alles Wissen, das der Bücher und Papiere nur von bedingter Bedeutung ist, dass das Leben selbst der eigentliche Lehrmeister ist.

In schmerzlich erschlossener Bescheidung und Bescheidenheit ist es die Einsicht, dass die letzten Fragen Fragen bleiben, dass aber das Leben selbst in der Dramaturgie seiner Entwicklung, in seiner Führung und Fügung genau das Wissen erschließt, das erforderlich, das notwendig ist für den weiteren Weg. Gerade die Gelassenheit, die Ergebenheit ins Unabänderliche – gerade das Losgelöstsein von aller Absichtlichkeit schenkt befreiende Zustände, in denen sich Zusammenhänge wie von selbst erhellen, sie sich zusammenfügen in beglückendem Begreifen.

Erneut, wie vor zwei Jahren, sitzt ein jeder von uns dreien auf seinem Stein. Drei Steine geben uns Halt in erneuter Runde; die aus der Erde herausragende Felsenstücke, die starr und hart uns Sitz und Halt geben in der Schräge der erinnerungsträchtigen Stätte.

Beinahe mondhaft silbern wirken unter dem verhangenen Himmel die verdorrten Stämme oben am Scheitel der Stätte. Die rindenlos schlanken Stämme stehen noch immer dort, noch immer schwingen sie nach beiden Seiten aus, gleichsam zum Kunstwerk geworden in der Natur. IRMINSUL – die Säule mit den mächtigen Schwingen, die Säule zwischen Himmel und Erde, die Säule, die den Himmel stützt – Sinnbild des Kosmisch-Großen, des Lebensbaumes schlechthin ist es mir auch zum Sinnbild des Menschlich-Kleinen geworden, von mir so eindrucksvoll, so nachhaltig an den Externsteinen erlebt.

Als wir im vorletzten Winter zu dritt oben im Raum des Sazellums, in der Spitze des hohen, mittleren Felsens standen, da überraschte uns die geistige Führung mit einem Wortspiel. Vom Gestirne sprach sie, betonte dabei aber, dass damit nicht das Gestirn des Himmels gemeint sei sondern in betonter Weise das Gestirne der menschlichen Stirn.

Den Sinn hatte ich kaum erfasst, da durchzuckte mich plötzlich eine Erkenntnis, eine Eingebung hatte ich in der menschlichen Irminsul; und zwar die Nase, die Senkrechte des Antlitzes als die Säule und die schirmenden Augenbrauen des Menschen als die beiden Schwingen.

Von Dunkelheiten im Gestirne der menschlichen Stirn hatte damals – ich habe es im ersten Band geschildert – der Geist an den Externsteinen gesprochen, von einengend beschränkender Verschlossenheit, von Verknotungen war die Rede, von düster umschwängerten Verknotungen des Schicksals. Freier, offener, heller…licht müsse es werden im Gestirne des Menschen.

U o d a n Vokal um Vokal suchend und dann doch findend, so verzögert dauerte es an – damals vor zwei Jahren, ehe UODAN, ehe das ganze Wort über die Lippen von Karl-Heinrich kam.

UODAN, UODAN, UODAN – in beschwörender Wiederholung, immer voller, immer tönender werdend sprach Karl-Heinrich damals vor zwei Jahren den geheimnisträchtigen, den schicksals-umwitterten Namen aus.

Mir ist es, als sei die Schwingung von damals wieder erwacht oder ist sie gar, damals erweckt, unentwegt tönend an dieser Stätte?

UODAN, Herre UODAN, der Sonnen-Mächtige, der Heilswalter des Tages und nicht Wotan mehr, der Schicksalhafte der stürmischen Mond-Nacht, nicht Wotan mehr der Schicksals-Treibende im wilden Heer, nicht Wotan mehr, der hehre Not- und Zwangbedingte, sondern UODAN, der in Geschick und Kriegen Gewandelte, der Urhaft-Neue, WRALDA, der waltende Statthalter des ALLEINEN.

Nicht das kantig-viereckige, gegen die Uhr sich drehende Hakenkreuz, nicht das spitz Wunden schlagende Kreuz der ungeheuerlichsten Entfesselungen! Nicht mehr das unerträgliche, das unermessbare Unheil der Vergangenheit, sondern das Heil des künftigen Sonnenrades mit den drehungs-runden Flügeln, in der Drehungs-Richtung der tickend voranschreitenden Zeiger einer Uhr.

Das Sonnenrad, golden aufleuchtend, schwebend über dem über dem düsteren Todesrad kreisender Verhängnisse!

Ist die Wende nah? Deutsches Schicksal – Weltenschicksal endlich in der Wende? Wird Deutschland heil, heilig – so wie es der umlichtete und dann so umnachtete Hölderlin prophetisch voraussagte?

Vom Stein habe ich mich erhoben, mit bittend auffordernden Zeichen zu meinen beiden Freunden bin ich hinaufgegangen zur kahlen, doppelstämmigen IRMINSUL, zu dritt haben wir sie mit unseren Händen umfasst. Und wie von selber kommen mit die Worte:

> *„Geliebtes Deutschland – um Deinetwillen, um der Welt willen wandle Dich.*
> *Aus Dunkel zum Licht,*
> *aus Unheil zum Heil.“*

Wie immer haben wir alle Sätze, alle Worte dreimal gesprochen, ehe wir erfüllt von einer Ruhe, einem Frieden, einer stillen, inneren Glückseligkeit, auf langen, oft abschüssigen Pfaden hinunter gestiegen sind zu unserem Lager am weitgehend leeren, vereinsamten Campingplatz.

Die Macht hinter der Macht

Montag, den 20. August 1979

Wüste, nichts als Wüste draußen – die Salzwüste von Nevada! Silbrig schimmernde Endlosigkeit, gleich bleibend Stunde für Stunde, an uns vorbeiziehend unter wolkenlosem Himmel. Wir sehen durch leicht getönte Scheiben und haben, geschlossen wie sie sind, nicht den heißen, den tödlich verdorrenden Odem der Wüste in der Nase, sondern die aufgefrischte Brise der gedämpft rauschenden Klimaanlage.

In protzig aufgeplusterten Sitzen können wir uns erst einmal behaglich zurücklehnen, während unser riesiger, beige-goldener Straßenkreuzer auf dem dunklen Band des Highways dahinzieht; heiß flimmernde, atemberaubende Weiten draußen, die noch im vorigen Jahrhundert von tödlicher Unüberwindlichkeit waren.

Salt Lake City, die Hauptstadt von Utah, liegt bereits viele Autostunden hinter uns. Unser vorheriger Wagen, schon batteriegeschädigt nach tagelanger Fahrt auf dem legendären Westtrack, wurde uns bei der Autovermietung sofort und vorbehaltlos umgetauscht. Der Mann dort, immer nur lächelnd in der Firmenuniform, hatte uns versichert, er wolle uns für die lästige Panne entschädigen und uns für die Weiterfahrt zum selben Preis ein größeres Auto geben. „Please, take a bigger one."

Unterwegs sind wir mit einem Automobil, wir merken es drastisch an der Tankstelle, das ganz und gar ein Symbol ist für „The American Way of Life". Unmengen Sprit verbraucht das Gefährt. Chrom- und lackblitzend gleißt es in der Wüstensonne wie ein monströser Lebenstraum. Im blasiert-vornehmen Gold-Design, in der metallischen Gold-Aura der High Society sind wir auf der Weiterfahrt nach San Francisco.

Gold, Gold, Gold – die Gier nach Gold trieb Heerscharen von Glücksjägern, Goldgräbern, Abenteurern, Gangstern nach Kalifornien, an die Pazifikküste. Im Jahre 1848 geschah es. Da wurden am Sacramento River unweit von Sacramento spektakuläre Goldfunde gemacht. Schlagartig traten explosionsartige Entwicklungen ein. San Francisco, damals noch eine kleines Hafenstädtchen mit gerade einmal 500 Menschen, entleerte sich in kürzester Zeit, da die Hälfte der Einwohner, vom Goldfieber erfasst, zu den Goldgründen geeilt war. Bald danach jedoch war San Francisco mehr denn je überfüllt. Abertausende Neuankömmlinge drängten sich auf einmal in hektischer Erwartung, in hektischem Tatendrang durch die Straßen.

40.000 Menschen, so heißt es, waren bereits im Entdeckungsjahr 1848 getrieben vom Verlangen nach dem schnellen, märchenhaften Erfolg, für den sie unvorstellbare Strapazen und Gefahren auf sich nahmen.

Vom Osten, von der Ostküste aus war das Goldland Kalifornien ungeheuer weit entfernt und nur unter höchsten Risiken erreichbar. Manche wählten den längsten Umweg, weil sie ihn für den sichersten hielten: die Reise im Schiff nach Süden, um Südamerika herum, vorbei am sturmgepeitschten Feuerland. Die Sicherheit war trügerisch. Oft endeten sie in Meerestiefen oder zwischen Haifischzähnen. Andere suchten in Panama, dort, wo das Land zwischen den Meeren am engsten ist, durch Dschungel, übers Gebirge schneller an den Pazifik zu gelangen.

Die meisten jedoch zogen mangels Geld und Möglichkeit einfach westwärts, immer nur westwärts mit zäher Ausdauer – zu Pferde, im knarrenden Planwagen, schlugen zeitraubende, Monate beanspruchende Bögen um die gefürchtete Große Salzsee-Wüste.

Manche jedoch, die die Befürchtung peinigte, sie könnten zu spät an den Goldpfründen ankommen, sie ausgebeutet, nur noch voller Sand und Steinen vorfinden – manche jedoch der Wagemutigen oder auch Leichtsinnigen wählten tatsächlich den direkten Weg durch die Todeswüste und erreichten nie ihr Ziel, verfielen im Wahnsinn der Aushungerung dem Kannibalismus, verendeten qualvoll austrocknend in der heiß flimmernden Endlosigkeit.

Beruhigend ist unser neues, störungsfrei vor sich hinsummendes Auto schon. Trotz moderner Sicherungssysteme wäre eine Panne fatal im US-Staat Nevada, der im Zeitalter der Kernenergie und der hoch technisierten Waffensysteme eine neue, unkalkulierbare Dimension des Todes hat. In der Wüste von Nevada erprobten die Vereinigten Staaten nach dem Zweiten Weltkrieg unter Nutzung deutscher Forschungsexperimente Atombomben. Mit schlimmsten Auswirkungen wurden sie schließlich über den japanischen Städten Hiroshima und Nagasaki eingesetzt. Die Bomben fielen, brachten Tod, Verseuchung und heimtückisch langwierige Krankheiten, obwohl die Japaner seit Monaten zur Kapitulation bereit gewesen waren.

In den Nachkriegsjahrzehnten erhoben sich in Nevadas Wüste immer wieder die schaurig aufleuchtenden, die emporquellenden Atompilze! Sie wurden größer und größer, immer schlimmer in Bombentyp und Vernichtungswucht.

Unter der Wüste, tief in der Erde, soll es nördlich von Las Vegas eine riesige, streng geheime Anlage geben, „Aerea 51“ genannt, ein Macht- und Forschungszentrum, eine Macht hinter der offiziellen, eine Macht hinter der Macht, vor der sogar der scheidende US-Präsident Eisenhower 1961 gewarnt hatte. Er sprach vom immer einflussreicher werdenden „militärisch-industriellen Komplex“, der die Freiheit, die Demokratie in den USA bedrohe.

Das US-System jedenfalls hat, nachdem es von Küste zu Küste den Kontinent erobert hatte, einen Großteil der Welt erobert. Es sicherte sich im Frieden wie in Kriegen höchste Profite mit den Mechanismen Kapital-Börse und Waffenindustrie.

Präsident John F. Kennedy, Hoffnungsträger der Staaten und der Welt und wohl nicht so kriegsentschlossen in Vietnam wie die Waffenlobby, soll angeblich 1963 vom Einzeltäter Lee Harvey Oswald ermordet worden sein. Erst 16 Jahre später stellte, verklausuliert aber hochoffiziell, der Sonderausschuss des Kongresses fest, dass es mindestens *zwei* Todesschützen gegeben haben muss, dass eine Verschwörung in Betracht gezogen werden muss.

Deutlich, überdeutlich wurde ein heimlich-unheimliches Schattenspiel: dunkle, unbestimmbare, aber weisungsmächtige Gestalten, agierend in offiziellen US-Behörden… ungreifbar, unerfassbar bleibend nach der Weisung, nach den Untaten, weil Nachforschungen einfach unterbrochen, unterbunden werden… im Sande verlaufen…

Mörderische sechziger Jahre in den Staaten… Präsidentschaftsanwärter Robert Kennedy ebenso wie sein Bruder ermordet, Black-Power-Wortführer Malcolm X ermordet, ebenso wie Martin Luther King. Das waren nur die prominentesten, weltweit beachteten Opfer verbrecherischer Gewalttaten.

Entertainment aber Tag und Nacht, spektakuläre, die Welt faszinierende Ablenkung in Las Vegas! Schrill flackernde, bild-zuckende Neonkulissen und dahinter in Hallen, in Séparées Amüsement bis zur geilen, grellsten Unart: Hotels, Etablissements mit stets wasser-erneuertem Swimmingpool, mit Wasserfontänen und weitläufigen Berieselungs-, Bewässerungsanlagen.

Verschwendung, Vergeudung mitten in der Wüste – im ungeheuerlichsten Ausmaß; zum Schaden der Siedler, zum Schaden der Umwelt… weit und breit…

In der Schlucht des Yosemite Valley

Dienstag, den 21. August 1979

Im Tal stehen wir, in dem tiefen Tal mit dem atemberaubend hohen Horizont! Felswände ragen auf, zu beiden Seiten, steil und über tausend Meter hoch, lassen nur noch einen Ausschnitt zu vom abendlich dämmernden Himmel. Wir drei stehen im *Yosemite Valley* des gleichnamigen Nationalparks und staunen immer mehr über eine der erhabensten und schönsten Landschaften der Erde.

Dreizehn Kilometer lang ist das Tal, bis zu drei Kilometer breit. Die Granitwände, fast senkrecht aufsteigend, sind bis zu anderthalbtausend Meter hoch. Das *Yosemite Valley* ist eines der spektakulärsten Beispiele für eine eiszeitliche Talbildung.

Vor Millionen Jahren, so der Stand der Forschung, wurde der ursprünglich nur rund 300 Meter tiefe, V-förmige Fluss-Canyon durch eiszeitliche Vergletscherung zu einem U-förmigen Tal vertieft und ausgedehnt. Am Ende der letzten Eiszeit, also etwa vor zehn- bis zwölftausend Jahren, war das Tal dann von einem See erfüllt, der durch immer währende Gesteinsablagerungen allmählich verlandete und einen nahezu ebenen Talboden hinterließ. Seitdem stürzen die Zuflüsse, deren Bett nunmehr abrupt am oberen Canyonrand endet, als gischtig-schleiernde Wasserfälle in die gähnende Tiefe.

Im Frühling ist das Tal am schönsten in einem bestürzend einzigartigen Zauber. Im knospend frischen Grün sind dann die hohen, sind dann die buschigen Bäume. Und die Wiesen, vom Merced River durchströmt, erblühen immer mehr in herrlichen Blumen und Farben.

Von den Steilwänden jedoch fallen die weiß-gischtigen Wasser – flutmächtig angeschwollen von tauenden Hochgebirgsgletschern – in die Tiefe, zerstäuben im Fall zu licht-, zu luft-durchwirkten, wie Säulen da stehenden Schleiern. Die Wasserfälle des Yosemite-Tales – sie gehören zu den höchsten der Erde – sind in diesen spätsommerlichen Tagen beträchtlich schwächer geworden; sie sind beinahe versiegt, nicht mehr so erregend schön wie im Frühling.

Aber wir drei, im Tal nur für einen kurzen Aufenthalt angelangt, stehen noch unter den Eindrücken einer anderen Schönheit des Parks, nämlich der seiner stein-mächtigen Höhenlage.

Vom Osten kommend, aus den schier endlos weiten, wüstenhaften Landschaften des Great Basin waren wir am späteren Nachmittag im Hochgebirge des Yosemite-Nationalparks angelangt. Nach vielen Stunden der Eintönigkeit mit einem verschwommen öden Horizont, hatte das Auge auf einmal wieder klare Umrisse vor sich, Körpermassen, felsig-steinerne.

Obwohl 3.000 Meter hoch und dadurch fast entblößt von jeglicher Vegetation, waren wir überwältigt vom Anblick. Steinquader, gewaltige Steinquader überall – gigantische Hinterlassenschaften der einstigen Eiszeit. Berge dann am Horizont, aufragend wie Dome, unglaublich wuchtig in erhabener Unnahbarkeit.

Das überwältigend Einzigartige dieser unvergleichlichen Minuten des Überganges, unserer gerade erfolgten Ankunft aus der Tiefe, aus den Weiten der Wüste, war das unvergleichliche Licht, war das allseits golden strömende, war das golden widerleuchtende Licht der allmählich westwärts sinkenden Sonne.

Die Berge in der Ferne, mehr jedoch noch die Steinquader in der Nähe muteten an wie übergossen von fließendem Gold und dann, im Augenblick einer anderen Perspektive, da wirkte, da blinkte das Gestein als sei es aus purem Gold.

Unbedingt dort oben übernachten, das wollten wir schon, im stämmig-massiven, weit ausladenden Holzhaus; aber unangemeldet und zu später Tagesstunde angekommen war kein einziges Zimmer mehr zu haben. So mussten wir alsbald weiter auf der *Tioga Road*, die mitten durch den Nationalpark führt.

Dienstagabend, den 21. August 1979

Die sinkende Sonne, die nahende Nacht hatte uns beschleunigt westwärts fahren lassen. Zum Glück war die Unruhe, war die Suche nach einer Unterkunft bald vorbei. In einem villenartigen Hotel, an einem Hügel gelegen und malerisch von tiefdunklen Tannen umgeben, erhielten wir Zimmer, konnten wir bleiben. Nach unentwegtem Unterwegssein… ein wenig Ruhe und Müßiggang vor dem Schlafengehen, das wäre schön… dann jedoch schweifen meine Blicke wieder umher, neugierig geworden.

Schon bei der Einweisung in unsere Zimmer war mir ein Porträt aufgefallen, eine Fotografie im Flur. Später, kurz vor dem Zu-Bette-Gehen, ging ich erneut in den sonst ziemlich schmucklosen Flur und schaute mir den Druck der alten Fotografie näher an. Das Antlitz war es, das leicht seitlich aufgenommene Profil eines eher jungen Mannes war es, das immer mehr meine Aufmerksamkeit erregte.

Der Mann mit dem, bei dem Ausschnitt, mehr erahnbaren dichten Haarschopf und dem leicht gedrungenen Gesichtsaufbau hatte fein gezeichnete, aber dennoch vollblütige Gesichtszüge, so etwa, wie es uns geläufig ist von den Menschen der Südsee.

„Ishi“ stand darunter, mit den Lebensdaten „um 1862 bis 1916“. *Ishi*, der letzte *Yahi*, der letzte Wilde Amerikas stand da geschrieben und noch einiges mehr.

Am 31. August 1911 war es gewesen, da veröffentlichten die Morgenzeitungen von San Francisco die Nachricht, im nordkalifornischen Oroville sei ein „wilder“ Indianer beim Versuch des Lebensmitteldiebstahls festgenommen worden. Mit dem völlig verschreckten, ja panisch verängstigten Ureinwohner war keinerlei Verständigung möglich, weder auf Englisch, auf Spanisch, noch in der Sprache der örtlichen, „zahmen“ Indianer.

Ins Gefängnis, wo der Aufgegriffene inhaftiert war, begab sich daraufhin der Ethnologe T.T. Waterman. Durch Wortvergleiche fand der Wissenschaftler heraus, dass der Verhaftete ein *Yahi* war; und – das war die wirkliche Sensation – damit einem Stamm angehörte, der seit vierzig Jahren in der amerikanischen Öffentlichkeit als ausgestorben galt.

Ausgestorben – welch ein beschönigendes, die Wahrheit verhüllendes Wort! Ausgelöscht ist das wahre, das treffende Wort! Ausgelöscht, regelrecht massakriert worden waren die *Yahi* vierzig Jahre zuvor.

Die *Yahi* waren ein Indianerstamm, der seit Urzeiten in Kalifornien ansässig war, der seit dem Einbruch der Weißen am Fuße des *Mount Lassen* in zwei steilen, mit Trockenvegetation bewachsenen Canyons lebte. Dennoch galten sie als Bergstämme und zusammen mit den ihnen verwandten *Yana* bei den ständig und scharenweise einwandernden Eroberern als „äußerst barbarisch und hoch gefährlich".

Übergriffe der Indianer, kleine Diebstähle von Vieh etwa oder einem Werkzeug wurden von den eigens gegründeten Bürgermilizen erbarmungslos geahndet. Lynchjustiz, offiziell von ihnen proklamiert, wurde in schrecklichen Untaten umgesetzt. In unbegreiflich abgründigen Gefühlen der Fremdheit, des Hasses und der Willkür wurde jedes gestohlene Rind mit Leichen der *Yana* und *Yahi* aufgewogen.

1865, in der Eskalation der Verhängnisse, kam es in Nordkalifornien zu einem geradezu generalsstabsmäßig geplanten und durchgeführten Völkermord. Fast alle *Yana* wurden von den Bürgermilizen getötet. In einem scheußlichen Ausrottungsfeldzug traf es selbst diejenigen Indianer, die bei weißen Farmern als Hausangestellte oder als Feldarbeiter tätig waren. Eine Strafexpedition stieß auch zu den immer noch abgelegenen Canyons der *Yahi* vor und zerstörte das letzte ihrer Dörfer.

Ishi, damals etwa drei Jahre alt, wurde von Dorfbewohnern gerettet, die in geheime Höhlen flüchten konnten. Etwa 50 Menschen sollen es nach zeitgenössischen Berichten gewesen sein. Zu viele, so jedenfalls die Auffassung der Milizionäre. Zwei weitere Truppenvorstöße folgten, bei denen wie bei einer Jagd 30 von ihnen zur Strecke gebracht wurden. Nur um die 20 der Gehetzten gelang es schließlich, sich in die entlegensten Höhenlagen zurückzuziehen, wo sie nur so kümmerlich überleben konnten, dass gelegentlich doch ein mundräuberischer Vorstoß in die Siedlungsgebiete der Weißen unumgänglich war.

In Kalifornien, im öffentlichen Bewusstsein, verblieb nur die Legende der Verteufelung, der Lüge – von den „barbarischen" *Yana* und *Yahi*. Im Norden, am *Deer Creek* – da lebten noch die allerletzten von ihnen; jeder fehlende Sack Mehl, jedes verschwundenes Kalb erneuerte die verleumderische Anklage immer wieder.

1908, drei Jahre bevor *Ishi* aufgegriffen wurde, kam es eben an diesem *Deer Creek* zu einem Zwischenfall. Einem Vermessungstrupp waren dort in der Wildnis vier Indianer aufgefallen, die, von den Weißen entdeckt, in panischer Angst und Schnelligkeit geflüchtet waren. Der Ethnologe hatte sich schon damals an den *Deer Creek* begeben. Allerdings vergeblich nach den selten gewordenen „Wilden“ Ausschau gehalten.

Auf *Ishi* stieß er, wie gesagt, drei Jahre später. Der hatte tatsächlich zu den vieren gehört, die am *Deer Creek* beim Kontakt mit den Weißen in alle Winde geflohen waren. *Ishi* hatte damals seine Kameraden aus den Augen verloren. Allein hatte er sich mühselig und erbärmlich drei weitere Jahre durchs Leben geschlagen. Schließlich von der Not doch wieder einmal in die Nähe einer weißen Siedlung gedrängt, bei besagtem Mundraub erwischt, erwartete er nun, was seinen Stammesbrüdern und -schwestern stets unausweichlich widerfahren war: den Tod.

Aber 1911 war nicht mehr 1865. Die Urbevölkerung der Sammler, der Jäger und Fischer war längst ausgerottet. Zuerst kolonialisierten, knapp zwei Jahrhunderte vorher, die Spanier den Süden von Kalifornien. Sie zwangen die frei atmenden, mit Himmel und Erde lebenden Menschen zum Christentum, zu tödlich harten Arbeitsdiensten in Kasernenanlagen. Für die Überlebenden folgte später das Tagelöhnerdasein unter der Herrschaft mexikanischer Großgrundbesitzer.

1850 dann wurde das weit in den Norden reichende Kalifornien zum US-Staat. Unter dem menschenrechts-betonten Sternenbanner kam es jedoch zu jener schrecklichen Lynchjustiz, zu den Ausrottungsfeldzügen der Bürgermilizen. Die „Wilden“ wurden tatsächlich wie die Hasen abgeschossen. Von den 300.000 Ureinwohnern, die im heutigen US-Staat Kalifornien gelebt haben sollen, überlebte, in eine kümmerliche Asozialität getrieben, statistisch nur jeder Zehnte. Die Wirklichkeit dessen wird noch schlimmer gewesen sein, sie ist in ihrer Grausamkeit unermessbar.

Mit solchen Erinnerungen in Hirn und Blut erwartete *Ishi*, mittlerweile fünfzigjährig, den Tod. Aber 1911 war *Ishi*, der *Yahi*, kein lästiger, kein verhasster Störenfried der von den Weißen mitgebrachten Lebensweisen mehr. Als „letzter Wilder“ war er zur Sensation, zu einer spektakulären Sehenswürdigkeit der weißen Gesellschaft geworden. Entgegen seiner Befürchtung wurde *Ishi* gut behandelt und zur lebenden Ausstellungsattraktion im Museum von San Francisco.

Scharen von Neugierigen zog *Ishi* an. Unter den Überbleibseln seiner erloschenen Stammeskultur zeigte er den schaulustigen

Besuchern, wie ein *Yahi* einst mit einfacher, aber hoher Werktüchtigkeit Pfeil und Bogen herstellte.

Mich berührt es tief, dass das junge Ehepaar, offensichtlich die Eigentümer des Hauses, mit Bild und Text so ehrend, so würdigend an *Ishi* erinnern. Mir war es schon aufgefallen, schon unten an der Rezeption, waren wir von der jungen Frau so warmherzig empfangen worden.

Keine Frage: Nicht alle Weißen waren Mörder, besessen von der Gier nach Land, nach Macht und Gold. Es waren die herrschenden Verbrecher und Vertragsbrüchigen, unter denen die Ureinwohner des Kontinentes über vier Jahrhunderte litten. Der weiße Mann, so sagten sie, spricht mit gespaltener Zunge. Er führt Jesus und die Liebe im Munde und tötet und betrügt, betrügt und tötet…

Große Seher der Roten verkündeten deshalb um die Jahrhundertwende, Jesus Christus, der Gottessohn der Liebe, habe sich von den Weißen, die ihn verraten hätten, abgewandt. Zugewandt aber habe er sich stattdessen den verfolgten, den in Not leidenden Ureinwohnern Amerikas.

Am Walker See, noch in der Wüste von Nevada, aber schon im Vorfeld des Hochgebirges gelegen, am *Walker Lake* geschah es Anfang des Jahrhunderts. Auf geheime Botschaft hin trafen sich in der Verborgenheit der öden Weiten die Überlebenden des Jahrhunderte währenden Völkermordes.

Und da geschah es, nach den begeisterten Berichten der Augenzeugen; da ist es geschehen: Jesus Christus ist im Lichte erschienen, und in unsäglicher Liebe hat er sich den „Roten“ zugewandt. Auch wir drei haben gestern noch am *Walker Lake* gestanden... an seinem steinig, sandig, endlos öden Ufer.

In tiefer Ergriffenheit haben wir des damaligen Ereignisses gedacht, haben wir das Heil, den Segen des ALLEINEN erbeten.

Auf zum Mount Shasta

Mittwochnachmittag, den 22. August 1979

San Francisco, das Panorama seiner Wolkenkratzer, liegt hinter uns; die berühmte Golden-Gate-Brücke, die sich kilometerlang über die Pazifikbucht spannt, ebenso. Auf der *Interstate 5* sind wir, nachdem wir erneut den Wagen gewechselt und einen billigeren gemietet haben, unterwegs nach Norden, unterwegs zum sagenumwobenen Mount Shasta. Wieder einmal drängt es uns voran. Ganze sechs Tage, so hatte Karl-Heinrich von seinen dreien erfahren, würden wir wohl für den Berg benötigen, für den Auftrag, der uns mitgegeben ist.

Wieder einmal haben wir keine Zeit, keinen Sinn für übliche, für touristische Attraktionen; wieder einmal sind alle Sinne gefordert, eingespannt in ein innerweltliches Abenteuer, das nun naht, indem wir uns dem Mount Shasta nähern, dem Land und Wälder überragenden, dem legendären Vulkanmassiv.

Warum gerade der Mount Shasta? Warum wird er das Tor zu Atlantis genannt? Soll nicht Atlantis, die mythen-verschleierte Hochkultur der Urzeit, irgendwo im Atlantischen Ozean gelegen haben? Vielleicht im Gebiet der Azoreninseln, die möglicherweise die herausragenden Überbleibsel sind eines Festlandsockels, der dort vor über 10.000 Jahren versunken sein soll? Oder lag Atlantis im nördlichen Teil, bei Grönland oder in der Nordsee bei Helgoland?

Katastrophen, in der Menschheitserinnerung noch gegenwärtig als Sintflutsage, sollen die Untergänge bewirkt haben. Planetoiden sollen auf die Erde gestürzt sein; vielleicht war es auch – wenngleich viel, viel früher – der Mond, der einst, eingefangen im Schwerefeld der Erde, Erdkrusten brechen, Lavagluten sich heben und Lande hinabsinken ließ, ehe die Gezeiten seiner täglichen Umkreisung sich im Rhythmus von Ebbe und Flut ordneten?

Das alte Amerika, das antike Europa haben Überlieferungen, unbezweifelbare Zeugnisse, die sich ergänzen und gegenseitig bestätigen. Im Osten lag nach mexikanischer Mythe die heilige Stadt „Atlan". Ähnliches überlieferten die Inkas. Im fernen Westen war für die alten Ägypter das „Land der Toten"; die „Stätte der Glückseligen" war es für die Griechen, das „Land der Glücklichen" in der keltischen Sage.

Unzweifelhaft erscheint es, dass es eine Hochkultur gegeben hat in der Vorzeit; vielleicht aber ist sie älter, und vielleicht sind die vermuteten Atlantis-Lokalisationen im Azorengebiet, bei Helgoland nur die letzten Ausläufer gewesen eines Großreiches, das viel weiter zurückreicht in die Urgeschichte – genauso wie die Menschheit selbst, die sicherlich viel älter ist, als es von der offiziellen Wissenschaft angenommen wird.

Wahrscheinlich reicht die Menschheit zurück in Jahrhunderttausende, wenn nicht gar in die Evolutionsdimension von Jahrmillionen, in eine Vorzeit also, in der das Antlitz der Erde noch anders war, die Kontinente noch anders lagen, bevor sie im Drang der Weiterentwicklung noch mehr auseinander drifteten.

Die Urzeit der Menschheit ist nur erhellt von Mythen der Überlieferung, von Hypothesen der Wissenschaft, von Theorien der Denker, von mehr oder minder glaubwürdigen Durchsagen der Medien – all das ist wie Kerzenlicht noch immer umhüllt von geheimnisschwangerer Dunkelheit. Wird in der Zukunft mehr Licht in die Unwissenheit fallen?

Wie ein Lichtstrahl, der bisher Unsichtbares sichtbar werden lässt, muten mir die Durchsagen von Karl-Heinrich an. Über ihn erfuhren wir einmal, als wir nach katastrophenbedingten, kontinentalen Veränderungen fragten, Landteile seien gekippt, das heißt, an der einen Seite seien sie gehoben worden, an der anderen ins Meer abgesunken. Aber die Zusammenhänge – in der Vielschichtigkeit der Bedingungen und Abläufe, in der Beziehung zur erdgeschichtlichen Zeitrechnung – fehlen.

Eindeutig und klar ist, bei aller Unklarheit, nur der Auftrag: Gehet hin zum Mount Shasta, zum Tor zu Atlantis und holt den Schlüssel, der die Gegenwart erschließt.

In Bildern, in lebhaft sich wiederholenden und dadurch so auffordernden Bildern hatte es Karl-Heinrich gesehen: Flöten-spielend sah er uns immer wieder um den Mount Shasta gehen, dann offensichtlich nach wiederholtem, unentwegtem Suchen sah er, dass wir eine ganz bestimmte Stelle entdeckt hatten, eine Wand, die spitz hervorragt; und schließlich sah er, wie Annelies auf die eine Seite der Felswand geht, er selbst auf die andere, wie sie beide auf der Flöte spielen und ich zwischen ihnen am Felsen stehend den Eingang finde.

An den Äußerungen von Karl-Heinrich, gelegentlich während der Fahrt ausgesprochen, erkenne ich, Karl-Heinrich nimmt tatsächlich an, wir müssten einen Eingang finden ins Unterirdische des Berges. Im

Banne der Anschaulichkeit innerer Bilder ist solche Erwartung verständlich. Freilich, sicher bin ich nicht, ob wir in eine Höhle des Berges, von Felsen umschlossen, hinabsteigen werden...

Stundenlang fahren wir auf breiten Straßen an einer weitläufigen Hügellandschaft vorbei, die herrlich schimmert im wider-leuchtenden Gold der langen, strohigen Gräser. Überwirklich schön ist der Anblick, der von Dauer ist in der gleich bleibenden Landschaft! Ein Land goldenen Glanzes und der Fülle ist es und doch im Anflug des Verderbens; rissig ist die Erde, ich bemerke es bei einer Pause, aufgebrochen, ausgetrocknet in tödlich glühender Hitze.

Am Horizont, im fernsten Hintergrund zwischen zwei Bäumen, sehen wir ihn zum ersten Mal – den Mount Shasta. Eine Autostunde später beherrscht er schon die Landschaft; der Berg, der sich mit zwei gewaltigen Gipfeln in gewichtiger Allmählichkeit erhebt; schneebedeckt, geheimnisvoll wirklich und unwirklich zugleich.

Lichtwesen einer Ur-Kultur

Mittwochabend, den 22. August 1979

Der Raum, in den wir eintreten, ist hölzern schlicht und dennoch wohnlich gestaltet. Uns gegenüber an den beiden Eckwänden des mittelgroßen Innenraumes stehen zwei Liegen, bezogen mit dezent gemusterten Decken. Rechts von uns, gleich neben der Eingangstür, steht ein Tisch mit Stühlen. Dahinter ist eine kleine Einbauküche eingerichtet. Sie liegt in einer Nische, die von einem Vorbau überragt wird, dem Obergeschoss des Häuschens unter dem spitz zulaufenden Dach. Erreichbar ist es über eine steil nach oben führende Leiter. Holzgetäfelt sind alle Wände. Ein großer Pfau aus Schmiedeeisen hängt im leicht gespreizten, prachtvollen Federnkleid an der gegenüberliegenden Wand.

Das „Chalet", wie die kleinen, von Bäumen umstandenen Bauten etwas großsprecherisch heißen, ist beileibe kein Schlösschen, auf jeden Fall aber eine behagliche Bleibe für die kommenden sechs Tage. Unsere Siebensachen haben wir schnell verstaut. Karl-Heinrich und ich sind erstmals die steggepolsterte „Hühnerleiter" hinaufgestiegen. Unter winklig einengendem Dach haben wir unsere Betten ausprobiert.

Der Ausblick von hier oben ist herrlich, denn die ganze Giebelwand ist gläsern, hat zwei herausklappbare Fenster. Tatsächlich, wer hätte das gedacht, wir schauen geradewegs, ungehindert von den Bäumen, auf den schneebedeckten Gipfel des Mount Shasta. Wie gut; so haben wir selbst vom Bett aus den Berg im beobachtenden Blick.

Ein kleiner Junge müsste man noch sein, geht es mir durch den Sinn, während ich allein noch oben sitze auf dem Bett und hinab ins Untergeschoss blicke. Von Abenteuern könnte man hier oben träumen und lausbübisch auch mal Kirschkerne nach unten spucken. Die Kirschenzeit ist vorbei, auch die der Jugend.

Kind aber sind wir drei irgendwie geblieben, zwar nicht so leicht, so lustig, so spontan; dennoch ist unsere Unternehmung wie ein Spiel, ein Abenteuer voller imaginärem Zauber. Schmunzeln in kindlicher Leichtigkeit muss ich schon, als ich die Hühnerleiter hinuntersteige, und doch spüre ich den hintergründigen, den tiefen Ernst.

Draußen beginnt der Tag hinwegzudämmern. Alsbald gehen wir hinaus, um die Umgebung zu erkunden. Das waldige Areal ist durchsetzt von lauter solchen kleinen, spitz-dächigen Häuschen. Sandigen, ausgetretenen Pfaden folgend, verlassen wir das Wäldchen. Vor uns auf dem Freigelände liegt ein weiherartiges Schwimmbad. Von einem besteigbaren Fels senkt sich schwungvoll beschleunigend eine Rutschbahn zum Wasser hinunter. Niemand rutscht da, plätschert da noch herum. Auch die Tennisplätze sind verwaist. Nur aus dem Casino von nebenan dringt gedämpfte Musik, von Stimmen durchsetzt.

Das Gelände steigt hinter dem Weiher an, senkt sich dann schroff, geht über in einen weiten sandig-steinigen Strand. Ein weit verzweigter See ist es, der sich aus Ufern zurückgezogen hat und unschön seinen ausgetrockneten Grund zeigt. Liegt es nur an der Jahreszeit, dass die klaren Wasser schwinden?

Schon versunken ist die Sonne, noch leuchtet ihre Röte am Horizont; im Osten aber, in der Dämmrigkeit der steigenden Nacht erhebt sich der Mount Shasta – schweigend und mächtig. Seine schneebedeckten Gipfel zeichnen sich deutlich am dämmrigen Himmel ab; in vesuvischer Rundung ragt der rechte empor, der linke endet in einer felsig zackigen, über 4.000 Meter hohen Spitze.

Mount Shasta – angeblich hieß der Berg schon so vor der Ankunft der Weißen. 1814 wird er erstmals in einer Chronik erwähnt. Früher wurde allgemein angenommen, der Name sei indianischen Ursprungs; dann entdeckten andere, zu Recht oder Unrecht, die Ähnlichkeit des

Wortes Shasta mit dem Sanskritwort *„Shastra"*, was so viel bedeutet wie „Heilige Bruderschaft".

Hat solche Sprachbeziehung Phantasien geweckt? Oder sie erneut geschürt? Legenden und Sagen umkreisen jedenfalls seit dem vorigen Jahrhundert den geheimnisvollen Berg. Augenzeugen, die den rätselhaften Bewohnern des Mount Shasta begegnet sein wollen, haben sich für die Wahrheit ihrer Erlebnisse verbürgt – am Lagerfeuer freilich, wo sich in der Nacht die Lust am Phantastischen regt.

Wahrhaftig: Etwas Erregendes, etwas Unergründbar-Geheimes umgeistert den Giganten als einem sphärischen Zentrum, das rätselhafte Kunde von sich gibt in Visionen, in Begegnungen, in seltsam wunderlichen Ereignissen. Erste Gerüchte gingen um, als 1848 Goldsucher im Glücksjägerfieber kalifornische Lande durchstreiften.

Von majestätischen Gestalten, die lange, weite Kutten mit weißen Kapuzen trugen, wurde gewispert. Ein herzförmiger Lappen soll die Stirn bis zur Nasenwurzel bedeckt haben, um, wie geheimnisvoll gemunkelt wurde, ihr Drittes Auge, das Auge ihrer übermächtigen Geistigkeit zu verhüllen. In einer gewissen Ferne seien sie in solcher Erscheinung gesehen worden. Näherte sich freilich ein Mensch den Wesen, dann verschwanden sie urplötzlich, so als ob sie mit dem Waldschatten verschmolzen seien.

Bläulich-weißes Licht wollen andere an eigenartig geordneten Steinen gesehen haben, und gegen dieses Licht sollen sich die Schattenrisse hoher Gestalten abgehoben haben. Eindringlinge, die unbändige Neugier weiter trieb, vorantrieb, seien plötzlich erstarrt, hätten regungslos dagestanden wie Bäume. Elektrizität sei knisternd in der Atmosphäre gewesen, eine Energie, die wie eine Wand am Weitergang hinderte.

Die Shasta-Menschen, so heißt es in den Mären, seien letzte, überkommene Abkömmlinge untergegangener Großkulturen, deren weit zurückliegende Geschichtlichkeit zum bloßen Mythos wurde. Aus Lemurien, einer Urkultur im pazifischen Raum, so lautet die eine Version, hätten sie sich in den Mount Shasta gerettet; aus Atlantis heißt es in anderen Quellen. Hermetisch von der Umwelt, von der Jetztzeit abgeschlossen, lebten sie in einem verborgenen Tal am Berg in geheimer Gemeinschaft.

Nach anderen Berichten haben sie sich tief im Innern des Berges eingerichtet, eine eigene Stadt mit hoch entwickelter Technik sollen sie da haben. Wie von Geisterhand bewegt könnten sie den Berg öffnen, dann stiegen Raumschiffe auf – wolkenwärts und entschwänden im All der Sterne.

Mittlerweile ist der Mond aufgegangen über dem Mount Shasta, leuchtet satt und matt über den nächtlichen Weiten. Am Berg selbst ist nichts zu erkennen, gar nichts Besonderes auszumachen: kein Licht, kein Schein, keine Bewegung. Regungslos mächtig und still liegt er da in der Nacht.

Was sollen, was können, was werden wir finden im Berg? Das Tor, – mit Tönen, gespielt auf Flöten – sollen wir es öffnen?

Auf der Suche nach dem Eingang

Donnerstag, den 23. August 1979

Gestern Abend haben wir noch lange geübt: Karl-Heinrich auf seiner Klarinette, Annelies und ich auf den Flöten. Einer Eingebung folgend hat Karl-Heinrich eine kleine Melodie komponiert, erst eintönig, schwer und dunkel, dann aufsteigend in hohe, beweglich helle Töne. Karl-Heinrich studierte die ganze Weise ein; wir, die Anfänger, übten nur zwei Akkorde. Heute Morgen haben wir unsere Instrumente eingepackt. Im Wagen wollen wir erstmals hinauf auf den Mount Shasta fahren.

Der Erhaben-Hohe, der Legenden-Umwobene ist, wie wir gestern im Empfangsgebäude unseres Feriendomizils erfahren haben, auf einer breiten Asphaltstraße erreichbar. Die höheren Bergregionen, so informierte uns die charmante Empfangsdame, seien seit Jahren schon für den Wintersport erschlossen. Wir sind enttäuscht; ein Schatten der Ernüchterung ist gefallen. Mit Ruck- und Schlafsack bepackt hatten wir uns schon unterwegs gesehen auf stundenlanger Wanderschaft, auf tagelanger Suche nach dem möglicherweise überaus verborgenen Eingang, irgendwo an einer Wand, in irgendeiner Höhenregion des schneebedeckten Riesen. Sechs Tage, so hatte es doch geheißen, würden wir für den Mount Shasta brauchen. Und nun werden wir enttäuschend bequem und einfach im Auto hinaufrauschen.

In der Entrückung beschwerlichster Unwegsamkeit erhebt er sich also nicht in der Sierra Nevada; aber er, der steinerne Gigant, löst

Entrückung aus in Menschen, die tatsächlich bei seinem Anblick in einen Zustand der Versenkung fallen.

Als wir nämlich von Weed aus, einem kleinen Ort ganz unten am Fuße des Mount Shasta, hinauffahren und eine Strecke der sich anfangs allmählich nach oben schlängelnden Straße zurückgelegt haben, als wir gerade ein Waldstück hinter uns lassend in einer weit gezogenen Kurve erneut den Blick frei haben auf den weiß-mächtigen, doppelt gipfelnden Berg, da sehen wir Sekunden später einen chrom-glänzenden Straßenkreuzer, der abseits geparkt, mit seinem Vorderteil exakt auf den Mount Shasta ausgerichtet ist. Ein Tatbestand, der weiß Gott nicht weiter erwähnenswert wäre, wenn nicht der Grund dafür in skurriler Deutlichkeit ins Auge gefallen wäre.

Auf der Autohaube sitzt eine junge Frau, eine zierliche Asiatin, die bewegungslos in eine Art Meditation versunken ist. Vermutlich ist es eine Japanerin mit entzückend schönem Profil, die sich da exakt wie eine lebende Kompassnadel auf ein geheimes Zentrum des Berges ausgerichtet hat.

Nur wenige Augenblicke sehen wir sie im Vorüberfahren, aber der ungewöhnliche Anblick bleibt gegenwärtig in seiner berührenden Seltsamkeit, als wir in höher und damit steiler werdendes, dicht bewaldetes Gelände gelangen.

„Ob wir manchmal auch so eigenartig auf andere Menschen wirken?“ fragt Annelies und bemüht sich dabei um den lockeren Tonfall eines Scherzes. Karl-Heinrich, neben mir sitzend, brummelt etwas vor sich hin, was ich im steigungsbedingten Lärm des aufheulenden Motors nicht verstehen kann. War es so etwas wie Betroffenheit, die ihn getroffen hat? Und sei es nur für einen Augenblick?

Nach etwa zwanzigminütiger Fahrt im Schatten hoher Bäume wird das Gelände wieder frei. Zwei große Parkplätze haben wir erreicht und dann einige Schritte zu Fuß eine weitläufige Skianlage, deren stählernes Tragseil sich noch weit nach oben, über die immer kleiner werdenden Eisenträger fast bis in die Nähe des Gipfels erstreckt.

Wir meiden die Anlage sportlicher Kurzweil und Freuden, auch wenn sie in der hohen Sonne des Sommers verwaist und unbewegt vor uns liegt. Menschenferne Einsamkeit suchen wir, unbetretene Bereiche, wo ungestörte Natur noch sprechend ist, uns wegweisend wird auf der Suche nach dem Innerem. So wenden wir uns ab nach rechts, überqueren eine kleine Anhöhe und überschauen – welche Überraschung – eine herrliche Wiese. Übersät von Blumen dehnt sie sich aus bis zum dunklen Walde im Hintergrund. Ein Bach, gluckernd und plätschernd im Sog fallend strömender Wasser, fließt mitten durch das blumige Eiland.

Den Blick ins Wasser zu senken, ins Strömend-Klare, ist tief beruhigend für nervige Sinne. Für Augenblicke gebe ich mich dem Element hin, um entspannt, spielerischen Auges schließlich dem Lauf des Baches zu folgen, wie er von Gras verdeckt ist, weiter oben aber offen sichtbar im Sonnenlicht blinkt.

Da sehe ich oben in einer kleinen Mulde, etwas abseits vom Bach, eine Gestalt sitzen. Einige Schritte näher getreten, erkenne ich eine vielleicht 50-jährige Frau in schmiegsam lässiger Kleidung, die da mit kreuzweise überschlagenen Beinen in der Haltung des Buddha verharrt, dann, die Starre aufgebend, sich hin und her bewegt. Dabei rupft sie nun, überraschend genug, Kräuter von der Wiese und steckt sie emsig kauend in den Mund.

Karl-Heinrich macht eine viel sagende Handbewegung vor der Stirn. Ihn drängt es hinweg. Annelies jedoch, stets Anteil nehmend an menschlichem Geschick, geht, gesucht bereits von dem merkwürdigen Augenpaar, auf die sitzende Frau zu.

Was sie da esse, fragt sie. Ob es heilkräftige Kräuter seien? Ihre Antwort, tonlos dahin gemurmelt, ist nicht zu verstehen. Da sie sie aber wiederholt, mehrmals wie im Takt einer Gebetsmühle, ist sie schließlich herauszuhören. „It's good, so good“, sagt sie, schaut uns an, freundlich und doch selbstbefangen wie in Abwesenheit. Dann murmelt sie auf einmal anderes, ungefragt, beziehungslos, wie es scheint, zu uns, zu den Hinzugetretenen.

„They are coming and going“, redet sie vor sich hin, immer wieder. *„Who is coming and going?“* fragen wir. Sie schaut auf, wie erstaunt ob der Ansprache von draußen, aber sie antwortet, verfällt alsbald jedoch wieder in die sich wiederholende Monomanie.

„The UFOs“, sagt sie. *„The UFOs... UFOs...“* und stiert vor sich hin, rupft hin und wieder von den Kräutern und kaut sie mit ungehemmter Gründlichkeit.

Betreten, in schweigender Beklommenheit, sind wir hinweggegangen, fühlen uns freier im nahen Hochwald, im Schatten der mächtigen Nadelbäume, die urwaldhaft und riesig aufragen in die Bläue des Himmels. Rissig ist die dicke Borke, unzählige Vertiefungen, kleine

Nischen haben sich in ihr gebildet. In ihnen nistet grün-graues, zotteliges Moos, belebt geisterhaft die Bäume.

Über gefallen-verfallende Riesen steigen wir, die, einst hart den Naturgewalten widerstehend, nun morsch unter unseren Füßen zerbröckeln. An Abhänge gelangen wir, übersät von locker in sich verfangenen Steinen; ein Stoß nur dagegen und Brocken und Steine schlittern und rollen. Schließlich an einer Anhöhe weitet sich das Gelände im überwältigenden Überblick. Im Sonnenlicht glänzen alles überragend die schneebedeckten Gipfel des Mount Shasta.

Wir kommen an Steinen vorbei, auffallend geordnet wie in der Kreisrunde einer Versammlung. Karl-Heinrich verweilt immer wieder hier und da. Uns, Annelies und mir, meist einige Schritte vorangehend, horcht und horcht er, auf Widerhall hofft er auf seinen immer wieder ausgesandten Ruf.

Wo mag der Eingang sein? Der Eingang, den wir finden sollen ins Innere des Berges? Schließlich stoßen wir auf einen Pfad, der sich beharrlich über Wurzelwerk und Gestein, erst auf gefährlichem Kamm tiefer Abgründe, dann in der harmlosen Höhe von steinigen, dann wieder baumbestandenen Abhängen dahin zieht und immer wieder neue, beeindruckende Ausblicke freigibt auf die Gipfel.

An solchen Stätten, in solchen einsam schönen Gegenden lassen wir unsere Instrumente erklingen. Karl-Heinrich spielt auf der Klarinette, wohltuend virtuos, die ganze Weise; aus einer Tiefe, schwer und dunkel steigen die Töne ins Helle und Lichte. Annelies und ich intonieren die einstudierten Akkorde, beträchtlich weniger gekonnt, aber redlich bemüht.

Das Echo klingt – Sekunden später gedämpft und doch deutlich hörbar aus Felsenschluchten wider. So spielen wir mehrmals auf, und nach Momenten des Horchens ist das Echo mal stärker, mal schwächer. Dann ist wieder Schweigen, antwortloses Schweigen, das uns umgreift, dem wir uns ausgeliefert fühlen, wie wir auch wandern, gehen und suchen.

Als wir nach Stunden zu unserem Auto zurückkehren und wieder über die Wiese gehen, durchflossen vom sprudelnden Bach, da kommen wir erneut an der seltsamen Frau vorbei. Sie nimmt uns schon wahr, scheint uns zuzulächeln mit rührender Milde. Aber ein Schatten der Gebrochenheit ist in ihren Zügen, und in ihren auffallend tiefen Augenhöhlen gähnt eine rätselhafte Nacht.

Freitag, den 24. August 1979

Eher dahingestreckt denn sitzend lagern wir uns auf Sofa und Sesseln des Raumes; ermattet vom Tage dösen wir im Dämmerschein der putzig adretten Wandlämpchen vor uns hin. Schon spät ist es am Abend; an sich Schlafenszeit, aber der Schlaf, so erschöpft wir auch sind, senkt uns nicht die Lider. Unruhe hält uns trotz gehabter Anstrengungen, trotz vorgerückter Nacht wach in unserem „Schlösschen", lässt die Augen noch unstet suchen in verunsichernder Erinnerung.

Den Eingang ins Innere, in die Innerweltlichkeit des Mount Shasta zu finden – das hatten wir weiß Gott nicht sogleich erhofft. Aber irgendeinen Widerhall von dort zu spüren, zu vernehmen oder gar zu erschauen – damit hatte Karl-Heinrich wohl doch gerechnet; vielleicht mit zu sicherer Erwartung. Nun plagt ihn offensichtlich nach einem zweiten Tag vergeblicher Suche Ungewissheit, auch wenn er schweigt, auch wenn er nicht darüber spricht.

Am Morgen, in der Frühe schon, hatte uns die Unrast hinausgetrieben. Zeitig war Karl-Heinrich aufgestanden, hatte wider sonstige Gewohnheit ein Frühstück bereitet, durch Betriebsamkeit seine Reisegefährten aufgescheucht. War es lediglich eine Ungeduld, die ihn nach der gestrigen Erfahrung vorantrieb oder gar der unterschwellige Zweifel, der Berg könne sich doch nicht öffnen?

Beim vorgezogenen Frühstück jedenfalls hatten wir beschlossen, nicht erneut in die Höhen des Berges zu gehen, sondern ihn zu umwandern von bestimmten Parkplätzen aus, den Ewig-Schneegekrönten von den verschiedensten Standorten aus zu erblicken; in der Hoffnung, plötzlich an einem Baum, an einem Fels vielleicht sei ein Kontakt möglich, eine Verbindung da... eine Nachricht, die weiterführt...

Im Bereich unseres Feriendomizils, auf der hügelig weitläufigen Hochebene, sind wir deshalb heute geblieben. Nur buschartige, breit ausladende Kiefern wachsen da auf karger, trockener Erde. Wir überragten die Bäumchen, stundenlang zwischen ihnen wandernd, hatten so stets den Blick frei auf den Mount Shasta, dessen steinerne Mächtigkeit bloß die Allmählichkeit mildert, mit der er sich aus der Hochebene erhebt – ein Anblick von Schwere und schwebender Erhabenheit zugleich.

Heiß war es, und es wurde noch heißer. Die Hitze flimmerte nur so in wolkenlos blauer Atmosphäre. Die Wege, die wir gingen, waren schlecht. Immer wieder verloren sie sich im weitläufigen Gelände wie Spuren, die die Zeit verbleichen ließ.

Von sandiger Erde, gleißend selbst, trocken und hitzig strahlte die höher steigende Sonne wider, die Zwergkiefern als scharfe Schatten auf den Boden werfend. Verfranzt dagegen waren andere Schattengebilde, so wirr eben wie Sträucher sind, die strohig-holzig geworden vertrocknet und verrottet sind.

Kein Tier zeigte sich, flog auf oder preschte aufgeschreckt davon. Nur da, plötzlich, eine Eidechse... Sandfarbig, wie sie war, hätte ich sie beinahe im Sand übersehen. Aber das golden schimmernde Auge – plötzlich war es mir aufgefallen, funkelnd und starr auf mich gerichtet. Das ganze Reptil sah ich nun mit der faltig verherbten Haut, flach geduckt im hitzigen Sand, ehe es blitzschnell verschwunden war.

Karl-Heinrich, der meist ein Stück des Weges vor uns ging, verhielt des Öfteren, stand still zwischen den halbwüchsigen Bäumen oder an einem Fels im freieren Gelände. Auf den Mount Shasta den Blick gerichtet, ihn auf sein Inneres lenkend, war er immer wieder ausgerichtet, auf Empfang ausgerichtet auf ihn.

Aber der Tag vergeht ereignislos. Und am Abend sitzen wir nach dem Essen zusammen in unserem Chalet. Auf dem Tisch stehen einige Bierbüchsen. Nach dem heißen und erfolglosen Tag haben wir wenigstens den Genuss eines Dämmerschoppens.

Karl-Heinrich öffnet die Augen, die er wie vor sich hindösend eine Weile gesenkt hatte. Erstaunen, eine Fassungslosigkeit steht ihm im Gesicht geschrieben. Erneut greift er zu einer der Bierbüchsen. Knallend springt der Verschluss auf. Er schenkt sich ein, und das lastende Schweigen durchbricht eine gesprächig werdende Zunge, endlich vom Bier gelöst.

„Aber sie sind doch da in unterirdischen Räumen“, sagt er. „Ich habe sie doch gesehen, vor unserer Reise, so fern dem Berg... und nun, da wir hier sind... gar nichts.“

Er schweigt einige Augenblicke und fährt dann fort, verständnislos: „In den Büchern stand doch auch, dass da geheime Zentren sind, geheime Menschen mit geheimer Technik...“

Mit diesen Worten spielt Karl-Heinrich auf einen Buchladen an im Örtchen Weed, unten am Fuße des Mount Shasta. Gestern hatten wir ihn noch entdeckt, waren durch die niedrige, die quietschende Tür eingetreten, sahen uns unversehens umgeben von schillernd wunderlichen Dingen, von Gewändern, von Räucherstäbchen und glitzernden Glaskugeln und einer Unzahl bunt aufdringlicher Bücher.

Bücher über Bücher mit kolossalen Titeln, etwa über das „Kosmische Bewusstsein“, über die Herren der Ober- und Unterwelten und auch, unsere Aufmerksamkeit erregend, Bücher über den Mount Shasta, über seine Geheimnisse, seine rätselhafte Bruderschaft.

Die Personen, überwiegend Frauen, die sich merkwürdigerweise in der Zeitspanne von Minuten im Laden einfanden – sie alle wurden von der Buchhändlerin freundschaftlich begrüßt, standen dann, offensichtlich eine verschworene Gemeinschaft, um uns herum, schauten uns neugierig an mit glänzenden Augen... Aber wir, vom Auftrag beansprucht, um seine Durchführung besorgt, nahmen keine Beziehung auf zu ihnen.

Auf jene Begegnung also spielt Karl-Heinrich an diesem Abend an, auf all die bestätigenden Bücher und Schriften dort. Aber wir, Annelies und ich, sind weniger auf solche Bestätigungen aus, uns fesselt Karl-Heinrichs ureigene Schau.

So fragt denn Annelies sogleich, aus Erfahrung wissend, dass Karl-Heinrich auch vieles verschweigt, was er innerlich erfährt. So nutzt sie denn seine derzeitige Gesprächigkeit.

„Uns ist wichtig“, sagt sie, „was Du gesehen hast... vorher schon, vor Beginn unserer Reise.“

Karl-Heinrich, durch die Frage festgenagelt, sträubt sich noch ein wenig; vielleicht auch noch im Widerspruch befangen zwischen dem Stolz über seine Schau und geheimen Zweifeln ihrer Gültigkeit. Dann jedoch kommt es über die Zunge; im Drange notwendig gewordener Klärungen und in der Flüssigkeit des leicht enthemmenden Bieres.

„Hohlräume... riesig...“, sagt er, „sind im Innern der Erde... eine Welt ist da in der Welt. Man könnte sagen eine zweite Lebenszone... Dort“, so erzählt er weiter, „sah ich Städte wie wir sie haben, Menschen wie wir sind...nur im Gegensatz zu uns ist da alles in vollendeter Vollkommenheit. Sie haben eine Technik, die hoch entwickelt ist... wundergleich... ich sah es, wie sie mit Strahlschiffen das All erschlossen haben... mit Flugmaschinen, die pfeilschnell sind und Haken schlagen können wie ein Hase.“

Karl-Heinrich unterbricht sich, schaut uns an, sich vergewissernd, ob eine befremdende Peinlichkeit uns im Auge steht. Aber im Gegensatz zu sonst denke ich überhaupt nicht nach in diesen Momenten. Ich bin ungeteilte Aufmerksamkeit, schaue ihn an mit erwartungsvollem Blick. Da spricht er weiter:

„Die Bewohner des Mount Shasta, die wir finden sollen, sind solche Wesen... vollkommen sind sie, weil sie im Gegensatz zum Menschen niemals aus der Schöpfung heraus gefallen sind, niemals den Schöpfer verloren haben...stets sind sie im Ebenbild Gottes geblieben."

Kein Lächeln zweifelt mir im Auge. Und die bloße Verzauberung einer goldenen Mär ist es auch nicht, die immer mehr, immer beherrschender um sich greift an diesem Abend nach der Vergeblichkeit des Tages. Wieder ist es der Zustand besonderer Stunden, wenn alles Fragen, alles Wähnen und Sinnen abwesend ist, wenn Gewissheit gegenwärtig ist, Gewissheit als Seinszustand.

„Sie suchen uns", spricht Karl-Heinrich weiter und Erstaunen und Verwunderung tönt seine Worte. „Sie, die Vollendeten suchen uns...sie suchen die Vereinigung mit der Gegenwart, mit uns Menschen."

Er hat es ausgesprochen, schweigt nun, ebenso wie wir schweigen... denn ein Gefühl beschleicht uns... eine Ahnung überkommt uns. Erschreckt sie oder erfreut sie?

Nicht mehr unter uns sind wir, das fühlen wir. Im Ungreifbaren einer Spannung, die da ist im Raum, im Schwingungsfeld einer Verdichtung spüren wir eine Gegenwart. Anwesend – und doch nicht.

Ein sehendes Fühlen ist es mehr, oder ein fühlendes Sehen... Eine Wesenheit ist da zu spüren. Und da ist, so scheint es, eine Andeutung von Gewand, hehr umschließend, in Falten fallend; da west Strenge und Gelassenheit, Vielfalt des Meisters und Einfalt des Kindes; da ist Geist, ein Geist, der sich für ewige Augenblicke verströmt im Wesensfeld einer Erscheinung.

Gespenstische Unruhe

Sonnabend, den 25. August 1979

Die Erscheinung der Nacht hat uns ermutigt. Zwar stehen wir, erschöpft vom langen Vortag, erst ziemlich spät auf: Vor dem Höchststand der Sonne aber sind wir wieder unterwegs. In den Tagen zuvor hatten wir uns in den Osten und Süden des Mount Shasta begeben.

Heute sind wir in westliche Bereiche gefahren, haben uns erneut für Stunden dort aufgehalten, sind in Hügellandschaften gewandert, über Anhöhen gekraxelt, an verdorrtem Niederholz vorbei gestrichen oder behutsam zwischendurch, dann wieder sind wir beschwerlich über Steinhalden hinweg gestiegen...

Den dicken Stock tastend vorweg mit stets wachsamen Augen und behutsamem Schritt gehen Karl-Heinrich und ich immer voraus – einige Schritte vor der nachfolgenden Annelies. Auf Schlangen ist unbedingt zu achten! Die Klapperschlange könnte, überrascht und erschreckt, sich geräuschvoll zusammenkringeln, in federnder Spannung emporzüngeln zum lebensbedrohenden Sprung.

Schräg steht die Sonne schon am Himmel, neigt sich allmählich fallend dem Horizonte zu. Noch aber ist es heiß, strahlt die Erde in Hitze wider. Im schmalen Schatten dreier hoher Bäume haben wir uns, nach sorgfältig absichernder Prüfung des Lagers, hingelegt, sind wir müde und ungestört eingeduselt.

Suchend schaue ich mich um, als ich aus dösender Abwesenheit erwache. Ein schwirrendes Geräusch ist es, das mich in den vor Hitze vibrierenden Tag zurückholt. Eigentlich, so registriere ich, ist es zu fein, zu sanft, als dass es erschrecken könnte, herrühren könnte vom angriffsschnellen Reptil. Angespannt und aufmerksam schaue ich, horche ich; da, erneut der feine Ton – da ist er...

Ein winziges Geschöpf, insektengroß und doch unzweifelhaft ein Vogel – ein Vögelchen mit herrlich schillerndem, schönen Federkleid taucht einen langen, zierlich geschwungenen Schnabel in eine Blüte. Schwirrend sind die Flügel, schier unsichtbar wie kreisende Propellerchen. Ein bunter Kolibri ist es, der stehenden Fluges Nektar schlürft... Welch ein Kontrast! Welche schwirrend funkelnde Winzigkeit vor dem Landschaftsgiganten, vor dem Mount Shasta.

Aus dem Hintergrund, von einem Felsen der näheren Umgebung, sehe ich Karl-Heinrich zurückkommen. Den ganzen Tag über hat er es schon viele Male versucht, an verschiedenen Stätten und Stellen, Kontakt und Hinweis zu erhalten, wo denn der Eingang ist ins Berginnere.

Vergebens, wie auch offensichtlich jetzt, da er zu uns tritt und nachdenklich mit einiger Ratlosigkeit sagt: „Lasst uns zu Dritt versuchen, eine Verbindung zu kriegen.“

So stellen wir uns im Kreis um einen Baum, der malerisch schön gewachsen ist in himmelsfreier Landschaft, richten Blicke und Gedanken auf den Berg, senden den Ruf aus mit drängender Frage. Aber da ist kein Widerhall, keine Antwort; keine Verbindung entsteht. Schweigend erhebt sich der Berg, schweigend bleibt er, so nah und doch so fern.

In der Enttäuschung aber, die aufgekommen ist, flackert neue Hoffnung auf.

„Vielleicht ist unser Chalet die rechte Kontaktstelle," schlägt Annelies vor.

„Vielleicht ist die Mitternacht günstiger – so wie es gestern war."

Mitternacht, 25./26. August 1979

Eine halbe Stunde vor Mitternacht ist es; gerade sind wir, Karl-Heinrich und ich, noch benommen vom Schlaf aus unseren hoch liegenden Betten gestiegen, haben uns noch etwas schwerfällig auf der „Hühnerleiter" hinabgetastet, wo uns Annelies, ungeduldig am Morgenmantel nestelnd, empfangen hat. Nun sitzen wir unten am Tisch, und die drei aufgestellten Kerzen verbreiten ein schattenhaft flackerndes Licht.

Mehr ein Liegen und Ausruhen war es da oben, ein Dahindösen und Dahindämmern bis Mitternacht, von Unruhen gestört und bewegt. Manchmal hörte ich Karl-Heinrich, wie er sich umwälzte geräuschvoll mit Wucht. Auch ich, halbwach, ertappte mich, wie ich mich hin und her drehte. Dann, zwischen nur schmal geöffneten Lidern, sah ich Karl-Heinrich, den Kopf auf den Händen gestützt, wie er gespannt nach draußen schaute, über die Bäume hinweg zum Mount Shasta.

Ich stellte mich schlafend, da ich ihn nicht ablenken wollte. Er blickte unentwegt hinaus auf den Berg, den ich an den vergangenen Abenden auch immer wieder angeschaut hatte, vom Anblick gefesselt der schneeweißen Gipfelkrone, die dämmrig hell, die rätselhaft und klar schimmerte in der Nacht.

Irgendwann schwand meine Aufmerksamkeit doch, fielen mir die Augen zu; vielleicht nicht allzu lange vor dem Zeitpunkt, da wir schon wieder aufstehen wollten und mussten.

Ratlos, wie wir sind, suchen wir Rat in der Geisterstunde, suchen wir Antwort und Rat gegen Mitternacht. Ob das ein guter Einfall war?

Der gerade begonnene Schlaf – jäh unterbrochen steckt er uns noch in den Gliedern. Ungelenk steif sitzen wir da in nächtlicher Beklommenheit, die sich bei mir ab und zu in einem ganz leichten Zittern des Körpers löst.

Den Hauptschalter der Stromversorgung haben wir abgeschaltet. Die Stromfelder der Elektrizität – in Phasen medialer Empfänglichkeit erfährt sie Karl-Heinrich manchmal geradezu als schmerzhaft.

Die Kerzen spenden genügend Licht. Sie flackern nur, wechselnd in der Helligkeit werfen sie veränderliche Schatten in den Raum.

Es ist still. Nichts regt sich sonst drinnen und draußen. Geradezu unheimlich still ist es. Die Nacht schweigt, und doch geistert etwas Unstetes, etwas Unheimliches in ihr.

In der Anspannung des Horchens, seiner ausgefahrenen Fühler schweigt Karl-Heinrich noch immer. Noch immer ist er bemüht um einen Kontakt und bleibt trotz aller Erwartung stumm.

Plötzlich jedoch ist er da; ein Kontakt.

„Keine Zeit, keine Zeit", abgehackt, im bedrängten Gehetztsein stößt Karl-Heinrich Worte hervor.

„Keine Zeit, keine Zeit", wiederholt er sich in der Monotonie eines seltsam künstlichen Sprechens.

„Wir fertigen gerade ein Flugschiff ab. Das Schiff, das Schiff – bis vier Uhr muss es fertig sein... keine Leute... keine Leute... Wir sind nur noch zwölf... Ihr drei, Ihr drei, die Ihr ruft in der Nacht... kommt zu uns. Wir brauchen Euch... kommt zu uns... Kommt... kommt..."

Dann ist Schweigen. Die Stille der unheimlichen Nacht ist um uns. So plötzlich, wie der Kontakt zustande kam, so plötzlich ist er abgebrochen.

Sonntag, den 26. August 1979

Ein schwarzer Ring, in dräuender Finsternis, umschließt er den Mount Shasta. Der Anblick, unheimlich und bedrängend, ist seit der Nacht in mir. Tatsächlich: Nicht nur den Berg sehe ich, dessen Bildnis in mir ist von den erkundenden Tagen, von den unzähligen fragenden Aufblicken zu ihm; tatsächlich, düster umgibt ihn der Ring, schließt ihn ab wie in allseitiger Verhinderung.

Immer, wenn der Ausblick frei wird auf den Giganten, zwischen den Bäumen, an irgendeinem freien, höheren Punkt suche ich mich zu vergewissern. Sehe ich den Ring nur in mir, umlagernd den Berg oder umspannt, umgreift draußen den Schnee-Erhabenen das bedrohliche Gebilde?

Merkwürdig: Ich erschaue den Ring nur, wenn ich nicht prüfe, nur, wenn ich ohne Absicht und Erwartung hinblicke. Tue ich es jedoch in zweiflerischer Anwandlung, dann schaue ich nichts mehr von dem Dunklen, nichts mehr von dem Bedrängend-Umschließenden.

Erneut sind wir hinaufgefahren in die Waldregionen, unmittelbar unterhalb des Mount Shasta. Unter den hohen, den urtümlich mächtigen Bäumen ziehen wir dahin auf erneuter Suche. Karl-Heinrich hält sich meist abgesondert. Auf auffällige Stellen ist sein Augenmerk gerichtet; auf eine Bodensenkung zwischen den Stämmen – sie könnte eine Höhle sein; auf eine hervorspringende Felsspalte – sie könnte ein Eingang sein.

Mir jedoch steht in diesen Stunden nicht der Sinn danach. Die nächtliche Erfahrung in ihrem Gegensatz zur vorherigen, so heil-vollen Aussage und Erscheinung hat meinen Geist geradezu in einen Bann geschlagen, aus dessen lähmender Macht ich mich nur mühsam mit sinnenden, mit ergründenden Gedanken löse.

Welch eine beherrscht-herrschende Würde und Größe strahlte die Wesenheit aus, die da vor zwei Tagen um Mitternacht erschienen war! Welche Überlegenheit in Meisterschaft und Geistesmächtigkeit! Und dann das Gestrige, diese Ausstöße von Unruhe, von Hektik; hinausgepresst wie im unsichtbaren Würgegriff einer Bedrängung! Diese Signale der Not, dieser Hilferuf in geradezu stammelnder Verzweiflung, dieser Ruf an uns, an die drei Lebenden!

Welch eine Macht und welch eine Ohnmacht der Jenseitigen! Aber was können wir, die Lebenden, wirklich tun? Haben wir denn eine Macht? Sind wir nicht, insbesondere wir drei namenlosen Zeitgenossen, in Wirklichkeit die Ohnmächtigen?

Der dräuende, der düstere Ring – wieder sehe ich ihn in erschreckender Klarheit, wie er den schnee-erhabenen Berg, wie er den Mount Shasta der geheimen, großen Wesenheiten umschließt. Wieder ist mir die unheimliche Bedrohung gegenwärtig. Und der Ernst einer unabweisbaren, einer drängenden Aufforderung hat mich ergriffen, sucht sich Klarheit, sucht sich Bewusstheit zu erringen in den dringenden Fragen.

Warum sind wir drei hierher geführt worden? Was können wir tun? Als Lebende in der Beschränkung gegebener Verhältnisse und Umstände? Was ist uns tatsächlich möglich? Was ist uns Menschen überhaupt, was ist uns Lebenden überhaupt möglich im Gegensatz zu den Jenseitigen?

Vollendet seien sie, in der herrlichen Ebenbildlichkeit Gottes seien sie geblieben – so jedenfalls hatte es Karl-Heinrich mit dem inneren Auge gesehen – jene Wesenheiten der Vollkommenheit, die da leben im Innern der Erde wie in einer anderen Daseinszone und die eben im Gegensatz zu uns nicht verloren hätten das erleuchtende Einssein mit dem Schöpfer.

Aber warum sieht sie Karl-Heinrich im Innern der Erde? Warum sieht er sie so leibhaftig, in so konkreter Umwelt, in Bauwerken überragender Kultur und Technik? Ist es so, weil es einst gelebte Wirklichkeit war, die er schaut; eine Hochkultur, die einst tatsächlich geschehen ist in mythischer Vorzeit, einst auf dem Gipfel einer Vollendung; einst bevor der Fall kam in Abgründe – jäh? Hehre Archetypen sind sie, Verheißung und Mahnung zugleich, Verheißung und Mahnung in der Gegenwart.

Atlantis, so deuten es umschauerte Überlieferungen an, sei untergegangen, weil die Atlanter die Einheit mit Gott und der Natur verloren hätten, weil ihre Technik, Werkzeug ihrer selbstsüchtig gewordenen Selbstherrlichkeit, zur Selbstzerstörung führte.

Wieder, wie schon so oft, ist da die schicksalsschwere Frage: Wiederholt sich Atlantis in der Gegenwart? Atlantis, das da versunken ist in die Tiefen seiner mythisch verschleierten Vergangenheit; Atlantis, das da im Bann ist seines Glanzes und Verhängnisses zugleich, der Gegenwart entrückt und doch ihr lastend nah, den Lebenden entzogen und doch ihren Kontakt suchend – als die Vergangenheit, die in atmender Gegenwart eine neue Zukunft erschließen kann und soll.

Ist das der Schlüssel, den wir finden sollen hier an der legendenumgeisterten Stätte? Hier am Mount Shasta, wo offensichtlich uraltes Vermächtnis west und webt?

Ohne Frage, wir sind mitten drin im Geschehen einer waltenden Allegorie. Ich unterhalte mich darüber mit Annelies, während Karl-Heinrich sich abseits hält, immer wieder auf der Suche nach der Stelle, wo der Berg sich öffnen mag, wo er preisgibt das Geheimnis seines Inneren.

Aber sollen wir denn wirklich einen Eingang finden, eine Höhle etwa, die auf abschüssigem Fels hinabführt in innere Tiefen? Geht es um Örtliches oder geht es um Symbolisches? Sollen wir nicht in Wirklichkeit in die Tiefen der Vergangenheit hinabsteigen, um ihr Vermächtnis zu gewinnen, es zu erschließen für Gegenwart und Zukunft?

Ohnmacht und Macht der Jenseitigen! Macht und Ohnmacht der Diesseitigen! Wenn aber die Ohnmacht des einen des anderen Macht ist, so bliebe nur die Macht der Meisterung bei einem Bunde, bei einem Bündnis zwischen den Jenseitigen und den Diesseitigen, zwischen den Lebenden und den verblichenen Ahnen.

„Was aber ist die Ohnmacht der Ahnen?“, frage ich Annelies.

„Ihre Tatenlosigkeit“, sagt sie.

„Was ist die Macht der Lebenden?“

„Ihre Tatenmächtigkeit.“

„Was ist die Macht der Ahnen?“

„Ihre Weisheit, ihre Überschau, führend und fügend!“

„Was ist die Ohnmacht der Lebenden?“

„Ihre Verirrung und Verwirrung im Labyrinth der Welt!“

„Was hindert die Weisheit, zur Tat zu finden?“

„Die Kluft zwischen Diesseits und Jenseits, die Bündnislosigkeit zwischen Vergangenem und Gegenwärtigem, die Verschlossenheit des Inneren in der veräußerlichten Welt.“

Der Ring, der düstere Ring – ich sehe ihn erneut, den erhabenen Berg umlagernd; aber der Ring schreckt mich nicht mehr. Erregt, ergriffen von den Einsichten spreche ich zu Annelies.

„Der Ring ist Bildnis der Trennung. Der Eingang in den Berg aber Bildnis ihrer Überwindung.

Der Eingang... der Eingang... im Blitzstrahl der Erkenntnis, in der Tat des Geistes, in der Geistestat ist er zu finden.“

Noch am Abend haben wir mit Karl-Heinrich darüber gesprochen. Er war ohnehin auf mich zugekommen, hatte zu mir nach der erneuten, vergeblichen Suche des langen Tages gesagt:

„Hanns-Günter, Du warst es doch, der den Eingang fand. Ich sah es doch im Bilde. Morgen suche ich nicht mehr, morgen suchst Du.“

Da endlich habe ich ihm gesagt, was ich geschaut habe, den Berg mit dem Ring, was Annelies und ich am Nachmittag besprochen hatten. Erstaunlicherweise hat er nichts dazu gesagt, er hat nur mit spürbarer Überzeugung bekräftigt:

„Lasst es uns morgen so tun, wie es im Bilde gezeigt wurde. Annelies und ich spielen auf den Instrumenten seitlich im Gelände, und zwischen uns, in der Mitte sucht Hanns-Günter den Eingang.“

Noch am Abend bin ich draußen gewesen, habe ich mich prüfend gefragt, ob mir die Schlichtheit des Wesens bleibt, ob ich mich nicht spreize, zu blähen beginne in ominöser Bedeutsamkeit.

Schlichtheit des Herzens und Nüchternheit, beseelte Nüchternheit – das ist die Klarheit der Seele, in der die Innen-Bilder aufscheinen; untrüglich, unverzerrt von Gefühlswallung und Eitelkeit, so dass der Zweifel nicht anzufechten vermag ihre Gültigkeit.

So knie ich nieder. Die Bereitschaft zum Einsatz bekräftigend, ebenso wie die Bescheidenheit verharre ich noch eine Weile, ehe ich zurückgehe in unsere Unterkunft, in unser kleines Chalet.

Aus der Not erlöst

Montag, den 27. August 1979

An einem Felsen, spitz hervorspringend am aufsteigenden Steinmassiv, stehe ich. Unter mir dehnt sich abschüssiges Gelände, das sich in einer weitläufigen Mulde fängt, die übersät, überlagert ist von Steinen und Brocken. Ein Absatz, schmal zwar, aber breit genug für einen Trampelpfad, zieht sich um die hervorspringende Felswand herum.

Ich stehe allein, hinter mir die Felswand, aufsteigend zum Gipfel. Vor mir, die Mulde überblickend, sehe ich bewaldete Höhenzüge, überragt vom zweiten, schneeig-weißen Gipfel des Mount Shasta. Karl-Heinrich ist nach links um die Ecke gegangen, Annelies nach rechts, jeweils ein Stück an der Felswand entlang – bis der geeignete Platz gefunden ist, wo sie ihre Instrumente spielen wollen.

Ich suche mich zu sammeln im tiefen, ruhig-beruhigenden Atem, die Brust an- und entspannend in den wechselnden Strömen. Ich spüre die Belebung schon bis in die Tiefe des Bauches, ich spüre das Kreisen des atemgestärkten Blutes.

Da höre ich Klänge von der Klarinette; erst gedämpft von der rückwärtigen Wand her, dann widerhallend im Echo der Schlucht. Helle Flötenlaute nun, im beharrlich wiederholten Akkord geblasen, überlagern die dunkleren, die volleren Töne der Klarinette. Und von irgendwo her, im gebrochenen Widerhall, schallt es wider und wider.

Ich schließe die Augen, gebe mich ganz und gar hin einem Schweigen, einem Innern, einem Lichtfeld der Seele, das da aufscheint in der Dunkelheit geschlossener Lider.

Mein Herz schlägt. Es schlägt schneller in der Spannung des suchend erspürenden Beginnens; schneller nach einer fast durchwachten Nacht, in der die Gedanken kreisten – der Einstimmung, der Vorbereitung. Da endlich der Impuls, ermutigend und straffend. Ich hebe die Arme und sage mit verhalten deutlicher Stimme:

„Atlantis,
gelebtes Reich zum Mythos entrückt,
ich rufe Dich!
Ich rufe
Dein Vermächtnis
in die vernichtungstrunkene Gegenwart!
Ich rufe
die Großen Meister,
die großen Wissens-Träger
von menschlicher Tragik und Selbstzerstörung!
Ich rufe
die Großen Meister,
die großen Weistums-Träger,
die stets geblieben sind
in der Ebenbildlichkeit Gottes!

In Demut,
im Mut zum Dienst,
rufe ich Euch in die Weltenstunde,
in der der Alleine bringet die Wende der Welt!
Im Mut zum Dienst
rufe ich Euch in die Wirklichkeit der Gegenwart!
Im Mut zum Dienst
wandle ich den dunklen Ring,
der da umschließt den Berg;
ich wandle ihn
im Namen des Alleinen,
im Geiste seiner Allmacht –
ich wandle ihn in reines Licht.“

Ich spüre nichts, erschaue nichts, nichts an Wirkung und Auswirkung. Ein Zittern bloß nachwirkender Anspannung und Erregung rieselt mir durch den Körper. Ich stehe da, noch einige Minuten, geschlossenen Auges im Zustand der Ergriffenheit.

Dann höre ich Geräusche, Schritte, die näher kommen. Karl-Heinrich ist hinter der Felswand hervor getreten, auch Annelies kehrt alsbald zurück. Wir treten zu dritt in den Kreis, bekräftigen zu dritt den Ruf, die Wandlung des Ringes.

Karl-Heinrich wird still, es ist die wachsende Aufmerksamkeit auf ein Inneres, das sich ihm mitteilt, das sich im Erstaunen, im stärker werdenden Erstaunen in seinen Gesichtszügen abzeichnet.

„Wie ein Alpdruck“, so sagt er, „weicht es von ihnen. Sie erwachen wie aus einer Erstarrung. Sie sagen:

»Wir haben den Ruf vernommen. Atlantis ist gegenwärtig, ist wirksam im Weltenlauf. Wir, die Meister, sind gegenwärtig in den Lebenden, die offen sind für uns. Es ist die geburtslose Vergegenwärtigung, die geburtslose ‚Fleischwerdung‘, *von der ihr hörtet.*

Noch ist der Welt verborgen das größte Geheimnis Eurer Zeit. Aber Tausende sahen schon die glühenden Scheiben; leuchtend, rasend in himmlischen Räumen. Schon ahnen Millionen, in irrenden Vorstellungen befangen, das Unvorstellbare.

Kommet wieder, kommet wieder in sechs Tagen und schauet das Unvorstellbare...«“

Karl-Heinrich bricht ab. Wieder, so denke ich, ist das merkwürdige Wortgebilde angesprochen worden. „Die geburtslose Fleischwerdung“ – welch ein Ungetüm von Wort. Aber zuweilen wählen die da von „Drüben“ solche auffallenden Worte, offensichtlich, damit sie sich verhaken, unvergesslich verhaken in unserer Erinnerung, damit wir aufgescheucht darüber nachdenken.

Heute aber lasse ich es auf sich beruhen. Ermüdet und erschöpft sind wir alle. Im ganzen Ausmaß nehmen wir es wahr, als wir schweren Ganges zurückwandern zum Auto, das wir am verwaisten Skilift des Gipfels zurückgelassen haben.

Der Wagen rollt abwärts, immer wieder gebremst auf den scharfen Kurven, die Straße hinunter. Bald sehe ich, im Fond des Wagens sitzend und zurückschauend, benommen noch von überstarker Nachwirkung, den Mount Shasta aufragen.

Den schwarzen Ring, den düster umschließenden, sehe ich nicht mehr; ein lichter, ein golden leuchtender Ring ist es, der aufstrahlend den Berg umgibt.

Im Glanze des Lichtringes

Mittwoch, den 29. August 1979

Gestern haben wir die Gegend des Mount Shasta verlassen, sind über die City *Klamath Falls*, vorbei am kilometerlangen *Klamath Lake* schließlich noch stundenlang gefahren bis zum kleinen Ort Redmond, sind dann rechts ab auf Nebenstrecken immer tiefer ins karg-trockene Gebirge gelangt, wo sich Täler ausdehnen in dem weiten Bogen rötlich-grauer Felsenzüge, wo sich Schluchten verengen am steil aufragenden Gestein.

In einer solchen Schlucht, im Schatten der Felsenwände standen wir. Wir hatten angehalten, weil Karl-Heinrich aufmerksam geworden war auf die Stätte und ihr Vermächtnis. Indianer sah er, im Felsen, hoch im Felsen an Vorsprüngen. Einst standen sie dort mit erhobenen Armen, waren so atmende Pfeiler einer Brücke, Pfeiler eines Regenbogens, der sich hinüber spannte…

Ihre Seelen stiegen einst, das erfuhr er an der Stätte, den Regenbogen empor, begegneten im Zenit seiner lichtvollen Höhe den Wesenheiten von drüben…

Die Brücke zwischen Diesseits und Jenseits... sie stehe wieder, strahle wieder wie ein herrlicher, wolkenwärts aufsteigender Regenbogen...

Diese, seine übermittelten Worte gehen mir nicht mehr aus dem Sinn. Zum Mount Shasta, so hieß es noch, sollen wir zurückkehren... in sechs Tagen. Ob wir dort den Meistern von drüben begegnen werden, da doch die Brücke nun steht zwischen Diesseits und Jenseits?

In der Eintönigkeit einer sich stets ähnlichen Landschaft, Stunde um Stunde, schweife ich oft in den Gedanken ab, insbesondere immer dann, wenn Karl-Heinrich unser Auto lenkt.

Der Mount Shasta steht mir immer wieder vor Augen. Ich sehe ihn tatsächlich im Glanze des schwebend leuchtenden Ringes. Ich will nicht nachsinnen darüber, was uns in sechs Tagen wohl erwarten mag. In einer Erwartung, die offen bleibt, die möglichst nicht beeinflusst ist von der eigenen Vorstellung will ich sein, will ich halb träumerisch, halb spielerisch wechseln in meiner Aufmerksamkeit zwischen der herb großartigen Landschaft draußen – der Berge, Schluchten und Täler und dem vom Glanz überstrahlten Bildnis in mir.

Heute, gegen Mittag, haben wir die berühmten *John Day Fossil Beds* erreicht, ein Flusstal, in dessen Gebirgsschichten Urgeschöpfe aus grauester Vorzeit entdeckt worden sind. In der mühseligen, auf sich selbst gestellten Arbeit des Pioniers, angetrieben aber vom brennenden Drang des Forschers und Entdeckers, fand Thomas Condon im bröckeligen Felsgestein jenes Tales die ersten Fossilien.

Um die Jahrhundertwende gab das Gestein immer mehr von seinen vorzeitlichen Geheimnissen preis, so dass sich der neueren Wissenschaft der Paläontologie immer mehr Einblicke in die Vorzeit und ihre ungeheuerlichen Umbrüche eröffneten.

Im Tertiär der Erdgeschichte, genauer im so genannten *Oligozän*, geschah es, dass sich in Jahrmillionen die subtropischen Wälder zurückzogen und sich immer mehr die Nadel- und Laubbäume, die Gräser des offenen Landes ausbreiteten. Es war die Zeitspanne der Erde vor etwa 38 Millionen bis etwa 25 Millionen Jahren – eine erdgeschichtliche Phase, die in weiten nordwestlichen Gebieten Nordamerikas gigantische Vulkane ausbrechen ließ, deren todbringende Lavaglut sich über das Land ergoss. Ein alles erstickender Aschenregen fiel hernieder, tötete alles, was da lebte, und bewahrte es in Tiefenschichten: das Großschwein *Arcanotherium* ebenso wie den *Mesohippus*, ein

Urpferd der heutigen Gattung, und den hirschähnlichen *Oreodon*. Die Illustrationen dessen, im einstigen Wohnhaus des Geologen – all die Nachbildungen dort in den Schaukästen der Ausstellungsräume sind in ihrer plastischen und eigenschaftlichen Genauigkeit nur durch die in Gesteinsschichten gefundenen Fossilien möglich geworden.

Eine Erdkatastrophe hat einstiges Leben bis in alle Details erhalten, hat wie in Momentaufnahmen Erdepochen im Gestein abgebildet, Wandlungen und Umbrüche der Erde und der Evolution, in der Giganten zu Winzlingen, aber auch umgekehrt Tiere und Pflanzen gigantisch werden konnten.

Im Jahrhunderttausende zurückgehenden *Pleistozän* der Eiszeiten, als aus dem hohen Norden das Eis in gigantischen Gletschern vordrang, entwickelte sich die Tierwelt in den nördlichen Breiten fell- und dadurch kältegeschützt ins Riesenhafte, da wuchsen die *Mammuts* und *Mastodons* empor, die Riesen unter den anderen auch riesig gewordenen Tieren, ehe sie mit dem nordwärts zurückweichenden Eis für immer ausstarben.

Ungeheure Wandlungen sind es einer unerschöpflich in Zeiten und Räumen gestaltenden Schöpfungsmacht.

Zu den „Blauen Bergen"

Mittwoch, den 29. August 1979

Die Bläue – über den Weiten schimmert eine atmosphärische Bläue, über den Hügeln da bis zum Horizont schweben die hauchfeinen Ballungen, als habe sich das endlose Blau des Himmels hinabgesenkt auf die Erde, die im goldgelben Glanz steht des gereiften Sommers. Um uns ist nun der Raum, die Weite der tausend Hügel, der grasigen Mulden.

Die Blauen Berge sind es, *The Blue Mountains*, die der atmosphärischen Erscheinung den Namen gegeben haben. Nahe sind wir schon unserem nächsten Ziel; wir sind bereits in den Gebieten, im einstigen Land der edlen, der friedfertigen *Nez Percé*.

Nach erneut stundenlanger Fahrt haben wir eine Pause gemacht. Abseits von den Freunden sitze ich am Hang, mitten im Gras, das lang ist, golden schimmert wie Frauenhaar.

Altweibersommer ist es, wenn das grüne Gras, das sprießig-pralle Kleid von Mutter Erde, im goldenen Glanz verdorrt, wenn Fäden wehen in den Lüften, geflügelte Samenkörner segeln in ersten Winden des nahenden Herbstes und morgens schon der Rauhreif im Laub funkelt und in tief stehender Sonne der Tau an hängenden Spinnenweben. Die unerschöpfliche Mutter Erde nimmt sich dann zurück, zurück in den Schoß ihrer Tiefe. In Wintersnacht webt sie am neuen Jahreskleid.

Am Auto, an der Straße sind Annelies und Karl-Heinrich geblieben. Die Straße, eine Nebenstrecke, liegt ebenso still da wie die ganze weite Landschaft. Die Einsamkeit habe ich erneut gesucht, weil ich allein sein will mit mir und mit ihr – mit dem Mädchen, dem Mädchen mit den großen schönen Augen, die wie Sterne leuchten in der Nacht.

Ich sah sie in Räumen des Inneren, in der empfangend schauenden Seele. Unter dem gestirnten Himmel, da erschien ihr schönes Antlitz, da leuchteten ihre Augen. Ich sah sie, die Ersehnte! In einer Julinacht war es des vorigen Jahres. Und es geschah, nachdem mir Karl-Heinrich am Abend zuvor eröffnet hatte, von seinen Dreien sei ihm gesagt worden, eine edle Blume werde sich finden – mein Lebensweg werde mich eines Tages zu ihr führen.

Gerade jener Tag, an dessen Abend ich es erfuhr, war wieder einmal schwer für mich gewesen. Gemeinsam mit Annelies hatte ich Karl-Heinrich auf seinem kleinen Bauernhof besucht, war dann aber allein ruhelos in den umliegenden Wäldern herumgestreift, wieder einmal beschattet von der Qual einer Unlösbarkeit.

Die Junge zu finden, die den Weg der inneren Führung bereit ist, fähig ist mitzugehen, mit zu tragen – wieder einmal erschien es mir völlig unmöglich. Liegt es am Schicksal? Liegt es an mir? Wohl am Schicksal in mir selbst.

Die bittere Erfahrung von Jahrzehnten war es jedenfalls, dass entweder erwachte Liebe nicht erwidert wurde oder dass ich bei Widerhall die Liebesgefühle anzweifelte, sie könnten ungenügend sein, etwa nur im Sog rein sexueller Anziehung.

Immer wieder war es auch die Befürchtung, ich könne wegen der Unvereinbarkeit einer solchen Beziehung mit dem „Geiste" in die verstärkte Gefahr einer Spaltung, eines ungut gegensätzlichen, unwahrhaftigen Rollenspiels geraten. Mir genügte schon die tägliche, die widersprüchlich-zwiespältige Berufserfahrung in der Redaktion.

Das vom Intellekt bestimmte Bewusstsein einer Redaktion, insbesondere das einer der Aktualität und Alltagsrealität verpflichteten Tageszeitung, war eigentlich unvereinbar mit meinem anderen Leben. So blieb Abstand, ein immer wieder sich bestärkender Abstand im Umfeld der Redaktion. Trotz aller Freundschaftlichkeit, die sich durchaus entwickelte, blieb auch Abstand zu Mädchen und Frauen, die mir entgegen traten in den Abläufen der Arbeit: Und das, obwohl ihr Anblick, ihre Gestalt mein Herz nicht selten schneller schlagen ließ...

Der Gegensatz, wenn er sich doch aufhöbe...! Wie oft habe ich in übermächtigen Schwärmereien, ja in törichter Einfalt erwartet, die Geistesoffenbarungen meines verborgenen anderen Lebens könnten eines Tages zur Nachricht geworden sein, als Schlagzeilen auf der ersten Seite der Zeitung prangen, in jener Zeitung, nach der ich am Morgen gegriffen hatte...

Aber die Ernüchterung, bei solcher Erwartung unausweichlich, war nötig und geradezu heilsam. Die erneut erfahrene Einsamkeit in der Welt, die ich erlitt und das trotz meiner tiefen Bindung zu Annelies, bewahrte mir aber das Eine, das alleine Licht des Geistes in dieser zwiespältig-brüchigen Welt.

Vorbei jedoch war die Zeit einer gewissen weltfernen Geringschätzigkeit, vorbei die frühe Zeit meines Lebens, in der ich doch das Alltägliche, Abläufe, Probleme des realen Lebens irgendwie herabsetzte und damit auch die Ereignisse, die Streitfälle, die sich eben auf aktuellen Zeitungsseiten widerspiegeln. Irgendwie ahnte ich schon, so wie zum Ganzen Himmel und Erde gehören, so gehört zur Ganzheit meines Daseins eben auch die Redaktion. Sie stand gewissermaßen für die äußere Welt, zwang mich, mich in Artikeln mit Straßen, mit ihrer Markierung und Beampelung zu befassen. Die Redaktion war eben für mich ein Stück jener missachteten, aber unausweichlichen Realität, zu der es – das wurde mir immer klarer – mehr und mehr elementare Beziehungen zu entwickeln galt.

Meine Absicht, die Anstellung in der Redaktion aufzugeben, muss nicht im Widerspruch dazu stehen. Nach Jahrzehnten solcher Berufstätigkeit – so erscheint es – will mir wohl das Schicksal eine gewisse Befreiung in den Lebensumständen gewähren, in der ich vielleicht zwangloser als bisher an der Gleichgewichtigkeit von Himmlischem und Irdischem werde arbeiten können.

Aber wer weiß schon, wie alles kommen wird? Unheimlich ist sie ja, die Ungewissheit der Zukunft. Manchmal dämmert mir, im flüchtigen Schatten einer panischen Attacke, der Weg dahin könne erschreckend lang sein.

Mehr Freiheit aber, mehr Entwicklungsmöglichkeiten wird die Zukunft schon bringen. Mich beflügelt die Zuversicht, dass mich Zwänge der Vergangenheit nicht mehr so niederdrücken können wie damals im vorigen Jahr, an jenem Julitag, an dem ich allein und ruhelos durch die Wälder am Edersee gestreift war. Wie gesagt, am Abend jenes Tages sprach es Karl-Heinrich aus, mit Nachdruck angestoßen dazu von den Jenseitigen, die nicht zulassen wollten, dass ich, erfasst von schlimmster Krise, in Hoffnungslosigkeit versank.

„Sie sagen, ich soll es sagen“, so begann Karl-Heinrich umständlich an jenem Abend, nachdem er in Harbshausen zu uns, ins kleine, benachbarte Häuschen herüber gekommen war, sich erschöpft von der Tagesarbeit ins Sofa hatte fallen lassen.

„Wer sind sie? Sie, die Dich sprechen lassen?“, fragte Annelies, immer Anteil nehmend an meinem Geschick und immer neugierig zugleich.

„Sie“, antwortete Karl-Heinrich, „sie, das sind die Väter der Indianer, die weisen Väter von einst – sie wollen Hanns-Günter eine edle Blume anvertrauen.“

Eine edle Blume, eine Indianerin sei es, die auf mich warte, so jedenfalls deutete Karl-Heinrich die Bilder und Worte aus anderer Sphäre. Zwar sah auch ich in der folgenden Nacht jenes Augenpaar, so klar und schön wie Sterne, zwar mutete mir die Gestalt, geheimnisvoll erscheinend im nächtigen Licht der Gestirne wie eine Indianerin an; aber im Gegensatz zu Karl-Heinrich nahm ich die Ankündigung offener an. Auch eine Indianerin von einst konnte es doch sein, die wiedergeboren vielleicht in heimatlich deutschen Landen mir in künftigen Tagen begegnen könnte. Wieder erwacht war die Hoffnung an jenem Abend, in jener Nacht… und bewegend starke Sehnsucht blähte mir, spannte mir wieder meine Lebens-Segel…

The Blue Mountains – die merkwürdige Bläue, ihre atmosphärisch feinen Ballungen in der Ferne – welch ein Anblick! Diese einzigartige Landschaft da, dieses Bildnis meiner Sehnsucht, mir vor Augen nun als eine Wirklichkeit; Gras, das greifbar ist, Winde, die spürbar sind auf der Haut gleich einem Atem… fern, fern mag sie noch sein, die Ersehnte, aber in der Ahnung ist sie schon da wie die Bläue in der Ferne.

Die Landschaft, der Zauber ihrer Weiten, meine Sehnsucht – all das hat mich wohl zu sehr erfasst, mich zu lange abseits verweilen lassen. Plötzlich steht Annelies hinter mir.

Karl-Heinrich, so berichtet sie mir, habe sich soeben über mich geäußert: *„He won't accept her.“* Ich also würde sie als Partnerin nicht annehmen.

„Er vermutet es wohl“, sagt Annelies, „weil Du vielleicht nicht gewillt bist, oder nicht den Mut hast, eine Indianerin zu heiraten.“

Erneut erschrecke ich. Nicht etwa deshalb, weil ich eine solche Bindung ablehnte; bejahen würde ich sie schon, wenn sie schicksalhaft wäre und uns Liebe verbände. Gegensätze der Rassen, Probleme kultureller, menschlicher Unterschiedlichkeit wären dann wohl zu überbrücken.

Nein, ich erschrecke, weil ich mich erkannt fühle in meiner schwärmerisch-romantischen Wesensart, die mir den Blick, den Sinn verstellen könnte auf das wirklich, auf das tatsächlich zu Lebende.

Wenn die Aussage *„He won't accept her“* nicht nur eine Meinung von Karl-Heinrich ist, sondern – was nicht immer zweifelsfrei zu klären ist – von seinen „Dreien“ stammt oder über sie aus anderer Quelle, dann ist sie verwandt mit jener anderen Aussage, die vor einiger Zeit von „Drüben“ übermittelt wurde: Aussagen, die sich ergänzen und deshalb umso ernster genommen werden müssen.

„Die Wirklichkeit des Lebens solle ich mit Liebe anfassen“, das hatten – ich erinnere mich genau – nicht Karl-Heinrichs „Drei“ über mich gesagt, sondern jene Wesenheit, die ihm eines Tages erschienen war und die sich *Ak-Naut* nannte, die sich als eine Vor-Inkarnation von mir darstellte. Vor Jahrhunderten habe sie als *Nez Percé* in den nördlichen Tälern der Rocky Mountains gelebt.

Die Überlieferung der Väter und Mütter habe er, *Ak-Naut*, aufgezeichnet. Anhand der sichtbar werdenden Bilder hatte Karl-Heinrich ja geschlossen, es sei auf Tafeln, vielleicht aus solchen aus Stein oder auch aus Leder geschehen. *Ak-Nauts* Auftrag an mich laute: Ich solle sein poetisches Vermächtnis finden und es veröffentlichen.

Das hatte die Erscheinung mit den gütig leuchtenden Augen gesagt und erneut gemahnt: *Aber sage ihm, er soll die Wirklichkeit des Lebens mit Liebe anfassen.*

Die Botschaft an mich nehme ich ernst, sehr ernst. Ihre Bedeutung, die Tragweite ihrer Wahrheit wird mir immer bewusster. Die Botschaft fasse ich auch als Lebenshilfe auf, sie möge mir Rüstzeug sein und werden für die schmalere, mehr Trittsicherheit fordernde Gratwanderung nach erfolgter Kündigung.

Glanz und Herrlichkeit innerer Schau wie in Vollkommenheit erscheinend – all die Heilsbilder und Ideale, die noch unerfüllt vom Leben mal schwärmerisch, mal gar schwelgerisch die Seele erfassen – sie alle können die Augen blenden oder verschließen vor der Wirklichkeit, vor einem Abgrund gar, der nahe ist, der näher kommt...

Treue zum Ideal, zu Leitbildern des Inneren – die unbedingte Bereitschaft, dafür einzutreten oder gar zu kämpfen, kann zu Bevormundung oder gar Vergewaltigung der Wirklichkeit und ihrer Menschen führen, wenn nicht Liebe im Einsatz waltet, wenn nicht liebendes Verständnis wächst für die unzählbar vielen, kleinen Schritte, für die Umwege, die Irrtümer, die Unzulänglichkeiten des Lebens, wenn nicht Erfahrung gewordene Weisheit waltet in der Bereitschaft zu Selbstüberprüfung und Wandlung, in der bewussten Bejahung, in der bewussten Annahme jener unvermeidbaren Unvollkommenheit.

Vollkommenheit – erreichbar ist sie nur über die Unvollkommenheit des Lebens.

An ihr, der Partnerin, der mir von Schicksal und Fügung bestimmten, sollte mich nichts stören – nicht irgendeine Gegebenheit, nicht irgendein Schönheitsfehler, nicht irgendeine Einschränkung, die Partnerschaft nun mal mit sich bringt.

Ein Ruck in mir geht durch meinen Körper, und flüsternd zwar aber bestimmt sage ich:

„I will accept her.“

Der Napoleon der Indianer

Mittwochnachmittag, 29. August 1979

Lieblich, ach so anheimelnd schön ist das Land der sich schlängelnden Wasser. Die *Nez Percé*, die als einer der edelsten Stämme Nordamerikas gelten, nannten es so, das fluss- und bachreiche Land im heutigen Grenzbereich der US-Staaten Oregon, Washington und Idaho.

Ausgestiegen sind wir – nach längerer Autofahrt entlang am sich unentwegt schlängelnden Fluss auf einer Straße, die dem Verlauf der schnellen Wasser kurvenreich folgt. Wir sind ausgestiegen, auf die einladend schöne Wiese gegangen, an Bäumen vorbei, die sich sanft, kaum wahrnehmbar, im Winde bewegen. Und überall Blumen um uns herum, zu unseren Füßen, so dass wir behutsam, einer nach dem anderen, einer Trittschneise folgen.

Herrlich klar und kalt – meine eingetauchte, sich rötende Hand verspürt es schnell – strömen die Wasser des Flusses dahin, schäumen hell auf an widerständigen Steinbrocken. Fern im Hintergrund, dort, wo die hohen Berge mattgrau im Blau des Himmels stehen; von dort aus hoher Ferne kommen die schnellen Wasser her – unentwegt strömend.

Wirklich! Das Tal ist so lieblich! Nach der über eintägigen Autofahrt durch die öden Felsgebirge mit Erdflächen, leer gebrannt, graslos in einer allgegenwärtig herniederbrennenden Sonne – erfreuen wir uns wieder an der Vielfalt, am Liebreiz einer üppig sprießenden, blühenden Natur. Ob es die traulich schattige Nähe durchsonnter Bäume ist oder die erhabene Ferne der Berge – überall atmet die Heiterkeit des Lebens.

Gar nichts, aber auch gar nichts Fremdes – so wird es mir immer bewusster, hat diese Landschaft für mich. Ja, sie ist mir eigentümlich vertraut. Ist es die Erinnerung an ein Leben, an ein Dasein hier im Lande der sich schlängelnden Wasser, die Erinnerung gar an dieses Tal, in dem ich stehe? Letzte Gewissheit habe ich nicht. Die anheimelnde Empfindung könnte ja auch die bloße Ähnlichkeit dieser Landschaft mit einem mir vertrauten Alpental ausgelöst haben.

Dennoch – würde die Ähnlichkeit der Landschaft die seltsame Ergriffenheit erklären, in der ich da stehe an dem Fluss, dem unentwegt strömenden, in der ich da stehe auf der Wiese, der sternengleich blumigen…?

Um Abstand zu gewinnen, schließe ich die Augen, unbeeinflusst von Äußerem möchte ich in mir selbst eine Antwort finden. *Ak-Naut*, der dichtende *Nez Percé*, auch mir ist er im Innern erschienen. Freilich, es geschah erst, nachdem mir Karl-Heinrich von ihm gesagt hatte, dass an einem Abend all seine Aufmerksamkeit von der Außenwelt weggelenkt wurde auf eine Erscheinung, die mehr und mehr all seine Sinne fesselte.

Wie aus Nebeln kommend hatte sie sich verdichtet. Lederbekleidet stand sie auf einmal da, in feingliedriger Gestalt mit einem Antlitz leuchtender Liebe. Ein Gespräch entspann sich mit ihm, dem *Ak-Naut*, und im Verlaufe dessen hatte er gesagt: Mit unsichtbaren Fäden seien sie, die Ureinwohner, verbunden gewesen mit der Umwelt, mit dem Fluss, mit dem Baum…

Dem Baum da vor mir, in dessen Blättern die Sonne flimmert und der Atem des Windes weht! Die Blätter, die Wispernden – ich höre sie und öffne die Augen; zu unvermittelt wohl, denn das Licht des leuchtenden Tages trifft mich, seine Strahlen treffen mich auf einmal wie Pfeile schmerzend, Schlag um Schlag. Abschied, so mag er schmerzen, Trennung, so mag sie wehtun.

Wehe den Menschen, die solche Heimat, die solche Erde, die Nährende und Schirmende, verlassen mussten, die vertrieben wurden von fremder Macht, so wie es den *Nez Percé* widerfuhr vor über hundert Jahren.

Nez Percé, der Stamm der Friedfertigkeit, das Volk, das die ersten Weißen gastfreundschaftlich aufnahm, die Ankömmlinge in ihrer existenziellen Not abfing und stützte; das Volk des hohen Nordwestens, das in weiser Einsicht in die Machtverhältnisse Kämpfe und Kriege mit den Weißen achtsam mied und dem dennoch nahezu alles genommen wurde.

Nez Percé, das Volk geistiger Offenheit, das Volk, das weise Männer in den Osten, zu den Weißen sandte, um von der Bibel, dem Buch des Himmels, zu hören und das schließlich jähes Entsetzen erfasste wegen des ungeheuerlichen, wegen des unfassbaren Gegensatzes zwischen Jesus, seinem heiligen Wort und den Taten der Weißen.

Nez Percé, das Volk, das einen Napoleon der Roten hervorbrachte, und dennoch nach siegreichen Schlachten und einer zweieinhalbtausend Kilometer langen Flucht-Odyssee verlustreich aufgerieben war – zu Tode erschöpft – nur noch ein armes hinfälliges Völkchen.

Nez Percé, welch ein Mythos – auflohend im grausig von den Weißen erzwungenen Niedergang! *Nez Percé*, welch ein wirkliches Volk! Und *Namapu*, das wirkliche Volk, ist einer der Eigennamen, die sie sich gaben.

Die französischen Kolonialherren hatten sie *Nez Percé* genannt, weil sie zuerst auf Stämme des Volkes gestoßen waren, bei denen es Brauch war, die Nasenflügel verzierend zu durchstoßen – eine

Namensgebung, die unter Umständen auf einer Verwechslung mit einem anderen Indianerstamm beruhte. Jahrtausende bereits hatten die *Namapu* in den flussreichen Landen gelebt, an seinen Ufern gefischt, insbesondere den köstlichen Lachs, die *Camas*-Zwiebel in Feldern angebaut, die so groß waren, dass sie zur Zeit der blau-schönen Blüte aus der Ferne wie kleine Seen wirkten.

Im 18. Jahrhundert wurden die *Namapu* zu den berühmtesten Pferdezüchtern. Die *Appaloosa* waren es. Aus China stammend und dort einst geheiligte Tiere, von dort waren sie über Kleinasien, Afrika, Spanien nach Mittelamerika und schließlich in den Norden des Kontinentes gelangt. Als edle Pferderasse begehrt, waren sie der Wunschtraum der Reiter – ihrer Schnelligkeit, Ausdauer und Klugheit wegen.

Den *Namapu* erschlossen mit den weißen, creme-farbigen Pferden die damals noch reichen Jagdgründe der Bisonherden im Osten. Mit den Pferden, im Schmuck ihrer schwarzen, braunen und rotbraunen Flecken, mit diesen Pferden – schnell, stark und klug – konnten sie in den *Plains* die nötigen Bisons erlegen, sie zerlegt dann auf langem Ritt in die westliche Heimat bringen.

Als die Entdecker Clark und Lewis 1805 als erste Weiße auf *Namapu* im heutigen Montana/Oregon stießen, wurden sie als Gäste in allen Ehren empfangen. Das Gelöbnis des Friedens wurde am Lagerfeuer beim Rauch der Heiligen Pfeife ausgesprochen und tatsächlich eingehalten, denn keiner der Krieger, so wird berichtet, der an jenem Septembertag des Jahres 1805 die Pfeife mit den Gästen geraucht hatte, vergoss jemals das Blut eines weißen Mannes.

„Sei niemals der erste, der eine Abmachung bricht", das war eines der ungeschriebenen, aber gelebten Gesetze des Volkes. Ihre einfache und klare Überzeugung, bestärkt durch eigene Erfahrung, lautete: „Der Große Geist sieht und hört alles. Er vergisst niemals. Im künftigen Leben wird er jedem Mann ein Haus für seine Seele entsprechend seinen Verdiensten zuweisen. Ist der Mann gut gewesen, wird er ein gutes Haus bekommen, ist er schlecht gewesen, so wird sein Haus schlecht sein."

Bei aller Geborgenheit in und bei aller Vertrautheit mit dem Großen Geist fiel bei den *Nez Percé* ihre Offenheit für den christlichen Glauben auf. Freilich, diese ihre Offenheit hatte auch, wie es sich dann in der schicksalsdunklen Beziehung zu den Weißen erwies, die Kehrseite einer selbstzerstörerischen Anfälligkeit.

Wie lässt sich ihre Offenheit erklären? War es eine lebendige Sehnsucht nach immer tieferer, höherer, weiterer Gottesschau? War es, diese Überlegung drängt sich mir auf, die gemeinsame Erinnerung an *Atlantis*, an den *Ur-Krist* von Atlantis? Oder war es nur der Drang, in den Besitz der „Medizin" der Weißen zu kommen, einer Medizin, die die Weißen mit den Feuerrohren so mächtig und überlegen gemacht hatte?

Das Letztere ist von weißen Zeitzeugen, von übergescheiten Interpreten herausgestellt worden, in völliger Verkennung der Geistesgröße der *Namapu*. Sicherlich, Medizin zu erlangen und damit Kraft und Macht, das entsprach indianischer Wesensart – aber diese Macht war bei ihnen nicht verselbstständigt, nicht zweckbedingt auf das Kalkül des Erfolges ausgerichtet – sie, die „Medizin", hatte im Dienst zu stehen des Heiles und der Erleuchtung, sie hatte anzuregen und zu befördern den Großen Kreislauf zwischen Himmel und Erde.

Die anmaßend-einfältige Selbstsicherheit, mit der Clark und Lewis von der Unvergleichlichkeit der Bibel als dem einzig wahren Buch des Himmels sprachen, löste starke Beunruhigung, unbändige Wissbegier bei den *Namapu* aus. *Man of the Morning*, der Mann des Morgens, ein zukunftsoffener Krieger der *Namapu*, sagte: „Wir wünschen mehr über dieses große Buch zu lernen… wollen uns den Weg zum Himmel zeigen lassen."

Clark riet ihm, zusammen mit drei weiteren Kriegern nach Osten zu ziehen, zur „Himmels-Belehrung" zu einem christlichen Geistlichen zu gehen. Aus diesem Grund zog 1831 eine indianische Delegation nach St. Louis. Die Unternehmung misslang kläglich und jämmerlich, ebenso wie spätere Versuche einer umfassenden Christianisierung des Stammes. Zwei der vier ausgesandten *Nez Percé*, in völlig ungewohnter weißer Zivilisation todkrank geworden, starben alsbald. Den beiden anderen *Namapu*, die unsäglich ernüchtert zurückkehrten, folgten die Missionare, die nicht nur ein von doktrinärer Engstirnigkeit geprägtes Christentum aufdrängen wollten, sondern auch die Lebensweise der Eroberer. Krankheiten brachen aus, den Indianern bisher völlig unbekannt und von den darin immunen Weißen eingeschleppt. Aus der Offenheit für neue, für größere Wahrheit wurde Verschlossenheit in grausiger Enttäuschung.

Zwar stellten viele *Namapu* versuchsweise ihre Lebensweise um; die Männer lernten das Land wie Farmer zu bebauen, die Frauen wie die Weißen zu kochen und zu nähen. Aber die ständig anrollenden

Wagenkolonnen siedelnder Weißer engten immer mehr ihren Lebensraum ein. Zudem wurden als ihr grausiges Gefolge tödliche Krankheiten eingeschleppt. Die Blattern forderten viele Opfer unter den Einheimischen. Ob ihnen in ausrottender Absicht auch hier infizierte Decken geschenkt worden waren? Offensichtlich ist bei den *Namapu* kein Beweis für einen solchen Vorwurf zu erbringen, im Gegensatz zu anderen, bezeugten Fällen, in denen ganze Stämme auf diese heimtückische Weise ausgelöscht wurden.

Zutiefst verunsichert angesichts der Siedlerflut, angesichts der verstorbenen Kranken, eindringlich ermahnt von ihren Medizinmännern, kehrten schließlich die meisten *Namapu* zur Lebensart ihrer Großväter und Großmütter zurück. Die gespaltene Zunge der Weißen war vermutlich das Allerschlimmste für sie, der Gegensatz, die abgründige Kluft zwischen den großen Worten der Liebe, niedergeschrieben im „Buch des Himmels“ und den Untaten der Weißen.

Unschlagbar überlegen waren die Weißen in Zahl und Technologie. In weitsichtiger Folgerichtigkeit, in nüchterner Einsicht in die Machtverhältnisse versuchten die *Namapu*, unbedingt, auf jeden Fall mit den Weißen in Frieden zu leben. Mit *Scouts* standen sie den US-Truppen bei. Feierliche Verträge gegenseitiger Freundschaft wurden geschlossen, die Lebensräume der *Nez Percé* – die Weißen nannten sie ja so – ausdrücklich garantiert.

1855 hatten sich die weißen Siedler bereits im gesamten Nordwesten niedergelassen, mit Ausnahme im Land der *Nez Percé*. Das mächtige Volk, das einst die Hoheit in einem Gebiet hatte, das dem nördlichen Zentral-Idaho, dem südöstlichen Washington und dem nordöstlichen Oregon entspricht, war 1855 auf einen Raum von 26.000 km² eingeschränkt worden.

Hochtrabend und verheißungsvoll, wie zur Beschwichtigung der riesigen Gebietsverluste, hieß es in dem entsprechenden Vertrag: „Ewiger Frieden soll zwischen den *Nez Percé* und den Vereinigten Staaten herrschen.“

Der für die Ewigkeit beschworene Frieden sollte jedoch nur acht Jahre währen, denn bereits 1863 sollte die Reservation auf ein Zehntel dessen, auf 2.600 km² schrumpfen. Die Häuptlinge der *Lower Nez Percé*, deren Lande, einschließlich „dem Land der sich windenden Wasser“, aufgegeben werden sollten, weigerten sich beharrlich, dem Druck der neuen Herren nachzugeben. In bedrückender Ungewissheit schwelte der Streit unentschieden über ein Jahrzehnt.

Wieder einmal war Gold gefunden worden, wieder einmal hatte der Goldrausch immer mehr Abenteurer ins Indianerland gelockt.

Chief Joseph jedoch, der überragende Häuptling der *Nez Percé*, war unbeirrbar und unbeugsam bestrebt, ausschließlich mit den Rechtsmitteln der Gewaltlosigkeit den vertraglich garantierten Anspruch zu behaupten. Auf Seiten der *Nez Percé* war zwar das Recht, auf Seiten der Weißen aber die Macht. Anfang 1877 war das Verhängnis da. Alle Einsprüche auf den Vertrag des ewigen Friedens waren zurückgewiesen worden; die *Nez Percé*, die dem Ultimatum von 1863 niemals zugestimmt hatten, sollten mit Waffengewalt umgesiedelt werden.

Auch das *Wallowa*-Tal, mit dem sich windenden, dem fischreichen Fluss, das *Wallowa*-Tal mit den blumen-weiten Wiesen und den Wäldern mussten die *Namapu* verlassen. In die karge Reservation am *Clearwater River* verwiesen, wollte *Chief* Joseph schon den bitteren, aber unausweichlichen Exodus antreten, da flammten Kämpfe auf, entfacht von zornes- und wut-bebenden jungen Kriegern.

Der Krieg mit der US-Armee, seit Jahrzehnten in stark-mütiger Gelassenheit vermieden, drohte auszubrechen. Unter der Führung von *Chief* Joseph beschloss das allseits bedrängte Volk nach Kanada zu fliehen. Die US-Behörden, anstatt sie ziehen zu lassen, beharrten trotz ihres Vertragsbruches selbstgerecht und anmaßend darauf, dass sich die Indianer in die ihnen zugewiesene Reservation begaben. Im Übrigen, so die Staats-Gewaltigen, galt es ja, noch anstehende Gerichtsverfahren gegen die indianischen Übergriffe durchzusetzen.

Gegen das fliehende Volk wurden gewaltige Streitkräfte eingesetzt. 5.000 Soldaten waren es schließlich, mit Kanonen ausgerüstet, mit Kavallerie-, mit Infanterieregimentern. 5.000 Soldaten, die dreieinhalb Monate lang, genau waren es 107 Tage, verbissen und vergebens bemüht waren, das fliehende Volk zu stellen, ehe es nach schweren Niederlagen am 108. Tag gelang. Kanadas rettende Grenze war nur noch rund 60 Kilometer entfernt.

„Glaube, wir werden die Sache kurz machen“, so telegrafierte General Howard, einer der US-Hauptakteure, zu Beginn der Flucht an seinen Vorgesetzten. Er sollte sich gründlich und blamabel irren, ebenso wie sein Untergebener, Captain David Perry. Mit seiner Kavalleriekolonne hatte er Order, die Siedler zu schützen, die in *Orangeville*, einer kleinen Stadt in der Region, Zuflucht vor Indianerüberfällen gesucht hatten. Als Perry jedoch erfuhr, dass *Chief* Joseph, zusammen mit anderen *Nez Percé*-Häuptlingen und deren Leuten nur 24 Kilometer entfernt am *White Bird Creek* kampierten, da wollte er sich die einmalige Gelegenheit eines glorreichen Sieges nicht entgehen lassen. Zu seinen 103 Kavalleristen warb er noch elf Freiwillige an und galoppierte kampfbegierig los.

Unten in einem Flusstal, von felsigen und bewaldeten Hängen umschlossen, hatten die Flüchtigen ihr Lager aufgeschlagen. Perrys Absicht war es, die *Nez Percé* im ersten Morgengrauen zu überrumpeln. Perry ahnte nicht, dass sie, die heran gestürmte Soldatenkolonne, längst entdeckt worden waren – von aufmerksamen jungen Stammesmitgliedern, die in der Umgebung die Pferde hüteten.

Keine Überraschung war es deshalb, als die US-Soldaten im Morgengrauen oben auf den Höhen erschienen und schnell in drei weit gespannten Gruppen die Hänge abwärts zum Indianerlager vorstießen.

Noch immer wollten die *Namapu* den Kampf vermeiden. Mit etwas mehr als sechzig Kriegern waren sie nur halb so stark, dabei belastet von der Sorge um die Frauen, die Kinder und Alten – so sandten sie waffenlos mit flatternder weißer Fahne sechs von ihnen den Soldaten entgegen. Zwar wurden die Parlamentäre nicht verletzt; wider jegliches Kriegsrecht aber fielen plötzlich Schüsse und der Krieg der *Nez Percé* gegen die Weißen, bisher jahrzehntelang vermieden, er begann. Er musste beginnen.

Die *Nez Percé*, überwiegend nur mit Pfeil und Bogen, mit Schrotflinten und alten Gewehren ausgerüstet, erwiesen sich, Kugel für Kugel, als die besseren Schützen. „Ein Schuss, ein Soldat“, so hatte es *Chief* Joseph im Zwang äußerster Not gefordert; und in der Tat, jedem Schuss folgte mit unheimlicher Folgerichtigkeit der Fall vom Pferd.

Solche Treffsicherheit war verbunden und dadurch umso wirksamer mit einer geradezu genialen Strategie. Bereits bei den ersten Schusswechseln war der erste Signalhornist der US-Truppen gefallen, und alsbald war auch der zweite ausgeschaltet. Auf Anhieb ein großer Erfolg für die angegriffenen *Nez Percé*, denn in der Schall-Schnelligkeit des Signaltones erreichten Perrys Befehle nicht mehr die weit ausgedehnte Kampflinie. Verwirrung, Unsicherheit erfasste die Soldaten – sie, die mit den neuesten Waffen ausgerüstet waren, ballerten wie wild in der Gegend umher.

Das Lager selbst, unten am Fluss, war während des Kampfes niemals in Gefahr. Früh schon waren die *Nez-Percé*-Krieger vorgerückt, hatten bereits eine Felsgruppe erreicht, die auf der linken Flanke der

Angreifer von den Freiwilligen gehalten wurde. Schnell waren die ausgeschaltet, vertrieben. Vom Felsen aus eröffneten nun die Scharfschützen ihr unheimlich zielsicheres Feuer auf die Soldaten im Mittelabschnitt.

Schon wankte die linke Flanke, da trieb Josephs Bruder Ollikut eine vehemente Attacke gegen die rechte. Als auch die zusammenbrach, gab Captain Perry, heillos entsetzt, im noch stehenden Mittelabschnitt den Rückzugsbefehl. Die *Nez Percé* jedoch jagten ihre eigene Pferdeherde mitten unter die Zurückweichenden. Schon waren, in der Hektik und Wirrnis unbemerkt, die Kühnsten, seitlich an den Pferden hängend, das Gewehr im Arm, hinter die Kampfeslinie gelangt und eröffneten von dort aus das Feuer auf die Fliehenden.

Erst vor den Toren der 30 Kilometer entfernten Stadt *Mount Idaho* ließen die *Nez Percé* von der schmählich geschlagenen Truppe ab. Perry hatte ein Drittel seiner Leute verloren, genau 34 Männer waren gefallen, vier weitere verletzt. Die *Nez Percé* hatten nur zwei Verwundete. Und obwohl sie aufs Äußerste bedrängt, in reiner Notwehr zurückgeschlagen hatten, erfasste die Siedler lähmende Angst und Furcht vor den tollwütigen, unberechenbaren Indianern.

Der glänzende Sieg jedoch, das erstaunlich günstige Verhältnis in den Schlachtverlusten vermochte *Chief* Joseph nicht zu blenden. Stets waren die weißen Soldaten weit überlegen, in ihrer Anzahl wie mit ihren hochmodernen Waffen. Selbst, als im Juli an der *South Fork* des *Clearwater Rivers* noch weitere *Nez-Percé*-Stämme dazu stießen, hatte der große Häuptling niemals mehr als 150 Männer im Kampfesalter.

Dennoch: Mit heldischem Kampfgeist, mit listenreichen Täuschungsmanövern, mit bisher bei Indianern nicht erlebter Kriegstaktik – zum Beispiel der Anlage von Schützenlöchern – unter unvorstellbaren Entbehrungen – so auf dem *Lolo-Trail* hinauf mit aller Habe mit zweitausend Pferden und Rindern, hinauf zwischen zerklüfteten Felsen, verwachsenem Unterholz und entwurzelten Bäumen – trotz aller Widrigkeiten gelang es den *Nez Percé*, die US-Streitkräfte in fünf verlustreiche Schlachten zu verwickeln und sich immer wieder ihrer Übermacht zu entziehen.

Innerhalb von dreieinhalb Monaten hatten die *Namapu* 2.500 Kilometer zurückgelegt – *Namapu*, ein wirkliches Volk in seiner Kampfes- und Gemeinschaftsleistung.

Längst hatte *Chief* Joseph in sensationellen Zeitungsberichten den Beinamen *„Roter Napoleon des Westens"* erhalten. Gerühmt wurde er aber auch wegen seiner humanen Kriegsführung. Jegliche Grausamkeit hatte *Chief* Joseph geächtet. Unter keinen Umständen sollten Frauen und Kinder getötet, Tote skalpiert, verwundete Soldaten niedergemacht werden.

Proviant und Dinge des täglichen Bedarfs sollten nicht geraubt, sondern käuflich von Siedlern erworben werden. Trotz der Chaotik und Schrecklichkeit der Umstände, so wird übereinstimmend berichtet, wurde *Chief* Josephs Gebot der Menschlichkeit im Wesentlichen befolgt.

Kanadas rettende Grenze war noch knapp 60 Kilometer entfernt. Es war Anfang Oktober 1877. Die kalten Regen des nahenden Winters setzten ein. Es fiel schon Schnee. Nach endlosem Unterwegssein war eine Rast unerlässlich. Colonel Miles mit seiner verfolgenden Truppe belagerte schon seit Tagen den arg dezimierten Stamm, da stieß General Howard am 4. Oktober mit einer Vorhut seiner Armee dazu.

Von den 700 *Nez Percé*, die am 15. Juni die Flucht ergriffen hatten, lebten nur noch 431, unter ihnen 79 Männer. Aufs Äußerste erschöpft waren sie alle, von Hunger und Kälte tödlich bedroht, da erst gab *Chief* Joseph die aussichtslos gewordene Flucht auf.

Am 5. Oktober 1877, dem Tag der Kapitulation, sagte *Chief* Joseph zu General Nelson Miles:

„Es ist kalt, und wir haben keine Decken. Die kleinen Kinder frieren und sind dem Tode nahe. Meine Leute, ein paar von ihnen sind in die Hügel geflüchtet und haben weder Decken noch Nahrung. Keiner weiß, wo sie sind – vielleicht werden sie erfrieren.

Ich möchte Zeit haben, um meine Kinder zu suchen und zu sehen, wie viele ich finden kann. Vielleicht sind sie alle tot.

Hört mich, Häuptlinge der Weißen: Ich bin müde, mein Herz ist krank und voller Trauer. Von diesem Stand der Sonne an werde ich niemals wieder kämpfen."

Am Grab von Old Joseph

Später Nachmittag des 29. August 1979

Verwittert ist der Stein, von Gräsern überwuchert ist das Grab – hier oben auf dem Hügel im Angesicht des Sees. Wir haben den *Wallowa Lake* erreicht, haben wenige Kilometer vorher den kleinen Ort Joseph passiert, der nach dem großen Häuptling der *Nez Percé* benannt ist.

Kahl ist der Hügel, baumlos kahl. Frei ist der Blick auf den blauschönen See, auf die hoch umragenden Berge und auf die Wolken, die seltsam rund sind in den wehend drehenden Winden.

Noch ist sie zu lesen – die Inschrift auf dem Stein: Old Joseph, der ehrwürdige Vater von Chief Joseph, liegt hier begraben. 1871 hatte der Vater, der die Nähe des Todes spürte, seinem Sohn die Häuptlingswürde überantwortet. Von ihm sind die Worte überliefert:

> *„Mein Sohn, mein Körper kehrt zu meiner Mutter Erde zurück; und mein Geist macht sich bald auf den Weg, um den Großen Geist aufzusuchen. Wenn ich gegangen bin, denke an Dein Land. Du bist der Häuptling dieses Volkes. Sie erwarten von Dir, dass Du sie führst.*
> *Vergiss nie, dass Dein Vater niemals sein Land verkauft hat. Du musst Deine Ohren verschließen, wann immer man Dich bittet, einen Vertrag zu unterzeichnen, mit dem Du Deine Heimat verkaufen sollst.“*

Chief Joseph hat die Heimat nicht verkauft und hat sie dennoch verloren. Fern blieb sie ihm und unerreichbar im lebenslang erzwungenen Exil. Die baldige Rückkehr hatte General Miles zwar bei der Kapitulation versprochen; ein Versprechen, das er aber trotz redlicher Bemühung nicht halten konnte.

Auf höheren Befehl wurden die Überlebenden, deren herrliche, einst an die tausend zählenden *Appaloosa*-Pferde fast alle erschossen waren, zuerst nach Kansas zwangsevakuiert. Bei glühender Hitze wurden sie dann in Eisenbahnwagen gepfercht und ins damalige *Indian Territory Oklahoma* verschleppt. Ihrem Schicksal waren sie da ausgeliefert – auf siebentausend Morgen steppenartigem Land, bestehend aus Sand und Salbeigebüsch. Nach dem Willen der US-Behörden sollte es ihre endgültige Bleibe sein.

Chief Joseph lehnte entschieden ab, zu erbärmlich waren die Lebensbedingungen für das klein und siech gewordene Volk, das seit Jahrtausenden die Klarheit der Bergbäche gewohnt war, die Lebensfülle lieblicher Flusstäler. An Not, Schmach und Krankheit starben 103 Stammesangehörige allein im Jahre 1878.

Berühmt als der *„Napoleon der Roten"*, wurde Chief Joseph zwar am Ende des schrecklichen Jahres sogar in Washington vom Präsidenten Hayes empfangen. Er sprach mit dem Innenminister, mit anderen Politikern, wurde im Glanz seines Ruhmes, seines federn-prangenden Gewandes bestaunt, aber auch begafft und gönnerhaft belächelt.

Gleichwohl focht der Schlachtenstratege aus bitterster Not mit kongenialer Rhetorik unbeirrt um das Heimatrecht seines Volkes. Er wurde darin immer wieder von General Miles unterstützt.

„Ich hörte Worte und wieder Worte", sagte er zu seinen Aufsehen erregenden Auftritten in Washington, „aber nichts ist geschehen. Schöne Worte allein haben keinen Wert." Schöne Worte, hehre Ideale – ein amerikanischer Selbstbetrug.

Nach endlosen, zermürbenden Bemühungen wurde ein Quäntchen Gerechtigkeit gewährt. In den 1880-er Jahren wurde die Rückkehr in den Westen erlaubt – ins heimatliche Idaho. In die Einengung der *Lapwai*-Reservation durften allerdings nur die Stämme von *White Bird* und *Looking Glass* zurückkehren. Noch vier Jahre nach der großen Flucht, noch vier Jahre nach dem blutigen Abwehrkampf der *Nez Percé* galt Chief Joseph, der Napoleon der Roten, als zu gefährlich.

Nach *Colville*, einer Reservation im US-Staat Washington, wurden deshalb er, der Gefährliche, und sein Volk deportiert. Aber selbst dort war Chief Joseph nicht vor persönlichster Bevormundung gefeit. Die in der Reservation stationierten Missionare waren nämlich entsetzt über die „ungeheuerliche" Tatsache, dass Chief Joseph nicht nur eine Ehefrau hatte.

Chief Joseph, der auf Washingtons und New Yorks gesellschaftlichem Parkett auch mit witzigen Sprüchen aufgefallen war, wie etwa denen: „Ein großer Name steht auf kleinen Beinen" oder „Deine Frau ist wie das Echo, sie behält immer das letzte Wort" – Chief Joseph behauptete sich in der persönlichsten Frage gegenüber den sich ereifernden Missionaren. Mit dem Gewicht und der Wirkung seiner Popularität wies er die Missionare zurück: „Ich habe den Krieg für mein Land und diese Frauen gekämpft. Ihr habt mir das Land genommen, meine Frauen werde ich behalten."

Chief Joseph verzehrte sich sein Leben lang in der Sehnsucht nach seiner Heimat. Erst 23 Jahre nach der Zwangsevakuierung wurde ihm, begleitet von einem ihn beaufsichtigenden *Indian Inspector*, ein einmaliger Besuch im *Wallowa*-Tal erlaubt.

Als Chief Joseph nach so langer Zeit, nach solchem Kampf, nach all der Not und Schmach das Grab seines Vaters wieder fand, als er ungläubig erst, dann mit heftig übermannender Freude sah, dass es umzäunt war, dass der Besitzer des Landes, ein weißer Siedler, es mit Sorgfalt und Liebe pflegte, da weinte der große alte Mann. Nach all dem Unrecht hatte ein Weißer seinem Vater die letzte Ehre erwiesen.

Chief Joseph, der den indianischen Namen *„Inmut-too-yah-lat"* trug, was so viel heißt wie „Der Donner, der über die Berge grollt", hatte das Gelöbnis gegenüber seinem Vater gehalten. Er hatte seine Heimat nicht verkauft. Er war ein wirklicher Führer geworden des wirklichen Volkes, der *Namapu*, und starb 64-jährig am 21. September 1904.

Die Sonne sinkt schon über den Bergen. Im flammenden Rot loht der Horizont, ins Dunkel sinkt der Tag, und über dem umschatteten See ist noch ein Widerschein des Lichtes.

Wir verlassen das Grab, oben auf dem Hügel. Ein Denkmal ist er geworden, seitdem im Jahre 1926 eine Erinnerungsstätte hinzukam.

Eine späte Geste – licht wie eine Kerze in der Düsternis der Geschichte.

Eine „Schwyzer" Groteske

Mittwochabend, 29. August 1979

Wir haben gerade noch Zimmer bekommen – in einem urigen Hotel, errichtet im Westernstil der Jahrhundertwende. Alles in Holz – die Flure, die Treppen, die Räume, der Fußboden wie die Decke. Meine Sachen habe ich bereits ausgepackt und stehe in einem dunklen, von einer altertümlichen Lampe erhellten Raum.

Die Eigenart von Holzbauten, in denen die Atmosphäre von draußen irgendwie gegenwärtig bleibt, empfinde ich als angenehm, wenn auch das Haus etwas dunkel wirkt in der etwas spärlichen Beleuchtung.

Ich öffne das Fenster, schaue hinaus in die schon hernieder gesunkene Nacht. Mächtige Schatten stehen da im Dunkel. Hohe Bäume sind's, zwischen denen eine kühle Brise weht – mitten hinein in mein Zimmer.

Das Hotel liegt unmittelbar am Ufer des *Wallowa*-Sees. Ein kalter Windhauch zittert noch in der altmütterlich anmutenden Gardine, nachdem ich das Fenster geschlossen habe. Für drei Tage sind wir angekommen im Tal der *Nez Percé*.

Gegenwärtig ist ihre Vergangenheit schon – in Gemälden, in Fotografien an den Wänden des Hotels, in kleinen Schriften, erhältlich an der Rezeption, in den Läden und Kiosken draußen im Ort.

Aber das Vergangene, die ganz andere Welt der Ureinwohner, ihre Größe und Tragik – ist überhaupt eine Ahnung davon da bei den Touristen? Ist das Vergangene nicht zum bloßen, kurzweilig unterhaltenden Wildwest-Abenteuer geworden?

Noch am Abend, bei einem kleinen Rundgang, fiel uns ein Schwyzer Holzhaus auf, das geradezu in Neuigkeit glänzte, in seinen hellen Hölzern noch nach Harz roch. Wir traten ein in den geräumigen Laden, mit seinen blitzblanken, deftig bunten Schwyzerischen Dingen. Große, blumenbemalte Kuhglocken stehen da, Trachtenkleidung hängt da im Gestänge, rote Wachskerzen, Sinnsprüche an den Wänden.

Mit dem Geschäftsmann, der uns freundlich, routiniert entgegentrat, kamen wir ins Gespräch. Aus der Schweiz stammt er, wie könnte es anders sein. Seit einem Jahr verkauft er offensichtlich mit steigendem Erfolg Schwyzer Souvenirs.

What a joke – eine kleine, pop-artige Schweiz mitten in den Rocky Mountains.

Die große Anklage

Donnerstag, den 30. August 1979

Am See stehen die hohen Tannen in lichter Vereinzelung. Raum ist zwischen ihnen, Tische und Bänke sind da aufgestellt; daneben sind Feuerstellen, von Steinen abgegrenzt. Rechts, etwas abseits davon, sind Parkplätze angelegt.

Mit reißend schnellen Wassern rauscht links von der Raststätte ein Fluss in den See. Erst allmählich erlahmt der Schäumend-Strömende, geht er spurenlos über in die Stille des spiegelglatten Sees. Zu schnell war er abwärts stürzend geworden, der Fluss, der aus den hohen Bergen kommt, dem Hochplateau des Gebirges.

Am Ufer stehen wir, blicken hinweg über den lang gezogenen See, an dessen beiden Flanken die Höhenzüge des Hochgebirges allmählich auslaufen, um überzugehen in das liebliche *Wallowa*-Tal. Von dort sind wir gestern hergekommen, an den Wiesen entlang, am sich schlängelnden Fluss.

Nur noch eine Woche Zeit haben wir bis zur Rückkehr in die Heimat. Bestrebt, die wenigen verbleibenden Tage so sinnvoll wie möglich zu gestalten, fragen wir: „Wie lange sollen wir uns hier aufhalten?“

Karl-Heinrich erfährt: „Verweilt noch einen Lichtumlauf, dann fahrt weiter… der Berg ruft Euch, den Ihr erwecktet…“

Plötzlich hören wir Geräusche, im Hintergrund stören Stimmen. Ein Auto ist auf den Parkplatz gefahren. Menschen steigen aus. Wir fühlen uns wie das Wild von den Zweibeinern gestört, und Karl-Heinrich vernimmt noch von Innen: „Geht etwas seitlich aufwärts, dort trefft Ihr auf einen runden Stein. Dort werdet Ihr mehr erfahren.“

Am flachen Ufer gehen wir entlang, steigen dann dort, wo das Ufer unwegsam wird, abschüssig und steil, die Anhöhe hinauf, folgen einem gras-verwachsenen Trampelpfad, der sich zwischen Bäumen und Buschwerk, an herausragendem Gestein entlang windet.

„Die atlantiden Menschen“, so hört es Karl-Heinrich, so spricht er es aus, „folgten dem Ruf der *Blue Mountains*. Aus dem Osten kamen sie auf langer Wanderschaft. In ihrer großen Hellfühligkeit folgten sie den rufenden Tonwellen der Berge.“

Karl-Heinrich setzt den Fuß auf den runden Stein, um den wir in gesammelter Aufmerksamkeit stehen. Der große Vogel mit dem starkblauen Federkleid, der da schräg über uns im Baum hockt, verharrt im Geäst, bleibt trotz unserer Anwesenheit regungslos da oben.

„Romantisch klingt das alles“, wendet Karl-Heinrich ein, „ist es denn wahr? Ist nicht das Leben anders?“

Er horcht nach innen, geradezu betroffen, als er die Antwort weitergibt:

„Ihr wisst Wesentliches, doch Ihr lebt das Wissen nicht. Ich sage Euch, das ist wahrhaft Sünde. Was nützt es, wenn wir Euch belehren?

Ihr nehmt es zur Kenntnis, aber es dringt nicht zu Herzen, verändert nicht Euer Dasein.

Der Weiße Mann ist ein toter Mann. Wollt Ihr lebendig bleiben, so lebt nach den lebendigen Gesetzen der Altvorderen, lebt nach den Gesetzen der unsterblichen Mutter, die ihr Natur nennt."

Der Vorwurf ist so schwerwiegend, so hart. Erschrocken ob solcher Worte müssen wir uns fassen, ehe wir erneut zu fragen wagen:

„Gibt es keine Überlebenschance für den Weißen Mann, der sich so ungeheuerlich an der Natur vergeht?"

„Sie liegt in ihm selbst. Wenige Wissende und dann wahrhaft Handelnde und Lebende genügen für das Überstehen, wenn sie sich überall bilden, wenn sie Lebensinseln schaffen, die standhalten dem Sturm der Entfesselung."

Erschrocken sind wir, jeder auf seine Art, weil wir uns so plötzlich, so unerwartet persönlich in Frage gestellt sehen.

Wir tun doch, was wir können. Der Gedanke, der mich bestimmt, ist wie der Versuch einer Rechtfertigung, aber er ist zugleich erstarrt in der akuten Ratlosigkeit. Da spricht Karl-Heinrich erneut, da kommt Beschwichtigendes und zugleich Forderndes über seine Lippen.

„Ihr spürt das Richtige, aber handelt nicht danach. Was nützt es zu wissen und nicht danach zu handeln. Ich sage es noch einmal, das ist das schlimmste Vergehen.

Denkt darüber nach, noch ist es Zeit."

Wir fragen, um Anhaltspunkte zu finden für eine Selbstüberprüfung: „Bedeutet dies: Wir sollen zu einem Leben in der Natur zurückfinden – etwa so, wie es das Volk der *Nez Percé* lebte?"

„Nein, das muss nicht sein. Denkt und fühlt mit der Natur! Lebt mir ihr, schwingt Euch ein in ihre großen Rhythmen.

Die Natur hat auch ihre Technik. Aber das ist kein Machwerk wie beim Menschen. Die Natur hat Technik in Lebendigkeit und Vollendung. So findet die Technik, die nicht die Kreisläufe des Lebens stört, sondern sich einordnet in die All-Lebendigkeit. Gehet wieder zum hohen Berg, dort wird sie über Euren Häuptern schweben."

Erneut der Hinweis auf den Mount Shasta. Aber wir überhören ihn fast. Der Vorwurf und die Aufforderung stehen uns mahnend im Sinn. Schweigend, in anhaltender Betroffenheit gehen wir ins Hotel, in unser Holzhaus zurück. Wie im Selbstgespräch murmelnd sagt Karl-Heinrich: „Es war die Große Mutter vom Berge, die gesprochen hat."

Der ganze Tag hat im Schatten dieser Anklage gestanden. Jeder ist mit sich selbst zu Rate gegangen, auf kleinen Spaziergängen am See, in der Umgebung, hat nachgesonnen darüber bei einer Ruhestunde im Hotelzimmer.

Erst am Abend ist das Schweigen, ist sein Bann gebrochen. Vorher gab es dies und das zu tun, so war das Abendessen in Anneliess Zimmer vorzubereiten.

Die Strickdecke mit den hängenden, zopfigen Enden ist schnell vom Tisch genommen, unsere Plastikdecke schützend auf der Fläche ausgebreitet, die Brotscheiben dazu, die Butter, den Käse und die unerlässlichen Zwiebeln. Annelies, die fürsorgliche Mutter der kleinen Reisegruppe, hat die Stullen gestrichen, und wir beide, Karl-Heinrich und ich, haben sie trotz der Bedrückung des Tages mit regem Appetit verzehrt.

„Tun wir denn nicht alles, was wir können?", beginnt Karl-Heinrich. Er spricht damit aus, was auch mir durch den Sinn geht. Der Hunger bohrt nicht mehr in ihm, umso mehr aber der Vorwurf, den Karl-Heinrich in diesen Abendstunden immer persönlicher nimmt.

So bleibt er aufgewühlt in grübelnder Überlegung. Karl-Heinrich beginnt von neuem, sich zu fragen. Stoßweise, mit Unterbrechungen kommt es heraus:

„Die Kraft… sie erlahmt… der Gegensatz ist es… der Widerspruch ist es, der unerträglich wird. Da drüben große Verheißungen für die Zukunft, wir aber hier inmitten in der tristen Realität. Die Bereitschaft erlahmt, unentwegt Kraft, unentwegt Zeit herzugeben für ein Geschehen im Unsichtbaren."

„Wieso", entgegnet Annelies, und der Schalk blinkt ihr im Auge, „wieso unsichtbar? Dir ist es doch sichtbar!" Der Scherz, ein Stich im Moment, dann breitet sich der Ernst aus in ihren Gesichtszügen.

„Der Gegensatz ist es, ja der ungeheure Gegensatz." Und dann stößt sie den Satz heraus, und der hat die anklagende Schärfe, mit der die Große Mutter vom Berge am Morgen gesprochen hat:

„Der Mensch... der Mensch ist der Erde nicht das, was er ihr sein sollte!"

„Was soll der Mensch der Erde sein?", fragt Karl-Heinrich, etwas verwundert und ungläubig.

Annelies stutzt angesichts der großen Frage. Doch dann, im Antwort fordernden Gebot der kriselnd-kritischen Stunde, kommt es flüssig wie im Strome einer Offenbarung über ihre Lippen.

„Krönung soll er sein der Schöpfung Erde! Ihre Vollendung, ihr Schlussstein, ihr Brennpunkt soll er sein, ihr Kristallisationspunkt im KRIST-UR.

Was ist der Christus anderes als der wahre, der ewige, der sich vollendende Mensch! Der Mensch in seiner Berufung... für die Schöpfung... im All der Sonne!

»Folget mir nach«, sagte einst Jesus Christus, »werdet so wie ich.«

Der Mensch werde wie zu einem Kristall der Schöpfung Erde! Werde hart und klar wie der Kristall, erleuchtet aber vom Licht, vom Licht der All-Liebe. Der Mensch empfange das Licht und strahle es aus in alle Welten dieser Erde."

Karl-Heinrich, keineswegs beeindruckt von den Worten, bleibt beharrlich im Widerspruch: „Wie kann der Mensch Krönung der Erde sein? Ist er doch ihr schlimmster Parasit!"

„Nur wenn der Mensch wahrhaft Diener der Schöpfung Erde ist, ist er wahrhaft ihr Herr. Nur wenn er wahrhaft Geführter ist, ist er wahrhaft Führer. Nur wenn er wahrhaft Kind bleibt, ist er wahrhaft Meister. Der Christus, den wir den Jesus von Nazareth nennen, war Führer, geführt vom Vater."

„Wer ist der Vater?", frage ich.

„Der Vater?!", wiederholt Annelies, die Frage in ihrer ganzen Tragweite erspürend, aber dann spricht sie mit klaren, sicher betonten Worten: „Den Vater...ihn möchte ich den ewig erleuchtenden Geist nennen, das ewig erleuchtende Licht."

„Wer aber ist die Mutter?", frage ich weiter. „Gibt es im Sinne solcher Urbedeutungen auch eine Mutter?"

„Die Mutter, die Mutter", antwortet Annelies und ihr Antlitz der geschlossenen, ins Innere gerichteten Augen ist weh bewegt.

„Die Mutter, die in der Welt verkannte, die entwürdigte Mutter – sie möchte ich die ewig webende, die ewig bildende Seele nennen... in der Zeitenwende tritt sie heraus – aus dem Schatten des Vaters. Vater und Mutter, Geist und Seele werden wieder walten im Urauftrag der Schöpfung."

An *ATAMA-LAND* muss ich denken. So wurde über Karl-Heinrich das Neue Europa genannt, *ATA-Ma-LAND*, das Land des Großen Vaters und der Großen Mutter.

Schweigen hat uns ergriffen – jenseits aller Worte. Es dauert an, ehe sich bei mir, die unverhoffte Offenbarung der Stunde nutzend, eine weitere Frage regt.

„Wer aber ist der Sohn? Was überhaupt bedeutet der Sohn?"

„Der Sohn, fragst Du, warum vergisst Du die Tochter?" Annelies verstummt für Augenblicke, dann spricht sie wieder:

„Der Sohn, die Tochter – was ist die Urbedeutung dieser Urbeziehungen? Der Sohn, die Tochter...das ist die Verwirklichung im Irdischen, in Zeit und Raum, eben im Dasein der Erde, im Lauf ihrer Geschichte.

Der wahre Ursohn, der die wahre Urtochter einschließt, das ist der wahre Mensch, der Kind ist, der Kind bleibt des Vaters und der Mutter, der aber, zum wahren Meister berufen, auch wahrhaftiger Meister geworden ist.

Der Sohn, die Tochter, oder um der Verdeutlichung willen anders gesagt: die Gottessöhne und die Gottestöchter – das sind die Menschen, die wahrhafter Schöpfer sind und wahrhaftes Geschöpf – so werden sie zu Händen Gottes in der Schöpfung.

Und in der Zeitenwende wird die Gottestochter hervortreten aus dem Schatten des Gottessohnes."

„Wozu das alles? Was ist der Sinn der Schöpfung Erde?" So schnell habe ich die Frage, die Frage aller Fragen, ausgesprochen und erneut, wie so oft in meinem Leben bisher, erschrecke ich vor ihrer Ungeheuerlichkeit.

Annelies verstummt wieder, aber die Hochschwingung ihrer Eingebung bleibt, so spricht sie weiter in ihrem Strome.

„Die Schöpfung Erde – sie ist Himmel und Erde zugleich, das Wirkliche wie das Überwirkliche. Sie ist eine Winzigkeit im All und doch ein All in sich. Sie ist der Kreislauf des Seins, unsagbar verwoben ins Unendliche, in die Ur-Rhythmen der Schöpfung, ins Werden und Vergehen.

Den ur-heiligen Kreis – ich sehe ihn, den ur-heiligen Kreislauf...", suchender, stockender werden ihre Worte, doch sie spricht weiter:

„Der Anfang des Anfangs... erst der Urgeist des Vaters... dann vom Urgeist zur Urseele der Mutter... von der Urseele zum Urleib des

Menschen... nur die Meisterung des Daseins, die Bewährung in Leben und Schicksal bringt Erfüllung, Rückkehr auch zum Ursprung...

Kreislauf der Verwirklichung, Kreislauf der Entwirklichung – beides nur ist die Ganzheit des urheiligen Kreislaufes...“

Sie endet zunächst, dann, nach einem Schweigen, kommen erneut Worte hoch weit gespannter Zusammenhänge:

„Die Schöpfung Erde – nicht vollendet ist sie. Im Kreislauf von Werden, Bestehen und Vergehen erneuert sie sich, Welten werdend, Welten vergehend – kreisend unterwegs vom Anfang zum Ende, vom Feuer zum Feuer, vom Licht zum Licht, vom Geist zum Geist.“

Annelies schweigt, wir schweigen in der Nachwirkung der Worte, die Wellenkreise wandern lassen in der Stille – gleich dem Stein, der in den Teich gefallen ist,

Karl-Heinrich aber, im Widerspruch geblieben, fragt erneut: „Warum aber wurde der Mensch zum Parasiten der Schöpfung Erde?“

„Der Verblendung erlag der Mensch, Gott und Meister zu sein, ohne Kind Gottes zu bleiben... so wurde er klein und ohnmächtig und dünkte sich doch groß und allmächtig.“

Verhängnisse der Epochen, so denke ich bei ihren Worten, Verhängnisse vor und nach Christus... Der Mensch vor Christus entartet in der Selbstüberhebung als Gott! Der Mensch nach Christus in der Selbsterniedrigung als Sünder, vorher die Überbewertung seiner Selbst, danach die Unterbewertung.

Was ich eben gedacht habe, fasse ich in die ausgesprochenen Worte:

„Der Mensch, so oder so, vorher oder nachher in der Wendezeit von Christus, war nicht in der wahren Verantwortung für das Ganze.

Mündig zwar von der Vormundschaft der Kirche wurde der Mensch in der Neuzeit. Mit der geistigen Vernunft machte er sich frei von Kirchengeboten, aber mit seinem ergründend-nutzenden Verstand, mit seinem selbstsüchtigen Konstruktionsvermögen schuf er welt-beherrschende Techniken, wurde er Herr der Erde, ohne ihr Diener zu sein.

Und die Folgen, wie werden die Folgen sein?“ Mit diesen Worten habe ich mich Annelies zugewandt, ihr möchte ich das Wort zurückgeben.

Annelies schweigt eine Weile, schließt die Augen. Als sie sie öffnet, spricht sie wieder:

„Die Erde wird beben im Aufruhr der Störung, im Aufruhr gestörter Kreisläufe. Überstehen werden die, die Kind sind in Gott und in Prüfung und Bedrängung die Meisterschaft erlangen."

„Kind Gottes zu sein", so frage ich, die Offenbarung von Annelies im Fluss zu halten, „Kind Gottes zu sein – was bedeutet das?"

„Reinen Herzens zu sein oder zu werden. Wahrhaft guten Willens zu sein – das ist alles. An Fehlern und Schwächen nicht zu verzweifeln, sie nicht zu verdrängen, stattdessen an ihnen zu wachsen, zu reifen. Der Blume gleich offen zu sein, offen zu werden dem Licht."

„Aber, aber", Karl-Heinrich – durch seine Veranlagung und Befähigung so stark in der Verbindung zum Geiste, bei der Problematik dessen aber in diesen Stunden so stark im Widerspruch – Karl-Heinrich versucht ihn auszusprechen:

„Aber führt das nicht zum Dilemma, zu einer anderen Art von Abhängigkeit?"

„Nein", sagt die unbeirrbare Annelies, *„allerdings nur unter zwei elementaren Voraussetzungen. Dem Licht, dem Geist – Gott gilt es zu begegnen im eigenen Inneren. Im Widerhall des Inneren auf Einflüsse von Außen gilt es den leuchtenden Faden von Fügung und Führung zu finden. Aus dem lebendigen Wechselspiel von Innen und Außen bildet sich, gestaltet sich allmählich die eigene Welt, der eigene Weg."*

„Der eigene Weg – ist das nicht auch eine Art von Egoismus?"

„Der Mensch, der dem Lichte des Geistes folgt, gegeben vom Vater; der Mensch, der dem Bildnis der Seele folgt, gegeben von der Mutter, weckt die Wünsche auf dem Wege, die ihn erfüllen, und das Ganze.

Wer solcher Führung folgt, der wird ihre Fügung in seinem Umfeld erkennen, die rechten Signale und Hinweise, die rechten Warnungen und Wegweiser, denn Wünsche, aus dem Herzensgrund ersehnt, haben im Dasein ihr Maß, haben ihr Gesetz, ihre Waltung der Verwirklichung, sind nur im rechten Maß und in rechter Zeit von Segen."

„Aber dennoch: Kann der Mensch nicht hörig werden gegenüber den Stimmen von innen, den Zeichen in der Umwelt?" Der Fragende bin ich, da Karl-Heinrich in ein andauerndes Schweigen gefallen ist.

„Nein", antwortet Annelies, *„ich glaube sogar ans Gegenteil: Der wahrhaft bemühte Mensch – sein Geist erwacht umso mehr und alle*

seine Sinne, und die Seele entfaltet sich in all ihrer Empfindsamkeit, denn alle Wachsamkeit, aller Einsatz ist nötig für den, der den eigenen Weg geht für ein Ganzes.

Alle Klarheit, alle Nüchternheit ist nötig, den Beruf zu finden, der zugleich Berufung ist. Alle Geduld und Stärke ist nötig, warten zu können auf die Gemahlin, den Gemahl; nicht zu erliegen der Versuchung des bloßen Vorteils, nicht zu erliegen dem Rausch der Schwelgerei. Der rechte eigene Weg jedenfalls weckt alle Eigenständigkeit und alle Tugenden, weil er nur mit ihnen zu meistern ist."

„Wie aber ist es mit den Irrtümern – trotz aller Führung und Fügung?"

„Was noch nicht recht und wahr ist in Dir selbst, kann nur durch Irrtümer und ihre Folgen offenbar werden, überwunden werden. Der Irrtum gehört zum Menschen, gehört zu seinem Dasein, zu seinem Weg dazu."

Annelies schweigt, Momente ist sie noch selbstvergessen – in der Nachwirkung des Redestromes. Dann dämmert ihr doch das bisher Ungewohnte, das bisher Undenkbare. Sie hat so etwas wie eine Ansprache gehalten, ist nun peinlich berührt, sichtbar an der aufflammenden Röte in ihren Wangen. Aber blitzschnell, wie sie ist, sucht sie abzulenken mit dem Geschick, das gerade Frauen eigen ist.

„Karl, willst Du noch ein Käsebrot?", fragt sie. Der nickt, ich nicke. Wir alle sind auf einmal wieder hungrig geworden, und noch einmal verwandelt sich Annelies Zimmer in ein kleines Speiselokal.

Das Wagnis eingehen

In der Nacht zum 31. August 1979

Lange sind wir nicht mehr aufgeblieben, aber zu schlafen vermag ich nicht. Alles wirkt nach, bewirkt jenen Wachzustand in der Nacht, der mir von ähnlichen Nächten vertraut ist, jenen Zustand besonderer Erregung, in dem die Seele ahnend schwingt und die Gedanken schweifen und kreisen.

Klar ist mir: Der Vorwurf der Mutter des Berges, von Karl-Heinrich sogleich auf sich persönlich bezogen, von Annelies dann auf den Menschen schlechthin gedeutet; der Vorwurf gilt selbstredend auch für uns drei und damit auch für mich. Aber ich fasse die mahnenden Worte eher als eine bestätigende Aufforderung auf, denn als Vorwurf.

Den Drang, den Zwang zur Absicherung, zur Rückversicherung trotz allen Glaubens, so denke ich, den muss ich aufgeben, so schwer es auch ist, die Ungewissheit solcher Veränderung tapfer zu bejahen. Das Wagnis, welches Vertrauen fordert, muss ich eingehen. Ich bin ja nicht allein. Ich habe ja Annelies und ihren Beistand.

Die entscheidende Absicht – ich habe sie ja vor dieser Nacht schon oft erwogen - als unbedingte Notwendigkeit für meinen weiteren Lebenslauf. Wäre es nicht so, wie könnten mir dann die Worte der Mutter vom Berge so sehr zu Herzen gehen.

Widerhall muss das Geoffenbarte schon in uns selber finden, uns selbst Wahrheit sein oder werden in erwachender Einsicht.

Tatsächlich, so überlege ich weiter, zur Rückversicherung ist mir der frühe Beruf geworden. Nach Mittlerer Reife mit 17 Jahren die dreijährige Lehre als Verlagskaufmann, nach Volontariat mit 22 Jahren schon Redakteur. Seit vielen, vielen Jahren ist mir der Beruf unerlässliches Gegengewicht, ist er mir irdische Schwerkraft gegenüber dem Höhenflug des Geistes geworden, Schwerkraft für die all-schweifende Seele.

Unter dem Gegensatz, unter seinen Spannungen litt ich, floh ich den Alltag und seine öde Wirklichkeit, floh ihn wegen seiner Unzulänglichkeit, ja, ich muss gestehen, wegen seiner Erbärmlichkeit. Ja, hintergründig, im Geheimen zwar, hatte und habe ich noch immer eine gewisse Verachtung für das alltägliche, das gegenwärtige Leben. Ein Hochmut war mit mir. Habe ich ihn überwunden?

Wandlung, ja Läuterung ist geschehen. Die Übermächtigkeit meines Innenlebens, wich allmählich dem stärker gewordenen Wirklichkeitssinn, erstarb an der Herbheit und Härte eigener wie gegenwartsmächtiger Realitäten.

Bei der ersten Amerikareise im Jahre 1975, gerade in jener wach ausgeharrten Nacht in den Bergen, gerade in jenen visionsmächtigen Stunden geschah es. Da bereits begann die Wesenswandlung. Eine eigentümliche Veränderung nahm ich schon damals an mir wahr, ja sie durchdrang mich, erfasste mein ganzes Wesen. Und es geschah – mir wurde es erst im Nachhinein bewusst – es geschah trotz der bildmächtigen Schau der Nacht, trotz der energetischen Lichtfelder, blitzschnell aufleuchtend und wechselnd in einem Bergesinneren, das sich verwandelt hatte in reinsten Kristall.

Es geschah trotz der sichtbar werdenden, der herrlich großen Scheibe, die erst wie Bernstein schimmerte und dann zur Sonne wurde, zur all-erstrahlenden Sonne.

Die Herbheit einer neuen Nüchternheit – offensichtlich berührte, erfasste sie mich, als zu Beginn jener Nacht mir unvermittelt jener Indianer gegenübersaß, der mit der langen Feder auf dem Haupt. Die bisher unerfahrene Nüchternheit hatte sich noch verstärkt, als jener Indianer plötzlich verschwunden war, ich aber auf einmal spürte, dass er in mir war, sich tatsächlich in meinen Gliedern regte.

Ist es damals schon *Ak-Naut* gewesen, jene indianische Vor-Inkarnation von meiner Wesenheit, von der dann Karl-Heinrich erst Jahre später erfuhr? War er es, der mir dann über Karl-Heinrich übermitteln ließ, ich solle die Wirklichkeit des Lebens mit liebendem Herzen anfassen? Ist es das Vermächtnis des Roten Bruders an mich, das Vermächtnis eines Menschentums, das Himmel und Erde gleichgewichtig lebte?

Ich jedenfalls hatte am frühen Morgen den hohen Berg in den Rocky Mountains nicht als Schwärmer verlassen. Ich war hinab gestiegen als ein Gewandelter im Beginn einer neuen Entwicklung. Es folgten Jahre, in denen die verdrängte Realität zeitweilig wie um des Ausgleichs willen übermächtig wurde.

Die Folge war, dass sich bei mir bisher unerfahrene Zweifel einstellten, nagend und quälend. Sind nicht die visionär geschauten Bilder, ihre Verheißungen wie Wolken, die zwar am Himmel stehen, aber so schnell wieder verwehen? Mehr denn je wurde mir der Beruf zur existenziellen Absicherung, mehr denn je wusste ich die gesellschaftlichen Privilegien des Redakteurs zu schätzen und die Faszination einer oft funkelnden, aber ungebundenen Intellektualität.

Wenn auch die Verankerung im Beruf und seinem Umfeld stärker wurde, so blieb doch die seit Jahren gehegte Absicht, in der Führung des Geistes einen ureigenen Weg der Weiterentwicklung anzustreben. Freilich, mir saß immer noch die Sorge, die Angst im Nacken – vor der Ungewissheit, vor den Folgen des Entschlusses. Eine dunkle, eher unbewusste Ahnung hatte mich in den vergangenen Jahren zurückgehalten. Es war die Ahnung, dass die Zeit, dass ich noch nicht reif sei für das Wagnis.

Hatte die Mutter vom Berge deshalb gemahnt? Gemahnt mit so schockierend drängenden Worten? Klar ist mir seit Monaten: Das Wagnis muss eingegangen werden. Mein Schicksal fordert es einfach von mir. Der Entschluss zur Kündigung ist mir dringlicher denn je, ist mir unbedingter denn je geworden.

Im Mut zum Dienst

Freitag, den 31. August 1979

Die Morgenröte leuchtet schon auf dem Wasser. Der erflammende Horizont des Himmels spiegelt sich auf dem See, der in der Stille sich in die Weite breitet – unbewegt von Wellen und Winden. Schon früh bin ich ans Ufer getreten nach einer fast schlaflosen Nacht, habe Schuhe und Strümpfe ausgezogen, bin einige Schritte im Sand gegangen.

Den rechten großen Zeh – bei mir übrigens besonders groß geraten – tunke ich ins Wasser. Warm ist es nicht, kalt ist es, aber erfrischend, als ich mit beiden Füßen drin stehe, auch die Hände hineintauche ins gläsern stille Element. Verbunden möchte ich sein – über das Wasser, über die Erde, über die Luft mit der Natur, verbunden möchte ich sein an diesem Morgen mit der Mutter vom Berge.

Wie Feuer rieselt es mir in den Gliedern, als ich wieder draußen stehe – am Ufer auf dem feinen, hellen Sand. Als sei die Welt umflammt, so glüht der Morgen, funkelt seine Röte wider auf dem Wasser.

Überwältigt vom Anblick knie ich nieder, knie ich nieder vor der Mutter vom Berge, die zu uns sprach in diesem Lande der *Namapu*. Und die Worte fügen sich leicht zueinander, da sie sich schon in der Nacht eingefunden haben, in der Nacht, in der der Geist wieder einmal wach und rege war. So sprach ich:

In Demut knie ich nieder,
im Mut zum Dienst.
Hingeben will ich mich
im Dienst am Ganzen,
um mich im Dienst
selbst zu finden.
Kind will ich sein,
Dir, Große Mutter!
Kind will ich werden und bleiben,
auf dass ich ein Meister
werde und sei.
Mutig will ich sein,
Schritt für Schritt
den Pfad des Geistes gehen,
den ungewohnten,
den die Führung im Innern weist
und die wache, bejahende Einsicht.
Um die Unbedingtheit des Glaubens
bitte ich, die vermählt ist
mit Nüchternheit – wachsam und kritisch.
Durchblick erbitte ich,
den Hoch- und Tiefblick des Wissens,
das sich im Maß der Weisheit bescheidet.
Um die Überzeugung bitte ich,
flammend und rein,
die frei ist vom Verhängnis
der Unduldsamkeit!
Um das Verständnis bitte ich
gereifter Menschlichkeit,
des großen Herzens,
das in Liebe schlägt
für das Große und Kleine,
für die Freuden, für das Leid der Welt.
Und um das Mädchen bitte ich,die mir versprochen...

So geschieht es am Ufer des *Wallowa*-Sees. Und als ich mich erhebe, dastehe im noch lang fallenden Schatten eines Baumes, da hat sich die Sonne längst über dem Horizont erhoben, steht strahlend im blau gewordenen Himmel und ein wundersamer Widerhall ist in mir.

Erneut am Mount Shasta

Freitagabend, 31. August 1979

Den *Wallowa Lake* haben wir noch am Vormittag verlassen. Wir drei wären gern noch länger dort geblieben, wären am liebsten noch etwas weiter nördlich in die *Lopwai*-Reservation der *Nez Percé* gefahren. Karl-Heinrich drängte es zurück, weil es in ihm drängte.

„Der Mount Shasta ruft…“, sagte er. Die Worte hafteten mir geradezu im Sinn, blieben mir eigenartig gegenwärtig. Deshalb war auch ich für die schnelle Rückkehr, obwohl es mir weh tat, dass dadurch eine leibhaftige Begegnung unmöglich wurde mit den Nachkommen der einst freien *Namapu*, oben im Restländchen ihrer kargen Reservation. Aber wer weiß, wofür es gut war. Vielleicht hätte uns drei, vielleicht aber insbesondere mich, ein Schock getroffen.

Im Geiste schon wieder am Mount Shasta, nahm ich es mit Gleichmut hin, dass der Kontakt nur flüchtig und ziemlich unergiebig war, der Kontakt, der noch einmal zu den Innenwelten entstand, als wir den Fluss zurückfuhren, im reizvollen, vertrauten „Tal der sich schlängelnden Wasser“.

An einer besonders auffallenden Windung des Flusses hatten wir noch einmal Halt gemacht, waren wir über die Wiese zum Fluss gegangen. Eigentlich wollte Karl-Heinrich noch mehr vom Leben von einst, vom Leben der friedvollen und dabei kühnen *Namapu* erfahren. Tatsächlich, vom Adlerclan erfuhr er noch, der einst gerade hier, wo wir standen, in der Windung des Flusses sein Lager hatte…Aber Momente danach fasste sich Karl-Heinrich an den Hals. Die Schilddrüse, offensichtlich besonders gefordert bei solcher Übermittlung, machte sich schmerzhaft bemerkbar.

„Er solle sich schonen“, das vernahm er noch. Am Mount Shasta werde er noch einmal auf dieser Reise gebraucht. Dann brach die Verbindung ab.

Seltsam, so denke ich, dass wir derartig gedrängt werden, zum Mount Shasta zurückzukehren. Wir haben uns, ein Umweg zwar, aber schneller und bequemer, westlich gehalten, die Route gewählt entlang am dunkelblauen, gemächlich fließenden *Columbia River*. Für Stunden begleitet er uns, dessen glatt-schweres Wasser einst zu Zeiten der Brunst und Ernte aufgewühlt war vom Gewimmel springender Lachse, sich schlängelnder Aale… damals, als am Fluss nur die Ureinwohner fischten, nur ihre Zelte da standen in der Nähe des Ufers mit den Gitterfallen.

Eintönigkeit, dieselben Eindrücke immer wieder; der breite, dunkel und schwer dahinziehende Strom, die hügeligen Uferzonen, baumlos, aber mit Strauchwerk ab und zu bewachsen. Bräunlich fahl ist das Gelände vom strohig hart gewordenen Gras, verblichen, ausgedorrt unter der immerwährenden Sonne. Nur ab und zu Ortschaften oder Stationen, gesichtslos fad. Häuser wie Fabrikware, gleichförmig und massenhaft in Einzelteilen gefertigt und überall in den weiten Landen montiert und aufgebaut.

Die Eintönigkeit entrückt; als Beifahrer in der Achtsamkeit nicht gefordert, sitze ich wie abwesend in meinem Autosessel, döse ich vor mich hin. Der Mount Shasta geht mir nicht mehr aus dem Sinn.

Längst haben wir bei Vancouver den weiter westlich zum Pazifik fließenden *Columbia River* verlassen, längst sind wir auf der *Interstate 5* unterwegs in Richtung Süden.

Auf ein Inneres bin ich gerichtet. Ich spüre wieder jene Veränderung, jene sich aufbauende Spannung der Seele, in der das Schwebend-Bildhafte für eine gewisse Dauer erscheint.

Der Mount Shasta ist mir im Inneren gegenwärtig, der Mount Shasta mit seinen beiden schnee-verhüllten Gipfeln. Und wirklich – den Berg umgibt, wie beglückend, ein Lichtring, so wie vor Tagen beim Abschied. Schwebend hell leuchtet er in seinen Gipfelhöhen. Das Dunkle hat sich gewandelt, gewendet ins Lichte.

Samstag, den 1. September 1979

Längst ist die Sonne gesunken. Es dunkelt immer mehr. Nach den Tagen der Abwesenheit stehe ich erneut vor dem kleinen Weiher, der, zum Schwimmbad umgebaut, verlassen daliegt und schaue hinüber zum schweigend aufragenden Mount Shasta. Für zwei Tage sind wir zurückgekehrt in den Wohnpark, in unser kleines Chalet mit dem spitzen Dach, mit der Hühnerleiter hinauf zu den oberen Betten. Getrieben von der Frage, von der drängenden Erwartung bin ich noch vor Einbruch der Nacht ins baumlose Gelände am Schwimmbad gegangen, dorthin, von wo aus der Ewig-Schneebedeckte in seiner ganzen Mächtigkeit zu sehen ist.

Der Licht-Ring, der mir gestern im Auto auf der Rückfahrt erneut erschienen ist – ihn, den Licht-Schwebenden werde ich ihn wieder sehen im Anblick des Giganten mit dem Doppelgipfel?

Tatsächlich, ich erschaue ihn wieder – den Strahlend-Überhöhenden, ich sehe ihn, nachdem ich ihn anfänglich nicht sah. Ich erschaue ihn wieder, den All-Erleuchtenden, nachdem ich die Augen geschlossen habe, nachdem mich immer mehr die sammelnde Stille der Nacht umschließt.

Welche Verheißung – aufstrahlend und beglückend! Welche Zuversicht – befreiend und bewegend – erwacht da! Was wird uns der morgige Tag bringen, an dem wir zum letzten Male oben sein werden – oben auf dem Gipfel?

Die Dritte Welterschütterung – ist sie vermeidbar? Der Dritte Weltkrieg – der Atomkrieg der Supermächte, ist er abwendbar? Die Hopi, das Indianervolk des Friedens und der Alleinheit, sprechen von den beiden Weltkriegen des Jahrhunderts als den Erd-Erschütterungen. Von der Menschheit, ihrer Bewusstheit und Entschiedenheit hänge es ab, ob es die Dritte geben werde, die Dritte des Dritten Weltkrieges.

Gegen Mittag, bei der Ankunft im *Office* des Wohnparks, hatten wir erfahren, dass ausgerechnet in den wenigen, uns noch frei verfügbaren Stunden am Nachmittag ein großes Camp der Hopi stattfinden werde. Schnell entschlossen, die einmalige Gelegenheit in der näheren Umgebung wahrzunehmen, stellten wir bloß unser Gepäck in unserem

Chalet ab, und nach kurzem Imbiss waren wir schon wieder unterwegs.

Wie elektrisiert waren wir von der schier unglaublichen Tatsache, dass, Zufall oder Fügung, ausgerechnet Thomas Banyacya, der ermächtigte Vertreter der Hopi, der Künder ihres Wissens und ihrer Prophezeiungen, gegen 15 Uhr sprechen werde.

Das Volk der Hopi ist wohl einzigartig wie kein anderes Volk der Erde. Die Hopi, das Volk des Friedens – diese Bedeutung hat das Wort Hopi - die Hopi leben nach ihrer die Erdzeitalter durchleuchtenden Überlieferung seit Urzeiten im Frieden. Seit Urzeiten sind sie auf schier endlos langen Wanderschaften durch die kriegerischen Zeiten und Welten gegangen, um den Frieden des Schöpfers, den Frieden seiner Alleinheit zu wahren und damit lebendes Leitbild seines Friedens auf Erden zu sein.

Das Volk der Hopi sah Welten aufsteigen und Welten unwiederbringlich versinken. Ganze Kontinente sah es untergehen, ganze Kontinente aufsteigen aus den Wassern – in den Inseln zuerst der höchsten Gebirgspitzen, die sich allmählich aber beständig aus dem Meer erhoben.

Unfassbare, schier unglaubliche Welten des Archaikums, uralte Erinnerungen, von den Hopi in der Volksgemeinschaft lebendig bewahrt im Kultus der heiligen Mysterien und Zeremonien: Die Erste Welt des Feuers, die Zweite Welt des erstarrenden Eises, dann die Dritte Welt mit der erstmals eindeutigen, zweifelsfreien Überlieferung von mythischen Kontinenten, von *Kasskara*, auch sagenhaft *Mu* oder *Lemurien* genannt, dem inselhaften Kontinent im heute südlichen Pazifik und dann noch, nach der Hopi-Überlieferung entscheidend für das Weltengeschick, der Kontinent von Atlantis. *Atlantis*, das damals, so die Hopi-Überlieferung, auf den Wassern erreichbar war, denn Südamerika, das sich heute dazwischen erstreckt, Südamerika gab es damals noch nicht.

Eines Geistes waren *Atlantis* und *Kasskara* in den Anfängen der Dritten Welt. Da war, so die Überlieferung, Übereinstimmung, Gemeinsamkeit, auch in der Ursymbolik. Aber die Atlanter erforschten mehr und mehr die Geheimnisse der Schöpfung, auch die, die nach dem Urgebot dem Schöpfer vorbehalten sind, und verletzten, gefährdeten damit ihre Gotteskindschaft. Die Atlanter gewannen Macht, ungeheure Macht durch ihre Wissenschaft und Technik. Sie, eine Art Industriestaat, hatten Flugzeuge, offensichtlich Flugscheiben, mit denen sie ins All zu den Planeten fliegen konnten. Als sie aber feststellen mussten, so heißt es weiter in der Überlieferung, dass die aufgesuchten Himmelskörper unbewohnbar waren, begannen sie andere Völker zu unterwerfen. Sie bedrohten Kasskara, sozusagen den Bauernstaat, indem sie über ihnen in Himmelshöhen mit einer fliegenden Armada erschienen.

All das geschah, so heißt es weiter in der Hopi-Überlieferung, unter der Führung einer machtbesessenen Frau, die schließlich Einfluss und Geltung in Kasskara erlangte, die Bevölkerung spaltete, sie verwirrte in ihrer Treue zum Großen Geist. Das Verhängnis begann. Da Wohl und Wehe von Mensch und Erde untrennbar verwoben sind, sanken allmählich die beiden Kontinente.

Die Atlanter flohen vor allem nach Osten. Gruppen von Kasskara retteten sich in Wellen der Auswanderung, geführt von Hohen Wesenheiten, den *Kachinas*, die, so heißt es in der Mythe, auf den Schwingen des Adlers über den unendlichen Weiten des Meeres Ausschau hielten und als Zufluchtsstätte die ersten Inseln entdeckten, die ersten Inseln des allmählich aufsteigenden südamerikanischen Kontinentes. Die Überlebenden waren in der Vierten Welt angekommen.

Táotoóma, so lautete in der Hopi-Sprache das erste Siedlungsgebiet, die Insel- und Hochregion im heutigen Bolivien, die noch heute geweiht ist durch das legendäre vier Meter hohe Sonnentor der Kultur von *Tiahuanaco*.

Als sich das Umland immer mehr aus dem Meer erhob, als Südamerika immer mehr seine heutige Gestalt annahm und offensichtlich auch Teile von Nordamerika, irgendwann in späteren Zeiten gingen die Hopi erneut auf Wanderschaft.

In grauen Vorzeiten zogen sie in die Hauptrichtung des Nordens, irgendwo über den schmalen Hals von Mittelamerika bis in die Weiten Nordamerikas, in die steppenhafte, wüstenhafte Einöde des heutigen Arizona, wo sie sich im Schutze von Tafelbergen ansiedelten.

In der Einfachheit des Lebens wollten sie in der Treue, in der Gefolgschaft, in der lebendigen Einheit mit dem Großen Geist bleiben. Auf die Abwege anderer kasskarischer Volksclane wollten sie sich nicht begeben, auf die Abwege ihrer Hochkulturen, geschaffen, wie bei den Mayas und Azteken, mit den Blut fordernden Mächten des Krieges und der Gewalt.

Den Frieden der All-Einheit wollte das Volk der Hopi leben, ihren Namen im Alltag irdischer Wirklichkeit für alle Zeiten bewahrheiten, denn, wie gesagt, „Hopi“ heißt „Frieden“. So wählten sie nach langer, suchender Wanderschaft das sonnig-steinige Land aus, das wegen der Kargheit seiner Lebensmöglichkeiten nicht umkämpft war.

Die Kargheit des Bodens, der Mangel an Niederschlägen forderte und förderte die Magie des Kultus und sicherte so das Überleben. In und an die Tafelberge, die sogenannten Mesas, hatten die Hopi ihre Pueblo-Dörfer gebaut. Die sinnvoll verschachtelten Wohn- und Höhlenanlagen, im urzeitlichen Baugefüge erd-umschlossener Räume und himmels-freier Plätze schuf Lebensraum für das Profane, für den Alltag und seine Arbeiten wie für das Heilige, für die tagelangen Zeremonien des Kultus.

Die Hopi überlebten in der steppig-steinigen Einöde des Landes, weil sie mit der Regenzeremonie, mit dem bild- und wirkungsmächtigen Regentanz, das unerlässliche Nass vom Himmel holten. Als botanische Sensation gilt es in der Wissenschaft, dass die kleinen, aber besonders nahrhaften und gehaltvollen Maiskolben der Hopi in einer Region gedeihen, die eigentlich einen um die Hälfte zu niedrigen Niederschlag für die Pflanze hat. Der Mais aber, die Nahrungsgrundlage der Hopi, gedeiht prächtig, trotz der klimatischen und geologischen Widrigkeiten.

Mit ritueller Sorgfalt wird das lebenserhaltende Maismehl auf den Wegen des Kultes verstreut, wenn die *Kiva*, der große Höhlenraum des Pueblo-Dorfes, sich mit schaurig-schönen Gestalten füllt. Im Kult-Geschehen vollzieht sich Vergegenwärtigung und Verehrung der hohen Kachinas, den, so die Wortbedeutung, hohen Schöpfungsgeistern.

Es geschieht, wenn die *Pâho*, eine für alle Zeremonien unerlässliche Gebetsfeder waltet – es geschieht, wenn die heilige Adlerfeder zur Sonne erhoben wird, in der Erinnerung an den mythischen Adler, der einst, als die Hopi in die Vierte Welt – also in die heutige Welt – aufstiegen, den in Ehrfurcht und Dankbarkeit Aufgestiegenen versprach, ihr Gebet immer wieder zu Vater Sonne zu tragen.

Ihre archaische Erinnerung an die wunderbare Rettung, an Weltuntergang und Weltaufgang, ihre Erinnerung an den unsäglich langen und schwierigen Gang der Menschheit durch die Welten – all das leben und bewahren die Hopi in der einzigartigen Kultur ihrer gestalten-, ihrer bewegungs-, ihrer lautmächtigen Zeremonien.

Im Kreis des Jahres, in der jährlichen Wiederholung geschieht, was geschehen ist und sich um des Lebens und des Daseins willen immer wieder erneuern muss. In den Wintermonaten, in der Zeitspanne von November bis Februar, werden drei Urzustände der Schöpfung im Ur-Theater der Hopi vergegenwärtigt.

Die Schöpfung Erde, das ist das Besondere der heiligen Erde, ist von ihrem Ur-Anfang an dem Menschen bestimmt. Im November, im *Wúwuchim*, wurde das erste Feuer entzündet und das Leben zu erster Keimung geführt. Der ersten Keimung des Lebens wird rituelle Wärme und Kraft gegeben, und die ersten *Kachinas*, die ersten Schöpfungsgeister, erscheinen, um das Werden zu weihen.

Im *Soyál* des Dezembers werden Erde und Sonne gefestigt und festgelegt in Abstand und kreisender Wanderschaft.

Im *Pawamu* des Februars, im dritten Urwelt-Geschehen der Erde, entwickelte sich erstmals pflanzliches Leben und die Menschheit, in ihrer Kindschaft von der Heils-Schar der Kachinas geweiht, wurde erwachsen im voll-gestaltigen, im voll-verantwortlichen Menschen.

Im Schoße der Vergangenheit, in der Entrückung der Kiva, in der Verborgenheit der kellerartigen Höhlenanlage des Pueblodorfes, geschehen die Urzeremonien, wobei in der Kiva nur bestimmte Dorfclane genau bestimmte Handlungen vollziehen dürfen.

Die Leiter aber, die aus der Höhle der Kiva hinausragt, in den Platz der Öffentlichkeit, in die Plätze des Pueblos – die federn- und quastenbehängte Leiter ist der Übergang aus der Vergangenheit in die Gegenwart, ist der Übergang, ist der Aufstieg von der Dritten Welt in die Vierte der Gegenwart.

Wenn die Clan-Leute nach den drei Urzeremonien auf den Sprossen der Leiter hinaufsteigen, dann gleichen sie in diesen rituellen Augenblicken des Aufstiegs den Ehrfurchts-Geistern, den Kachinas, die die Geretteten einst aus dem untergehenden Kasskara hinwegführten übers weite Meer hin zum ersten aufgetauchten Felsland von Südamerika.

Im Jahreskreis der Riten ist dann erneut die Gegenwart erreicht, der Frühling der öffentlichen, der gemeinschaftlichen *Plazza*-Tänze - in der aufquellenden Lebendigkeit der zündenden Wirbel. Erneut sprießt, gebärt und vermehrt sich im Jetzt das Leben, und die bis in den Herbst andauernden Mais- und Fruchtbarkeitskulte der Frauenbünde entsprechen dem Werden und Reifen der umgebenden Natur.

Wie gesagt, die drei Mesas, die drei Tafelberge in der großen Einsamkeit von Steppe und Wüste, hatten sich die hellsichtigen Clanführer ausersehen. Die Berge und ihr Umfeld mit den Gesteinsschichtungen irdener Tiefe, mit der hohen Freiheit des fast immer blauen Himmels darüber hatten sie als Mittelpunkt der Erde erkannt, als ihren Mittelpunkt im Geiste, als ihre endgültige Heimstatt nach langer Wanderschaft.

Friedensbewusst hatten sie sich damit von anderen, durchaus verwandten Völkerschaften abgesetzt, eben nicht nur räumlich, sondern vor allem geistig von der Tod und Unterdrückung hervorrufenden Gewalt der Herrschaft. Die Hopi, es sei wegen der Bedeutung wiederholt, blieben ihrem einfachen Leben treu. Sie mieden jegliche Entwicklung zur Hochkultur und ihren unausweichlichen blutigen Zwängen.

Die drei Hauptgebote des Großen Geistes für alle Zeit zu erfüllen, als da sind Ehrfurcht, Harmonie und Liebe, hatten sie die flusslosen Tafelberge gewählt, weil das öde Land ihnen kampflos zufiel. Der Wassermangel nötigte sie zum unentwegten Geisteseinsatz für den Regen. Diese äußere Notwendigkeit verstärkte, wie gesagt, umso mehr den inneren Einsatz des Menschen im Einssein mit dem Großen Geist und dem Gleichgewicht von Himmel und Erde.

Das Ganze der Erde haben die Hopi wirklich im Sinn ihrer allumfassenden Sinne; das Heil des Erd-Ganzen ist ihnen wirklich Sinn des gelebten Lebens, denn die Hopi haben einen außerordentlich erstaunlichen Urmythos, und zwar den der Heldenzwillinge *Pöqánghoya* und *Palöngawhoya*. Pöqánghoya sitzt im hohen Norden, Palöngawhoya im tiefen Süden. Sie sitzen an den Enden der Nord-Süd-Achse der Erde, am Nordpol und am Südpol sozusagen. Sie sitzen dort; an den Kardinalpunkten des Planeten halten sie die Erde im Umschwung der unentwegten Drehung.

Die Heldenzwillinge warnen, wenn auf der Erde Störungen sind, dann senden sie Schwingungen auf der Erdachse entlang zu allen Erdzentren, und bei den Hopi, in der heiligen Höhle der Kiva, auf dem Altar des unterirdischen Raumes, beginnt dann die kleine Tonglocke zu tönen. Die Ermächtigten des Einhorn-Clanes hören sie, und die Ermächtigten des Zweihorn-Clanes wissen die Warnung zu deuten.

Die Heldenzwillinge – was kündeten sie vom schuldverstrickten Menschen, vom verlorenen Bruder, der eines Tages aus dem Osten zurückkehren werde um der Einheit willen im Großen Geist?

Den Bruder aus dem Osten haben die Hopi lange erwartet. Etwa 1540/1541 – sieben Jahre vorher hatte Cortés mit einer Handvoll

Männer das Aztekenreich bezwungen – trat der erste Weiße aus dem Osten den Hopi, dem Volk des Friedens, entgegen. Pedro de Tovar war es, der Spanier in der metall-glänzenden Rüstung. Einem seiner Leute befahl er barsch, ein Geschenk hineinzulegen – hineinzulegen in die ausgestreckte, mit den Fingern nach oben gewinkelte Hand.

Der Führer des Bärenclanes war es gewesen, der in der Handhaltung der *Nakwach*, dem Zeichen der Bruderschaft, dem Fremden entgegengetreten war. Hätte er die rechtwinklig geknickte Hand von oben auf die seinige gelegt, in der mäanderhaften Verzahnung der Bruderschaft, so wäre er der erwartete Bruder aus dem Osten gewesen.

Pedro des Toyar, der stolze, besitzgierige Spanier aber, missdeutete die Handgeste als die Bittstellung eines Bettlers und ließ eine milde Gabe in die geöffnete Hand legen. Der Spanier hatte keine Erinnerung an das *Pahana*, an die Vereinbarung der Völker, als sie sich einst in Urzeiten trennten mit der Aussicht auf ein Wiedersehen.

Der erwartete Bruder war der Spanier mit seinem waffenstarrenden Gefolge nicht. Die Fremden wurden dennoch ins Zentrum, nach *Oraibi*, geleitet. Als Gäste wurde ihnen Speise und Unterkunft gewährt und, so gut es halt ging, die Vereinbarung aus der Vorzeit erklärt.

Die Versöhnung, so signalisierten die Hopi, sei das große Gebot, die Versöhnung der Nachkommen von Atlantis und Kasskara. In gegenseitiger Ergänzung könnten so die Gesetze des anderen verbessert, gefährliche Fehler überwunden werden. Im Einklang mit dem Großen Geist könnten sie in Frieden miteinander leben, zu gemeinsamem Glauben und Wissen finden in einer universellen Bruderschaft.

Die Spanier aber verstanden überhaupt nichts von all dem, was ihnen da zeichen- und gestenreich bedeutet wurde. Und da sie in der Einöde nicht fanden, was sie begierig suchten, Gold nämlich, so zogen sie alsbald ab – zurück in den Süden.

Jedoch – die Spanier kamen wieder. Zwar nach Jahrzehnten erst, aber unausweichlich. Ohne Erbarmen eroberten sie ganz Neu-Mexiko. Bedingungslos wurden die Hopi-Dörfer der spanischen Krone unterstellt und damit in Wirklichkeit uneingeschränkt entmündigt. Die Missionierung in einseitiger Anmaßung begann 1629, als drei Franziskanermönche im Militärschutz von Soldaten erschienen.

1674 wurde die San-Miguel-Mission in Oraibi von den spanischen Herren gegründet. Noch heute wird die verhasste Missionsstation von den Hopi als „Sklavenkirche“ gebrandmarkt, weil ihnen

Sklavendienste abverlangt wurden. So mussten sie riesige Stämme, als Dachbalken für die entsprechende Station bestimmt, von weit entfernten Waldgegenden heranschleppen. Noch heute sollen die tiefen Furchen zu sehen sein, die die mühselig gezogenen Stämme in den weicheren Sandstein der Mesaplatte gepflügt haben.

Alltägliche Zwangsarbeit, alltägliche Willkür – das war die neue Wirklichkeit unter der spanischen Krone. Die *Padres*, obwohl dem Zölibat verpflichtet, machten sich zu ihrer Lustbefriedigung Hopi-Mädchen gefügig. Hopis aber wurden wegen Gotteslästerung aufs Schlimmste bestraft. Beim „Götzendienst", die heilige Adlerfeder in der erhobenen Hand, war ein Hopi vom Mönch Salvator de Guerra im Jahre 1655 ertappt worden. Nach der Überlieferung soll er den armen Mann selber ausgepeitscht haben, bis sein Körper blutüberströmt war, dann soll er ihn mit Öl übergossen und angezündet haben.

1680 brach die tiefe Empörung in einem Aufstand aus. Und tatsächlich – der Weiße, der *Kachada*, der *Dodagee*, der Diktator wurde vertrieben. Trotz dieses Erfolges – die Zeit des nahezu ewigen Friedens in der selbst gewählten Einsamkeit und Dürftigkeit der Tafelberge war endgültig vorbei. Als Volk in seiner Würde und Körperschaft vergewaltigt, in der Existenz aufs Äußerste gefährdet, musste selbst das Volk des Friedens zu den Waffen greifen.

Schlimme Konflikte brachen aus – mit den in den Hopi-Lebensraum eingebrochenen Navajo-Stämmen, aber auch mit eigenen Hopileuten, die das Christentum angenommen hatten. Anfang des 19. Jahrhunderts schließlich kamen die ersten Fallensteller, die ersten *Trapper* und damit die ersten US-Amerikaner; und 1850, Mexiko war 28 Jahre vorher unabhängig von Spanien geworden, gehörte das Hopi-Gebiet endgültig zu den Vereinigten Staaten.

Der Daseinskampf der Hopi, dem Großen Geist und der heiligen Überlieferung die gelebte Treue zu wahren, hat sich seitdem immer mehr verschärft. Aus dem einst riesigen, schier endlosen Umfeld der drei Tafelberge ist eine winzige Reservation geworden; eingeengt und bedrängt inmitten der bedeutend größeren Reservation der weit volksstärkeren Navajo-Indianer.

Die Macht der US-Behörden, die Willkür und Nötigung ihrer Gesetze und Verordnungen, die Verlockungen des ködernden Geldes – all das zeitigte immer mehr Wirkung. Immer mehr Hopi passten sich an die Lebensweise der Weißen an.

Der Stammesrat, in der zermürbenden Bedrängung längst zum korrumpierten Instrument der US-Behörde geworden, vollzog den Bruch mit dem heiligen Vermächtnis. Zur Ausbeutung von Bodenschätzen, insbesondere von Kohle und Uran, verpachtete er das unveräußerliche, das bis in seine Tiefen geheiligte Hopi-Land.

Die Preisgabe von Mutter Erde, insbesondere in ihrem ureigenen Land, ist für die in der Treue gebliebenen Hopi ein untrügliches Zeichen der Endzeit. Für das Gleichgewicht zwischen Himmel und Erde waren gerade diese drei Tafelberge entscheidend. Was ihre Seher mit dem Auge des Geistes zu erfassen vermochten – über Messgeräte der Wissenschaft hat sich jedenfalls bestätigt, dass das bodenschatzreiche Colorado-Plateau entscheidende Bedeutung haben könnte für das elektromagnetische Feld der ganzen Erde.

Die weltweite Ausbeutung der Bodenschätze, ihre skrupellose Verschwendung in der Industrie- und Konsumgesellschaft ist das Krisensymptom der Gegenwart. Auf all die bisherigen und derzeitigen Eingriffe in ihr Innenleben wird Mutter Erde antworten, wird sie lang- oder gar kurzfristig antworten müssen; das ist leider eine apokalyptische Zwangsläufigkeit. Die Offenheit und die Ungewissheit liegen nur in den großen, antwortlosen Fragen: Wann, wie und wo?

Von brennender Aktualität aber ist die Weltgefährdung, die der Abbau von Uran und die daraus erfolgende Herstellung von Atomwaffen mit sich bringt. Tag für Tag droht die Apokalypse der Dritten Welterschütterung, des Dritten Weltkrieges nach zwei Weltkatastrophen, diesmal aber mit nuklearer Vernichtung und Verseuchung.

Erstaunliche, merkwürdig zutreffende Prophezeiungen hatten die Hopi lange vorher, lange vor den beiden Welttragödien gehabt. Zwei Welterschütterungen, wie es die Hopi nennen, wurden in der Vorausschau erfasst, zwei Welterschütterungen im Zeichen des Hakenkreuzes und der Roten Sonne. Die Deutung dessen als die beiden Weltkriege liegt auf der Hand – Deutschland und Japan, mit den Sonnensymbolen auf ihren Fahnen – damals im vergeblichen Kampf um die Behauptung als eine Weltmacht, und stattdessen, hier will ich nur für das Deutsche Reich sprechen, in das Schicksal der Niederlage gestoßen und zu tiefster, zu höchster Läuterung im Geiste genötigt.

Zweifel, die zur Geschichtsgenauigkeit der Hopi-Prophezeiungen bleiben mögen, heben weitere Zeugnisse in ihrer auffallenden, in ihrer eindeutigen Deutbarkeit auf. Ein „Kürbis voll Asche“, so lautet das eine, werde vom Himmel fallen, werde das Land derartig verbrennen, so dass nichts wüchse für viele Jahre. Ein „Haus aus Glimmer", riesig in den Ausmaßen und im östlichen Teil des Kontinentes errichtet, werde ein weiteres Zeichen für die bevorstehende Endzeit sein.

Der knappe Hinweis genügt – auf die Atombombenabwürfe der US-Bomber über Hiroshima und Nagasaki im August 1945. Der knappe Hinweis zum zweiten Bild genügt, um darin den gläsernen Wolkenkratzer der UNO zu erkennen, nach dem Zweiten Weltkrieg etabliert und errichtet in New York.

1948, drei Jahre nach der „Zweiten Welterschütterung", entschieden die Hopi, an die Weltöffentlichkeit zu gehen – zur Warnung vor der „Dritten Welterschütterung", zum Aufruf, mit Gebet und Einsatz die drohende Nuklear-Katastrophe abzuwenden. 1948 wurden von der Ältestenrunde vier Sprecher und Interpreten gewählt. Zwei von ihnen lehnten den Auftrag ab, einer von den beiden Bereitwilligen ist mittlerweile verstorben. Somit ist Thomas Banyacya, er war der vierte der Erwählten, der Einzige, der – inzwischen 69-jährig [†1999] – zum Botschafter der Hopi, zum Botschafter der Independent Hopi Nation geworden ist.

Seitdem reist er durch die Welt, verkündet Urwissen und Prophezeiung der Hopi. Dreimal schon – 1948, 1975 und 1976 – versuchte er vor Gremien der UNO zu sprechen – vergebens. Nur Abweisung und Ablehnung widerfuhren ihm und seinen Getreuen bisher – ohne den Widerhall, den Lichtblick eines ahnenden Erkennens.

Ein schweres Amt hat Thomas Banyacya angenommen, nicht nur draußen in der Welt, sondern auch in seinem eigenen Volk. Banaycya gehört zu den Traditionalisten, den wenigen Hopi, die wider Zeitgeist und Anpassung auch im eigenen Volk in der Treue zum Großen Geist geblieben sind.

Zu Thomas Banyacya also waren wir im Auto unterwegs. Ihm fühlen wir uns verwandt. Im Auftrag stehen auch wir, im Auftrag des Großen Geistes sind auch wir unterwegs. Keine Anstrengung scheuen wir deshalb, einen solchen Mann zu erleben, keine Mühsal, den Weg zu ihm zu finden.

Ein Vorstoß ins Abseits des Straßennetzes war es, in die Wildnis der Abwege. Hellwach mussten wir drei schon sein, sonst hätten wir die kleinen Pfeile an sich ständig wiederholenden Kreuzungen, an Gabelungen der Strecke übersehen. Auf den gras-bewachsenen, mitunter pfadhaft schmalen und unebenen Wegen ging es schleifend und polternd dahin, dann wieder gemächlicher und geräuschloser weiter auf endlos anmutenden, ausgetrockneten Waldstrecken.

Zeitweise wirbelten Wolken auf von Staub – hinten durch das Rückfenster zu sehen, später dann auch Wolken von Staub vor uns, vor der Windschutzscheibe. Den Wagen abstoppend erkannten wir alsbald, dass es ein Auto vor uns war, dass es mehrere Autos vor uns waren, die die Staubwirbel verursachten. Das Lager, den vor uns Fahrenden folgend, wir hatten es gefunden.

Am Eingang unseres Zieles, einige Meter im Hintergrund – da stand er: Thomas Banyacya. Ihn, der viele Ankommende persönlich begrüßte, ihn, den kleinwüchsigen Mann mit dem ebenmäßigen Antlitz, mit dcm lcichten, am rechten Ohr herabhängenden Stirnband erkannten wir sofort. Auf dem Plakat, im Zentrum der Chalet-Vermietung, hatten wir ein Foto von ihm gesehen.

Näher tretend bekamen wir Worte der Begrüßung mit, die er an rote Mitbürger vor uns richtete. Meinte er sie ermutigen zu müssen, sie aufrichten zu müssen in ihrem Selbstwertgefühl? Banyacya sagte jedenfalls, offensichtlich anspielend auf die US-Landung auf dem Mond, „wir", die Roten, seien doch schon viel früher auf dem Mond gewesen. Er sagte es lächelnd und doch mit hohem Ernst. Er sprach in der Allgegenwart der seit Urzeiten Jahr für Jahr kultisch erneuerten Hopi-Überlieferung. Mit den Kachinas, den hohen Schöpfungsmächten, sind sie danach, wie auch immer zu verstehen, schon in grauen Vorzeiten durch die Luft geflogen und in die Räume des Alls.

Bekannt ist, dass die Hopi-Prophezeiungen vor langer, langer Zeit schon in Gestalt von Urzeichen ins Felsgestein der Tafelberge geritzt worden sind; bekannt ist, dass es darunter auch UFO-ähnliche Gebilde gibt. Bekannt ist auch, dass Hopi in jüngster Zeit während der uralten Zeremonien Kontakt bekamen mit den schwebenden, mit den rasenden Scheiben, die seit Jahrzehnten schon weltweit gesichtet werden am taghellen wie am nachtdunklen Himmel.

Das Camp-Gelände, das wir betraten, war weitläufig. Die freien, grasverdorrten Flächen waren unterbrochen, waren aufgelockert von Bäumen, von einzelnen, kronen-schön gewachsen, oder von Baumgruppen, die mehr Schatten und Kühle spendeten. Überall wuchsen auch

Büsche, große und kleine. In den so entstandenen Nischen und Plätzen hatte sich bereits ein buntes, abenteuerliches Völkchen häuslich eingerichtet. Manche mussten schon tagelang hier sein. Zwischen Wohnwagen und Bäumen – auf aufgespannten Seilen hing bereits die Wäsche. Schlafsäcke lagen herum, verlassen, der Reißverschluss noch halb geöffnet. Geschirr stand auf Klapptischen.

Echte Tipis, Rundzelte mit der Krone des herausragenden Holzgestänges – die gab es auch, wenn auch etwas abseits von dem jugendlichen Völkchen, den langhaarigen und freizügig strahlenden Blumenkindern. Unter freiem Himmel konnten sie sich auch zu einem Rock- und Popkonzert eingefunden haben.

Ein Mädchen, ein Pärchen – gelöst und heiter im Gegenüber, im beinverschränkten Buddhasitz. Das Pärchen fiel mir auf. In der Regung ihrer Glückseligkeit schauten sie einander an, neigten sich, gelenkig beweglich, wie sie sind, einander zu, um sich im Kuss, in der Berührung ihrer Münder, zu finden. Da sprang plötzlich ein kecker Junge dazwischen, und die gestörte Zweisamkeit strahlte auf im Glück einer jungen Familie.

Das kleine Ereignis – vorübergehend ging es mir nahe, im Innersten nahe; wieder der Schmerz im Augenblick, die Ahnung, dass solches Glück wohl nicht auf meinem Wege ist.

Mittlerweile gingen immer mehr Leute mit uns. Es dauerte nicht lange und wir kamen gemeinsam mit ihnen an einen großen Platz, auf dem sich schon viele, auf der Erde sitzend oder auf mitgebrachten Klappstühlen, in gespannter Erwartung niedergelassen hatten. Im Halbkreis saßen sie, hockten und standen sie, von Minute zu Minute dichter werdend, um ein Gestell, das auf einem leicht erhöhten Plateau stand.

Mittlerweile war auch Thomas Banyacya vom Eingangstor des Lagers hierher gekommen, war mit Beifall, auch mit spaßigem Indianergeheul, begrüßt worden, hatte mit Sorgfalt die unterm Arm mitgebrachte Rolle am Gestell aufgehängt und behutsam das sichtbar werdende, farbige Ölbild entrollt. Dann ergriff er einen Stock, wies mit dessen Spitze auf ein großes Strichmännchen, das seinerseits auf der Tafel auf ein Gebilde mit senkrechten und waagerechten Linien wies.

Auf den so entstandenen quadratischen Feldern, aber auch zwischen ihnen, waren kleinere Strichmännchen aufgemalt, außerdem große und kleine Kreise. Auf der untersten Ebene dann folgte eine Reihe von Symbolen, das der Sonne, das des wirbelnden Sonnenrades. Zum

Abschluss der ganzen Reihe dann kam das *Tatzenkreuz*, das dem *Eisernen Kreuz* der Deutschen gleicht und ihrem Hoheitszeichen auf den Flugzeugen.

Die Abbildung, von Thomas Banyacya mit Ölfarben auf ein Leinenstück gemalt, entspricht genau einer Felszeichnung, die es in der Nähe von Alt-Oraibi auf der dritten Mesa, auf dem dritten Tafelberg, gibt. Die Hopi-Prophezeiung, festgehalten in einer großflächigen Steinritzung, soll zumindest auf das vorige Jahrhundert, wenn nicht gar auf frühere Zeiten zurückgehen. Mit dem Ölbild, das Thomas Banyacya um der Erläuterung willen erweitert hat, eben mit der unteren Reihe der Symbole, ist er unterwegs zu Vortragsreisen rund um die Welt.

Thomas Banyacya also wies mit dem Stock auf das große Strichmännchen links auf dem Ölbild.

„Das ist Massau'u, der Große Geist", sagte er. Mit dem einen Arm in der Betonung seiner Überlänge, weise er, sei er verbunden mit einer senkrechten Linie. Das sei der Weg, den der Große Geist in Einheit bestimmt habe.

„Am Anfang war ein Volk", führte er weiter aus, „ein Volk und ein Kreis, und es war kein Anfang und kein Ende. Dann aber kam die Trennung."

Das eine Volk habe sich geteilt, habe in den waagerechten Linien unterschiedliche Lebenswege eingeschlagen. Die Großen Brüder hätten sich getrennt. Der Weiße Bruder ging nach Osten. Zwar habe der Große Geist beiden den Kreis mitgegeben, damit sie einander erkannten, wenn der Weiße Bruder zurückkehre aus dem Osten.

Thomas Banyacya verstummte – einige Atemzüge lang. Dann zeigte er auf das Kreuz, das Zeichen mit der verlängerten Senkrechte und fuhr fort: „Aber der Große Geist hatte den Roten Bruder gewarnt. Er müsse achtsam sein, wenn der Weiße aus dem Osten zurückkehre. Trage er das Kreuz ohne den Kreis, dann habe er große Erfindungen gemacht, dann sei er mächtig geworden, dann habe er die Führung des Großen Geistes verloren. Nacht und Untergang werde dann über die Roten Völker kommen. Danach aber werde die ganze Menschheit erschüttert werden."

Erneut verstummte Thomas Banyacya – um im Schweigen, im Gedenken das Schicksal der Roten Völker seit den über vier

Jahrhunderten, nachdem Kolumbus die erste Insel des neuen Kontinentes betreten hatte, erahnbar werden zu lassen.

„Es geschah", so sprach der Hopi-Gesandte weiter, „wie es der Große Geist gesagt hatte. Nacht und Untergang kamen über die Roten Völker, aber danach wurde die ganze Menschheit erschüttert."

Nun zeigte Banyacya auf zwei Kreise, die waren durchschnitten von der mittleren der waagerechten Linien. Von den zwei Welterschütterungen sprach er, von den beiden Weltkriegen und ihrem Heer der Toten. Auf das Hakenkreuz zeigte er, auf das Tatzenkreuz, Hoheitszeichen der Deutschen.

Mit dem Stock kehrte der kleine, geistesmächtige Mann erneut zur mittleren Linie zurück, zur Schicksalslinie mit den beiden durchschnittenen Kreisen. Die Linie fuhr er entlang, nach rechts.

Mit dem Nachdruck der Stabspitze, mit dem Nachdruck seiner großen, die Versammelten überschauenden Augen wies er auf den dritten Kreis. Vom Verhängnis war der noch nicht durchschnitten, der Kreis schwebte noch über der Linie.

„Die große Drohung ist das… die große Gefahr… der dritte Kreis, noch schwebend in der Zukunft… die Dritte Welterschütterung, der Dritte Weltkrieg.

Die bange Frage unser aller Zukunft lautet: Weltvernichtung oder die große Reinigung."

Von uns allen hänge es ab, ob welt-verändernde, welt-reinigende Bewusstseins- Geisteswandlung aufkomme und das Verhängnis des Nuklearkrieges, des Nuklearwinters abwende.

Den Licht-Ring – ihn, den ich mit innerem Auge sehe, ihn, den ich schwebend sehe über dem doppel-gipfeligen Mount Shasta – die strahlende Erscheinung, die sich wandelte vom Dunkel ins Lichte – die Erscheinung ist mir erneut geschenkt, ist mir erneut gegeben an diesem Abend, da ich allein am Schwimmbad stehe, im nächtlichen Anblick des Berggiganten: die Erscheinung ist sie Zeichen des Himmels, ist sie Zeichen der Abwendung? Der Rettung?

Die beiden Weltkriege dieses Jahrhunderts – sind sie Abschreckung genug? Gibt es Hilfen, außerordentliche, wunderbare Hilfen für die Weltgemeinschaft der Friedenskämpfer? Sind es die UFOs – Außerirdische, solche, die irdischen Ursprungs sind, die Hilfe bringen? Sind es die letzten Deutschen, die in den letzten Tagen des Dritten Reiches mit dem Luftkreisel in Höhen des Alls aufgestiegen sind?

Sind es die letzten Deutschen, auferstiegen aus Untergang, aus Asche, aus Enge und Schuld, auferstiegen in die schicksals-erzwungene Reife und Vollendung einer Weltverantwortung?

Sind es ihre Strahlschiffe, die im All zu Wächtern des Friedens geworden sind?

Das Strahlschiff

Sonntag, den 2. September 1979

Fels ist es, Gestein, nackt ohne Bewuchs. Eine Plattform ist es, beinahe eben, auf der wir stehen – eine Felswand um uns, fast im Halbkreis, nach oben hin hervorragend, uns aber kaum überdachend.

Wir sind hinaufgestiegen in die Höhen des Mount Shasta, am Bergmassiv hinauf, so weit wie es unsere Füße, der Pfad und unser Gleichgewichtssinn zulassen, der ohne die Sicherheit ist und die Erfahrung eines Bergsteigers.

Jäh fällt der Berg ab in die Tiefe; in einer Felswand, in Hängen dann, stein- und felsbrockenübersät, mit Büschen und Zwergbäumen dazwischen. Zum Abgrund ist der Abstand groß genug. Groß genug ist auch die Plattform, auf der wir stehen. In ihrer Mitte etwa hat sie sogar eine leichte, absichernde Vertiefung. So können wir uns geborgen fühlen, auch in diesen Höhen, zu dieser frühen Stunde.

Vertrauen, Vertrauen in die Geistesführung fordert solche Unternehmung, erneut immer wieder, auch in dieser Frühe und im Anblick der nebelnden Wolken, die über uns wabern und, wie es scheint, näher und näher kommen.

Karl-Heinrich war uns beim Aufstieg vorausgegangen. Dem inneren Lotsen war er gefolgt, dann dem gefundenen Pfad nach oben und erst hier auf der Plattform, nach erneutem Ertasten und Prüfen, erst hier ist sein Vorwärtsdrang zu Ende. Wir sind da, wir sind angekommen am rechten Ort, zur rechten Stunde.

Acht Uhr am Morgen ist es gerade. Ein Blick auf die Armbanduhr sagt es mir. Karl-Heinrich wirkt gespannt in der stärker gewordenen Erregung. Offensichtlich ist er von einer Erwartung gleichermaßen gedrängt wie gehemmt. Nun will er schon sprechen, hält aber inne – abwartend, noch zögernd.

„Wir schließen den Ring“, sagt er endlich. Wir drei sprechen es gemeinsam, dreimal mit klarer und doch leiser Stimme. Nach Atemzügen eines erneuten, eines verlängerten Schweigens sagt er: „Wir rufen ins All. Wir rufen ins Weltall. Wir rufen das Raumschiff, das uns am nächsten ist.“

Nun ist er doch über seine Lippen gekommen: der Ruf ins All, der Ruf nach dem Raumschiff. Innere Widerstände müssen die Hemmung, müssen die Verzögerung ausgelöst haben. Innerer Widerstand gegen die innere Stimme, gegenüber dem sprechenden Geist? Aber kann die tolle, ins All gerichtete Erwartung nicht auch eine Selbsttäuschung sein?

Karl-Heinrich ist immer wieder bereit, seine besondere mediale Befähigung in den Dienst des Geistes zu stellen, insbesondere dann, wenn Neues und Ungewöhnliches reizt, die Neugierde entflammt wird.

Und doch, immer mal wieder gerät er in Gegensatz zur Bereitwilligkeit; so wie erst vor Tagen an der Stätte des UODAN, dort, wo der doppelstämmige Baum aufragt, silbern schön verdorrt, und der IRMINSUL gleichend mit den beiden, den ausladenden Flügeln.

Dort hatte ihn geradezu ein Gefühl der Verzweiflung überfallen; im quälenden Gegensatz zwischen irdischer Schwere, irdischer Belastung und der Leichtigkeit, der Verheißung des anderen Seins. Bilder von dort empfangen, können leicht zu einer Fehldeutung führen, etwa das Bild vom Höhleneingang in den Mount Shasta. Um Enttäuschungen geht es – nach hochgespannten, wie auch immer verursachten Erwartungen.

Gerade, in der vergangenen Nacht hat Karl-Heinrich erfahren, dass wir heute den Ruf ins All senden sollen. Aber nun an Ort und Stelle angelangt, in der Gegenwart seiner beiden Freunde ist er für Augenblicke zurückgeschreckt…

Der Ruf ins All – er ist dennoch erfolgt Die Sekunden verstreichen, muten an wie kleine Ewigkeiten. Noch dichter über uns ist der Himmel geworden. Die Sonne muss längst aufgestiegen sein über dem Erdenrund, aber sie ist verhüllt und mit ihr die Bläue ihrer all-weiten Unendlichkeit.

Ob das Raumschiff, von uns gerufen, tatsächlich antworten wird? Wie sollen wir es überhaupt sehen, da wir doch umgeben sind von nebeligen Wolken? Die Sekunden verstreichen, dehnen sich, werden länger und länger in der sich aufspannenden Ungewissheit.

Aber dann, beinahe plötzlich, geschieht es, wie es schon oft geschah. Karl-Heinrichs Gesicht erhellt sich auf einmal, ist bestimmt vom gerade begonnenen Empfang.

„Der Kontakt ist da“, sagt er. *„Erst waren es nur Zeichen, erst musste umgepolt werden, so hat es geheißen, Vorbereitungen waren zu treffen.*

Aber nun... das Bild ist klarer... ich kann's nicht sagen, warum... Entweder kommt es näher, das Raumschiff... oder der Empfang ist besser geworden. Ich sehe es... ich sehe die glänzende Scheibe des Raumschiffes... und jetzt wird mir der Hinweis gegeben, dass es schwebe... in einer Höhe von weit über 4.000 Metern.“

Ergriffen von dem Anblick, von den empfangenen Bildern schweigt Karl-Heinrich. Dann jedoch hat er andere Eindrücke, hat er ein anderes Bild, das er zu beschreiben sucht:

„Es ist... ja es ist eine Säule, aber sie ist kurz... eine ziemlich breite Säule ist es von etwa fünf Metern Durchmesser. Oben...nach allen Seiten hin weitet sich die Säule wie ein Kelch. Sie geht über in eine hell schimmernde Decke, die sich nach außen hin absenkt.

Ein Rundgang umgibt die Säule, der allseits die Sicht freigibt nach draußen. Ein Ring von Fenstern ist es, dort, wo sich das Deckengewölbe dem Boden nähert.

Im Innern des Raumschiffes... da steht nur ein einziger Mann, eine große, schlanke Person, bekleidet mit einem, den ganzen Körper umhüllenden Anzug. Silbrig ist der Anzug... weiß-silbrig. Seinen Kopf sehe ich klar. Ein Haupt ist es mit markanten, edlen Gesichtszügen. Und glatte, helle Haare hat er. Sie reichen ihm bis zum Ohr.

Nun geht der Mann in geruhsamen Schritten um die Innensäule herum. Unter dem Ring der Fenster sind Absätze, Vorbauten installiert. Auffallend ist: Geräte, Instrumente sind nur wenige zu sehen. Handgriffe, kleinere Bewegungen macht er an ihnen... der Mann in dem silbrigen Raumfahreranzug, dabei sind seine Bewegungen elastisch, ja geradezu geschmeidig.

Seltsam ist nur... nirgendwo ist irgendein Steuer, irgendeine Hebelapparatur zu erkennen oder sonst irgendetwas, womit das Raumschiff gelenkt werden könnte.

Seinen Rundgang hat der Mann beendet. Er steht wieder an der Säule inmitten des Raumes. Da steht er mit Armen, die er über der Brust gefaltet hat und schaut uns an... mit Augen, die sehr hell sind... die von durchdringender Kühle sind.

Mit einer Geste deutet er an, dass er auf unseren Ruf hin gekommen ist. Tatsächlich, noch einmal sollen wir in Gedanken Ton geben, noch einmal unsere Position signalisieren...“

Schweigend wiederholen wir drei den Ruf in die Höhe. Da fährt Karl-Heinrich fort:

„Mit einer weiteren Geste deutet er nun an. Genau, ja genau, und aufmerksam sollen wir den Bewegungen seines Kopfes folgen.

Nun steht er wieder da; mit gekreuzten Armen steht er im Raum des Flugkörpers, aber gesammelter, verinnerlichter wirkt er nun. Jetzt hebt er den Kopf, neigt ihn leicht seitlich, und nun wird sein Gesichtsausdruck starr im Ausdruck seines Willens.

Regungslos steht er, aber – ist es denn möglich? – die Maschine bewegt sich. Ja, das Flugschiff bewegt sich... bewegt sich jetzt der Kopfstellung des Mannes entsprechend seitlich nach oben... bis auf eine Höhe von über 5.000 Metern.

Jetzt scheint er, scheint das Schiff über uns zu sein. Der Mann senkt sein Haupt, und das Flugschiff senkt sich herab... es senkt sich herab... vielleicht ist es nur noch einige hundert Meter über uns. Die Maschine stoppt, steht still. Als Ankerplatz hat er die Strahlung genommen, die aus der Bergkuppe hochgeht. Ja, es ist so, als wenn er seine Maschine darin verankert hat.

Wieder schaut er uns an... mit den klaren, den durchdringend starken Augen. Ich möchte etwas fragen... weiß aber nicht, wie ich das anfangen soll, wie ich ihn anreden soll. Noch immer ist es schwer, die Sprachbarriere zu überbrücken.

Ah...ja“, Karl-Heinrich nickt im Einverständnis, dann sagt er: *„Es geht über Gedankenwellen.*

Schon lässt er mich einen Blick in die Maschine tun. Wie im Querschnitt wird sichtbar, was in den schmaleren Randbereichen der Flugmaschine ist und dort arbeitet... es sind so etwas wie Akkumulatoren. Ich vermag es nicht anders zu bezeichnen.

Dann, nach innen hin, wird das Flugschiff breiter, es kommt der Absatz mit dem Fensterring und den tischähnlichen Aufbauten davor... und den Apparaturen... die sind klein. Es sind wenige, kleinere Messgeräte oder was es sonst sein mag. Ich kann es nicht genau beschreiben. Ich kenne es doch nicht. Alles ist beinahe karg und doch hell und...“

Karl-Heinrich stockt, offensichtlich peinlich berührt von seinen eigenen Gedanken, *„Na, und sauber ist es sowieso.“*

Karl-Heinrich richtet sich wieder auf das Wesentliche. Er versucht das Erschaute zu begreifen.

„Ich habe den Eindruck“, so sagt er, *„der Mensch beherrscht diese Maschine. Die Maschine ist er. Er ist die Maschine. Nichts Trennendes ist zwischen ihm und ihr. Das Flugschiff verkörpert eine Fortentwicklung, eine Höherentwicklung menschlicher Möglichkeiten.*

Nirgendwo bemerke ich ein Steuerrad oder irgendetwas Ähnliches. Offensichtlich steuert er das Schiff nur mit den Kopfbewegungen.

Willensimpuls – Kopfbewegung – Bewegung des Flugschiffes! Das ist mein Ausdruck, meine Deutung. Auch erscheint es mir so, als gehe ein Strahl, ein Strahl aus... von den über der Brust gekreuzten Armen und als werde über ihn die Maschine beeinflusst, gesteuert.“

Aber die Phase einer ersten Verarbeitung des Empfangenen ist vorüber. Karl-Heinrich spürt: Er ist wieder angepeilt. Er übermittelt:

„Der Mann – er schaut uns wieder an...stärker noch als vorher.

Welch eine großartige Erscheinung! Aber ich empfinde keine Scheu ihm gegenüber, keine Fremdheit. Er steht etwas breitbeinig da. Und erst jetzt fällt mir auf, dass er eine überraschend schwere Fußbekleidung hat, die gar nicht passen will zu dem so leicht erscheinenden Anzug. Ich kann nicht sagen, woraus die Schuhe gemacht sind. Jedenfalls wirken sie gewichtig. Dennoch geht er leicht mit ihnen... geradezu elastisch... er läuft geradezu.“

Aber nun unterbricht sich Karl-Heinrich selbst, ganz und gar gefangen genommen von einer Veränderung. Nun spricht er wieder zutiefst erstaunend im Tonfall seiner Stimme:

„Das Licht... das Licht verändert sich. Alles das, was bisher in einem gelblichen Ton erschien, es wandelt sich in eine lila Farbe. Der ganze Innenraum ist auf einmal in ein wunderschönes helles Lila getaucht.

Auch die Säule, die Säule inmitten des Raumschiffes...die Säule leuchtet auf im herrlichsten Lila.

Und nun hebt der Mann den Kopf. Er hebt die Arme. Eine Geste von ihm... ich solle seiner Bewegung folgen, und so schaue ich ebenfalls hinauf... das Ende der Säule, oben, der Übergang, die Wölbung wird zum schimmernden Kelch, der weit geöffnet ist nach oben... offen ist dem All.

Aber was ist das? Ist es denn möglich?" Karl-Heinrich kann sich nicht fassen vor lauter Verwunderung.

„Das Licht", fährt er fort, *„die Kraft des Alls strömt in den Kelch. Und der Mann, erhobenen Hauptes, mit weit geöffneten Armen nimmt er sie auf...*

Ist's denn wirklich wahr?", fragt sich Karl-Heinrich erneut über die Maßen erstaunt.

„Wenn der Mann, der Raumfahrer sich diesem Licht, sich dieser Kraft öffnet, dann ist er verbunden mit dem Allerhöchsten.

Oben im Kelch wird es noch heller, noch leuchtender in der Einstrahlung aus dem All. Und der Mann mit dem so starken Willen... er steht da und ist ganz Hingabe.

Das Lila, das ätherisch feine Lila in all seinen Tönungen... das Lila lässt nach... wird schwächer... allmählich ändert sich die Farbschwingung. Deutlicher werdend treten die Konturen des Innenraumes hervor. Der Raum erscheint nun in einem Gelb... und in einem Goldton... nein, eher in einem lichten Ocker, das geradezu silbrig schimmert... eine Farbe ist es, die ich noch nie gesehen habe.

Der Mann, der Mann in dem Raumfahreranzug... der Mann wendet sich zu uns und wirkt verwandelt. Ein Glanz ist in seinem Gesicht. Es ist kein Lächeln, es ist ein besonderer Glanz, der sein Antlitz erleuchtet... und nun blickt er uns mit großen Augen an.

Der Gedanke schießt mir ein... ein Bild will er uns senden, ein Bild, das er in seinem Haupt formt, um es an uns zu senden.

Ja, er will es. Aber, was ist das? Nun sehe ich gar nichts mehr. Es ist alles so unklar, so neblig... ah, jetzt erkenne ich es; es sind Wolkenfetzen, die ineinander wirbeln im Sog von Luftströmungen. Wolkenfetzen sind es, so wie sie vom Flugzeug aus zu sehen sind.

In die Wolkenmassen hinein... da schieben sich jetzt die Konturen eines anderen Luftschiffes. Es durchgleitet den Raum, und ein weiteres folgt, schwebt dahin... und wieder folgt ein weiteres und wieder und wieder und wieder.

Eine Kette, eine Formation ist es. Es werden mehr und mehr. Und... da ich sie alle gleichzeitig sehe, können es ja wohl nicht immer dieselben sein.

Welch eine Macht, da in den Höhen des Alls! Offensichtlich soll gezeigt werden, wie viele dieser Maschinen mit Einmannbesatzung bereits im All fliegen...

Das Bild verflacht nun, wird schwach, undeutlich. Aber ein anderes erscheint. Es sieht aus... wie Erde, wie die Erdoberfläche. Verbrannter Wald ist es, schwarze Stümpfe, hier und dort, so wie ich es kenne von Waldbränden her. Dann wieder Bäume fahl, verdorrt, leblos. Über Berge, Täler, Flüsse gleitet der Blick... überall die Schäden... verbrannte, überforderte Erde, umweltverseucht.

Ganz nah sehe ich nun die Erde. Es tut beinahe den Augen weh, so nah ist die Erde, ist die Krume. Sehr sandig wirkt sie, eher grob. Alles Feine ist daraus hinweg.

Dennoch... auf einen Punkt wird mein Blick gelenkt, auf eine Stelle. Da kommt erst so etwas wie eine Grasspitze heraus, ganz fein zuerst, dann kräftiger und kräftiger... eine krokusartige Pflanze ist es. Ja, es ist ein Krokus.

Da kommt noch einer aus der Krume. Ja, aus der verbrannten Erde sprießt neues Leben hervor. Der Krokus, die Blume des nahenden Frühlings...

Das Bild entschwindet", sagt Karl-Heinrich. Aber erleichtert fährt er fort: *„Den Mann, den Mann im Raumschiff sehe ich wieder. Er bedeutet uns, sehr betont, sehr nachdrücklich: Nachdenken sollten wir über die Bedeutung der gesendeten Bilder.*

Jetzt weist er erneut auf sich, auf seine Maschine. Er weist in die Tiefe, auf Gebirge, auf mächtige Felswände. Und nun höre ich erstmals Worte. Der Mann spricht zu mir, er spricht wahrhaftig zu uns:

‚Die Berge enthalten Klappen, Einflugschneisen sind es mit ein- und ausströmenden Kräften. Da können wir einfliegen, landen und aufsteigend starten.'"

Karl-Heinrich verstummt erneut und fährt fort, etwas verunsichert: *„Nun schaut er uns eindringlich an und sagt:*

‚Öffnet auch Ihr Eure Klappen, lasst sie fließen, die ein- und ausströmenden Kräfte...'

Eine Klappe, die wir öffnen sollen...", Karl-Heinrich fragt erstaunt, leicht verdattert: *„Die Klappen, was sind die Klappen? Wie sollen wir das verstehen?*

Da lacht der Mann im Raumschiff. Erstmals lacht er und sagt: ‚Hebt, so wie ich, hebt gleich mir die Arme und öffnet Euch dem All.'"

Minuten haben wir noch oben gestanden… auf der Plattform… mit erhobenen Armen, geöffnet den himmlischen Höhen. Dann sind wir gegangen, erfüllt, bewegt vom gerade Geschehenen, noch unfähig, darüber nachzudenken.

Noch immer ist der Himmel über uns wolken-verhangen, wenn sich auch der Nebel um uns mit dem steigenden Tag verflüchtigt hat.

Das Raumschiff müsse einige hundert Meter über uns gestanden haben, so hat es Karl-Heinrich mit den inneren Sinnen geortet. Über uns, in den Wolken also, schwebte das Raumschiff. Aber warum war es uns dreien nicht vergönnt, es mit unseren leiblichen Augen zu sehen?

Der Abstieg hat seine Beschwerlichkeit gehabt, hat Achtsamkeit, hat Behutsamkeit gefordert – wegen einer gewissen, noch nachwirkenden Benommenheit. Als wir tief genug sind, die große Wiese mit dem gluckernden Bach überquert haben, als wir an deren Abhang stehen und hinab auf den großen Parkplatz am Fuße des Gipfels schauen können, da sehen wir einige auffallende Menschen zu einem Wagen gehen. Wir blicken genauer hin und erkennen erst mit einiger Mühe, dann aber doch unzweifelhaft, dass es Indianer sind vom gestrigen großen Treffen, die da unten einsteigen und in einem klapprigen Straßenkreuzer davonfahren.

„Sie haben Mutter Erde angerufen", sagt Karl-Heinrich, „und zwar zur selben Zeit, als wir oben waren auf dem Plateau." Er schaut ihnen nach, wie ihr Auto auf der abwärts führenden Straße entschwindet, lebhaft bedauernd, dass wir sie nicht mehr getroffen haben.

Wir wenden uns zurück auf der abschüssigen Wiese, folgen dem Pfad bis zum gluckernden Bach, gehen seitlich an ihm hinauf bis zu der Quelle, an der vor Tagen die seltsame Alte gesessen hatte. Karl-Heinrich hat sich nicht getäuscht. Wir haben die Asche noch gefunden, die glühenden Funken noch und die Zeichen. Die Indianer sind tatsächlich noch vor Minuten hier gewesen an der Quelle.

Wir sind ergriffen, und ich sage es, und die Freunde sprechen es gemeinsam mit mir nach:

„Eins mit dem ALLEINEN, eins mit der Natur, eins mit der neuen Technik – das ist der neue Mensch."

UFOs und Irrlichter

Die UFOs – Unidentified Flying Objects – sind Gewissheit und Rätsel zugleich. Zahllose Sichtungen, zahllose Dokumentationen und Berichte liegen vor; spektakuläre Begegnungen und Begebenheiten sind authentisch gesichert, alles Vorstellbare übersteigend.

Unvergleichlich schnell, unvergleichlich wendig sind sie, atemberaubend in ihren Lichtphänomenen, in der Farbenmächtigkeit ihrer Kraftentladungen.

Unmessbare Höchstgeschwindigkeiten – so erscheint es – erreichen sie in Sekunden, bewegungslos können sie am Himmel verharren, im Winkel können sie fliegen, Haken schlagen wie ein Hase, herabschlittern aus Höhen wie ein welkes Blatt – pfeifend, summend absinken wie ein Fahrstuhl.

Emporsteigen können sie, kreisen können sie in den Windungen einer Spirale. Im Augenblick nur, für Sekunden sind sie gesehen, beobachtet worden, zuweilen aber auch minutenlang. Tellerförmig sind sie bisher erschienen, kuppel-, kugel- und scheibenförmig, oder sie standen hoch und fern wie der geringte Saturn in sternklarer Nacht.

UFOs – Unzweifelhafte Fälle sind bezeugt, ihr authentischer Fakten- und Wahrheitskern ist gesichert. Ein Wahrheitskern freilich, der verwirrend umwölkt, verfremdet ist von den offensichtlichen Vernebungstaktiken der Weltmächte, von wuchernd irrealer Schwarmgeisterei, die mehr als fraglich ist in ihren allzumenschlich aufschillernden Symptomen, in ihrer mitunter kurios lächerlichen Absurdität.

Überzeugende Sichtungen und Berichte stammen aber gerade von Menschen, die, unerlässlich für ihren Beruf, gerade jene Eigenschaften auszeichnen, die bei manchem UFO-Gläubigen mit Recht anzuzweifeln sind: Nüchternheit und Genauigkeit, unbestechliche, durch Emotionen ungetrübte Beobachtungsgabe.

Piloten, Radartechniker sind es, Naturwissenschaftler und Ingenieure, die oft völlig überrascht, oft auch ratlos waren angesichts der Phänomene; an ihrer Tatsächlichkeit gerade wegen ihrer

Fachkompetenz nicht zweifeln konnten. Besonders beweiskräftig sind die Doppelsichtungen; Sichtungen also, die übereinstimmend von Augenzeugen im Freien gemacht wurden und die gleichzeitig auf dem Radarbildschirm sichtbar wurden. Trotz aller Verfremdungsbestrebungen sind allein 60 Fälle für den Zeitraum von 1948 bis 1962 mit exakten gesicherten Orientierungsdaten registriert.

Massensichtungen hat es in aller Welt gegeben, sowohl was die beobachteten Objekte am Himmel angeht als auch die Zahl der Beobachter unten auf der Erde. Auch in der Sowjetunion, dem damals größten Staatenverband der Erde, soll immer wieder Phantastisches geschehen sein.

1947 geschah es, und der Amateurpilot Kenneth Arnold war es, mit dem die eigentliche Geschichte der so genannten „Fliegenden Untertassen" begann. Zwar soll es schon vorher in den letzten Monaten des Zweiten Weltkrieges derartige Sichtungen gegeben haben. Sensationelle Gerüchte und Nachrichten kursieren immer wieder von Geheim- und Wunderwaffen der Deutschen. Demnach sollen sie noch im Dritten Reich entwickelt worden sein, bis in die letzten Kriegstage über noch unbesetzte Gebiete von Schleswig-Holstein, Dänemark und Norwegen in geheimen U-Booten dem Zugriff der siegreichen Alliierten entzogen worden sein.

Geheimdienste in Ost und West sollen insbesondere bei und nach Kriegsende fieberhaft ermittelt haben. Mit einer Armada von Kriegs- und Forschungsschiffen wurde der US-Admiral Byrd 1947 an die Antarktis gesandt – eine Unternehmung, die aber nach kurzem Aufenthalt im Bereich des vereisten Kontinentes schlagartig abgebrochen wurde. Offiziell sollte die Expedition „Das geophysikalische Jahr" um die Antarktis vorbereiten. Was aber war angesichts der auffallenden militärischen Ausrüstung sein geheimer Sinn?

Andere Nachrichtenquellen suggerieren, dass es sich bei den UFOs um Top-Secret-Projekte der verfeindeten USA und der Sowjetunion handele, um jeweils eigene Fortentwicklungen der Weltkontrahenten auf der Grundlage erbeuteter Vorarbeiten der Deutschen.

Das Pentagon jedenfalls leugnete in den ersten Nachkriegsjahren alles, was mit UFOs zusammenhing. Anfang der fünfziger Jahre hielt Radio Moskau UFO-Sichtungen für raffinierte Täuschungsmanöver westlicher Kriegstreiber, um dem amerikanischen Steuerzahler weitere Kriegslasten aufzubürden.

Verwirrende Desinformation wird verbreitet über die Herkunft der geheimnisvollen Objekte. Im aufgekommenen Medien-Wirbel entsannen sich Überzeugte wie Geschäftstüchtige mysteriöser Sichtungen schon vor Jahrhunderten. Rätselhafte Spuren wurden entdeckt, präsentiert, die weit zurück in die Jahrtausende weisen, auf Götter, die Astronauten waren, die mit gleißend feurigen Fahrzeugen aus dem Weltall auf der Erde gelandet wären.

„Flying Saucers from Outer Space" – so hieß denn ein in den USA erschienenes Buch, in dem die UFO-Sensation und der Umgang des Pentagon damit genau dokumentiert wurde. „Der Weltraum rückt uns näher" – der deutsche Buchtitel der 1954 erschienenen Übersetzung drückt die Sprachregelung der Weltmacht USA noch deutlicher aus. Die Tatsache, dass die deutsche Ausgabe bereits vier Monate nach Erscheinen in der zwölften Auflage war, beweist nachdrücklich, dass die Weltsensation auch die Bundesrepublik erreicht hatte.

Donald E. Keyhoe hieß der Autor des umwälzenden Buches. Keyhoe, Major im Ruhestand des US-Marine-Korps, hatte einige Jahre zuvor unter dem bekennenden Titel „Es gibt wirklich Fliegende Untertassen" bereits ein erstes Aufsehen erregendes Buch veröffentlicht. Im Sommer 1952 boten deshalb US-Behörden Keyhoe die Zusammenarbeit in der UFO-Frage an.

Die US-Administration hatte erkannt, dass ihre bisherige, jahrelange Leugnungs- und Diskriminierungstaktik nicht länger fortgesetzt werden konnte. Der Ausweg aus dem entstandenen Dilemma waren plötzliche UFO-Zugeständnisse, die Freigabe von Dokumenten und als ihre Herkunft eine auffallend entschieden vertretene Weltraum-Version.

Der jahrelange Medienwirbel in der Weltöffentlichkeit erfuhr eine gewisse Beruhigung.

Er hatte, wie gesagt, mit der Sichtung des Amateurpiloten Kenneth Arnold begonnen. Am 24. Juni 1947 war er in einem Kleinflugzeug in einer Gebirgsregion des Staates Washington unterwegs. Dort in den Bergtälern und -höhen war er auf der schwierigen Suche nach einem abgestürzten Geschäftsflugzeug.

Er fand nicht, was er suchte. Aber als erster stieß er – zu seinem eigenen und der Welt allergrößten Erstaunen – auf eine Weltsensation: In dreitausend Meter Höhe, über den Spitzen der *Cascade*-Berge, erblickte er von seiner Flugzeugkanzel aus neun leuchtend-glühende Scheiben, die mit einer Geschwindigkeit von 1.500

Stundenkilometern dahinrasten. Übrigens: In den *Cascade*-Bergen liegt auch der südlichere Mount Shasta.

Als *„saucer-like"* beschrieb er sie gegenüber einem Reporter, und ein Weltbegriff für ein Weltphänomen war geboren.

Acht mysteriöse Objekte tauchten am 19. Juli 1952 auf zwei Radarschirmen des National Airports von Washington auf. Mit der vergleichsweise gemächlichen Geschwindigkeit von etwa 180 bis 240 Stundenkilometern flogen sie demonstrativ über der US-Hauptstadt, über dem Kapitol dahin, dem Parlamentsgebäude der US-Weltmacht.

Ehe Abfangjäger alarmiert werden konnten, beschleunigten sie plötzlich ihren Flug und waren mit unglaublich hoher Geschwindigkeit verschwunden. Das Ereignis, das ungeheures Aufsehen erregte, wiederholte sich eine Woche darauf. Es bewirkte die plötzliche Wandlung der US-Politik, das Angebot nämlich an Major Keyhoe, Geheimakten für die Weltöffentlichkeit zu öffnen.

Von einem Strato-Cruiser der britischen Fluggesellschaft BOAC, unterwegs hoch über der Halbinsel Labrador, etwa 150 Meilen südwestlich der Goose Bay, wurde am 29. Juni 1954 ein deltaförmiges Objekt mit den Ausmaßen eines Ozeandampfers gesichtet. Für die Flugdauer von 60 Meilen begleitete das mysteriöse Gebilde das interkontinentale Propellerflugzeug. Dabei umschwirrten sechs fliegende Scheiben das riesige Mutterschiff, flogen dort heraus und hinein. Über das einzigartige Schauspiel gab es weitgehend übereinstimmende Berichte, sowohl von den Besatzungsmitgliedern wie von den vielen Passagieren.

Am 16. Januar 1958 um 12 Uhr 15 wurde die im Atlantik weit vor dem brasilianischen Festland liegende Insel Trinidad dreimal von einem „fliegenden Diskus" überquert. Der Berufsfotograf Almiro Baraúna, im Rahmen des Geophysikalischen Jahres von Brasiliens Marine auf einem Schulschiff zu einer Atlantikfahrt eingeladen, hatte die Geistesgegenwart, das geheimnisumwitterte Objekt mehrmals zu fotografieren.

Volle 30 Sekunden hatte sich das Fluggebilde gezeigt, von Offizieren wie der Mannschaft war es ebenfalls gesehen worden. Sogleich nach der Sichtung, noch auf dem Schiff, im Beisein des Schiffskommandanten Carlos Barcellar, wurde der Film entwickelt. Die Authentizität des Vorfalls, der Sichtung wie ihrer fotografischen Dokumente wurden amtlich von der brasilianischen Marine bestätigt.

In geradezu ermüdender, endlos anmutender Folge lassen sich UFO-Sichtungen fortsetzen; erlebt, erfasst in aller Welt, von unterschiedlichsten Bevölkerungskreisen, von Prominenten wie Unbekannten, von Wissenschaftlern wie Künstlern, von Technikern wie schlichten Bürgern.

US-Präsidenten wie Eisenhower, Kennedy und Carter haben sich zu UFOs geäußert, ihre außerirdische Herkunft öffentlich vermutet. UN-Generalsekretär Sithu U Thant bekannte am 5. Juni 1967 gegenüber UN-Vertretern: „UFOs sind neben dem Vietnamkrieg das wichtigste Problem, dem die Vereinten Nationen gegenüber stehen."

Aber trotz solcher Aussagen, die freilich immer in einem merkwürdigen Schattendasein verbleiben, trotz bezeugter Fälle in Europa, in Südamerika, in Japan, in Russland ist das Weltphänomen in vernebelnder Ungewissheit heftigster wie hämisch belächelter Umstrittenheit. Erklärte UFO-Anhänger können erklärte UFO-Gegner nicht überzeugen und umgekehrt. Im Gegenteil: Gegenseitig überbieten sie sich in angeblichen oder tatsächlichen Beweisen, übersteigern sich in Widersprüche der Absurdität.

In sturer, oft taktisch-stupider Wiederholung sprechen Leugner von Wetterballons, von simplen Lichtreflexionen in der Atmosphäre. Sie sollen das UFO-Phänomen als bloße Sinnestäuschung demaskieren. Von Kugelblitzen sprechen sie, die energetisch aufleuchten am Himmel und die als UFOs missdeutet werden können. Für andere wiederum sind die UFOs lediglich eine Erscheinung des Sumpfgases, Methan genannt, das vom Erdboden aufsteigt und bei bestimmten Wetterlagen in höheren Luftschichten oxydiert. Wenn das geschehe, dann werde Energie frei und die leuchte weit sichtbar als UFO auf.

Bei UFO-Gläubigen wird von grünen Männchen mit langen Hälsen berichtet oder von einer atemberaubend schönen Weltraum-Lady, die auf einschlägigen Kongressen berichtet, dass sie auf einem anderen Stern gewesen sei, dort ein Kind empfangen und geboren habe. Zwar kehrte sie, Hauptperson und Augenzeugin zugleich, auf die gute alte Erde zurück, wo sie sich niedersetzte, um über ihre Sensationen ein Buch zu schreiben. Den Nachweis für ihre Weltraumabenteuer, ihr lebendiges Kind, musste sie leider im All, eben auf dem fernen Stern beim Vater zurücklassen.

Von Einladungen ins Innere eines UFOs wird ebenso berichtet, von Ausflügen durch die Lüfte, sekundenschnell hinweg in weit entfernte Städte oder hinaus in die schwarze Unendlichkeit des Alls.

Unaufklärbar, trotz aller Bemühung, ist wohl der Wahrheitsgehalt so vieler Vorfälle. Trug oder gar Betrug muss nicht alles sein.

Bei bestimmten Augenzeugen und ihren spektakulären Berichten könnten auch besondere Sinnestäuschungen vorliegen. Eine astralpsychische, also eine parapsychologische Erfahrung könnte so total, so überwältigend stark gewesen sein, dass das subjektiv Erlebte in der Erinnerung zu einer objektiven Realität wurde.

Aber da an der technischen Tatsächlichkeit der UFOs kaum zu zweifeln ist, kann es, muss es auch Kontaktberichte geben, die sich objektiv ereignet haben.

Ereignisse, Darstellungen häufen sich jedenfalls, die – im Wechselspiel der Positionen und Abläufe – allen bisher bekannten Naturgesetzen widersprechen. Nicht nur in der Unendlichkeit des Alls, auch in die Tiefen irdischer Meere sollen die UFOs hinwegtauchen können. Außerdem sollen sich riesige, unidentifizierbare U-Boote mit atemberaubender Geschwindigkeit unter Wasser bewegen. Mysteriöse Ereignisse häufen sich in bestimmten geheimnisvoll-unheimlichen Zonen. So sind bestimmte Schiffe, bestimmte Flugzeuge im Bermuda-Dreieck verschwunden, im Bereich des Rhombus, der von Florida, den Bermudas, Porto Rico und Jamaika gebildet wird. Aber es gibt auch noch andere mysteriöse Erdregionen.

Sind es bloß Naturgewalten, die da wirksam sind? Besondere geheimnisvolle Gegebenheiten einer Erdregion, in die ein gewaltiger Meteorit eingeschlagen sein soll – Sintflut und Untergang von Atlantis auslösend. Oder ist es der geheime, der Weltöffentlichkeit entzogene Krieg der Supermächte USA und Sowjetunion um die technologische Vorherrschaft?

Oder sind es, wie es auflagenstarke Autoren nahe legen, Anzeichen, ja Eingriffe gar einer geheimen Macht? Sind es dann doch die ominösen Außerirdischen, die aus den Unendlichkeiten der Galaxien in unser Sonnensystem, in unsere kriegsdüstere Erdnähe gekommen sind, um uns Erdenbürger vor dem Allerschlimmsten zu bewahren? Oder sind es gar die Letzten des untergegangenen Reiches der Deutschen, die Letzten, denen ein sagenhafter technologischer Durchbruch gelang, die Letzten, die vom düsteren Kriegsschicksal von Deutschland entrückt wurden ins All und die nun als Sterne, als Wächter des Friedens am Himmel stehen?

Oder sind die Fragestellungen gar nicht alternativ zu sehen? Liegt die Antwort in der rätselhaften Gleichzeitigkeit des Angesprochenen?

Bei aller Bedrohung, welche rettende Verheißung für uns Menschen hier auf der guten alten Erde! Welche unbedingte Herausforderung aber für uns alle, unseren Beitrag, unseren Einsatz zu bringen!

Wurde deshalb vor Tagen noch, an den heiligen Steinen hoch über dem Bärensee, die verwunderliche, fast absurde Frage gestellt: Fühlt Ihr Euch stark genug, dem Blutvergießen auf Erden Einhalt zu gebieten? Hat die Geistesführung deshalb vor Tagen noch auf unsere Antwort gedrungen? Zögernd zuerst, nicht aus mangelnder Bereitschaft sondern aus befürchtetem Unvermögen, kam unser Dreier Ja erst nach einem Widerstreben. Wie großartig aber, wie einleuchtend ist die Fügung der hohen Geschehnisse!

„Öffnet auch Ihr Eure Klappen?" Mit dieser Aufforderung hat sich vor Minuten noch der Mann im silbrigen Anzug, der Mann im Strahlschiff an uns gewandt. Die Arme weiten sollen wir, das Haupt erheben ins All. Was setzt solche Öffnung, solche Weitung ins All voraus, i n s ALL-LICHT DES ALLEINEN?

Als wir hinabfahren im Auto, aus der Höhe des Mount Shasta zurück in unser Chalet, muss ich so lebhaft an die *Externsteine* in Deutschland denken, an die uralte Stätte, wo vom Gestirne der Stirn gesagt worden war, vom Gestirne der menschlichen Stirn, wo sich dunkle Knoten des Schicksals lösen müssten. Wahr ist und immer wieder zu beherzigen: Aller Einsatz für das Ganze ist zu allererst die Arbeit an sich selbst.

Nach einer Ruhepause reisten wir noch am selben Tag ab. Nur noch vier Tage verbleiben uns für Amerika, und diese wenigen Stunden wollen wir drei unbedingt noch an den Ufern des Pazifiks verbringen. Ein paar Tage Urlaub wenigstens auf unserer Reise im Dienste des Geistes!

Zügig, problemlos geht es auf der *Interstate 5* in Richtung Süden, dann über die *Coast Range*, das Küstengebirge, weiter nach Westen. Es dämmert schon, als wir über den Höhenrücken fahren, durch eine gebirgige, wildromantische Gegend; sie ist so phantastisch in den auf- und wegtauchenden Ausblicken, in ihren Überblicken, dass das

Sonderbarste eigentümlich wahrscheinlich erscheint. Ein Strahlschiff, unser Strahlschiff über uns, mit uns in der sich ausbreitenden Nacht?

Dunkel, beinahe schwarzdunkel wird es, als wir Richtung Meer abwärts fahren. Kurvenreich, steil, die Bremsen im Höchstmaß fordernd geht es abwärts, bis hin an die Küste zum Erholungsort *Point Arena.* Wir haben den Pazifik erreicht.

Am Pazifik

Montag, den 3. September 1979

Die Wasser heben sich. In den Flutungen des Meeres steigen die Wogen; dort – eine gewaltige, weit gespannte Front, eine Wand, die sich aufbaut, immer schneller naht, ehe der Schwung erlahmt, Wogen rauschend zusammenbrechen, und weiß-schäumende Wasser über den Ufersand schießen.

Der Sand – genässt wird er wieder sichtbar, da die Wasser kraftlos zurückströmen. Kristalle, hell funkelnd – hier und da im feucht-nassen Boden, bis die Fluten wiederkommen.

Es ist kalt, eiskalt – das Wasser. Den nackten Fuß ziehe ich schnell zurück, gehe zurück in den Sand, der unberührt ist vom Meer und im Sonnenlicht hell wider schimmert.

Barfuß lässt es sich herrlich wandern – an diesem Strand, der sich, reizvoll im Anblick, in abenteuerlichen Linien weitet und verengt. Eine Bucht ist es, in der ich dahinschlendere; in drei Bögen, einem weit gezogenen und zwei engeren, tritt die Steilküste hier zurück, um dann wieder felsig-riffiger Damm zu sein, steil und hoch aufzuragen am endlos anwogenden Meer.

Die Saison ist vorbei. Die Bucht ziemlich menschenleer. Nur im Hintergrund, in einer Verengung der Steilküste, dort, wo Wohnwagen im Schatten der Felsen stehen, dort tummeln sich einige wenige Leute. Einer geht mal ans Wasser, dann ist es ein lachend albernes Pärchen. Ein Tasten nur mit dem Fuß, ein Eintauchen nur mit der Hand ins salzige Nass – dann schlendern sie zum Wohnwagen zurück.

Zeternde Möwen haben sich auf einer Felsenbank, in einem ruhigeren Winkel der Meeresströmungen, niedergelassen. Auf roten, kräftigen Beinen stehen sie, wenn sie nicht in den Lüften flattern.

Eine Möwe, eine weitere… sie steigen höher auf; mit schrillem Schrei durchdringen sie das Dröhnen der Wasser, stoßen herab, fangen sich blitzschnell ab auf weit gespreizten Flügeln, ehe sie wieder, eine nach der anderen, auf dem Fels stehen, auf ihren starken, roten, krallenbewehrten Stelzen.

Wasserpflanzen, graugrün, wie Stahltrosse so dick, liegen verrenkt, von der Wucht der Wellen angelandet, auf der schmaler gewordenen Bucht. An ihr Ende bin ich gelangt, stehe dort, wo kein Sand mehr ist, nur noch nackter Felsen, unheimlich glitschig, wasser-glänzend.

Nur noch einen vorsichtig tastenden Schritt, und ich verharre, ich erstarre vor dem Abgrund der erahnbaren Tiefen, vor ungeheuren Wassern im Druck, im Sog der Strömungen. Oben aber an der Oberfläche, da rollt sie an – die wogen-steigende, die wogen-stürzende Flut – lautwuchtig platschend, gischtig zerschellend an der ufernden Felswand.

Zurück gehend überblicke ich mehr und mehr die ganze, weitläufige Bucht, die vor dem immer breiter werdenden Sandstrand zurückweichende Steilküste, auf der oben, knapp am Abgrund, im Schatten der noch deutlich erkennbaren Bäume, schmucke Landhäuser stehen.

Welch herrlicher Blick auf das Meer von da oben, aber auch von hier unten! Tiefblau sind die Wasser, licht-überschimmert bis in die alles verschwimmenden Weiten. Draußen auf hoher See sind manchmal Schiffe zu sehen, klein, geradezu zierlich ziehen sie dahin am Horizont, wo das Meer zum Himmel wird.

Ich schlendere zurück, steige am Steilufer Treppen hinauf. Ins Felsengestein sind die ersten Stufen gehauen, dann sind sie hinein zementiert. Der steile Aufgang geht bald in ein Holzgerüst über, das stabil, so erscheint es dem prüfenden Auge, an der Felswand verankert ist.

Oben angelangt, umgeben mich dunkel-schöne Kiefern, exotische Sträucher. Im Garten bin ich, mir schon vertraut, ebenso wie der Pavillon in seiner Mitte, reizvoll am Abgrund des Steilufers gebaut aus Holz und Glas und tragendem Stahl. Für vier Tage, für die letzten Tage unserer dritten Amerikareise, haben wir eines seiner acht Apartments gemietet mit dem überwältigend großartigen Blick aufs Meer.

Wir haben Glück! Wir sind die einzigen Gäste in dem achteckigen Rundbau, der vom Eigentümer den attraktiven Namen *„Whale Watch"* erhalten hat. Wal-Beobachtung!

Im Herbst nämlich eröffnet sich die Aussicht dazu, wenn die Grauwale, vom Nordmeer kommend, in die wärmeren Wasserzonen des Pazifik wandern; dann sind die Meeresgiganten zu sehen, dann ist der Schatten ihrer mächtigen Körper auszumachen, dann sind mit einigem Glück die Atemfontänen zu sehen, draußen auf dem Meer – in die Höhe steigend wie Geysire. Die Frage ist nur, ob wir nicht zu früh dran sind in diesen ersten Tagen des Septembers.

Drei Räume haben wir in unserem Appartement, eine Kochnische und ein Bad, alles erlesen ausgestattet und komfortabel. Zwei Schlafzimmer sind es und ein großer Wohnraum mit einer großflächigen Glaswand bis hoch zum Dachansatz.

Nach dem Mittagessen, aus Salaten und leicht bekömmlichen Zutaten bereitet, haben sich Annelies und Karl-Heinrich in ihre Zimmer zurückgezogen, ich liege im Wohnzimmer. Unmittelbar am riesigen Fenster habe ich mich auf der sitzgepolsterten Bank ausgestreckt.

In den Garten vermag ich hinauszuschauen. Gestützt auf die Ellenbogen sehe ich hinter der Kiefer, die sich nahe am Abgrund der Steilküste erhebt, sehe ich hinter ihrem markanten Umriss das Meer, wie es schimmert und flimmert, am Tag zum endlos weiten Spiegel der Sonne geworden.

Mein Auge wendet sich von draußen, von der Helligkeit nach innen. Es wandert in der Dämmrigkeit des Raumes über die matt glänzende Mahagoni-Wand und dort von Bild zu Bild. In stilvoller Rahmung hängen sie dort, die Zeichnungen und Stiche von den Walen; wie sie, gesellig in der Herde, aufgetaucht sind, wie sie ihre hohen Wasserfontänen ausstoßen. Die gewaltige Schwanzflosse ist auf einem anderen Kupferstich zu sehen… hoch aufragend aus den Fluten, da der Meeresgigant gerade in die Tiefe taucht – mit der Kraft, mit dem Schwung der bewegenden, der bewegten Körpermassen.

Im Kanu sich solch einem Meeresriesen zu nähern; auf schmalem, über 20 Meter langem Boot, nur mit Lanzen bewehrt sich auszuliefern dem Meer, dem wassergeschmeidigen Ungetüm und dem ungeheuren Hammer seiner Schwanzflosse – das erfordert besonderen Mut. Bei den Küstenstämmen der *Nootka* auf dem Vancouver-Island, bei den *Makah*-Indianern auf der Olympia-Halbinsel wurde er aufgebracht.

Die vielen anderen Stämme, die einst bis nach Alaska hinauf die Nordwestküste des Pazifiks bevölkerten – so jedenfalls die Forschung – stellten sich lediglich gestrandeten Walen, jagten aber nicht weiter draußen im Meer. Ob für den Walfang im Boot der besondere Mut jener beiden Stämme ausschlaggebend war oder mehr die Gunst ihrer dafür besonders geeigneten Uferregion – das bleibt wohl dahingestellt.

Längsseits, an den Wal heran, musste das Kanu gerudert werden. 10 bis 15 Männer waren es, die das schmale Gefährt bewegten in den Brandungswogen. Vorne, am Schutzgeist-bewehrten Bug, war der Harpunier. Zu unhandlich waren die Harpunen, als dass sie zielgenau geworfen werden konnten. Gewagt nahe heran musste also das Boot sein; außerdem musste der Wal von mehreren Harpunen getroffen werden, ehe nach Minuten äußerster Gefahr seine Kräfte erlahmten, er ans Ufer getrieben werden konnte.

Welch ein Mut, welch eine Leistung! Ohne die Anrufung des Großen Geistes jedoch und seiner Schutzmächte, ohne die Ehrfurcht vor dem Mitgeschöpf Wal, ohne die Bitte um Verzeihung, ohne die Dankbarkeit für Erfolg und Opfer geschah es nicht. Schier endlos dauerten die Gebete.

Die Riten waren Anrufung und Danksagung vor und nach der Jagd. Nichts war selbstverständlich bei der Tötung, die alle Tugenden und Fähigkeiten erforderte. Segen war nur mit dem Jagderfolg, wenn die Meisterschaft geweiht war im Atem des Großen Geistes, wenn alles im Kreislauf blieb von Werden und Vergehen. Und dazu gehörte der Ritus, dass bestimmte Knochen und Gräten der getöteten, der um des Lebens willen geopferten Meeresgeschöpfe sorgfältig und vollständig zurückgegeben wurden an die alles erneuernden Tiefen des Meeres.

Heil war alles, heil bleib alles im alles heiligenden Kreislauf zwischen Erde und Himmel, zwischen Himmel und Erde.

Nicht wie damals – nur ein schwankendes Boot unter den Füßen, nur eine Harpune in der Hand in äußerster Gefährdung: Heute, ausgerüstet mit hoch entwickelter Fahr- und Schießtechnik, auslösbar durch Druckknöpfe, wähnt sich der Mensch ledig einstiger Ohnmacht, wähnt er sich Herr über Schöpfung und Geschöpfe.

Der Mensch erwog die Folgen nicht, nicht den großen Zusammenhang, nicht die Abhängigkeit der Geschöpfe voneinander, nicht den Kreislauf zwischen Himmel und Erde, zwischen Mensch und Tier, Mensch und Pflanze, zwischen Mensch und Schöpfung, zwischen Mensch und Gott. Sein Wahnwitz wurde zur Wirrnis, zur Chaotik seiner Welt. So schwankt er auf bebendem Boden und die Ungeheuer seiner Anmaßung – sie schrecken ihn, treiben ihn immer mehr an gähnende Abgründe.

Der Mensch im Strahlschiff, schwebend über den Abgründen der Gegenwart; der Mensch, Meister einer neuen, einer alles überragenden Technik; der Mensch im Strahlschiff, dabei wahrhaft Kind zugleich, wahrhaft Diener, sich öffnend dem Geiste, dem Licht Gottes.

Welch eine Meisterung! Welch eine Demut, welch ein Mut zum Dienst an Gott und Schöpfung! Das Strahlschiff mit dem erleuchteten Menschen inmitten – ist es Gleichnis für das Heils-Gebot der drohenden Apokalypse? Ist es Antwort auf die unausweichliche Frage: Fall oder Aufstieg der Menschheit?

Das Strahlschiff mit dem erleuchteten Menschen inmitten – ist es Wirklichkeit? Gibt es die Wirklichkeit, gibt es die Pioniere einer neuen Menschheit, die da von oben greifen werden ins Steuer, die da retten werden, gemeinsam mit den hier unten überall erwachenden Menschen… das taumelnde Schiff der Erde?

Eine Badenixe?

Am Nachmittag

„An den Strand… zur Badenixe!“ Ich wache auf, geweckt von lauten Worten, höre etwas von Badenixe, sehe Karl-Heinrich vor mir. Lachend steht er da in der Badehose und in einem flotten T-Shirt über der breiten Männerbrust.

Die Gedanken, die mich eben noch bewegten, haben mich schläfrig gemacht, tief eingeduselt bin ich offensichtlich.

„Wie spät ist es denn?“, frage ich, noch leicht benommen. „Schon vier Uhr ist es“, sagt er.

Höchste Zeit, noch an den Strand zu gehen. Schnell bin ich fertig. Minuten später steigen wir zu dritt die Treppen an der Steilküste hinunter. „Was, Karl, meintest Du mit der Badenixe?“ Ich frage es mit gespieltem Ernst, als wir fast schon unten sind am Strand.

„Nun, vielleicht findest Du die, die Dein Herz sucht…“, erwidert er und der aufmunternde Spaß blitzt in seinen Augen.

Der Strand jedoch, seine weite, sandige Fläche ist noch immer ziemlich leer. Keine Badenixe weit und breit zu sehen. Und wenn dann doch mal Eine wasserscheu aus irgendeinem Hintergrund ans Ufer tritt und den nackten Fuß in eine verebbende Welle tunkt, dann ist sie schnell mit Anzeichen des Erschreckens wieder verschwunden.

Irgendwann werde ich wohl dem Mädchen, der jungen Frau begegnen, dem weiblichen Wesen, das sich wie von selbst, genauso wie es mit Annelies geschah und geschieht, in den großen Lebensprozess der Geist-Führung, der Geistesentwicklung einfügt. Irgendwann wird es plötzlich sein, in einem ersten, alles entscheidenden Augenblick werden sich unsere Augen finden. Und das Ereignis wird Geschenk sein, unbelastet von Erwartung und Absicht.

Gegenwart aber ist der Atem der Winde, ist das Rauschen der Wellen, ist das unendliche, unergründliche Meer – ich kann die Augen nicht abwenden, nicht lassen von den wogen-bewegten, den licht-schimmernden Weiten.

Wolkenlos ist der Himmel und die schon sinkende Sonne noch immer heiß. Die Sonne, ihre Strahlen spüre ich auf der Haut, an einen Felsen gelehnt, der im Gestein vom Tage erwärmt ist und im Abseits liegt der kühlen Brise. In seinem Schutz jedenfalls und im Schutz der Bräunungscreme nehmen wir erst einmal ein Sonnenbad.

Noch heute jedoch, zum Wellenbad entschlossen, wollen wir erst einmal den großen Zeh, dann den ganzen Fuß ins eisig-kalte Wasser tauchen. So geschieht's, und schließlich stehen wir drei drin. Wir stehen im Pazifik, schlotternd zwar und allein. Lachend laufen wir schließlich im weiß-schäumenden, im anrollenden Wellenfeld des Pazifiks.

Der Kältebann ist gebrochen! Herrlich erfrischend ist der Pazifik!

Ausschau nach den Walen

Dienstag, den 4. September 1979

Draußen, hinter der gläsernen Fensterwand, graut der Morgen. Aus der Dunkelheit ist allmählich die Kiefer hervorgetreten, draußen im Garten. Fahl noch, doch im steigenden Licht gewinnt die weit ausladende Krone des Baumes ihr wunderbares, tiefdunkles Grün.

Der Himmel wird merklich heller. Das schweifende Auge vermag deutlicher zu unterscheiden, wo im fernen Horizont wohl das Meer endet und der Himmel des neuen Tages beginnt.

Wie hieß es doch in dem Prospekt, der uns mit dem Schlüssel zum Appartement in die Hand gedrückt wurde? *„... und im Herbst können Sie vielleicht sogar vom Bett aus – Sie brauchen nur etwas Geduld und Glück – die Wale beobachten, wie sie im Atem hoher Fontänen nach Süden wandern.“*

Angestrengt schaue ich in die Fernen. Aber draußen auf dem Meer sehe ich nichts – keine Fontäne, keinen Rücken, schemenhaft gleitend im Wasser.

Die Meeresgiganten, die Grauwale, bis zu 17 Meter lang, graufarbig wie ihr Name sagt, dazu unregelmäßig weiß gefleckt, gehören zu den großen Wanderern unter den Tieren. Bis zu 20.000 Kilometer weit schwimmen sie im Jahr: Zum Winterbeginn auf ihrem Weg nach Kalifornien, im Frühjahr auf ihrem Weg in den hohen Norden – ins Beringmeer und ins Ochotskische Meer, wo sie in großen Tiefen mit ihren gitterartigen Bartenplatten Plankton der Meeresströme, kleine Tiere und Pflanzen aufnehmen und zu Ende des Sommers hin von der Überfülle so gut genährt und fett sind, dass sie die weite Hin- und Rückwanderung ohne Nahrungsaufnahme bewältigen können.

Ständig verfolgt von Walfischjägern, auf großen Schiffen mit Kanonenharpunen und der Verwertungsfabrik gleich an Bord, waren die Grauwale bis zum Jahre 1938 fast ausgerottet. Da, im letzten Moment, wurden die Wale unter totalen Schutz gestellt. Sie durften nicht mehr gejagt werden.

Mittlerweile, in den verstrichenen Jahrzehnten, haben sie sich so vermehrt, dass sie zur kalifornischen Touristenattraktion geworden sind. Während der Winterzeit halten sich die aus dem Norden gekommen Wale vor der amerikanischen Westküste auf. In Buchten und Lagunen bringen die weiblichen Tiere ihre Jungen zur Welt, säugen sie dort, in den nicht zu tiefen Wassern.

Erneut schaue ich nach draußen, über den Garten hinweg, hinaus aufs offene Meer. Kein Wal ist zu sehen... keine hochsteigende Atemfontäne. Bei solcher Erwartung fesseln mich erneut die Zeichnungen, die gerahmt an der Mahagoniwand hängen.

Welch ein Gegensatz! Welch ein ungeheuer massig-klobiger Körper und welche gleitend-flutende Eleganz in den Wassern! Die Wale, gerühmt als schnelle und gewandte Schwimmer und Taucher, entwickeln im Meer eine Geschwindigkeit, die selbst ihre überstark ausgebildete Muskulatur allein nicht zu leisten vermöchte.

Wale vermählen sich geradezu mit dem Meer, mit dem allseits tragenden Urelement, mit seinen Strömungen und Flutungen. Wissenschaftliche Untersuchungen ergaben, dass der Körper eines Wales nicht starr ist, sondern sich bis zu einem gewissen Grade wie eine Wasserpflanze der Strömung anpasst, so dass die weiten Oberflächen seines Riesenkörpers wellenhaft nachgeben und mitgehen, so dass, gemessen an der ungeheuren Verdrängung, der gewaltigen Antriebskraft des Tieres, nur geringe Turbulenzen, Wirbel, nur verhältnismäßig schwache Reibungswiderstände entstehen.

Das riesenhafte Säugetier des Meeres ist geschmeidig wie flutendes Wasser, und alle Schwere der ungeheuren Körperfülle wird zur beweglich strömenden Leichtigkeit!

Das Ereignis

Dienstagabend, den 4. September 1979

Herrlich erfrischend, herrlich erholsam ist das Leben am Meer! Wie schade, dass es nur drei Tage sind! Stunden der Sonne, der wärmend bräunenden Sonne, Stunden der säuselnd streichenden Winde! Minuten der perlend salzigen Kühle, Minuten abtriefender Wasser auf geröteter Haut im ständigen Wechsel zwischen drinnen und draußen – wir genießen ihn, den Kontrast zwischen Wasser und Luft, zwischen Kälte und Wärme.

Den Wogen springen wir entgegen. Annelies, wieder mal kess und dabei unerfahren, ist einer steigenden Wellenwand zu nahe gekommen. Urplötzlich fallen die Fluten über sie her. Für Momente ist sie verschwunden; aber dann steht sie wieder da, prustend und lachend, und schon wirft sie sich, ein wenig vorsichtiger und geschickter geworden, der nächsten Woge entgegen.

Der Kältebann ist wahrhaftig gebrochen! Aber die sonnig-windige Aufwärmung im Schutze der Felsennische – die brauchen wir schon. In unserer Begeisterung nehmen wir blauäugig an, dass wir auch andere ermutigen können, die Badesaison zu verlängern. Es sind nur sehr wenige, die mit uns am Strand sind und höchstens mal kurz mit den nackten Füßen ins Wasser gehen.

Von denen, die das Meer scheuen und lieber am Strand, in der Sonne bleiben, wird Karl-Heinrich, ein Teutone wie Curd Jürgens, offensichtlich bewundert wie beneidet. Aufspritzt das Wasser, wenn er den meterhoch steigenden, den anrollenden Wogen entgegenstürmt, dem Zusammenprall aber entgeht, indem er hechtet, im rechten Moment hechtet über die Woge hinweg, sich aufrappelt mit spielerischer Freude und der nächsten Woge entgegenstürmt.

Wie still und beschaulich dann der Abend – wenn die Röte der weichenden Sonne aufleuchtet, wenn's sich so geruhsam schlendern lässt am Strand, während die braun geperlten Strandläufer emsig mit ihren langen, spitzen Schnäbeln im meeresfeuchten Sand nach Kleintieren stochern.

Mittwoch, den 5. September 1979

Der Sand drückt. Er kitzelt im Nacken. Ich fasse mit der Hand dahin; kratzend versuche ich, die lästigen Körner weg zu streichen, bemerke jedoch, dass ich über einen irgendwie glitschigen Film fahre, dass alles verschmiert ist. Zu dick habe ich mich eingecremt, und nun hängen Reste der Masse an meinen Fingerspitzen. Ein Verdruss will in mir aufsteigen; aber ich schlucke ihn wieder hinunter, ziehe stattdessen die verrutschte Decke wieder glatt und lagere mich erneut in der Sonne.

Irgendetwas Lästiges, etwas Störendes hat das Leben oft, ob's der Sand ist oder eine sirrende Mücke. Eigentlich fällt es aber gerade dann umso mehr auf, wenn der Tag sich golden rundet! Über die kleinen Störungen sollte der Mensch lächeln und in der Daseinsfülle sich strecken und räkeln auf dieser Erde. Wie gut, dass ich's nicht nur denke!

Prickelnd sind erneut die Reize des Tages! Reize, die da schwanken zwischen Schmerz und Lust. Gerade haben uns die Wogen ausgespieen, gerade habe ich mich mit klamm gewordenen Gliedern ans Ufer getastet, krebsrot beinahe geworden in der Eiseskälte des Wassers, der schäumenden Massage der Wellen. Erschöpft und erfrischt zugleich bin ich in den felsgeschützten Sand gesunken, habe ich mich wohlig einhüllen lassen von der Wärme, von ihrem atmosphärischen Mantel, der die Kälte des Meeres aus dem Körper zieht.

Aber die Frische bleibt. Das Wogen, das Rauschen der Wasser bleibt – nicht nur im Ohr, auch das Blut nimmt es wahr; das Blut, das stärker fließt im pochenden Pulsschlag, angeregt vom Ur-Rhythmus der Fluten. Es ist, als ob das Meer im Körper rausche. Vom Wasser sind wir und von der Erde, sind gebaut aus ihren Atomen, leben atmend in ihren Lüften, in den Feuern der Energien.

In der Strahlung, im Lichte der Sonne zu sein, eingehüllt zu sein in ihrer hitzenden Wärme – wie herrlich ist das! So strecke und dehne ich mich erneut, eins mit mir selbst und der Welt und schere mich nicht mehr um die zwickenden, um die zwackenden Körner aus Sand.

Allverwoben sind wir von der Evolution her; in den unermesslich vielen Beziehungs-Fäden unserer Herkunft! Allverwoben sind wir, wenn wir uns im Geiste, in der Liebe öffnen dem All unserer Umwelt. Oh, welch bewegender, welch beglückender Austausch ist da möglich!

Über Tausende von Kilometern, das habe ich gelesen, sollen Wale sich verständigen können. Ihre schnarrend-dumpfen Töne senden sie aus, und das Wasser ist Übermittler, trägt die Wellen des Tones schier unendlich weit; und ihre Ohren sind fein genug zu empfangen, zu hören die Laute, die Signale der verwandten Wesen.

So sonne ich mich, wechselnd zwischen Wachheit und Träumerei. So döse ich vor mich hin, blinzle zuweilen mühsam gegen die Grelle der Sonne, schließe die Lider wieder, höre das Meer und seine Winde. Lasse mich tragen, draußen im Meer, auf und ab im Wogen, liege erneut am Strand, am wärmenden Fels.

Seit Stunden wellenbewegt ist's mir in verschwimmender Selbstvergessenheit, mir ist es, als woge ich noch auf und ab in den Fluten, selbst Welle und vermählt dem Meer.

Da geschieht es, irgendwann in solchen Daseinsmomenten! Irgendwer hat wohl auf einmal gerufen: *„Look a whale!“*

Ich schaue, habe mich erhoben vom Sand, schaue hinaus in die sonnen-, in die licht-überstrahlte Weite des Meeres und des Himmels. Ich schaue nichts in sich anspannender Erwartung; aber dann, für Augenblicke, die eine Ewigkeit sind, ist das Meer in mir, die Allgegenwärtigkeit unendlicher Wasser, und gegenwärtig ist ein Wal, die Übermächtigkeit des gigantischen Körpers, die schwerelos gleitende Leichtigkeit ist, wunderbare Leichtigkeit ist in dem tragenden, dem ungeheuer tiefen und weiten Meer.

Spannung vor dem Abflug

Donnerstag, den 6. September 1979

Am Meer fahren wir zurück! Auf der sich schlängelnden Straße *California One*, unmittelbar am Felsenabgrund verlaufend, mal für Minuten im Bogen ausweichend, ins sonnengrasige Hinterland. Auf der Traumstraße der Welt sind wir mit Wehmut unterwegs. Der Tag unserer Abreise ist unabänderlich gekommen, es geht zum Flughafen von San Francisco.

Schroff ragen immer wieder Felsenwände der Steilküste empor, dann weichen sie zurück, gehen über in Hügelgelände, auf dem Gras und Büsche verdorrt sind. Uferbuchten, weiträumig und einsam, erblicken wir vom Auto aus; Uferbuchten mit weiten, hell schimmernden Sandstränden, von graumassigen Felsen umschlossen. Und aus dem Meer selbst, aber noch in der Nähe des Ufers, ragen Steinkolosse empor, zuweilen wie Tiergiganten anmutend, die gerade empor getaucht sind aus dem Meer.

In der *Anchor*-Bucht, im kleinen Pazifikbadeort *Gualala*, das wird uns bei der Küstenfahrt erst so recht bewusst, hatten wir einen der schönsten Küstenflecken Kaliforniens erwischt. Alles kam da zusammen für uns in einem Akkord der Landschaft am Meer: Sandstrand, Steilküste und die Bäume, wind-trotzend hoch gewachsen, am Abgrund sich behauptend.

Unsere Aufmerksamkeit freilich, bisher sehfreudig nach draußen gerichtet auf die wechselnd einzigartige Landschaft, wird alsbald immer mehr und in banger Anspannung aufs Wageninnere gelenkt. Am Armaturenbrett hat es aufgeleuchtet. Grell steht uns das rote Feld mit dem Wort *„BRAKE“* vor Augen. Irgendetwas mit den Bremsen des Wagens ist nicht in Ordnung, denn die Handbremse, wir vergewissern uns, haben wir ja nicht angezogen.

Die Bremsen sind vermutlich beschädigt worden bei unserer stundenlangen Fahrt über die *Coast Range* vor Tagen, beim ständigen Hinauf und Hinab und schließlich beim unentwegten, steilen Hinab zum Pazifik mit dem ständig gedrückten Bremspedal.

Werden wir es noch schaffen? Eigentlich darf es gar keine Frage sein. Wir *müssen* es schaffen, denn das Flugzeug darf, wenn nicht die teuren Flugscheine verfallen sollen, auf keinen Fall verpasst werden.

Noch immer sind es, so schätzen wir anhand der Karte, etwa zwei Autostunden bis zum Flughafen von San Francisco.

Das rote Feld am Armaturenbrett leuchtet beunruhigend unentwegt. Vielleicht ist es auch nur ein Defekt im elektrischen System! Wer weiß! Der Wagen jedenfalls rollt noch immer, von mir noch vorsichtiger auf abschüssiger Küstenstraße gefahren. Noch blockieren die Bremsen nicht.

Wir schaffen es, fahren über die *Golden Gate* Brücke, ohne verweilende Blicke zu haben auf die bewunderte Skyline der Stadt, gelangen bis San Francisco. Endlich sehen wir erste Schilder, die zum Flughafen weisen. Der Wagen rollt noch. Noch einige Minuten der Ungewissheit, dann ein allgemeines, erleichtertes Aufatmen: Wir haben es geschafft. Wir haben den Flughafen, den Standort der Autovermietung, doch noch erreicht.

Alles ist glatt verlaufen – auf dieser dritten Amerikareise. Alles hat sich offensichtlich erfüllt, denke ich tief befriedigt. Ich lehne mich zurück – im bequem-weichen Flugzeugsessel, lächle meinen beiden Freunden zu, während die riesige Maschine immer höher zieht und am runden Guckfenster allmählich San Francisco und das Große Meer des Westens entschwindet.

DIE HERKUNFT AUS DER UR-ARKTIS

Das wieder schlagende Herz

Freitag, den 14. September 1979

Deutschland, unser in Ost und West gespaltenes Land, hat uns wieder. Wir sind zurück in Europa, im Kontinent, den feindselige Blöcke teilen.

Die Umstellung war extrem, die Umstellung nach dem ununterbrochenen Langstreckenflug von San Francisco nach Frankfurt am Main. Wir Drei, für die erste Nacht auf unserem Kontinent bei Freunden im Frankfurter Umfeld untergekommen, sanken geradezu hinweg ins Bett, auf die notdürftige Lagerstatt.

Vor dem Spiegel, über dem Waschbecken, hatte ich noch gestanden. Mein Spiegelbild hatte ich aus schwer hängenden Augenlidern gerade noch wahrgenommen, dann gab's nur noch schwankende Schritte zum Bett und in der flugbedingten, lähmend nachwirkenden Gleichzeitigkeit von Tag und Nacht, in der übermächtigen Ermüdung sank ich hinweg aufs Lager.

Der tiefe, erneuernd tiefe Schlaf – wohl länger als der Flug währte er. Tags darauf jedenfalls waren wir Drei zu Aufbruch und Heimkehr erwacht. Karl-Heinrich wurde zum Zug gebracht für die Rückkehr zum Edersee, während Annelies und ich den am Freundesgrundstück halb unter Sträuchern geparkten Wagen erst einmal von allem möglichen Belag und Vogeldreck säubern mussten. Der Wagen musste ja einigermaßen passabel für die Heimfahrt aussehen.

Die Heimat hat uns wieder; der Alltag des Berufes hat uns wieder, wenn auch nur auf Abruf und nur noch für einige Monate. Annelies freut sich ohne jegliche Einschränkung, dass ihre Berufszeit endlich zu Ende geht. Am Ende des Jahres wird sie letztmalig ihre Dienststelle in Bad Godesberg betreten, für Stunden noch einmal auf ihrem Chefsessel sitzen,

Sie, die immer im „Geistes-Einsatz" ihre Hauptaufgabe sieht, wollte vor Jahren schon ihre Stellung aufgeben, über Isa, ihre mediale Freundin, war ihr das aber immer wieder abgeraten worden. Schließlich wollte sie schon mit Sechzig endlich ihrer Dienststelle den

Rücken kehren. Ein dummes Missgeschick bei einer bestimmten renten-relevanten Mindestzeit hat sie jedoch gezwungen, zwei Jahre länger im Öffentlichen Dienst zu bleiben.

Zum Frühjahr nächsten Jahres steht bei mir der Wechsel an; die Aufgabe meiner Tätigkeit in der Redaktion des *Kölner Stadt-Anzeiger*. In aller Unbedingtheit entschlossen, der Berufung des Geistes zu folgen, ist mir dennoch in Alltagsstunden mehr als mulmig zumute. Stunden gibt es für mich der quälenden Ungewissheit, einer bedrängenden Zukunftsangst. Einige Rücklagen habe ich in zwei Jahrzehnten der Berufstätigkeit zwar schon erspart. Und Annelies, mit mir weiß Gott nicht nur in der großen Zuversicht lebend, sondern in trüben, erschlafften Stunden immer wieder ausgesetzt meinen bohrenden Fragen und Zweifeln – Annelies hat mir zu Ermutigung und Absicherung einen Teil ihrer bereits ausgezahlten Lebensversicherung übergeben.

Warum dieses Bangen? Warum fehlt mir die ruhige Gelassenheit, das stille Vertrauen? Ist es das bebende Bangen wie in der Liebe, wie beim Verliebtsein in der atemberaubenden Ungewissheit von Himmelhoch-jauchzend und zu-Tode-betrübt? Ist es einfach die Spannung des Wagnisses? Der unheimlich fesselnde Vorstoß ins Unbekannte, ins erregende Neue? Ist es die hintergründige Ahnung, dass die aufleuchtende *Fata Morgana* der Zukunft in Wirklichkeit ein langer, ein schwerer Weg ist?

Sind die unabweisbaren, sich immer wieder neu erhebenden Fragen und Zweifel Anzeichen einer Schwäche, einer Feigheit gar? Oder sind es Warnungen, sind es gar schicksalhafte Hilfen, die mich in aufwühlender Unruhe aufs Äußerste wach und bereit machen wollen? Auf dass ich Künftiges bestehen, es schöpferisch meistern kann?

Eines ist für mich klar und unabänderlich: Das Gelöbnis bindet, das Gelöbnis verpflichtet, und es bestärkt ungemein, das Wagnis einzugehen. Das Gelöbnis ist es, das Annelies und ich vollbewusst und aus freiem Willen bereits vor knapp neun Jahren im November des Jahres 1970 an der dreistämmigen Birke ausgesprochen haben.

Die dreistämmige Birke ist das lebendige Wahrzeichen des Kreises. Die Dreistämmige, für Liebe, Kraft und Weisheit, als Dreiheit in Einheit stehend, erhebt sich oberhalb jenes Gutes Asel, das nach dem Zweiten Weltkrieg, im totalen Zusammenbruch des Dritten Reiches zur Zuflucht, in äußerster Notzeit zur Existenz wurde für Karl-Heinrichs Mutter und all den Verwandten.

Dort an der Birke, oberhalb vom Gut Asel gelegen, oberhalb der zum See gestauten Eder haben Annelies und ich das Gelöbnis ausgesprochen, das Vermächtnis der DREI FRAUEN von der Stunde Null, das WERK des KREISES UM MICHAEL fortzusetzen, mit bedingungslosem, möglichst uneingeschränkten Einsatz; mitzuwirken an der äonischen Vollendung des Christus, an seiner Dreieinheit von Liebe, Kraft und Weisheit. Denn, wie hieß es doch in aller Bejahung, in aller Würdigung von Jesus, jedoch zugleich in äonischer Einschränkung? Der damalige Jesus sei „nur“ die Liebe gewesen.

Über die Drei Frauen, über die von Buchstabe zu Buchstabe wandernde Planchette, war damals in der Wendezeit der Stunde Null die Aussage erfolgt, die ketzerisch klingen mag in den Ohren gläubiger Christen.

Jahrzehnte später, genau am Freitag, dem 13. November des Jahres 1977, war die Aussage über Karl-Heinrichs Zukunft verheißend erneuert worden. An jenem 13. November also hieß bei einer Sitzung im Saal von Harbshausen:

„Schreibet nieder Satz für Satz, was Ihr hörtet. So entstehet das Gerüste – das Cheriste – für den neuen Herre Christe!“

Aber die Aufforderung zur Niederschrift war nur der Schlusspunkt jener Novembersitzung. Das Hauptereignis dieses Tages war das Herz, das zum Schlagen gebrachte Herz. Am Vortage der schon länger anberaumten Sitzung hatte Karl-Heinrich in einem inneren Bild einen Gong auf dem langen Tisch des Saales gesehen.

Ihn, den noch am Vortag aufgestellten Gong, hatte Karl-Heinrich zu Beginn der Sitzung aufgenommen, und wir alle am Tisch Sitzenden hatten uns erhoben. Karl-Heinrich, wie immer an der Stirnseite der Führende in der Führung des Geistes, hielt den Gong eine Weile mit ausgestrecktem Arm, dann bat er seine Mutter und Charlotte, die zunächst an der Längsseite Stehenden, jeweils mit einem Arm den Gong zu halten.

Da stand nun Karl-Heinrich, noch verharrend, den Gongschläger in der rechten Hand, er horchte noch eine Weile auf die innere, sich offenbarende Führung, ehe er dann auf den Gong schlug und der Ton, seine Schwingung im Saalerdröhnte.

Karl-Heinrich, noch einmal schlug er, dreimal... viermal. Sieben Schläge waren es schließlich, sieben Schall-Schwingungen, dem Schlag entsprechend, die sich ausbreiteten im Raum… in unbestimmbaren Räumen.

„Heute", so begann Karl-Heinrich zu sprechen, *„ist die Stunde, ist der Tag, an dem das Herz zu schlagen beginnt. Ihr wisst um den voranschreitenden ALLEINEN... voranschreitend auf dem Heer der tragenden Seelen... Ihr wisst um das sich Entwickelnde... und somit ist heute die Stunde, in der das Herz anfangen muss zu schlagen. Mit jedem Schlag geht ein Willensimpuls hinaus in die Welt. Ihr wisst, so ermesst und wisst, die Träger des Willensimpulses seid Ihr."*

Karl-Heinrich verstummte, fiel in ein längeres, beharrliches Schweigen. Längst hatte er den Gongschläger abgelegt auf der Tischfläche, neben dem ebenfalls von Jutta und Charlotte abgesetzten Gong. Wir alle hatten uns wieder hingesetzt am langen Tisch im Saal.

Trotz des stets bleibenden Wachzustandes wirkte Karl-Heinrich wie so oft bei solcher Übermittlung irgendwie entrückt... nach innen... in höhere Sphären hinein. Aber nach solchem Übergang richtete er sich, der in sich Zusammengesunkene, aus der Hüfte auf; es straffte sich sein Gesicht, geschlossenen Auges sprach ein Ich aus ihm, sprach ein Ich über ihn.

Das Ich, in Hoch-Bewusstheit und Entschiedenheit, das Ich, das nicht sein Ich war.

„Ich bin es, ich bin es, der den Herzschlag begonnen hat. Ich bin es, der den ersten Herzton gegeben hat. Wisst Ihr, ich bin es, der es tut für Euch...

Jeder Herzschlag... das ist ein Willensimpuls von mir an Euch. Der erste sei: die Klarheit des Denkens, die Reinheit des Fühlens. Wisset um das Kommende... eingeleitet habt Ihr die Arbeit an den Toten... am Heere der Toten...nun beginnt die Arbeit an den Lebenden... Schlag auf Schlag geschieht es... im Rhythmus der Neuen Zeit."

Karl-Heinrich schwieg wieder. Das hohe, das erhabene, das übermächtige ICH war erst einmal gewichen, als wollte es Karl-Heinrich, als wollte es seinem kleinen Ich, Luft zum Atmen geben, Raum zur Selbstvergewisserung, Zeit und Raum für den eigenen Standpunkt.

Auf den Gong, auf den daneben liegenden Schläger fiel sein Blick, dann sprach er, nicht mehr unmittelbar übermittelnd sondern sich nun erinnernd aus, was ihm gesagt worden war:

Jeden Morgen um acht Uhr solle eine oder einer der im Hause Lebenden die sieben Gongschläge wiederholen... *immer der Reihe nach... Jeden Morgen um Acht, auf dass das Herz nie stille stehe...*

Karl-Heinrich, wieder mehr bei sich selbst, schließlich wieder eins mit sich selbst, schaute uns an, die wir zu sechst an den beiden Seiten des Tisches saßen. Er, wie gesagt, an der Stirnseite des Tisches, dann rechts von ihm an der Längsseite Jutta, Friedrich-Karl und Gretel, links von ihm Charlotte, ich und Annelies.

„*Ich will versuchen*", sagte er dann, „*Euch zu erklären, Euch zu schildern, was spürbar, was sichtbar ist... alles scheint sehr bewusst, sehr folgerichtig, sehr zielsicher vor sich zu gehen. Und was das große, das hohe, das weite Bild angeht, so möchte ich fast sagen, das Heer der Toten ist fast völlig in einer Erleuchtung. Alles scheint eins geworden zu einer Leuchtkraft, die aus der jenseitigen Welt herüberstrahlt. Ein Licht ist es, ein Lichtfeld ist es, das den trägt, der da sagt: »Ich bin es, der das Herz in Bewegung setzt.«*"

Im unentwegt bleibenden Eindruck dessen, was sich dem inneren Auge offenbart, in der Nachahmung dessen, was er erschaute, erhob Karl-Heinrich die Arme und sagte:

„*Die Arme erhebt er nun und sagt: Wisst, dass ich diese Welt heilen werde, Ihr Heil bringen werde. Heil bringen dem, in dem ich mich heil wieder finde...*"

Der neue Osten

Sonnabend, den 15. September 1979

Die Anhöhe haben wir, Annelies und ich, erstiegen. Den Feldweg, der höher noch auf den Berg führt, haben wir verlassen. Wir haben uns nach links gewendet, bewegen uns zwischen Wacholdersträuchern. Sie überragen uns, stehen vereinzelt auf dem großen Wiesenfeld, so dass wir ungehindert zwischen ihnen gehen können. Alsbald haben wir die Lichtung erreicht, den Freiraum, in dem sie sich erhebt, die dreistämmige Birke.

Die Birke ist hoch gewachsen, aus einer Wurzel in drei licht-weißen Stämmen. Ihre kleinen Blätter sind schon abgedunkelt, gehärtet von der Dauer des Sommers, und doch sind sie wind-beweglich an den Zweigen geblieben.

Ich bin, ebenso wie Annelies, in den Innenraum der Birke getreten, Jeder steht an einen Stamm gelehnt; wir blicken in die Höhe, in die dreifache und doch einheitliche Krone. Dort oben, über den säuselnden Blättern und Zweigen – da ziehen in aller Ruhe die großen, weißen Wolken im Blau der Unendlichkeit.

Auf die Birke, damals im Jahre 1945 noch ein buschiges Bäumchen, war die Aseler Gemeinschaft alsbald aufmerksam gemacht worden, nachdem ihnen unten am See das Gut Asel zugefallen war – ihnen, den DREI FRAUEN, die immer nachts im Gespräch mit dem GEISTE waren.

Dort, wo die jungfräuliche Birke stehe, dort sei früher ein heiliger Hain gewesen, und die Stätte, oberhalb des Gutes gelegen, solle es auch wieder werden, ebenso der Stufenberg darüber, mit seinem kreisend zur Spitze führenden Umgang.

Die drei Birkenstämme sind dick und hoch geworden. Vor fast genau neun Jahren haben wir, Annelies und ich, hier schon einmal gestanden und das GELÖBNIS gegeben. In der Erinnerung dessen, im Zauber des schon herbstlichen Sonnentages, verharren wir noch eine Weile, dann gehen wir zwischen den Wacholdersträuchern zurück zum Feldweg, gehen im Anblick des Edersees die Anhöhe hinunter.

Gut Asel liegt unterhalb unseres Weges und oberhalb der Uferstraße und dem lang gestreckten, zwischen meist bewaldeten Bergeshöhen aufgestauten Edersee. Er dehnt sich, bei Herzhausen beginnend, kurvenreich im Fluss- und Talverlauf der nordhessischen Eder aus. Es war die Zeit vor dem Ersten Weltkrieg, als die im Tal am alten Dorf Asel vorbei fließende Eder im nahen Waldeck mittels einer riesigen Talsperre zum weitflächigen See wurde, in dessen Rückstau auch das alte Asel mit der steinernen Eder-Brücke in den Fluten versank. Gut Asel, damals an den Talhängen errichtet, sollte das „alte Wahre“ mit dem „jungen Neuen“ vereinbaren.

„Das alte Wahre fass es an!“ Die Goethe-Worte, von zwei Hakenkreuzen begrenzt, dem aufsteigenden und dem absteigenden, wurden von den Gründern in den balkenartigen Deckstein der Eingangstür gemeißelt. Rückbesinnung auf das Ursprüngliche, aufs Gesunde, Einfache und Bewährte war das Bestimmende bei Planung und Bau jenes Gutshofes.

Das alte Wahre – Mensch lebe es in der Rückkehr, im Schoß der Natur, im Alltag gesunder Arbeit auf besonnten, beregneten, fruchttragenden Feldern. Also Abwendung von der Stadt und ihren schlotenden Fabriken, zurück zur Natur und über sie zum wahren Gott – das waren Ideen, Leitgedanken bei der Gründung von Neu-Asel in den ersten beiden Jahrzehnten dieses Jahrhunderts.

Der Lebensreformer Edwin Wilhelmi war es, der die vegetarische Siedlungsgemeinschaft auf dem Gutshof initiierte, in dem ein Jahrzehnt später der Schriftsteller Adalbert Luntowski alias Reinwald eine ordensähnliche Grals-Gemeinschaft mit seinen Getreuen zu leben bemüht war.

Es ist eben jenes Gut Asel, das nach dem Zweiten Weltkrieg zur Zuflucht, in äußerster Not zur Existenz wurde für Karl-Heinrichs Familie. Die Tür freilich, mit den in Stein gemeißelten Goethe-Worten, ist verschlossen.

Annelies und ich sind von der Anhöhe der Birke hinunter gegangen, stehen vor der ehemaligen Eingangstür des Wohnhauses. Verwaist ist es, nur einige Jahre nach dem Krieg lebte die Familien-Gemeinschaft in dem Haus; damals, als die drei Frauen meistens nachts in die Dachkammer hinaufstiegen, dürstend nach neuen zeit- und schicksals-erhellenden Worten des sich offenbarenden Geistes.

Nur Charlotte, eine der drei Frauen von damals, lebt noch auf dem Gutshof, erreichbar nur über den Scheunenteil des Wohnhauses. So gehen wir rechts um das Gebäude herum, eine kleine Steigung hinauf, sehen in der schon hohen Mittagssonne seitlich, etwas höher noch gelegen, das neue Wohnhaus der Wilhelmi-Nachkommen.

Wir aber wenden uns nach links am Doppelgebäude entlang, um über eine hölzerne, bretterbelegte Brücke unters Dach, ins Halbdunkel der Scheune zu gelangen. Wir schlurfen mit den Füßen über den Boden, tasten uns mit den Händen vor, bis wir eine Zwischentür erreichen, in einen schmalen Gang gelangen. Annelies klopft an die erste, rechte Tür. Von einer hellen, erfreut ansteigenden Stimme werden wir hinein gebeten.

Der Raum, in dem wir behutsam auf Hockern Platz genommen haben, ist winzig, ist nur von einem Dachluken-ähnlichen Kippfenster erhellt. Und die Schräge des Daches lässt ein Stehen nur in der Türnähe zu. Nichtsdestotrotz wirkt Charlotte, links von uns sitzend an einem überfüllten Tisch, merkwürdig beweglich, als sei sie überhaupt nicht eingeschränkt, ja als lebe sie munter in ihrem ureigenen Element.

Charlotte, eine hagere Gestalt im sechsten Jahrzehnt ihres Lebens, spricht lebhaft mit aufleuchtendem Auge, und ihre schmalen Hände fahren, die Worte betonend, geschickt, ja geradezu virtuos durch den noch freien Luftraum, denn alle Plätze auf Tischen und Tischchen, auf Schränkchen, an der Wandfläche der Türseite sind genutzt und belegt. Große und kleine Bilder hängen da – insbesondere das Lichtgebet von Fidus: der junge, nackte Mann, der sich hoch auf kahlem Felsen mit ausgebreiteten Armen der Sonne öffnet.

Das Lichtgebet des Jugendstil-Künstlers Fidus, der eigentlich Hugo Höppener hieß, war Leitbild der Reformbewegung um die Jahrhundertwende und hing früher in Millionen Haushalten des Reiches.

Charlotte, ein Kind dieser Zeit, stammt aus Danzig, ist eine Frau des Ostens mit dem Schicksal von Millionen, die im Osten ihre Heimat verloren, vertrieben vom Krieg und den neuen Machthabern. Ihr Leben aber war gerettet worden im Gegensatz zu Millionen Menschen, die es hingeben mussten.

Von solchem Schicksal getroffen und geprüft wurde Charlotte stärker und unbedingter noch, was sie schon immer gewesen war: eine Gottessucherin. Freigeist von Anfang an hatte sie sich schon immer jenseits herkömmlicher Kirchlichkeit früh mit ernsten, religiösen Fragen beschäftigt. Die Theosophie vor allem hatte sie sich erschlossen, die geheimnisvolle, okkulte Bewegung der Jahrhundertwende, die insbesondere aus der Begegnung der Russin Helena P. Blavatsky mit dem Geiste und der uralten Überlieferung Indiens entstanden ist.

Nach der überraschenden Offenbarung mitten in Deutschland, in der Zeit tiefster und schlimmster Erschütterung – nach der Konfrontation mit dem lebendigen Geiste über die wandernde Planchette – war es Charlotte, die den beiden anderen, darin unerfahrenen Frauen Aufklärung über derartige Phänomene geben konnte.

Charlotte ist sozusagen die Wissende des Kreises. Sie ist unverheiratet geblieben, ist außerordentlich belesen. Sie hält, rege korrespondierend, die Verbindung nach draußen, zu Freunden und verwandten Geisteskreisen.

Ihre Hände – feingliedrig rege bewegen sie sich nicht nur anstoßfrei zwischen der Überfülle der Dinge, zielsicher greifen sie zu wie ein Reiher nach dem Fisch; in diesem Moment gerade nach unten, sie ziehen in fließender Bewegung einen Aktenordner empor und finden schnell einen bestimmten Brief. Bei Charlotte ist alles geordnet, bis in den kleinsten Winkel. Alles hat seinen Platz, liebevoll bestimmt, auch das Tässchen mit dem Wappen Danzigs, mit dem Doppelkreuz und der goldenen Krone darüber.

Im Brief, aufgeschlagen vor ihr liegend, geht es um den Osten. Schon früh, damals in den ersten Nachkriegsjahren, zu Zeiten der übermächtig gewordenen Sowjetunion, war vom Geiste gerade dort eine Wende prophezeit worden.

„Der Geist“, so liest Charlotte vor, „geht seinen Weg, still und unbeirrbar dem NEUEN OSTEN zu, den NEUEN MENSCHEN formend, erlöst die Welt von Kriegen. Für lange Zeit, vielleicht sogar für immer werden kriegerische Auseinandersetzungen unmöglich kraft seines Geistes.“

Mit dem Pathos der Überzeugung hat Charlotte die Worte vorgelesen. Sie, die dritte, war dabei in all den Nächten, so auch in der Nacht zum 9. Januar 1946, als sie nach schwerer Tagesarbeit mit den beiden anderen Frauen die knarrende Holztreppe in die Dachkammer hinaufgestiegen war und sich im flackernden Kerzenschein Buchstabe um Buchstabe in die prophetischen Worte zusammenreihte:

„Der Geist geht seinen Weg, still und unbeirrbar dem NEUEN OSTEN zu…“

„Nebenan war es“, sagt Charlotte und weist geschickt wie eine Pianistin mit der gekippten, offenen Hand nach hinten in noch immer starker Erinnerung an die damaligen, nächtlichen Umstände. Bedeutsam verweist sie auf eine blaue Aktenmappe, einem Verzeichnis bisheriger Botschaften.

Sie schweigt einige Augenblicke, aber dann erfasst sie wieder die Begeisterung über die in der Stille immer wieder gelesenen Worte des Geistes, sie strahlt aus wach-lebhaften Augen.

„Von einem großen Einzelnen, von einem besonderen Mann wurde immer wieder gesprochen…im Laufe der Jahre war es… von Petroff wurde gesagt, von Petroff, dass er im Osten die Wende bringt.“

Die Wende im Osten? Die Wende aus dem Osten? Heil aus dem Osten, den das Dritte Reich angriff mit den Folgen von Tod und Zerstörung?

Heil aus dem Osten, der in der Endphase des Krieges Deutschland ungeheures Unheil brachte? Zusammenbruch und Besatzung, Spaltung des Volkes, Kalten Krieg mit der Gefahr aller Gefahren, dem Atomkrieg?

Mir schießt die Erinnerung ein, an Here Mimir auf dem Turm, an das orakelhafte Bild, da er vor dem aufgeschlagenen Buch saß, bedeutungsvoll auf die Seiten wies… und die Seiten des großen Buches… sie waren rot.

War das damalige Bild ein Hinweis auf die Wende im Osten? Ist das die Fortsetzung des Weltprozesses nach 1945, nach der Stunde Null? Der Paradigmenwechsel vom ALTEN ins NEUE?

Was ist das NEUE, das wirklich NEUE nach all dem Grauen, den äußeren wie inneren Zusammenbrüchen? Ist es die immer mehr erwachende Bewusstheit um Atlantis? Um seine Völker diesseits und jenseits des Großen Ozeans im Geiste des ALLEINEN?

Ist es die neue Bewusstheit um globale Zusammenhänge? Um globale Zusammengehörigkeit im Geiste gegenseitigen Verständnisses, im Geiste der Liebe und des Friedens?

Die Blut-, die Kriegsspur der Weltgeschichte – findet sie ihr Ende, ihre Erlösung im wahrhaftigen GOTTESREICH AUF ERDEN?

Das Gottesreich – ist es ATAMA-Land? Immer wieder raunen, belebend raunen sollten wir das neue Wort, das neue Land, die neue Welt.

ATAMA-LAND – in dem ATA, der Große Vater und MA, die Große Mutter im Gleichgewicht sind, in der Einheit mit dem ALLEINEN!

ATAMA-Land? Was ist vom Geiste damit gemeint? Ist es das neue in Vielgestalt eins gewordenen Europa, das die Zwänge und Verhängnisse des Abendlandes überwunden hat, das im neuen Äon des Jahrtausends und seiner aufgehenden Geistessonne wahrhaftig zum Morgenland geworden ist?

Oder ist all das im Sinne der Endzeit, im Sinne der Apokalypse zu verstehen? ATAMA-LAND als das neue Atlantis, das sich in unheilheilvoller Umwälzung von Land und Meer, von Meer und Land in jungfräulicher Heiligkeit aus den Wassern erhebt?

Mir schwindelt, ich taumle angesichts solcher, mir unabweisbar aufsteigenden Fragen! Ungeheure Fragen ohne Antwort! Fragen der Zukunft! Ich habe sie nicht ausgesprochen vor der lebhaft dozierenden

Charlotte in der Winzigkeit ihres durch und durch geordneten Zimmers. Unaussprechlich sind sie in meiner Seele, als wir uns verabschiedet haben, uns im Halbdunkel des Ganges zurücktasten in die hellere Scheune und dann das Licht und die Weite des Himmels wieder über uns haben…

Edgar Cayce spricht

Sonntag, den 16. September 1979

Karl-Heinrich war es, der uns, so kurz nach unserer Rückkehr aus Amerika, an den Edersee gebeten hatte. Vor einigen Tagen, im Telefongespräch mit Annelies, hatte er Andeutungen von einer Wesenheit gemacht, die sich uns am Turm mitteilen wolle; und auf ihre erwartungsvoll gespannte Nachfrage, wer es denn sei, hatte Karl-Heinrich nach einigem Zögern jenen Namen genannt, der uns geradezu elektrisierte: Edgar Cayce.

Die Nacht weicht; noch umfängt ihre Dämmrigkeit die Bäume, den Waldweg, der geradewegs in die Tiefe des Waldes führt und ins Ungefähre der noch verharrenden Nacht. Den Wagen haben wir, wie immer, am Anfang des Forstes, an einer breiteren Stelle des Weges geparkt, dann sind wir in ihn hineingegangen.

Im Morgengrauen, in aller Herrgottsfrühe – ziemlich oft haben wir in den vergangenen Jahren schon hier gestanden und gewartet, und stets war die Erwartung stärker als die leicht steifende Müdigkeit, die noch in den Gliedern steckte.

Der Turm, in der Nähe von Korbach gelegen, ist nach längerer Autofahrt über Seitenwege erreichbar. Er ist nur noch einige Schritte entfernt. Seitlich rechts vom Waldweg ragt er auf im Hintergrund einer Waldlichtung.

Die Erwartung von uns Dreien hat er immer wieder erfüllt – der runde, oben mauer-umrandete, aber himmelsoffene Turm. Und der Turm, unten mit dem äußeren Treppenaufstieg, im Inneren mit der eisernen Wendetreppe – vor dem inneren Auge wandelte sich der Turm in einen wasser-tiefen Brunnen und eine Wesenheit erschien, die sich anfänglich Geiserich nannte, angesichts ihres offenbar werdenden

Urwissens über die Welten-Zusammenhänge von uns als Mimir, als Here Mimir, als der Urweise der Daseinstiefen erkannt wurde.

Vom Turm aus, unter der Freiheit seines Himmels, waren wir Drei im hohen, weiten Ausgriff zur zweiten und zur dritten Amerikareise gewiesen worden.

Und dann – Bald'r erschien da, der Hüter des Nordlichtes. Nach unserer Rückkehr von unserer zweiten Amerikareise geschah es, nach der Herabkunft de ALLEINEN, dort über dem See in Bergeshöhen, nach unserer Rückkehr da geschah es, da war Bald'r über dem Turm erschienen, am Fuße des leuchtenden Regenbogens und freudig erregt hatte er verkündet: ER KOMMT! ER KOMMT!

Ergriffen hatten wir Drei damals im Kreis gestanden – um die lichtspiegelnde Kugel herum, jene Kugel aus reinstem Bergkristall. Auf der Mulde ruhte sie, auf der eisernen Achse lagerte sie der Wendeltreppe, die aus dem Inneren des Turmes aufwärts zur Plattform führt.

DER ALLEINE, ER KOMMT! Kommt er wirklich? Ist er wirklich schon gekommen? Ist seine menschheits-, seine Welten-wandelnde Wirkung schon spürbar?

Damals, vor zwei Jahren – in der erregend lichten, der unmittelbaren Ergriffenheit der Offenbarung waren wir Drei wohl alle, jeder auf seine Weise, zu kindhaft, zu ungeduldig, zu unweise in der überstark ausgelösten Erwartung.

Sicherlich stand sie zu sehr im Einfluss des übermächtigen Bildes, hatte bei uns zu irdische, zu kurzfristige Vorstellung ausgelöst. Das Unvergleichliche, das an sich Unfassbare, das an sich Unsagbare – ist es auch noch so bildhaft-einfältig bei uns angekommen, mit Worten unserer Sprache, so ist es dennoch geschehen in Geistes-, in Seelensphären. Das ist mir gewiss! Dennoch sind im Unterwegs-Sein des täglichen Lebens Fehleinschätzungen, Irrtümer schier unvermeidlich!

So unmittelbar, so unentwegt wie gerade in diesen Monaten in der Anpeilung des Geistes zu sein, ausgesetzt dem Strom seiner Offenbarungen – hilfreich ist es da, stützend und vergewissernd ist es da zum Mittelbaren eines Buches zu greifen, Schwarz auf Weiß, Verwandtes, Bestätigendes gedruckt auf dem Papier zu finden.

Im Buch *„Der schlafende Prophet"* hatte ich in den vergangenen Monaten gelesen. Edgar Cayce ist damit gemeint, der mittlerweile schon weltberühmt gewordene Prophet, der liegend, im Zustand des

Tiefentrance, eben „schlafend“ von Vergangenheit und Zukunft kündete, aber auch von Heilungsmöglichkeiten für fragende Kranke in seiner damaligen Gegenwart.

1877, auf einer Farm in Kentucky unweit von Hopkinsville, kam er zur Welt. Als Sechsjähriger schon fiel er auf, weil er Erscheinungen von Verstorbenen hatte, ja sie sogar befragen konnte.

Als Schüler der üblichen Paukerei überdrüssig, versuchte er es mit einem Experiment. Von einem Freund, der hypnotisch begabt war, ließ er sich in einen Zustand der Trance versetzen, um über Schulbüchern „schlafend“ deren Inhalt „müheloser“ aufzunehmen. Der anfänglich mehr spielerisch gemeinte Versuch gelang überraschend erfolgreich. Das medial, in der Entrückung des Schlafes Empfangene befähigte Cayce tatsächlich, ja außerordentlich; es verschaffte ihm auffallend bessere Noten.

In eine schwere, für Cayce aber lebensbestimmende Krise geriet er mit 21 Jahren. Seine Stimme begann zu versagen. Er wurde von einer allmählichen, aber unausweichlichen Lähmung der Stimmbänder bedroht, die ihn schließlich zwang, seine Tätigkeit als Verkäufer in einer Schreibwaren-Großhandlung aufzugeben.

Als alle ärztliche Behandlung versagte, entsann sich Cayce in seiner Not jenes Freundes aus der Schulzeit. Mit dessen hypnotischer Hilfe gelang es ihm, sich erneut in die Entrückung der Trance zu versetzen und tatsächlich erneut mit Erfolg: Cayces Stimme kehrte zurück.

Von der wunderbaren Selbstheilung erfuhren Ärzte in der Umgebung – in Hopkinsville, in Bowling Green, in Kentucky. Einer begann, andere folgten – die Ärzte setzten Cayce bei der Diagnose ihrer Patienten ein. Zur allgemeinen Verblüffung stellte sich dabei heraus, dass Cayce lediglich Name und Anschrift des Kranken erfahren musste, er keine weiteren Informationen, etwa zur Art der Erkrankung brauchte, um im Zustand der Trance zutreffende Auskünfte und Heilungsratschläge geben zu können.

Die ungewöhnliche Heilungsweise sprach sich herum, und alsbald verfasste ein junger Mediziner einen längeren Bericht für seine medizinische Forschungsgesellschaft in Boston. Bereits 1910 veröffentlichte die New York Times einen großen, bebilderten Bericht über den „Wundermann“.

Cayces unaufhaltsamer Ruhm begann. Als er am 3. Januar 1945 im Heilungszentrum Virginia Beach, seinem Lebenswerk, verstarb, harrten vierzehntausend beglaubigte, stenografische Berichte, die sogenannten *„Readings"*, der wissenschaftlichen Auswertung.

Edgar Cayce, von Kindheit an christlich geprägt von einer amerikanischen Wiedererweckungsbewegung, tiefreligiös in seinem hochsensiblen Wesen, hatte im Zustand der Trance, mit Hilfe von Gott und seinen Engeln Krankenheilungen ermöglicht, als *„Der schlafende Prophet"* aber, als der amerikanische Künder der Zeiten- und Weltenwende hat er Weltruhm erlangt.

Im Buch seiner erdtief und weltweit bezogenen Prophezeiungen hatte ich vor unserer dritten Amerikareise gelesen, und ich hatte mich im Innersten berührt gefühlt. Auch wenn es, sicherlich mehr herkunfts- und zeitbedingte Unterschiede gibt zwischen ihm und uns, so gibt es doch tiefgründige Gemeinsamkeiten. Besonders wichtig und auffallend ist da der Mythos Atlantis, seine alles überragende Hochkultur – lange vor aller Geschichtlichkeit der modernen Welt.

Atlantis, selbst Ursache zwar seines Unterganges, dann aber über Äonen nachwirkend, kultur-tragend in seiner Ausstrahlung über das Große Meer, nach Ost und nach West. Im Einklang mit anderen Urüberlieferungen – welch eine Bestätigung für die Grundaussage, dass der Mensch unsagbar älter ist als alle bisherige wissenschaftliche Annahme, dass die Maschinentechnik unserer Gegenwart als Höchststand einer Entwicklung nicht erstmalig ist in der Menschheitsgeschichte.

Welche unheimlich herausfordernde Bestätigung, dass der Mensch geheimnisvoll verwoben ist mit der Erde; dass seine Geistesart und -ausrichtung, dass seine Taten und Untaten Folgen haben im Erdhaushalt, im Erdgleichgewicht der leben-gewährenden, der leben-sichernden Elemente, dass das gestörte Gleichgewicht eines Tages unausweichlich Katastrophen nach sich zieht.

Untergang – die ungeheuerliche Bedrohung des menschlichen Daseins – damals wie heute!

Wie friedlich, wie morgendlich still ist dieser beginnende, herbstliche Sonntag. Längst dämmert das Land auf in der sich ankündigenden Sonne. Unbewegt von irgendeinem Lüftchen stehen seitlich des Weges die hohen, stämmigen Fichten da.

Da auf einmal Geräusche, Fahrgeräusche auf dem sandig-steinigen Boden. Karl-Heinrich ist mit seinem Wagen angekommen. Und während wir zu Dritt den Waldweg entlanggehen, dann seitlich auf die Lichtung, erinnere ich beim Anblick des Turmes an zwei weitere Gemeinsamkeiten, die mich seinerzeit beim Lesen des Cayce-Buches besonders erfreut hatten:

Immer wieder ist bei ihm von dem EINEN die Rede, der da komme, und dann spricht er von der Gemeinschaft der Essener und betont, dass sie den Jerusalemer Tempeldienst verabscheut haben, dass dieser Gemeinschaft Jesu entstammte und diese ausgerichtet gewesen sei auf den leuchtenden Nordstern.

Die Kugel aus Bergkristall hat Annelies erneut in die Mulde der Eisenachse gelegt, jener Achse, um die die Stufen der Wendeltreppe hinaufführen hoch auf die Plattform. Im Kreis stehen wir erneut, hoch auf dem Turm. Zwischen Himmel und Erde stehen wir in der aufgehenden Sonne.

„Vom Westen – über den Ozean hinweg“, so beginnt Karl-Heinrich geschlossenen Auges: „Vom Westen, weit vom Westen kommt die Stimme. Es ist eine auffallend weiche Stimme.

Schon lange wartete ich (so spricht die Stimme) auf diese Stunde, auf die Möglichkeit, mit Euch zu sprechen. Immer wieder habe ich es versucht, aber nie erreichte ich Eure Wellenlänge. Heute endlich ist es mir erlaubt, über die Weiten durchzustoßen zu Euch.

„Nanu, wie kommt denn das?“

Höchst erstaunt fragt Karl-Heinrich die sich kündende Wesenheit:

„Wie kommt denn das, Edgar Cayce, dass Sie unbedingt mit uns sprechen wollen?“

„Mehr als Ihr es glaubt... mehr als Ihr es wahrhaben wollt, wird das, was Ihr tut in der Welt beachtet. Wenn auch jene Beobachter Euch nicht persönlich kennen, Euch nicht persönlich wahrnehmen können, so erkennen sie doch die Impulse, die von Euch ausgehen.

Viel, viel, ja außerordentlich viel habe ich den Menschen sagen dürfen. Aber ich sage Euch heute, da ich endlich Kontakt habe zu Euch: die Zukunft ist nicht unabänderlich festgelegt, die Zukunft ist wandelbar.

Aber wehe, wehe, wenn die zum Geisteseinsatz erwählten Menschen versagten... wehe, wehe... wenn keiner da wäre, der der Zukunft Richtlinien gibt...“

Karl-Heinrich, im Augenblick, in der Unmittelbarkeit der inneren Ansprache ziemlich betroffen, fragt zurück im inneren Dialog – mit Anzeichen von Ratlosigkeit.

„Aber was bedeutet das denn? Was sollen wir dabei tun?“

„Gezielt leben, gezielt denken, gezielt handeln – so muss es sein, damit die Botschaft des ALLEINEN nicht in weiter Ferne verschwimmt...

Ihr müsst noch gezielter wirken! Nicht nur auf Reisen, an besonderen Stätten und Tagen; nein Tag für Tag, im Alltag sollt Ihr Richtpfeiler sein, ständig Richtimpulse senden.

Ich weiß, wovon ich rede, Ich weiß es aus meiner eigenen Zeit, da ich im Blute war des Lebens. Ich schwamm damals so dahin, ließ mich überraschen von dem, was der Tag brachte, ja ich war geradezu hungrig auf die Neuigkeiten und überhaupt – ich wollte wissen, was geht auf der anderen Seite des Lebens vor, was ist dort wirklich – im Jenseits. Neugierig war ich, aber wie gesagt, von Tag zu Tag schwamm ich so dahin. Damals war ich mir nicht bewusst, dass ich selbst Handelnder sein muss.“

„Der schlafende Prophet“, so geht es mir durch den Sinn – im Augenblick, da die große Wesenheit von Edgar Cayce auf Karl-Heinrichs Lippen verstummt, die sich uns Kündende schweigt – einen Atemzug lang.

„Seid einem Turme gleich, der auf Felsen steht, der nicht wackelt, der nicht schwankt in der Brandung der Zeit.

Die Großen Eures Volkes und überhaupt die Großen der Menschheit vereinigt sie im ALLEINEN. Euer Volk und seine Führer haben die Welt zuerst in Unordnung gestürzt, aber im Geiste des ALLEINEN soll in der Nachfolge dessen die Große Ordnung werden.“

Karl-Heinrich, erstaunt und erfreut zugleich:

„Wollen Sie, der US-Bürger von einst, dabei helfen?“

„Ja, dazu stehe ich heute. Lasst uns gemeinsam handeln, lasst uns Leuchtturm sein mit dem rotierenden Blinklicht, das Lichtgedanken aussendet in alle Welt."

Eine Bild der Küste, denke ich, das zum Gleichnis wird. Cayce wirkte zu Lebzeiten an der Küste des Atlantiks, in Virginia Beach, wo 1607 erste Siedler aus England strandeten.

Mein erinnernder Gedanke – er wird unterbrochen von Anneliess Frage. Sie hat sich vorgelehnt, ein wenig zugeneigt dem Bergkristall in unserer Mitte.

„Was also, Mr. Cayce, soll unser erster gemeinsamer Impuls sein?"

Nur die kleine Pause hat es ermöglicht, dass Karl-Heinrich ihre Frage vernommen hat. Kurz nur ist seine Aufmerksamkeit für das Äußere – erneut hat sie sich nach Innen gewandt; aber Karl-Heinrich hat die Frage von Annelies mitgenommen und die Wesenheit, die vor Jahrzehnten Edgar Cayce war, sie ist uns gegenwärtig auf dem Turm in der Morgenstimmung des Tages, und sie antwortet:

„Grundsätze der Schöpfung, Grundwahrheiten der Schöpfung wollen wir ausstrahlen. Im Innersten sollen sie Jedermann treffen.

Nicht um Konstrukte geht es von Intellektuellen, nicht um die Diskussion darüber. Wahrheiten der Schöpfung sollen es sein, sie sollen als ureigene Erkenntnis in Jedem aufsteigen, in ihren Herzen erwachen.

Was also", und damit greift die Wesenheit Edgar Cayce die Frage von Annelies auf, *„was also soll der erste Impuls sein unserer Zusammenarbeit?*

Wahrhaftig, das ist es und Ihr habt es richtig erfasst! Es gibt den ALLEINEN, den Allvereinigenden aller Gegensätze, in dem wir uns alle wieder finden, dessen Kraft wir beleben sollen, um in seiner Kraft zu sein... dann... dann wird ER, der ALLEINE auferstehen im Menschen und dann wird ER da sein.

Der Mensch ist das Wesen, das Gott am stärksten in sich trägt. Jedoch – der Mensch weiß es nicht. Wenn der Mensch erwacht, dann werden auch Tier und Pflanze erwachen, denn eng verbunden sind sie mit dem Menschen.

Darum lasst uns Vier den Impuls geben – im Geiste, im Lichte, denn wir sind seine Gefäße, die ER braucht, damit sein Wort fließt, sein Wort in die Herzkammern der Menschen dringt.

Ein neuer Tag hebt an, an dem der Mensch erwacht im Geist des ALLEINEN.“

Annelies wiederholt den Satz und so sprechen wir ihn dreimal, so wie wir es gewohnt sind an besonderen Tagen, an besonderer Stätte.

Aber im Alltag, Tag für Tag, gilt es ihn zu leben, ihn im eigenen Sein beständig zu bewahrheiten.

Das unzulängliche Reich

„Euer Volk und seine Führer haben die Welt zuerst in Unordnung gestürzt, aber im Geiste des ALLEINEN soll in der Nachfolge dessen die Große Ordnung werden.“ Mit herben, geradezu nüchternen Worten hat die Wesenheit von Edgar Cayce das deutsche Schicksal angesprochen, das zugleich das Schicksal des Abendlandes ist.

Das deutsche Schicksal – früh schon hat es mich gepackt und geschüttelt. Im Alter von zehn Jahren etwa, damals in Eisenach, auf der Marienhöhe mit dem freien Blick hinüber zur Wartburg, damals überfiel mich zeitweise ein überdunkles, ein tief-lastendes Gefühl, das mangels einer für mich erkennbaren Ursache, ganz im Gegensatz zu meiner Jugend, ein abgründig tragisches Lebensgefühl auslöste.

Meine frühe Neigung zur tragischen Dichtung, insbesondere zur deutschen, erwuchs daraus, ehe im Laufe der Jahre deutsche Geschichte, deutsches Geschick mehr und mehr in mein Bewusstsein kamen. Zwar stellte sich mein naiv jugendlicher, noch ungeschliffener, noch unerfahrener Geist der Herausforderung, aber überfordert von der ungeheuren Tragik, von der Überlast der Beschuldigungen wurde er immer wieder niedergedrückt, niedergeschlagen vom Unbegreiflichen.

War es Notwehr meiner in der Jugend lebenden Seele? War es Ahnung zukünftiger Erfüllung? Immer wieder geschah ein Ausgleich; immer wieder gab es Stunden des Hochgefühls, in denen sich mein bedrängter Geist aufschwang in Höhen der Zuversicht und Verheißung.

Danach jedoch geschah immer wieder der Absturz in die Tiefen. Zu heftig, zu unentwegt die Anklage, die drastisch grausige Darstellung der Jahrhundert-Verhängnisse; zwei Weltkriege, die Vernichtungsorgie des Jahrhunderts in der unermessenen Steigerung der Technik und Industrie, ihrer Potenzen und Kapazitäten. Über hundert Millionen Tote, Verkrüppelte an Körper und Seele Verletzte und immer wieder, in nicht endender Wiederholung die Anklage der Sieger und ihrer Folgegeister: Deutschland, gebrandmarkt geradezu für eine Ewigkeit, in der Alleinschuld gleich einer Erbsünde.

Deutschlands Schuld – unleugbar ist sie, weil das Sendungsbewusstsein etwa des Dritten Reiches, weil seine Angriffsdynamik und sein Eroberungsdrang, weil seine Rassenbewertung, seine rassisch-völkische Abgrenzung niemals ohne Schuld, niemals ohne schwerwiegende Schuldverstrickungen ausgehen konnten.

Warum aber ist die deutsche Schuld des 20. Jahrhunderts so unfassbar, so neblig-schwärend geblieben bis in unsere Tage? Die Schwarz-Weiß-Sicht des Krieges, der Kriegspropaganda hat nach dem Krieg niemals aufgehört; so hat der Erste Weltkrieg den Zweiten bewirkt. Der Selbstgerechtigkeit der Sieger entspricht der Kniefall der Verlierer, wenn auch Wenige in der Behauptung verharrten. Wo aber bleibt die Wahrheit? Das redliche Bemühen, das redliche Ringen, die redliche Auseinandersetzung um ihretwillen?

Die Alleinschuld Deutschlands stattdessen, unentwegt von Regierungsmächten bekräftigt, von den Medien gebetsmühlenartig verkündet? Alleinschuld des großen Verlierers der beiden Weltkriege? Und im Gegensatz dazu die Allein-Unschuld der Sieger! Die Allein-Unschuld – welch ein unmögliches Wort ist das! Und dennoch ist es der allgemeinen Öffentlichkeit ein Wort der Wahrheit!

In der Wechselwirkung des Lebens-, des Existenz-, des Machtkampfes – gibt es da überhaupt die pure Schuld auf der einen und die pure Unschuld auf der anderen Seite? Solange der Kampfgeist wirkt auf dem Schlachtfeld, sieht er das Recht leuchtend bei der eigenen, noch wehenden Fahne. Recht steht gegen Recht im Krieg, wenn höhere oder tiefere, wenn größere Gemeinsamkeit verloren ging und die grausigen, die verheerenden Gewalten entfesselt wurden, die das Recht auf dem Schlachtfeld durchsetzen wollen.

Und das Recht dann des Siegers? Erweist es sich im Triumph nicht als das wahre Recht? Sind die Sieger, ist ihr Recht nicht bestätigt, nicht geradezu geheiligt vom Gottesurteil der Geschichte? Oder nüchterner gesehen vom Lebens-, vom Schicksalskampf der Völker? Eben vom Recht des Stärkeren?

Wer den Sieg hat, hat die Macht. Wer die Macht hat, bestimmt Recht und Wahrheit, bestimmt Geschichte in Darstellung und Verständnis, bestimmt die Gegenwart. Aber die nahezu unbeschränkte Gestaltungsmacht, zugefallen im Sieg, kann sich auf die Dauer verwirken, wenn der Sieg die immer gegebene Versuchung zur Selbstgerechtigkeit, zur

Selbstherrlichkeit und ihren Welt-Prägungen verstärkt, wenn er immer unausweichlicher in der Selbstverblendung, im Wahn unvergleichlicher Einzigartigkeit endet. Der Sieg birgt die große Gefahr, blind zu machen; der Sieger, der ihr erliegt – in der Zäsur, im Prozess, im Umbruch der Geschichte kann ihm alle Macht, kann ihm alle Zukunft schwinden.

Die Niederlage aber, so niederschmetternd, so verheerend sie auch sein mag, kann zur Selbstprüfung, zur Läuterung, zur Wandlung, ja zur Gnade und Berufung werden. Der deutsche Zusammenbruch, die Stunde Null der Deutschen ist nicht nur schlimmstes Verhängnis, totale Entrechtung in der Entmündigung, Vertreibung und Tötung, ist nicht nur das totale Unbehaust-Sein in den Ruinenstädten. Der deutsche Zusammenbruch ist nicht nur die totale Entwürdigung Deutschlands als ein Volk von Mördern und Verbrechern, es ist im Leid- und Klärungsprozess Verheißung und Berufung für die Zukunft.

Einer, der alles erlebte, einer, der alles erlitt, schrieb zur Stunde Null die Worte:

„In dem gewaltigsten Zusammenbruch seiner Geschichte hat das deutsche Volk seine äußere politische Freiheit verloren. Es hat damit keine Möglichkeit mehr, handelnd durch äußere Taten seine Sphäre zu gestalten... Unser Volk ist rechtlos geworden in dieser äußeren Welt und vom Subjekt zum Objekt des geschichtlichen Werdeprozesses herabgesunken. Diese Tatsache nimmt vielen Deutschen den Mut, gläubig in die Zukunft zu schauen.

Und dennoch ist uns etwas aus den Trümmern erwachsen, dessen Wert wir noch nicht ermessen können: die Freiheit des Gedankens. Wir sind zum ersten Male frei geworden in unserem Inneren... Die Größe des Zusammenbruchs hat... Werte der Vergangenheit schonungslos entlarvt und unerbittlich gewogen. Spreu hat sich nun vom Weizen geschieden, Wahres von Lüge und Ewiges von Vergänglichem.

Frei zum Denken! Das bedeutet, dass nun dem deutschen Menschen eine ganze Welt zum Wachstum offen steht. Nun gilt es, die Welt des eigenen Innern zu erobern.

Frei zum Denken! Das heißt hinabsteigen können zu den Quellen unseres Wesens und Werdens, aus denen so viel Trübes und Faules emporstieg, so dass wir davon fast vergiftet wurden.

Frei zum Denken! Das heißt, wissend werden können, über die eigene Schuld und geläuterte Kräfte aus der Tiefe quellen lassen.

So haben wir die äußere Freiheit verloren, um eine bessere und tiefere Freiheit gewinnen zu können. Wir verloren die Freiheit zu Taten der Willkür, des Hasses, der Verneinung und des Missbrauchs ewiger Gesetze und gewannen die Freiheit, das Samenkorn einer höheren Entwicklung... in uns pflanzen zu dürfen.

Diese höhere Freiheit erwächst aus der Ehrfurcht und aus der Liebe. Es ist die Freiheit, die sich durchgerungen hat zu der Erkenntnis, dass nur derjenige wahrhaft frei zu handeln vermag, dessen eigenes Wollen mit dem Wollen des ewigen Gottes zusammenklingt. Nur wer zum lebendigen Träger der vollen Strahlungskraft des Ewigen wurde, den trägt der gewaltige Strom der Schöpfung siegreich empor.

Nicht Übermenschen zu werden, ist unsere Verheißung, sondern zum Idealmenschen im Geiste des Schöpfers empor zu wachsen, ist uns bestimmt.

Die Spaltung der Schöpfung in Gut und Böse durch die allumfassende verstehende Liebe zu überwinden und in höchster Verantwortlichkeit zu Gottes Freund und Mitschöpfer zu werden, ist Sinn unseres Weges der Leiden.“

Georg Jentsch schrieb die Worte nach dem Zusammenbruch, in der Apokalypse der Stunde Null. Er, der Deutsche, 1908 in Sachsen geboren, er ist beides, ein Täter und ein Schuldiger der Zeit – mit der Aura eines Weisen.

Als Deutscher fühlt er sich niedergedrückt vom Versailler Diktat-Frieden. Aber er richtet sich auf in der deutschen Bewegung. 1931, zwei Jahre vor der Machtübernahme, tritt er der NSDAP und der SS bei. Jentsch übernimmt nach dem frühen Tod seines Vaters die elterliche Brauerei, führt den Betrieb unter schwierigsten Wirtschaftsbedingungen allmählich zum Erfolg. Der Weisheit Goethes folgend erwirbt er das Ererbte neu. 1935 heiratet er, wird Vater von vier Söhnen.

Während des Zweiten Weltkrieges wird er dienstverpflichtet, und zwar zum Sicherheitsdienst des SD, dort leitet er das Kultur-Referat für den Gau Sachsen.

In der amtlichen Begegnung mit Kulturschaffenden seiner Zeit lernt er den Wagnerforscher und Musikschriftsteller Dr. Walter Engelsmann kennen und als Freund immer mehr schätzen. Engelsmann jedoch ist im Konflikt mit dem Amt Rosenberg. Hinter diesem in der Reichsöffentlichkeit üblichen Kürzel verbirgt sich der volle, alles enthüllende Amtsname: Beauftragter des Führers für die Überwachung der gesamten geistigen und weltanschaulichen Schulung und Erziehung der NSDAP.

Der Kulturreferent Georg Jentsch unterstützt Engelsmann in der weltanschaulichen Anfechtung durch die Machthaber. Den mittellos dastehenden Geistesmann und Wissenschaftler unterstützt er auch materiell bis zum Ende des Dritten Reiches.

In der Freundschaft mit Walter Engelsmann, im Studium seiner Schriften hat Georg Jentsch selber eine tief greifende Wandlung seiner Weltschau erfahren. Mitten im Krieg, mitten in einer Zeit, die von Führertum und soldatischem Mannestum, von unbedingter Gefolgschaft und elitärer Abgrenzung beherrscht ist, hat Georg Jentsch die Vision einer mütterlichen Welt, hat er das Leitbild der Großen Mutter und einer liebend-versöhnenden Offenheit.

Der Umbruch, Jentsch selbst sagt, sein Weltbild habe sich schlagartig um 180 Grad gedreht, ist so tief greifend, so allumfassend, dass er vierzehn Tage lang kaum Schlaf findet, dass er unentwegt über all die Auswirkungen der neuen Weltschau auf Glauben und Staat, auf Mensch und Volk nachdenken muss.

Der zwist-zeugende Gegensatz von Gut und Böse, von Menschenüberhöhung und Menschen-Verachtung, zum einen in kühl-wissenschaftlicher Wertung, zum anderen in der affekt-geladenen Übersteigerung von Zuwendung und Abwendung, von Liebe und Hass – all diese Gegensätze, ihre Entladungen in der Totalität von Gewalt und Krieg erfasste er so peinigend in ihrer verhängnisvollen

Zwangsläufigkeit, dass er wahrhaftig die Reichsführung, dass er den Führer selbst über den eingeschlagenen Irrweg aufklären wollte.

Sein Versuch, Don-Quijote-haft, aberwitzig anmutend, wird mit der Androhung einer Festnahme und einem strikten Schweigegebot erwidert. Georg Jentsch, dem sich im Krieg eine Friedenswelt offenbart hat, kann nicht schweigen. In sieben Artikeln schreibt er sich die neuen Welt-Einsichten von der Seele. Ein Freund druckt sie, leitet die Schrift in verschiedene Kanäle, und der Widerhall ist stark – von der Front, aus der Heimat und dort vor allem von den Frauen.

Seine SD-Dienststelle aber entlässt ihn. Jentsch wird – offensichtlich zur Bewährung im Kampf – in die Slowakei beordert. Dort soll er einen 1944 ausgebrochenen Aufstand niederschlagen. Jentsch jedoch verweigert aus Gewissensgründen die Befolgung eines für ihn unannehmbaren, todbringenden Befehls. Obwohl es ihm gelingt, mit seiner neuen, von Feindlosigkeit bestimmten Einstellung große Gebiete der Slowakei zu befrieden, wird er, da die Kriegsgerichtsbarkeit längst in Gang gekommen ist, aller seiner Ämter und Ehren enthoben und degradiert.

Bis zum Zusammenbruch ist er völlig isoliert und geächtet. In Sachsen, in der aufgezwungenen Besatzungszone der Sowjet-Russen, ist er gesucht als Nazi-Verbrecher. Jentsch weicht nach Bamberg aus, widmet sich überwiegend karitativen Aufgaben. Anfang der fünfziger Jahre, im Widerstand gegen die Remilitarisierung der Bundesrepublik unter Konrad Adenauer, ist er federführend für Oberfranken Mitglied der Gesamtdeutschen Volkspartei (GVP) von Dr. Gustav Heinemann, dem späteren Bundespräsidenten. Später ist er im Sinne dessen, seinem Vorbild Gandhi folgend, überwiegend publizistisch tätig.

Bei einem Besuch in Ostberlin – es war Anfang der sechziger Jahre – wird er verhaftet, des Kriegsverbrechens in der Slowakei bezichtigt. Nach fünfmonatiger Untersuchungshaft und sorgfältiger Ermittlungsarbeit erweist sich seine völlige Unschuld. Jentsch wird zu seiner Familie nach Dresden entlassen, widmet sich urreligiösen Fragen. Ein schweres Herz- und Nierenleiden ermöglicht ihm im Jahre 1967 über das Rote Kreuz eine Kur in Bad Wildungen.

Zu Silvester war es, eben des Jahres 1967, als ich, der 26-jährige, Georg Jentsch zum ersten und einzigen Male begegnete. Annelies hatte ich, wie bereits ausführlich geschildert, einen Monat vorher kennen gelernt. Mit ihr war ich erstmals zum Edersee-Kreis gefahren. So saß ich in den frühen Abendstunden des Silvestertages auf der Empore. im Saal der Gemeinschaft.

Der Saal, wie gesagt, einst der Scheunenteil des Bauernhauses, war mit einem Annelies zugefallenen Erbteil zur Versammlungs- zur Begegnungsstätte ausgebaut worden. An der Wand zum Wohnhaus hin – ich erinnere den Leser daran – hingen große Portraits von Größen der deutschen Geschichte, mit Sinn dort aufgehängt, durchaus im Bewusstsein ihrer Gegensätzlichkeit, ihrer Problematik, aber auch ihrer gegenseitigen Ergänzung.

An der weiß gekalkten Wand war zuerst ein Bildnis von Bonifatius angebracht, ein Bildnis also vom Missionar Germaniens, wie er mit der hohen Bischofsmütze auf dem Kopf den Sargdeckel hochhebt und aus der Gruft schaut. Das Bild stammt vom Grabmal des katholischen Heiligen, theatralisch barock gestaltet in der Krypta des Fuldaer Domes.

Bonifatius als erster, das ist sicherlich verblüffend für eine Familie, die aus dem protestantischen Osten stammt. Der merkwürdige Tatbestand wird aber im Prozess dieser enthüllenden Offenbarung immer mehr noch, immer nachvollziehbarer seine Aufklärung erfahren.

Aber zurück zur weiß-gekalkten Wand: Neben Bonifatius hing da Paracelsus, der weise, von Urwissen geführte Arzt der Reformationszeit, dann folgten die Portraits der Gebrüder Grimm, und zum Abschluss kam Wilhelm Busch, der zeichnende und dichtende Humorist.

In tiefer Nachdenklichkeit hatte ich mir an jenem Silvestertag des Jahres 1967 die Portraitreihe angeschaut, als ich unten im Saal, auf seiner tieferen Ebene stand, dort, wo in der Länge des Raumes der Tisch steht mit der Reihung der Stühle, an der rechten und der linken Seite.

An der gegenüberliegenden Giebelwand, dort wo jetzt das Y mit dem Sonnenhaupt zwischen den aufgerichteten Armen angebracht ist, dort war damals der Spruch von Fichte in großen Lettern, in Deutscher Fraktur zu lesen:

Und handeln sollst du so, als hinge
Von dir und deinem Tun allein
Das Schicksal ab der deutschen Dinge
Und die Verantwortung sei dein...

Die Holztreppe zur Empore, zur zweiten, wesentlich kleineren Ebene des Saales, war ich wieder hinaufgestiegen. Ich hatte mich gerade auf der dortigen Sitzecke niedergelassen, als sich die zum Haus hin führende Tür öffnete und aus dem dahinter sichtbar werdenden Flur Georg Jentsch herein trat; ein mittelgroßer, schwarzhaariger Mann, der im ersten Augenblick nicht sonderlich auffiel.

Seine Stimme aber, in ihrer Ruhe und Klarheit, in ihrer Gegensätze ansprechenden, zugleich aber überwindenden Geistigkeit nahm mich sogleich gefangen. Allein noch im Saal, wie wir es zum Glück noch vor dem bevorstehenden Silvester-Treffen waren, gerieten wir unversehens in ein lebhaftes Gespräch.

Wir, wenn auch unterschiedlichen Generationen angehörend, waren als schicksals-geschlagene Deutsche beide erfasst von der brennenden Frage des Reiches. Und so geschah es, mir unauslöschlich in der Erinnerung, dass Georg, angestoßen von meiner Anteilnahme und Offenheit, frei und redegewandt über das Reich zu sprechen begann, über das schmerzende, über das herausfordernde Reich, über das Reich, das zu bewahren ist.

„Nach dem Zusammenbruch, nach dem Scheitern des Dritten Reiches", so begann er, *„ist das Reich zur Aufgabe des unbekannten, des scheinbar machtlosen Einzelmenschen geworden. Es ist der Einzelne, der den Kampf mit sich selbst zu Ende gekämpft hat und deshalb am Hass der Welt keinen Anteil mehr hat. Als fast Sechzigjähriger habe ich mich in meinem Leben unentwegt darum bemüht, darum gestritten, in der Bundesrepublik wie in der DDR. Ich weiß nicht, wie weit ich dabei gekommen bin. Auf jeden Fall aber verstehe ich mich als ein solcher Einzelner.*

Für ihn jedenfalls, für jenen souverän gewordenen Einzelnen sind Juden und SS-Männer, sind Kapitalisten und Kommunisten, sind Bantus und Buren, sind Nationalisten und Weltbürger erst einmal Menschen; Menschen, die im verwickelten Übergang überkommener Irrtümer und künftiger, neuer Wahrheiten leben und oft agierend darin verharren.

Niemandem ist gedient, wenn sie in ihren Irrtümern allein gelassen werden, oder durch Anfeindung gar darin bestärkt werden. Es gilt verstehend an ihre Seite zu treten, ihnen zu helfen, über ihre jeweilige Einseitigkeit hinauszuwachsen, auf dass sie sich alle mehr oder weniger in der Allgemeingültigkeit einer wahren, annehmbaren Reichs-Gesinnung wieder finden.

Gegenüber allem wahrhaft bemühten Streben sollte es keine konflikt-fördernde Skepsis und Ablehnung geben. Es geht nicht darum, was Regierungen in den Zwängen ihrer Ämter und Verstrickungen denken oder denken müssen. Es geht darum, was Du selbst als freier Einzelner denkst aus errungener, gereifter Selbstständigkeit. Das Reich entsteht in uns selbst".

Georg, in der lohend-ruhigen Flamme seiner Rede, schwieg. Er schwieg, und ich war berührt, zutiefst berührt von seinen Worten. So wie er hatte in der gängigen Verdammung wie in der Glorifizierung des Reiches noch niemand gesprochen. Erst Jahre später sollte die Wesenheit von Bismarck über Karl-Heinrich Ähnliches sagen. Der Staatsmann aus dem Jenseits, der eiserne Kanzler von einst, der mit dem Schwert die Einheit des Deutschen Reiches durchgesetzt hatte, sagte: Erst müsse im Menschen das Innere Reich entstehen, ehe mit Segen das äußere folgen könne.

Georg Jentsch, wie gesagt, schwieg. Und damals war in mir im Zusammenhang mit seinen großen Einsichten kein Gedanke an Bismarck, die Sorge war in mir, Georgs offenbarender Redefluss könne unterbrochen werden, könne abbrechen, wenn die Tür sich öffnete mit den weiteren Gästen. Aber die Türklinke, im gespannten Blick des Auges, sie senkte sich nicht und Georg sprach weiter.

„Warum", so hub er an, „ist das Dritte Reich gescheitert?"

Er schwieg erneut in der Besinnung auf die große, die ungeheure Frage. Dann sprach er wieder, der schicksals-geschliffene Denker. Er sprach in flüssiger Folge:

„Das Dritte Reich scheiterte, weil es das unzulängliche Reich blieb. Zwar versöhnte es nach Innen, den Nationalismus mit dem Sozialismus, war um Brücken bemüht zwischen dem Arbeiter der Stirn mit dem Arbeiter der Faust, um Ausgleich zwischen Kapital und Arbeit. Aber anstatt dass sich das mächtig gewordene Großdeutschland nach außen öffnete, grenzte es sich ab. Es stellte zuerst das jüdische, dann das tschechische, dann das polnische Volk unter Sondergesetze mit schrecklichen Folgen. Und dann, im weltweit sich entfesselnden Krieg, ein weiteres Verhängnis: Das Dritte Reich wollte im Osten auf Kosten anderer Völker einen imperialen Großraum verwirklichen.

Das Reich aber, sein wahrer Heilsauftrag aus dem Geiste, aus der Liebe, ist missachtet, ist missbraucht worden. Das heile und damit heilige Reich – was soll es auf Erden sein? Heimat soll es sein für alle, eine Daseinsordnung soll es sein in gegenseitiger Stützung, in echter Vertiefung und Erhöhung des Daseins. Lebendige Ordnung soll es sein gegenüber dem Chaos und saugenden Abgründen.

In einem Meer von Blut und Schuld ging es unter – das Dritte Reich. Und uns Deutschen, die wir Deutsche bleiben, was bleibt uns in der Ohnmacht des Zusammenbruchs, in der Ohnmacht eines gespaltenen Volkes? Es bleibt uns nur, umso unbedingter für das wahre Reich einzustehen; und das heißt in aller Schlichtheit und Vollkommenheit: das Reich Gottes auf Erden.“

Das Reich Gottes Erden? Welche Worte von Ewigkeit und doch wie missbraucht, wie manipuliert in abendländischer Geschichte. Das Verhängnis, uns beiden war es damals gegenwärtig; mir mehr ahnend, ihm dem Schicksalsgereiften voll bewusst. Und so war er es, der es aussprach:

„Unzulänglich aber war nicht nur das Dritte Reich, schon das Heilige Römische Reich Deutscher Nation war es, als es sich 870 vom westlichen, fränkischen Teil schied, als das gesamteuropäisch angelegte Reich Karls des Großen aufgegeben wurde... der Zwiespalt begann..., nein ein Ur-Zwiespalt setzte sich fort...“

Da – auf einmal waren hinter der Tür Schritte zu hören und die Klinke senkte sich. Georg verstummte und mit ihm neue, zukunftsweisende Gedanken und ihre großen Fragen. Damals im Saal am Edersee, an jenem denkwürdigen Silvesterabend des Jahres 1967, kamen wir nicht weiter. Zur Feier des scheidenden Jahres trudelten die Gäste ein.

Das Gespräch mit Georg blieb einmalig, bereits im Frühjahr des folgenden Jahres verstarb er. Aber im Geiste konnte ich das Gespräch mit ihm fortsetzen in den kommenden Jahren – in gründlichster Beschäftigung mit seinen Schriften.

Sonntag, den 30. September 1979

Das unzulängliche Reich – in dem Artikel von Georg Jentsch, jener Arbeit mit Grundaussagen zur abendländischen Geschichte, habe ich gerade noch einmal gelesen. Erstmals 1961 erschienen, steht die Abhandlung am Anfang seines Buches „Die Wiedererweckung der einen Welt", ein Buch, das 1973, fünf Jahre nach seinem frühen Tod, erschienen ist.

Das Buch, abgegriffen vom häufigen Gebrauch, gezeichnet von Unterstreichungen und Anmerkungen auf seinen knapp 250 Seiten, habe ich auf den Nachttisch gelegt.

An die Rückwand meines Bettes gelehnt schaue ich gedankenverloren vor mich hin. Das verwinkelte Hotelzimmer mit der ziemlich niedrigen Decke ist der enge Innenraum, sozusagen die Kehrseite einer tatsächlich entzückenden Außenansicht.

Das Hotel, in dessen Zimmer ich im Bett liege, ist in einem alten, typisch elsässischen Fachwerkhaus eingerichtet. Wie ein Traumbild der Romantik erschien es uns – bei unserer Ankunft vor zwei Tagen.

In der Abendbeleuchtung der altertümlichen Laternen stand es da – das Gebäude mit dem Fachwerk, mit den absatzartig hervorspringenden Stockwerken, mit den putzigen Fenstern und Erkern, dem geschwungen wirkenden Dach mit all den Fensterchen, anheimelnd und eigenartig wie Augen wirkend des merkwürdig lebendigen Daches.

Wir drei, Annelies, Karl-Heinrich und ich, sind in Schlettstadt, *Sélestat* auf Französisch, wir sind in der elsässischen Kleinstadt am Fuße der Vogesen. Wir sind im Tal des Oberrheines, einem Urgebiet der Besiedlung.

Archäologisch wie geschichtlich nachweisbar sind hier die Kelten, dann die Römer. Nicht nachweisbar sind die Atlanter, die einst in grauester Vorzeit vom Westen her kommend von Bergesgipfeln ins Tal des vielarmigen Rheines schauten. Nachweis dafür ist nur der Ur-Mythos von Atlantis – die Auswanderung, die Flucht ihrer Völkerschaften vor dem Untergang, auch nach Osten hin, zum Festland von Europa.

„Egilund", hieß er, „E g i l u n d". Mit gedehnter Betonung wiederholte Karl-Heinrich den ungeläufigen Namen, den er im Innern vernahm und dessen Namensträger einst in grauer, unbestimmter Vorzeit hier oben auf dem Fels gestanden hat.

Den Fels hatten wir gestern, schon in aller Frühe, gefunden. Von Schlettstadt aus waren wir hoch in die westlichen Vogesen gefahren, waren oben auf dem Höhenrücken, dort, wo die mächtige Hochkönigsburg steht, außen an ihren hohen Mauern vorbeigegangen, vorbei an der Südseite mit der trutzigen Abschlussmauer und den Wehrtürmen am Eck.

Die Burg hinter uns lassend, waren wir auf einem Felsrücken hinaufgestiegen, hatten uns seitlich gewandt in ein kleines Wäldchen, waren vor einem aus dem Erdreich herausragenden Steinkoloss stehen geblieben.

Karl-Heinrich, uns beiden, Annelies und mir einige Schritte vorausgehend – Karl-Heinrich war es, der die Stätte hier oben erspürend an dem Steinkoloss stehen geblieben war. Wir waren ihm gefolgt, in den Schatten einiger halbwüchsiger Bäume am grau-mächtigen Stein. Um ihn, den starren und dennoch kündenden Fels, standen wir herum – in schweigender Erwartung.

„Egilund... er kam vom Südwesten her, von der Rhône her – er und seine Truppe...“ Karl-Heinrich schilderte, was der Stein, was das Feld seiner Speicherung ihm übertrug.

„Er stand hier oben auf dem Gipfel. Er schaute über das Tal, auf seine Flussauen, auf die Arme des mächtigen Stromes. Er, der große Anführer, schaute nach Osten, in die Weiten eines neuen, zu besiedelnden Landes.“

Mehr wurde nicht gesagt an diesem Morgen über jene Ankunft aus dem atlantischen Westen. Mehr kam nicht über jene Zeit vor aller Geschichtlichkeit. Aber es kam der Hinweis, noch ein Stück weiter zu gehen im Wald, auf dem Höhenzug und zu einem großen, kubusartigen Stein zu gelangen, inmitten einer Burgruine.

Dort, an dem fast kopfhohen, würfelkantigen Stein, dort, vor der Pallas-artigen Ruinenwand mit den hohen Fensterrahmen – dort an verwunschener Stätte wurde mir über Karl-Heinrich gesagt, morgen in der Frühe möge ich mich auf dem Stein drehen; mit erhobenen Armen möge ich mich immer schneller drehen. Aus der Drehung entstehe dann die Kraft, die Kraft des Lichtes, sie erleuchte meine Fackel in besonderem Maße.

Freilich – nur bis zu einem gewissen Punkt solle ich die körperliche Drehung vollziehen, dann solle ich verharren, dann solle ich bewegungslos stille stehen auf dem Stein und nun das Rad, das innere Rad laufen lassen.

„Lasse es drehen, um Dich herum“, so hieß es, „sei die ruhende Mitte des Rades, das sich um Dich dreht, das entstehen lässt eine Licht-Energie-Wolke.“

Warum diese merkwürdige Aufforderung an mich? Nie habe ich Derartiges als eine Anweisung, als einen Befehl gar aufgefasst. Wahr kann Dir nur sein, wahr kann Dir nur werden, was in Dir selbst Widerhall findet, was Dir selbst zur Wahrheit wird. Immer wieder ist solche Voraussetzung vom Geiste, der Karl-Heinrich führt, der uns Drei durch Zeiten und Räume führt, geradezu beschworen worden. Die Gefahr bei solcher Geistesbezogenheit, die Gefahr von bedenklicher Abhängigkeit muss unbedingt vermieden werden.

Ein tiefes Vertrauen in diese Führung, in solche Geistesentwicklung erfüllt mich schon, trägt mich auf ebenso begeisterndem wie mühevollen Wege. Nach über einem Lebensjahrzehnt solcher Erfahrung und Bewusstwerdung weiß ich bei aller gewachsenen Gewissheit, dass der Geistes-Weg nicht unproblematisch, nicht gefahrlos ist, dass bei Durchsagen aus anderen Sphären trotz gegebener Vertrauenswürdigkeit immer wieder Missdeutungen, Überbewertungen, also schlicht Irrtümer aufkommen können.

Beides, solche Durchsagen und der vom Geiste als unerlässlich bezeichnete Widerhall im eigenen Innern, habe ich deshalb stets als einen Klärungsprozess verstanden, als Aufforderung, als Ermutigung, Fragen zu stellen, sich im Prozess des Begreifens kleinere, größere Zusammenhänge zu erschließen, um die Durchsage tiefer oder höher, um sie umfassender zu verstehen.

Warum also diese Drehung, diese Inneres anstoßende Drehung auf dem Stein? An Ort und Stelle habe ich die ziemlich flache, ziemlich große Fläche auf dem Steinkoloss überprüft. Möglich ist es schon, ohne allzu große Mühe auf den Stein zu klettern. Die Besteigung also wäre kein Wagnis, die Drehung auf dem Stein schon eher.

Ganz und gar, entschieden bei mir selbst muss ich bleiben, in der Ruhe der inneren Achse muss ich sein, in der Gewissheit des gesicherten Sinnes, in tiefster, in höchster Überzeugung über die Notwendigkeit, die Not-Wende dessen.

Heute Vormittag, als meine prüfende Hand noch auf dem Stein ruhte, auf jener Mulde fast in der Mitte – auf der Mulde, die Sicherheit bei der Drehung verhieß; da war mir, während die Finger tasteten, erneut das „unzulängliche Reich" gegenwärtig, schlagartig eröffnete sich das oft überdachte Abendland, schlagwort-artig war es mir gegenwärtig von seinen Anfängen bis zur jüngsten, schauervoll umdüsterten Vergangenheit.

Das unzulängliche Reich – unzulänglich war es, weil das europäische Reich Karls des Großen alsbald zerbrach. Warum zerbrach es? Zerbrach es, weil es aus siegreicher, aber blutigster Gewalt entstand? Zerbrach es, weil Karl und seine Vorfahren Emporkömmlinge waren? Emporkömmlinge aus der Hausmeierschaft, die das Königsgeschlecht der Merowinger entmachtet und ausgelöscht hatten?

Die Kaiserweihe erhielt Karl vom Bischofs Roms, der in seinem Anspruch als Papst, in seinem Anspruch als Christusvertreter auf Erden die weltliche Macht des Franken brauchte. Stützte da nicht ein Emporkömmling den anderen? Wo war da die wirkliche Berufung von Gottes Gnaden?

Dann das Heilige Römische Reich deutscher Nation – das Reich der Ottonen, der Salier und der Staufer; unzulänglich trotz aller Größe, weil es sich nicht aus dem lähmenden Bann Roms und des Petri-Stuhles lösen konnte, etwa in der Behauptung der königlichen Unmittelbarkeit, der königlichen Einheit mit Christus.

Das Reich ging unter, weil es sich über drei Jahrhunderte im Kampf mit Papst und Klerus erschöpfte und weil sowohl die Reichsfürsten als auch Frankreich, die italienischen Stadtregionen den Machtkampf für eigene Interessen ausnutzten.

Nach der Reichsentrückung des Interregnums dann die Habsburger – durch Kurfürstenwahl und später vor allem durch Geld-Bestechung zum deutschen Königtum aufgestiegen und damit auch zum Kaisertum. Das Reich der Habsburger machte die kaiserlichen Machtverluste an die Kurfürsten und Städtebündnisse wett durch Hausmacht-Erweiterung in Europa und dann durch gewaltige Eroberungen jenseits des Ozeans.

Kaiser Karl V. schließlich, Universalherrscher in einem Reich, in dem die Sonne nicht unterging, durch die geld-entschiedene Kurfürstenwahl ungeheuerlich verschuldet, gab die eroberte Neue Welt, gab Mittel- und Südamerika der Ausbeutung preis.

Die Einheitlichkeit des Heiligen Römischen Reiches Deutscher Nation – weltgeschichtlich zerbrach sie endgültig an Martin Luther und der Reformation, am siegreichen Protest gegenüber päpstlicher Anmaßung, bewirkte aber den Zwiespalt der Konfessionen und seine Entfesselung im Dreißigjährigen Krieg. In wechselnden Machtverläufen wurde das Reich zum verheerenden Schlachtfeld, den Übergriffen des sonnen-königlichen Frankreichs immer mehr ausgesetzt.

In der Neuzeit dann die umwälzenden Erschütterungen Europas und der ganzen Welt: Die französische Revolution von 1789 – Freiheit, Gleichheit, Brüderlichkeit. Aber mit der Botschaft der Gleichberechtigung, der Botschaft für Jedermann bringen Frankreichs revolutionäre, dann napoleonische Heere Krieg in die europäischen Lande.

Das im Widerstand sich findende, das erwachende Deutschland entledigt sich, gemeinsam mit seinen europäischen Verbündeten des Imperators Napoleon, der sich in der Zielsetzung übernahm, der das Maß verlor.

Schließlich der weltgeschichtliche Aufstieg Preußens! In den Anfängen ein kleines Kurfürstentum auf karger sandiger Erde, dann ein Königtum, nur erlangt über die Randprovinz Ostpreußen, mit Zucht und Sitte, mit Wille und Heeressiegen führende Kraft Deutschlands im wilhelminischen Kaisertum. Als mächtig gewordene Mitte Europas im Kampf um Behauptung und Herrschaft, nach Kriegsjahren der Siege, dennoch der Übermacht der kriegs-entscheidenden USA erlegen. Der deutsche Goliath des Ersten Weltkrieges, geknebelt, gefesselt, entrechtet im Versailler Diktat der Sieger.

Aus Verzweiflung und Not, in Empörung und trutziger Beharrung, in der Unbegreiflichkeit der Schmach ist die deutsche Bewegung, der Nationalsozialismus, die Partei, die keine Parteien neben sich duldete, zur Macht des Dritten Reiches aufgestiegen unter den rot wehenden Fahnen des Hakenkreuzes.

Der Regionalkonflikt des Dritten Reiches mit Polen, eine Folge des Versailler Diktates mit der Unterdrückung hunderttausender Deutscher unter polnischer Herrschaft, der Regionalkonflikt, unlösbar trotz deutscher Verhandlungsbereitschaft durch die Beistandserklärung Londons für Warschau, der Regionalkonflikt, der zum Krieg führte, er wurde zum Weltkrieg nach der Kriegserklärung Großbritanniens und Frankreich. Er wurde zur schrecklichsten Weltkatastrophe, weil Churchills Großbritannien mit dem Hintergrund der USA jegliches Friedensangebot des Deutschen Reiches ignorierte.

Zum Weltkrieg gezwungen geschahen die erobernden Ausgriffe eines Reiches, das in den Weiten Europas und Afrikas immer mehr Stoßkraft und Reserven verlor. Adolf Hitler, der Österreicher, im Trauma eines allseits bedrängten Deutschtums im Vielvölkerstaat der Donaumonarchie, Adolf Hitler, im Trauma einer Weltlösung, einer Welterlösung durch deutsch-arische Dominanz; wurde volks-getragen schließlich doch wie Napoleon ein Imperator, der in der Entfesselung des Krieges Maß und Maßstäbe verlor.

Im Geiste bin ich die Zeiten durchgegangen – auf meinem Bett liegend, in dem kleinen, verwinkelten Zimmer des elsässischen Hotels. Mit schweren Sinnen habe ich mich gestellt – den Epochen abendländischer Verhängnisse. Gibt es Auswege, Rettung daraus?

Sind wir wirklich so weit in der Weltentwicklung? Sind wir wirklich in einer Zeitenwende, in der sich der unselige Geschichtsprozess des Abendlandes endlich wendet zum Sonnenheil, endlich wendet zum Zeitalter der Sonne? Ist solche Zuversicht, ist solcher Glauben werdende Wirklichkeit oder ist es Illusion, ein schwärmerisches Ideal naiver Einfalt?

Nur widerstrebend ließ er es los – das Rad des Schicksals: er, der alte Gott der nahöstlichen Breiten. Er, der ELOHIM, der Gott der Götter, ER ließ das dunkle Rad nur zögernd los, im Wissen um kommendes Schicksal. Er ließ es los im Wissen um seine Unvermeidbarkeit.

Das dunkle Rad – es soll sich wandeln zum Goldenen. Das Rad, das Sonnenrad, es soll sich drehen! Hat nicht das Hakenkreuz in seiner verletzenden Kantigkeit ungeheuerlichste Wirbel ausgelöst? Es umzudrehen, es nicht kantig sondern im Kreis kreisen zu lassen mit entsprechenden, umgekehrten Schweif-Enden – ist das nicht dringendster Ausgleich nach der Weltkatastrophe?

Soll das, muss das, wird das Lösung, ja Erlösung bringen aus abendländischer, aus zeitgeschichtlicher Verirrung und Not? Wird es Rettung, wird es sichereren Frieden bringen in der akuten Weltgefahr des nuklearen Krieges?

Warum die Aufforderung des Geistes an mich allein? Nun, zu dritt können wir uns wahrlich nicht auf dem Stein drehen? Aber Scherz beiseite: Bin ich denn wirklich allein? Bin ich wirklich der einzige

Angesprochene? Weit über 300 Kreise, über ganz Europa verteilt, soll es geben, die in schöpferisch wirkender Beziehung mit dem lebendigen, sich offenbarenden Geiste stehen. Vielleicht gibt es andere auch in dieser Zeit mit ähnlicher Aufforderung. Der Gedanke tut wohl, sich in geheimer, verborgener Gemeinschaft zu wissen.

Aber was kann eine bloße Drehung, eine Drehung auf einem Stein überhaupt bewirken? Die Drehung freilich des Körpers soll nur kurz sein; sie soll Anstoß, soll Zündung sein für das innere Rad, das ich kreisen lassen soll. Drehendes Ereignis soll es werden in einer Sphäre des Inneren. Anfang soll es werden in einer Sphäre des Inneren. Anfang soll es sein im schöpferisch-bildenden Geiste, Anfang im Innern für spätere, für langfristige Verwirklichung.

Aber warum gerade hier im Elsass, an der Stätte mit dem großen Stein? Das Elsass ist uraltes Fluss- und Siedlungsland des Rheines. Der Strom ist die große Ader des Reiches. Aus Alpenhöhen fließt der sagen-, der reichs-umwobene Fluss nach Norden. Im Bette des Tales strömt er meerwärts dahin, zwischen all den Burgen auf den säumend ragenden Bergen und Höhenzügen.

Die Hochkönigsburg – als mächtige Festung, als architektonische Krönung erhebt sie sich 757 Meter hoch auf einem Höhenrücken, einem Ausläufer der Vogesen. Unübersehbar vom Rheintal aus erstreckt sich das riesige, weitläufige Bauwerk über eine Länge von 270 Metern. Auf unterschiedlichen, fels- und kuppenbedingten Höhenebenen errichtet, ist es turm- und gebäudemächtig gegliedert.

Wiedererstanden aus alt-verwitterten Ruinen war es in neo-romantischer Bauweise um die Jahrhundertwende Deutschlands kostümprächtiger Kaiser Wilhelm II., dem es zu verdanken war. Er hatte das Bauwerk als unübersehbares Monument seiner Reichsherrlichkeit errichten lassen.

Das uralte Reichsland Elsass-Lothringen – nach dem Dreißigjährigen Krieg an Frankreich gefallen, war es 1871 nach dem Sieg über Frankreich ins neue, ins zweite deutsche Kaiserreich zurückgekehrt, im Machtwechsel der beiden Weltkriege schließlich wieder zu Frankreich gekommen.

Beherrschend als Bollwerk aufgetürmt, Frankreichs und Deutschlands Weiten überragend ist die Burg heute eine einzigartige Touristenattraktion geworden. So geschieht es zu saisonalen Stoßzeiten, dass Autos und Busse vom Rheintal aus in langen Schlangen hinauffahren müssen, dass sich Massen von Schaulustigen durchs hohe Eingangstor schieben, allseits bedrängt und selber drängend, sich zwischen hohen Mauern weiter bewegen, in Innenhöfen mit heimeligen Türmchen und steinernen, filigran geschmückten Wendeltreppen. Aus der Enge der Durchgänge kommen sie schließlich in die Weite und Höhe der Säle, die in üppiger Altertümlichkeit gestaltet und eingerichtet sind.

Im Verborgenen, im Abseits der Schaulustigen jedoch ist die zweite Burg geblieben – auf eben demselben, ins Rheintal vor gelagerten Höhenrücken. Nur noch dicke Mauern stehen da mit den himmelsoffenen, dickwandigen Durchbrüchen der Rund- und Spitzbogenfenster. Ein riesiges Loch klafft in der Ruine, oben gerade noch überspannt von dem schmalen, brüchig anmutenden Mauerwerk. Schlankwüchsige Bäume stehen dazwischen – auf der seit Jahrhunderten dachlosen Burgruine.

In den historischen Quellen des 12. Jahrhunderts ist denn auch von zwei „Türmen", wie es damals hieß, die Rede. Gemeint sind damit die beiden Burgen des Höhenrückens, die östliche Hauptburg, die im 15. Jahrhundert den Namen Hochkönigsburg erhält und 200 Meter westlich davon die längst zur Ruine gewordene Oedenburg mit dem auffallenden, großen würfelartigen Stein.

Der *Stophanberch*, der Staufenberg, war bereits vor der Thronbesteigung der Staufer im Besitz des Herrschergeschlechtes. Der Salierkaiser Heinrich IV., mitten in der heftigsten Behauptung gegenüber dem Papst, ernannte 1079 den Staufer, Friedrich den Einäugigen, zum Herzog von Schwaben und Elsass. Heinrich IV. wollte mit der Machterweiterung des Staufers das einflussreichste Adelsgeschlecht des Elsass, dasjenige von Egisheim-Dagsburg schwächen.

Das alteingesessene Geschlecht nämlich stand auf Seiten der Päpste, war doch vorher einer von ihnen, Leo IX., eben diesem Geschlecht entsprossen. Mit dem Untergang des staufischen Kaisergeschlechtes wechselten die Besitzer. Während die westliche, die romanische Burg bereits Anfang des 15. Jahrhunderts Oedenburg hieß, also bereits damals unbewohnt, zur Ruine verfallen war, wurde die Hauptburg über ihre romanischen Anfänge hinaus zur riesigen Burganlage ausgebaut. Unter Kaiser Maximilian gehörte sie zum „Hausgut" der Habsburger.

Im Frühjahr 1633, mitten im Dreißigjährigen Krieg, wurde die Burg von schwedischen Truppen belagert und nach drei Wochen in hoffnungsloser Lage von den Verteidigern aufgegeben. Zwar war die Burg während der Umzingelung durch Beschuss kaum beschädigt worden, einen Monat später jedoch wurde sie von den abziehenden Schweden in Brand gesteckt.

In den Wirren der Zeit verfiel die Burg, gelangte mit dem Westfälischen Frieden von 1648 an die französische Krone, 1871 ans Reich zurück, wurde sie 1899 von Schlettstadt an Kaiser Wilhelm II. verschenkt. Die gigantisch wiedererrichtete Burg wurde am 13. Mai 1908 eingeweiht. Schirmherr Kaiser Wilhelm II. war in weißer Kurassieruniform erschienen. Aber, welch ein Pech: Es schien nicht die Sonne an diesem Tag. Es regnete, wie die Chronisten schreiben, in Strömen.

Wie ergeht es mir mit den beiden Burgen, hoch über dem Rheintal? Nicht die wilhelminische Machtentfaltung von einst, nicht die Touristenattraktion von heute, nicht die riesig-weitläufige, verspielt-verwinkelte Hochkönigsburg zieht mich in ihren Bann. Nein, der nahezu mannshohe Stein vor der Ruine der Oedenburg ist es, der Stein mit der glatten Fläche oben ist es, der grau-dunkle Stein, der alle meine Sinne, der mir Seele und Geist bindet in unentwegter, überlegender Aufmerksamkeit.

All die Fragen, die immer wieder aufsteigenden Fragen, die wollte, die sollte ich doch im Vertrauen los lassen. So lasse ich sie denn los, wirklich los in den wachen Stunden vor Morgengrauen, in der noch verbleibenden Zeit bis zur Handlung, bis 7 Uhr, bis zur geheimen Tat auf dem großen Stein.

So unmittelbar davor, so wenige Stunden vor dem Einsatz muss alles Ergründen ein Ende haben. Die Geistestat selber muss fraglos sein, ungestört, ungeschwächt von Zweifeln und beunruhigenden Einwänden. Die Tat – die Drehung auf dem Stein – muss die Gewissheit, die Sicherheit der in sich ruhenden Mitte haben, soll sie zur Drehung werden – und damit zur Wende.

Ein feines Leuchten

Montag, den 1. Oktober 1979

Aus den Nebeln des Rheintales bin ich gekommen, über den Nebeln gehe ich zurück. Es ist geschehen. Alle Hochspannung ist gewichen, die nachwirkende Anspannung auch. Die Entspannung dann so umfassend zu spüren – ist überaus angenehm. Ich bin froh und dankbar dafür, dass ich in der Schulung vieler Jahre zu solchem Ausgleich fähig bin.

Die Bäume, zwischen Himmel und Erde stehend, mit Wurzeln, Zweigen und Nadeln – in Allverbindung nach oben und unten – die Bäume helfen dabei. Eben habe ich einen von ihnen, einen Mächtig-Stämmigen, eine Weile umarmt. Und nun bin ich weitergegangen unter ihrem Dach und Schirm.

Vorbei ist die Nacht; eine Nacht, in der ich in meinem winklig-kleinen Hotelzimmer kaum geschlafen habe. Vorbei die schwierige Autofahrt in Dunkelheit und Nebel hinauf zum leeren Parkplatz, oben an der Hochkönigsburg. Wie seltsam, wie unwirklich der Anblick von hier oben; das gräulich schwebende Nebelmeer unter mir, im Halbdunkel, im Übergang von Tag und Nacht das weite Rheintal bedeckend. Augenblicke hatte ich noch geschaut, dann war ich unterhalb der Burgmauern, auf dem Fußweg weiter gegangen, seitlich in den Wald – hin zur baumgekrönten Ruine der Oedenburg, hin zu dem großen Stein.

Auf ihn, oben auf seine Ebene, gelangte ich leichter als gedacht. Auf ihr, der steinernen Fläche, fand ich die Delle, den sichernden Haltepunkt für den Fuß; und in ihr kreiste er, kreiste ich drehsicher einige Male. Dann verhielt ich. Leicht schwankend im Gegendruck – im Inneren aber, im Unbegrenzten ließ ich der Drehung Schwung weiter und weiter gehen. Unbeweglich, stille atmend stand ich so einige Minuten auf dem klotzig-mächtigen Stein.

Was ist geschehen? Ist es geschehen? Die Licht-Energie-Wolke – ist sie im Wirbel der Drehung entstanden? Eben jenes Energiefeld, von dem so betont gesprochen worden war über Karl-Heinrich als dem Übermittler?

Eine tiefe Ruhe fühle ich, ein Wohlsein, sozusagen wie nach getaner Arbeit. Vielleicht waren da Momente, flüchtiger als Sekunden, Momente von Energie, Momente des jäh aufleuchtenden Glanzes!

Verlassen habe ich das kleine Wäldchen, in dem der Stein vor der Ruine steht. Schon erhebt sich links von mir die Mauer der Hochkönigsburg, die hohe Umfassungsmauer, an der vorbei der Fußweg verläuft – zum Parkplatz hin auf über 250 Metern.

Stein um Stein gefügt – die Starr-Schwere, die Starr-Mächtige. Mein Auge ruht mit aller Aufmerksamkeit auf der meterhoch aufsteigenden und dachbekrönten Mauer.

Stehen geblieben bin ich vor ihr, bin nicht ausgewichen, ausgeschweift nach rechts – mit dem Blick, mit dem Sinn, bin nicht hinweg geflogen mit dem Geist in die Ferne, über das Rheintal hinweg , über sein Nebelmeer hinweg zu Traumgebilden.

An diesem Morgen stelle ich mich ganz bewusst der mörtelverfestigten Mauer. Die Erwartung soll mich nicht trügen, die Ungeduld nicht und der Drang nach einer Bestätigung.

Nichts nehme ich wahr an mir, in mir; empfange nichts an Auswirkung vom großen Stein, den ich vor Minuten verlassen habe. Ich bejahe es, ich nehme sie an – die herb-ernüchternde Wirklichkeit dessen.

Am Nachmittag

Gegen Vormittag hatte sich der himmel-verhüllende Nebel über uns gelichtet. Strahlen der Sonne brachen durch, als wir nach ausgiebigem Frühstück durch Schlettstadt bummelten. Über dem südlicheren Kolmar dann, der nächsten Station unseres touristisch gestalteten Tages, war der Himmel schon völlig wolkenfrei.

Da irgendwann in der Ablenkung der baulichen und künstlerischen Sehenswürdigkeiten, irgendwann, vielleicht auch im Einfluss des unvergleichlichen Isenheimer Altars, vor den hölzernen Klapptafeln mit der farben-glühenden Christus-Botschaft, irgendwann jedenfalls und dann, beinahe beiläufig, war die Bestätigung da. Der mächtige, graudunkle Stein war mir wieder gegenwärtig; als Wahrnehmung einer inneren Wirklichkeit stand er deutlich und klar im Sinn mir und über ihm, dem Lastend-Gewichtigen schwebte ein Lichtfeld; und das Lichtfeld hatte ein feines, ein unentwegtes Leuchten.

Am Abend

Eine weitere Bestätigung gab es dann noch am Abend über Karl-Heinrich. Morgen, morgen in aller Frühe sollen wir Drei uns noch einmal zum großen Stein an der Oedenburg begeben. Morgen am letzten Tag unserer Elsassreise, unseres Aufenthaltes im alten Reichsländle, soll es geschehen – inmitten der uralten Reichslande, inmitten des Reiches, das zerbrach, das Geheimnis wurde, Mysterium ist im waltenden Geschick.

Dienstag, den 2. Oktober 1979

Das Eichhörnchen, das rotbraune mit dem buschigen Schwanz – das Eichhörnchen haben wir mächtig erschreckt; mit wiehernd, schnarrenden Geräuschen ist es entfleucht in benachbarte Bäume.

Kurz vor 6 Uhr ist es. In aller Frühe, noch vor dem Sonnenaufgang sind wir hier oben an der Ruine der Oedenburg, sind wir erneut am großen Stein. Mit unseren Händen haben wir ihn berührt, haben schweigend eine Weile verharrt, sind dann auf den benachbarten Hügel gegangen. Von höherer Ebene aus können wir die obere Fläche des großen Steines erblicken. Sie ist im Dämmerlicht des Morgens.

Karl-Heinrich weist mit dem Arm auf den Stein. *„Ein Raum... zeichnet sich ab“*, sagt er, *„vom großen Meer her, vom Atlantik nach Osten hin, ein Großraum bis Griechenland, den ganzen Raum von Vorderasien bis hin zum Ural. Aus diesen weiten Räumen, aus den Dunkelheiten der Vergangenheit, aus den Zeiten der Vorgeschichte, aus Zeiten glänzend überlieferter Epochen treten Völkerschaften hervor...*

Ruft sie, ruft sie um des Reiches willen... um des Reiches willen ergehe Euer Ruf...“

Die Stimme von Karl-Heinrich – auf einmal ist sie verändert.

„Er ist da...“, sagt nun Karl-Heinrich, nachdem er sich gefasst hat von einem fassungslosen Erstaunen... *„Er ist da, Here Mimir, hier im Reichsländle des Elsass. Here Mimir – ich grüße Dich...“*

„Here Mimir“, wiederholen Annelies und ich, „wir grüßen Dich.“

Here Mimir, die wirkmächtige Wesenheit der Tiefe, der Wurzelkräfte, der Urweise vom Brunnen des Urd – er ist gegenwärtig und er spricht:

„Ruft sie alle, damit sie aufstehen in unzählbaren Scharen...

Rufet die Stauken, die Friesen, die Sachsen, die Cherusker, die Bötjer, die Ubier, die Gamber, rufet die Gallier! Rufet sie!“

Eine tiefe, starke Stimme ist es, die sich über Karl-Heinrich mitteilt und Annelies und ich, wir erwidern:

„Euch alle, Euch alle! Wir rufen Euch!“

„Rufet sie alle, die Großen der Länder... Friedrich von Hohenstaufen, Napoleon Bonaparte... aber auch Julius Cäsar... rufet sie alle, die Genannten wie die Ungenannten.

Rufet sie alle, die der Reichsgedanke einst beflügelt hat, Alle wollten sie ein Reich, wenn auch in ihrem Sinne. Aber jetzt, da Giftschwaden über die Erde wallen, die einst heilig war... jetzt wollen sie alle ein Reich, das nur dem ALLEINEN gehört...

Euer Ruf ergehe an sie alle, die das Reich beflügelte...“

Zu dritt raunen wir dreimal die Worte.

Danach schweigt Karl-Heinrich, allerdings nur für kurze Zeit. Here Mimir drängt Karl-Heinrich offensichtlich zu weiterer Übermittlung und Aussage.

„Immer wieder ist der Ruf des Menschen nötig, der Ruf aus Menschenmund, nachdem das offene Menschenohr den Ruf der anderen Wirklichkeit vernimmt...

Ich, Here Mimir, bin der Mittler, der Mittler zwischen Unter- und Oberwelt. Die Körperlosen, sie sehen es, dass ich mit Euch bin mit den Stimmbändern Eurer Kehle, mit Euch bin mit der schwingenden Zunge...

Um der Notwende willen ist er nötig, der Ruf aus Menschenmund! Vergesst es nie! Erinnert Euch! Jenseits des Ozeans, in der anderen Wirklichkeit über dem See, über den Bergen – da versammelten sie sich alle in weiten Runden und Schichten. Es versammelten sich die, die aufschauten nach Oben, die sich ganz und gar öffneten dem ALLEINEN.

Alle die, die in den Gräbern ruhten... sie hatten ihre Seelen hingeschickt zum ALLEINEN, wurden geläutert in ihm, sind Spiegel geworden des ALLEINEN.

Nun, da das Tor aufgestoßen ist zum neuen Reich... da recken sie die Köpfe, da stehen sie auf, da sammeln sie sich neu... in einer riesigen Runde sind sie auferstanden, in weiter Runde sind sie angetreten, scharen sie sich um die Mitte...

...und in ihrer Mitte, da wächst auf einmal ein Baum. Sie sehen ihn, wir sehen ihn wachsen, größer und größer werden. Ein weißer Stamm ist es, ein ganz weißer Stamm, der hoch wächst, höher und höher...mit immer mächtiger werdender Krone und unendlich vielen Blättern. Es ist ein Baum, ähnlich der Birke und doch unvergleichlich mit jeglichem Baum.

Alle in der Riesenrunde sehen ihn, und alle wissen, dies ist das Zeichen, dass der ALLEINE mit ihnen ist. Und mit ihm ist die ur-alte, die ur-neue Ordnung, in der die Tiere, in der die Pflanzen auch ihren Reichsstand haben.

Dies ist es, was die Weltenstunde gebot... und ich, Mimir, war Euch Mittler zwischen den Welten.

Einen Blick aber dürft Ihr noch werfen nach Südwesten; römische Heerscharen sind da, in Blöcken zu 500, die jubeln einem zu, einem Mann, der vor ihnen her geht. Sie jubeln und schlagen mit den Kurzschwertern an die Schilde. Er grüßt sie alle, er lächelt, aber er weist von sich weg, er weist auf den wachsenden Birkenbaum...

Und Männer sammeln sich... in weißen Gewändern mit dem roten Kreuz... in braunen und schwarzen Kutten... Templer sind es vom Kontinente übergreifenden Orden, den einst der französische König vernichtete ...auch die Templer sammeln sich für das Reich des ALL-EINEN.

Überwältigende Bilder sind das, und doch noch zum Abschluss ein weiteres... Afrikas Schwarze, Frauen und Männer... sie tanzen vor Freude, da der Kontinent im Norden endlich im Lichte erwacht."

An der Säule des Bonifatius

Sonnabend, den 3. November 1979

Die Säule ist rund, aus Felsgestein gemeißelt. Sie ruht auf einem Sockel, der im wulstigen Quadrat die ungeheure, von oben kommende Schwere trägt, denn das Gewölbe des Raumes senkt sich über der Säule vierkantig und schmäler werdend hernieder, aufgefangen in seiner Wucht, im Schub des Mauerwerkes auf dem breiteren Kapitel, ehe die Wucht nach unten geht in der Säule auf den rötlich geplatteten Boden.

Mit unseren Armen haben wir die Säule umschlossen, Annelies und ich. Jeder von uns beiden steht vor dem Kapitel mit den Voluten rechts und links, den schneckenartigen Spiralen, die viermal das Viereck betonen. Ich stehe genau in der Fluchtlinie zum schlichten, aus Felsquadern gefügten Altar im Osten mit dem ebenso wuchtigen Fenster des Rundbogens darüber.

„Bonifatius", so sprechen wir, „wir danken Dir!

Bonifatius, aus Unheil werde Heil in der aufgehenden Sonne!"

Unten in der Krypta der Fuldaer Michaelskirche stehen wir unter dem dickwandig stützenden Tonnengewölbe. Wir stehen an der tragenden Säule in der Raummitte, die nach allgemeinem Zeugnis noch original aus der allerersten Kirche stammt, die Bonifatius in den Buchenwäldern von Nordhessen errichtete. Bonifatius höchstpersönlich mag einst an ihr gestanden haben.

Deutschland, Europa, das Abendland in seiner Macht und Pracht, aber auch in seinem Verhängnis ist eine Folge der Missionstat des katholischen Heiligen. Was Petrus als Begründer ist für die Rom-Kirche, Macht-prächtige Architektur geworden im Petersdom, das sollte die im 8./9. Jahrhundert erstmals über der Grabstätte des Missionars errichtete Kirche für den ganzen Nordraum Europas sein. Die Bedeutung dessen, in der damaligen Wende vom Heidentum zum Christentum, sollte sich in der abendländischen Geschichte erfüllen, allerdings in einem ungeheuer zwiespältigen Prozess mit dem End- und Wendegeschehen der beiden Weltkriege.

In der Wende der Stunde Null, in der Stunde des schlimmsten Zusammenbruchs, in der Stunde der tiefsten Entwürdigung Deutschlands griff Bonifatius erneut ein; diesmal nicht wie damals leibhaftig in menschlicher Gestalt mit der Gründung von Ordensgemeinschaften, von Bistümern und Kirchen in der Wildnis nördlicher Räume, diesmal offenbarte er sich als Geist in der Verborgenheit einer Familie.

Es geschah in den ersten Nachkriegsjahren über das umständlich langwierige Hilfsmittel der Planchette. Der Geist vom Edersee, der Satz für Satz durchgab im Kreis der drei Frauen, dieser Geist, dieses Geistwesen gab sich als Bonifatius zu erkennen. Der Missionar der Deutschen – er sprach von sich und seiner Tat als Schuld und Unschuld zugleich, und da er mit solch paradoxem Widerspruch auf Unverständnis stieß, wiederholte das Geistwesen Bonifatius seine Aussage: „Unschuldig wurde ich schuldig. Schuld und Unschuld zugleich.“

Die Enthüllung seiner Identität wagte der Geist vom Edersee erst, nachdem er die zutiefst Erschütterten aufgerichtet hatte, in dunkelsten Stunden aufgerichtet hatte mit der Verheißung einer licht-mächtigen Wende. Aber bei den großen Worten hatte er es nicht belassen. Mit dem Gut Asel, an den Ufern des Edersees gelegen, hatte er der Familie und den Fliehenden der Nachkriegszeit Heimat und Brot gegeben. Dennoch, trotz des meist mitternächtig zur Geisterstunde gewachsenen Vertrauens, war die Überraschung gewaltig, sie war schockartig im Kreis jener Familie, der nichts ferner war als die Romkirche und ihr „Heiliger“.

Die Überraschung mit ihrem Aufruhr, mit ihrem entsetzten Erstaunen – erst allmählich verging sie bei erläuternder Erklärung, wenn auch immer Zweifler blieben im familiären Umfeld und beharrlich Widerständige.

Auch Annelies und ich, jeder für sich, wurden schon zu Bonifatius geführt, bevor ein jeder von uns beiden zum Kreis um Michael fand. Es waren Geschehnisse, die sich erst im Nachhinein als Fügung erwiesen.

Annelies, die im Jahre 1956 zum Kreis stieß, widerfuhr eine ihr immer noch leicht peinliche, aber auch erheiternde Vorbereitung. Eine Fachtagung stand an in Fulda; für Annelies, der Archivleiterin im Bad Godesberger Institut, eigentlich eine Pflichtübung. Annelies, auch privat oft unterwegs auf spirituellen Erkundungsfahrten, hatte gerade eine lustlose, ruhebedürftige Phase, insbesondere, was die leidige, sich periodisch wiederholende Berufsfortbildung anging.

Zwar hatte ihr die Einladung vorgelegen, sie hatte sie aber einfach weggeworfen. Tags darauf tauchte die Einladung allerdings erneut auf, mit der Hauspost kam sie vom höchsten Chef und dem handschriftlichen Vermerk: „Frau Petsch, bitte fahren Sie nach Fulda.“

In Fulda angekommen, nahm Annelies lediglich das Unerlässliche an Vorträgen wahr, ansonsten war sie seltsam umtriebig, unentwegt in der Bischofsstadt unterwegs. Wie gebannt stand sie im Diözesan-Museum vor der Bibel, vor jener Bibel mit den markanten Einschnitten, vom Schwerte stammend, als Bonifatius in Friesland (bei Dokkum) nach katholischer Darstellung von Heiden ermordet wurde, als er das Haupt mit der Bibel vor dem fallenden Schwert schützen wollte. In rätselhafter Ergriffenheit – Annelies ist ja von Geburt her evangelisch – ging sie danach in die Michaelskirche.

Das karolingisch-romanische Bauwerk liegt rechts, etwas erhöht zwar aber doch unscheinbar neben dem prächtig-hohen und prächtig ausladenden Barock-Dom. In jener schlicht weihevollen Kirche fühlte sie sich unsagbar angerührt.

Am letzten Abend schließlich, als sie trunken war – nicht nur von all den Eindrücken, von all den Erlebnissen – da schwankte sie mühsam auf der Fläche des roten Läufers entlang, unten in der Gaststube. Selbstständig, auf den eigenen Füßen, hatte sie gerade noch ihr Zimmer erreicht, war dort todmüde ins Bett gefallen. Unerhörtes war geschehen. Annelies, sonst abhold jeglichen Alkoholgenusses, hatte den Blaubeerwein wie einen Saft eingeschätzt und den mundenden, den allmählich berauschenden ausgiebig getrunken.

Lachend, noch immer mit einem Anflug von Peinlichkeit, erinnerte sich Annelies nur noch, dass sie die ganze Nacht über wie durchwallt war vom Rausch der Heidelbeere und dass sie dabei getragen war von wundersamen Zuständen einer himmlischen Glückseligkeit. All das endete irgendwann am Morgen, aber im Erwachen hörte sie überdeutlich und unvergesslich für sie die Worte „...und eines Tages wirst Du wissen warum."

Der auf so seltsame Weise angekündigte Tag kam bald, noch in jenem Jahr 1956, denn als sie dem hellwachen und geselligen Hans-Dieter Klingelheller, einem frühen Geistes-Pionier des Kreises, gegenüber saß, als der wortgewandt den im Gespräch aufgekommenen Tatbestand Bonifatius erklären wollte, da winkte Annelies nur ab. Denn erneut hörte sie, unüberhörbar in ihrem Inneren, die Worte: „…und eines Tages wirst Du wissen warum."

Wie aber wurde ich vorbereitet auf Bonifatius? Die photographische Leidenschaft war es bei mir, die mich das erste Mal – und merkwürdigerweise war es ebenfalls das Jahr 1956 – nach Fulda führte. Mama und ich waren im Frühjahr des Jahres auf der Rückfahrt von Karl-Marx-Stadt, auf der Heimkehr von der Konfirmation meiner Cousine Brigitte.

Die bittere Liebesenttäuschung mit ihr war zurückgewichen, mich beflügelte eine Freude. In der DDR hatte ich die Kleinbildkamera „Werra" erstehen können. Die galt es in Fulda am Barockdom in ihrer Qualität auszuprobieren. Eine reichliche halbe Stunde Aufenthalt hatten wir am Fuldaer Bahnhof. Mit Hilfe eines Stadtplans hatte ich alles bedacht und geplant. Im Dauerlauf schaffte ich es; ich eilte zum Dom, von der Anhöhe des Vorplatzes konnte ich das riesige Bauwerk überblicken und in den Sicht-Rahmen meiner Kamera bringen. Die Kirche rechts daneben aber, die alte, ehrwürdige Michaelskirche, die sah ich damals nicht.

In der Erinnerung daran muss ich lächeln. Ein wenig zur Seite trete ich, sehe Annelies vor mir, unsere Hände, die die Säule umschlossen, lösen sich. Wir schauen uns an, wir lächeln beide, in der Seele tief bewegt. Wir beide sind beinahe wie ein Architekt mit dem geliebten Bauwerk vertraut von Besuchen danach, im Laufe der Jahre, jeder für sich. Nun aber, an diesem Novembertag, sind wir gemeinsam in der Kirche, sind wir unten in der Krypta, unten an der ionischen Säule zu gemeinsamer Besinnung und Feier.

Die Säule, die in der Mitte steht, die das mächtige Tonnengewölbe in der Mitte auffängt und trägt, die Säule steht genau unter dem Altar in der Rotunde darüber, der Altar genau wie die Säule in der Mitte, oben aber von acht Säulen im Rundbogenkreis umgeben.

Gemeinsam sind wir heute in die Michaelskirche gegangen, in den Vorraum des Turmes, der rechts durch den Rundbogen den Blick freigibt auf das Langhaus mit der im Hintergrund rötlich schimmernden Säulen-Rotunde.

Erneut, als wir vorhin in den Vorraum des Westturmes getreten sind, war ich wie damals angerührt von der Kreuzigungsgruppe dort an der Wand, mit dem Christus, der nicht am Kreuz hängt, sondern am Lebensbaum, an der Lebensrune Y. Der Christus am Lebensbaum, er geht auf eine ur-nordische Überlieferung zurück.

Annelies hat erneut die Plastik der Heiligen Lioba angesprochen, der Verwandten von Bonifatius und unermüdlichen Glaubensgefährtin. Am Ende seines Lebens war sie Bonifatius so nahe und lieb, dass er bat, ihre Gebeine mögen zu ihm gelegt werden in das Grab.

Im Langhaus der Kirche dann entlanggehend, hat uns damals wie an dem heutigen Tag die Annäherung an die Anastasis-Rotunde ergriffen, die Annäherung an den Zentralbau der Kirche, der Rotunde der Auferstehung.

Hinter dem zweiten Rundbogen nämlich, dem Tor-offenen Abschluss des Langhauses, stehen zwei Säulen mit kantig-einfachen Kapitellen. Über einen Rundbogen verbunden und näher kommend sind dahinter zwei weitere, ähnlich schlichte Säulen zu sehen, vier von den acht, die alle in den Anblick des sich Nähernden kommen, wenn die dreistufige Treppe davor betreten wird, wenn der Überblick sich eröffnet – über das Ganze, den Altar in der Mitte mit dem Christus-Monogramm im Gestein.

Rechts und links aber, beim Rundgang zeigt es sich deutlich, stehen je ein Säulenpaar im reichen Schmuck korinthischer Kapitelle. Antike Fülle und nordische Schlichtheit – sie vermählen sich im Kreis der Säulen.

Ein rötliches, feines Schimmern ist im Raum, wie erste, sich noch kündende Morgenstimmung. Auferstehung des Lichtes, Auferstehung Jesu Christi – nach dem Martyrium am Kreuz, nach der Grablegung, nach den Ereignissen in tiefer Dunkelheit.

Der Grabeskirche in Jerusalem nachgebildet ist der Zentralbau. Die Säulen-Rotunde mit der Krypta darunter wurde im Jahr 822 geweiht, drei Jahre nachdem die benachbarte riesige Ratger-Basilika vollendet worden war, erstmals im nördlichen Europa mit einem Doppelchor, einen im Osten für Christus, dem Salvator, und einen im Westen für den 754 ermordeten Bonifatius.

Im ausgehöhlten Baumstamm und damit dem Brauch der Zeit gemäß war der Leichnam nach seinem letzten Willen von Friesland nach Fulda überführt worden. Seine Aufbahrung, alsbald zur Wallfahrtsstätte geworden, wurde im Laufe der Jahrhunderte immer aufwendiger, immer pompöser.

Im Pathos des Barock ist die Grablegung in der Bonifatius-Gruft schließlich gestaltet worden, mit der in Stein gemeißelten Verheißung, dass der Verstorbene den Sargdeckel kraftvoll hebt. Der ganze Dom, im 18. Jahrhundert auf der Bausubstanz der alten Basilika neu-erstanden, ist in der Schwingung großer, weiträumiger Baulichkeit, mit Kuppel-Rundungen, mit Raum gebenden, mit Raum eröffnenden Rundbögen.

Prachtvoll umhüllt ist das altromanische Bauwerk mit weißem Stuck, mit Relief und Vollplastik; prachtvoll umhüllt im festlichen Schmuck farbig-theatralischer Gemälde und goldglänzendem Schnitzwerk.

Prachtvoll verhüllt ist auch der Schädel, die Reliquie des Heiligen, verhüllt in vergoldeten, in Edelstein besetzten Stoffen und Metallen. Überall ist sie gegenwärtig – die aufglänzende Glorie, das kirchliche Heilswerk des nordischen Missionars.

Das Heilswerk aber – hatte es sich damals erfüllt? Der unsäglich mühevolle, von Heftigkeit und Unbedingtheit, aber auch von Zweifeln und Zerrissenheit beschattete Lebenseinsatz des Bonifatius?

Selbst in der großen Würdigung der Kirche, in der dickbändigen Festschrift zum zwölfhundertsten Todesjahr des Missionars im Jahre 1954, wird der unentwegt Zweifelnde erkennbar, der unentwegt Ringende um den rechten Gottesglauben, um dessen rechte Umsetzung im

Alltag des Lebens, im Alltag der Geistlichen und Mönche, im Alltag des laienhaften Adels und Volkes.

Die Festschrift würdigt selbstredend die unübersehbaren Zweifel des Heiligen, weil er sie, wie es scheint, wie Versuchungen immer wieder im wahren Gottesglauben der Kirche überwand. Doch war es wirklich so, war es tatsächlich so – bis zu seinem Lebensende, bis zu seinem letzten Atemzug?

Im aufwühlenden Umbruch war die Zeit des Bonifatius, war die Epoche, die er, der entschieden Handelnde und Zwiespältige zugleich, bestimmte. Nach dem Zusammenbruch des römischen Imperiums hatten sich nordwestlich und nordöstlich der Alpen die Franken mit der Dynastie der Merowinger durchgesetzt. Große Gefahren von Außen, die Hunnen im Osten, die Araber später im Westen, waren siegreich abgewehrt. Die tatkräftigen Hausmeier der Merowinger, die Karolinger, waren zur führenden Macht aufgestiegen, ehe Pippin III. in einem Staatsstreich die Merowinger entmachtete, sich 751, noch zu Lebzeiten des Bonifatius, mit päpstlicher Weihung zum König machte.

Das altehrwürdige Königstum hatte der Merowinger Chlodwig bereits ein Vierteljahrhundert vorher in heidnischen Augen entweiht, als er sich um 498 nach langen Beratungen mit den Großen des Landes taufen ließ, sich dem römischen Papst unterstellte und damit die Gottunmittelbarkeit des Königs aufgab.

Der fränkische Großraum mit seinen unzähligen Gaukönigen blieb dennoch für lange Zeit ein riesiger, schillernder Flickenteppich der Glaubensüberzeugungen und tatsächlich gelebter Glaubenspraktiken. Heidnisch war und blieb vorerst die übermächtige Überlieferung, und das mittelmeerische, sich etablierende Christentum erschütterte immer noch die Auseinandersetzung mit dem Bischof Arius.

Der Geistliche in Alexandrien hatte die Wesensgleichheit von Christus mit Gott verneint, Christus aber zum vornehmsten Geschöpf Gottes erklärt. Noch unter Konstantin dem Großen 325 auf dem Konzil von Nicäa als Ketzer verurteilt, lebte seine Lehre unter den Goten, den Vandalen und Langobarden Jahrhunderte noch fort.

Chlodwig war der erste germanische König, der den Papst und seinen Kodex anerkannt hatte. In den unentwegten Machtkämpfen des amorphen Großraumes waren jedoch macht- und clanbedingte Zugeständnisse gang und gäbe: So wurden kleine Gaukönige zu Bischöfen, gedachten deshalb aber nicht ihre polygame Lebensweise aufzugeben.

Geistliches und Weltliches vermischte sich, im Umbruch der Welten zwar oft verwildert, in spektakulären Auswüchsen, dennoch aber in der Unschuld heidnisch-nordischer Lebensart, die die Trennung, die Spaltung der Schöpfung in sakral und profan nicht kannte, die immer noch trotz gewisser Verfallserscheinungen von der All-Einheit der Welt ausging, des Göttlichen mit der Schöpfung. So waren die Bäume heilig und die Quellen, und der König war über die Krone eins mit dem Hauch des Allwaltend-Wehenden, ebenso wie es die Bäume sind im Hauch des belebenden Windes. War es so? Oder war doch längst etwas Entscheidendes von der urhaften Einheit verloren gegangen?

Die Merowinger, die dem eisernen Griff der Karolinger erlagen, scheiterten auch am uralten Erbrecht, das einen jeden echten Merowinger-Sprössling, einen jeden der Gaukönige an sich erbberechtigt machte. Der *Thing*, die all-vereinigende Stätte der Wahlentscheidung zur höchsten Königswahl, waltete offensichtlich nicht mehr, statt Thing-Entscheidungen gab es Kämpfe und Schlachten. Das Schwert und nicht Erscheinen und Rede im heiligen Thing entschied über Herrschaften.

Die Zeit des Umbruchs nämlich war eine Zeit der ausgeklügelten Macht-Strategien und ihrer Taktiken im Wechselspiel der Abläufe. Das galt für weltliche wie für geistliche Aspiranten. Noch Papst Gregor der Große (540-604) hatte angesichts beharrlicher heidnischer Widerstände konzilianten Umgang mit heidnischen Praktiken und Stätten angesagt, ehe die Nachfolger Schritt für Schritt die Befolgung von Kirchendogmen und Kirchenregeln unabdingbar durchsetzten.

Bonifatius – geboren als Winfrid, Sohn eines vornehmen Geschlechts im südwest-englischen Wessex – folgte einer frühkindlichen Prägung. Mit sieben Jahren, vielleicht auch schon mit vier, wurde er dem Kloster Exeter als *puer oblatus* übergeben. Bis ins 12. Jahrhundert war die frühe Absonderung von der Familie ein weit verbreiteter Brauch, der auch der einzigartigen Hildegard von Bingen widerfuhr.

Ist die totale Trennung von allen Wurzeln der Schlüssel zum Schicksal von Bonifatius? In früher Jugend, in frühester Kindheit gar schon in Klostermauern erbarmungslos früh der Familie entrückt, ohne den täglichen Kuss der Mutter, den bergend gefühlten Arm des Vaters; für immer entrückt ihrer Liebe und Geborgenheit, entrückt der eingeborenen, der vertrauten Umwelt im Frühling des Lebens, den

Freuden des Daseins entzogen in Sonne und Schatten der erquickend lebendigen Natur.

Zu früh, zu ausschließlich wuchs der kindlich junge Winfried in der Abschließung auf, zu total, zu unausweichlich die zu frühe Wesens- und Seelenprägung. Zu früh gebeugt über Schriften, über der Bibel, dem Buch der Bücher, unentwegt betont, bekräftigt als das Wort Gottes, zu früh gebeugt vor dem Christus am Kreuz, zu früh gebeugt vom alles beherrschenden Leid in der Welt, verheerend mächtige Gedanken von Weltflucht und Weltverachtung auslösend.

Zu früh gebeugt das Kind, bevor es sich in der Geborgenheit von Familie und natürlich-lebendiger Umwelt aufrichten konnte in kindlichem Spiel, in erster unbekümmerter Selbstfindung. Völlige Hingabe und damit völlige Aufgabe seiner selbst war für den kindlichen, war für den jugendlichen Winfried bereits alltagsbestimmend, bevor er überhaupt sich selbst, sein eigenes Wesen ahnungsweise erfasst und erfahren hatte.

Der Widerspruch seines Lebens, nachweisbar insbesondere in seinen Selbstzeugnissen, in der Hinterlassenschaft seiner Briefe – hier hat er wohl die entscheidende Ursache. Der Widerspruch oder sagen wir genauer noch: der Gegensatz zwischen Bibel und ihrer Gotteslehre und der ureigenen Natur, der Gegensatz zwischen dem vermeintlich reinen Glauben und der menschlichen, der naturgegebenen Wirklichkeit, der ungeheuer sich eröffnende Gegensatz zwischen Gott und Welt, Gott und Schöpfung, ein Gegensatz, der die Welt, der die Schöpfung, der die Erde in die Dunkelheit der Vergänglichkeit und des Leides stößt, und den Menschen in das soghaft hinab ziehende Sündertum.

Im ersten der erhaltenen Bonifatius-Briefe – er geht an einen jungen Mann – schreibt er:

„Die Welt liegt im Argen. Alle Kostbarkeiten und alle Schätze der Welt vergehen wie Rauch und Schatten. Der Mensch vergeht wie Gras und Heu, verblüht wie eine Blume ...“

Von der Welt, den geheimen Mächten ihrer Versuchung schreibt Bonifatius in einem anderen Brief:

„Was sind in dieser Zeitlichkeit die körperlichen Augen anders als sozusagen im allergrößten Ausmaß wahrhaftige Fenster zu den Sünden hin, durch die wir entweder zu den Sünden und Sündern hinschauen oder, was schlimmer ist, sie betrachtend und begehrend, uns selber zu ihnen hinziehen lassen.“

Stets besorgt um das eigene Seelenheil bittet Bonifatius, der Asket der Entsagung und Kasteiung, um das Gebet für ihn „auf dass er“ – wie er selber bezeugt – „den Versuchungen dieser Welt entrissen wird.“

Den Bruch der Kindheit, den aufgenötigten Bruch mit Herkunft und Welt erneuerte der erwachsene Winfried, bekräftigte der englische Benediktinermönch mit geradezu erschreckender Radikalität. Um der himmlischen Erbschaft willen wollte er das „Herrenwort“ erfüllen, er wollte das, was von dieser Welt ist, verlassen, Vater, Mutter und Äcker.

Willibald, der jüngere Zeitgenosse und ebenso angelsächsischer Benediktiner, bezeugt:

„Er begann, den Verkehr mit seinen Verwandten und Angehörigen zu meiden und sich nach fremden Orten zu sehnen, als nach denen des väterlichen Erbes. Er überlegte eifrig, die Heimat und die Verwandten zu verlassen.“

Immer in dem Streben, wie er sinngemäß in dem schon zitierten ersten überlieferten Brief bekannte, immer in dem Streben nach dem wahren Reichtum, nach der Weisheit, nach der Freude am Gesetz Gottes.

Was aber ist das Gesetz Gottes? Es ist das Wort Gottes, die Bibel, die bereits zu seiner Zeit durch Übersetzungen, aber auch durch Macht-Kalkül Verfälschungen erfahren hatte. All das wusste Bonifatius nicht – unbezweifelt waren für ihn die Bibeltexte, die er schon als Kind verinnerlicht hatte, verinnerlichen musste.

Die Gottes-Offenbarungen aber, im absoluten Gebot der Umsetzung in Gegenwart und Alltag, lösten Mehrdeutbarkeit aus, tiefe Zweifel und Ungewissheit.

Die Bibliothek des Bonifatius, rekonstruiert aus den Erwähnungen und den Zitaten in seinen Briefen, war mit etwa 25 gewichtigen Werken stattlich. Aufgeschlagene Bücher, zu immerwährender Erinnerung, waren eigentümlich für ihn. Aufgeschlagen waren stets die Briefe des Apostel Petrus – *epistolae domini mei sancti Petri apostoli*; auf seinen Wunsch hin von der Äbtissin Eadburg in Goldlettern abgeschrieben.

Aufgeschlagen, um den rastlos in den Kloster-Mauern nach Gewissheit Suchenden in seiner Überzeugung zu bestätigen, aufgeschlagen waren die Texte, nach denen Jesus gesagt hat, auf Petrus, auf diesen Fels, will ich meine Kirche gründen; ein umstrittenes Wort Jesu, das die klerikale Deutung erfuhr, der Bischof von Rom solle zum Papst erhoben werden und damit zum Stellvertreter Christi auf Erden.

Neben der Missionierung der heidnischen Stämme kämpfte Bonifatius sein Leben lang um die Durchsetzung der so genannten Metropolitenverfassung, die Unterordnung der fränkischen Bischöfe unter den Papst.

747, sieben Jahre vor seiner Ermordung, soll Bonifatius ein solches Gelöbnis der widerspenstigen Bischöfe erreicht haben. Oft Laien von fürstlichem oder gar königlich merowingischem Geblüt, waren sie in Machtkämpfen, bei Friedensschlüssen zu geistlichen Würdenträgern geworden, oft ohne deshalb ihre bisherige Lebensweise, ihre überkommenen Sitten und Gebräuche aufzugeben.

Heilige Berge, Heilige Wasser und Quellen, ihre Götter und Göttinnen, ihre Natur-Geister wurden mehr oder weniger offen immer noch an besonderen Tagen, in besonderen Nächten verehrt, und auf dem fellwarmen Lager der Laienbischöfe tummelten sich nicht selten mehrere Gespielinnen.

Bonifatius, als Benediktinermönch dem strengen Regelwerk des Benedikt von Nursia unterworfen, hatte, so schien es, die Gesetzes-Klarheit für sich und seine Mönche. Die *Regula Benedicti* bestimmte ja die Abkehr vom weltlichen Leben um des Strebens willen nach Vollkommenheit; ein Ziel, nur erreichbar in der Überwindung des Eigenwillens, des *„propris voluntae"*.

Nichts war dem das Abendland prägenden Mönchtum verdächtiger als der Eigenwille, der Wille im eigenen Innern. Der Regula 5,12 folgend „ließ sich der wahre Mönch vom Gehorsam leiten, wandelte er in der Nachfolge des Herrn gemäß fremdem Urteil und Befehl, verließ er damit sich selber und seinen eigenen Willen."

Das Gebot des Gehorsams, nach Benedikt der rettende Ausweg aus dem Eigenwillen, spiegelt sich in der überlieferten Korrespondenz des Bonifatius wider. Vom Papst war er ja zur Mission Germaniens ermächtigt worden, und so fühlte er sich in der Pflicht der Verantwortung, in der Pflicht des Gehorsams gegenüber den Päpsten seiner Zeit, und das waren insbesondere Gregor II., Gregor III. und Zacharias. Steten Gehorsam hatte Bonifatius bereits 722 Gregor dem II. gelobt, bei seiner Bischofsweihe in Rom, und zwanzig Jahre später gegenüber Zacharias ausdrücklich erneuert.

Gehorsam, der selbst in der Gedenkschrift von 1954 zum zwölfhundertsten Todestag, von der Stadt Fulda herausgegeben in

Verbindung mit den Diözesen von Fulda und Mainz – Gehorsam, der selbst in der offiziellen Gedenkgabe in seiner Problematik bezeugt wird. Selbstquälerisch ergeht sich Bonifatius in Selbstanklage, wenn er schreibt:

„Ich bin der Geringste und Schlechteste aller Boten, den die römische Kirche ausgesandt hat". Beinahe noch abschätziger urteilt er über sich gegenüber dem Erzbischof Egbert von York, wenn er schreibt, dass die römische Kirche in ihm einen unwürdigen und armseligen Prediger ausgeschickt habe.

In der Gedenkschrift sind das selbstredend heiligende Anzeichen eines wahrhaftigen Gläubigen im Dienste von Kirche und Mission. Es ist genau jenes Bewusstsein eigener Schwachheit und Sündhaftigkeit, das den Lehrstücken des Heiligen Benedikt entspricht. Nach ihnen ist der Misserfolg den eigenen Sünden, der Segen des Gelingens aber einzig Gottes Gnade zuzuschreiben.

Was aber verraten solche Äußerungen, sollten sie nicht Ausdruck einer besonderen Demut sein? Worte sind es ja eines Mannes, der über Jahrzehnte mit feuriger Entschiedenheit, mit Axt-blitzender Tatkraft auftrat, indem er das Heiligtum, die Donar-Eiche, fällte. Könnte es nicht doch sein, dass der ungeheuerliche Komplex von Widersprüchen und Zweifeln doch mehr bewirkte, nämlich einen Prozess hin zu der grundlegenden Wandlung?

Der Problematik des wahren Gottesglaubens, der wahren Lehre des Jesus Christus – das beweist seine Bibliothek – war sich Bonifatius mehr als bewusst, und zwar der Glaubensprobleme innerhalb des aufstrebenden Christentums wie außerhalb; in der Auseinandersetzung nämlich mit dem Heidentum und den Misch-Formen von beidem.

Der *Codex Ragyndrudis* enthielt eine Reihe von Texten, die sich mit der Anfechtung des Arianismus befassten. Arius, Presbyter im vierten Jahrhundert in Alexandrien, hatte die Wesensgleicheit Jesu und damit seine Gottgleichheit mit Gottvater verneint, ihn aber zum vornehmsten Menschen erklärt, eine Anschauung, die die Germanen, die Goten der Völkerwanderungszeit übernahmen und der die Langobarden in Italien zu Bonifatius-Zeiten immer noch anhingen.

Unklar war noch immer der Umgang mit den überkommenen, heiligen Stätten der Heiden. Gregor I., Papst von 590 bis 604, hatte einen toleranten Umgang angesagt: Gott müsse nicht nur in Kirchen verehrt werden. Als Bonifatius wieder einmal mit solchen Fragen ringend, um eine Abschrift von Gregors Verfügung in Rom bat, war das Original im vatikanischen Archiv auf einmal nicht mehr auffindbar. Der damalige, macht-opportune Erlass war nicht mehr im Sinne der Kurie. Die folgenden Päpste hatten die Kirchenregeln immer strenger, immer ausschließlicher verfügt.

Die Scheu, die den jungen Mönch Winfried gegenüber der eigenen Verwandtschaft und ihrem heimatlichen Umfeld bestimmt hatte, wiederholte sich insbesondere gegenüber den fränkischen Laienbischöfen, die im Machtkampf merowingischer Dynastie-Geschlechter zu geistlicher Würde und Kirchenbesitz gelangt waren, ohne ihre, wie gesagt, weltliche Lebensweise, ihr mitunter freizügiges Liebesleben aufzugeben.

Schmerzte und empörte es ihn zugleich? War der große Missionar Germaniens im inneren Widerspruch, da er doch, streng und unbedingt, in der Benediktregel der Keuschheit lebte?

Die Übergenauigkeit, eben die Strenge, mit der Bonifatius auf die strikte Einhaltung der Liturgie, auf die rechte Lesung der Schrift und der Kodex-Texte bedacht war, hatte zwangsläufig die peinigende Kehrseite von Unklarheiten bei strittigen Fragen, musste all die Zweifel und Unsicherheiten auslösen, ja verstärken, die seine Korrespondenz prägt in dem geradezu erschreckend unterwürfigen Bemühen, immer wieder höheren Orts Klärung und Gewissheit zu finden.

Auffallend an der Gedenkschrift von 1954 ist die Tatsache, dass mit keinem einzigen Wort die große Vorarbeit erwähnt, geschweige denn gewürdigt wird, die die iro-schottischen Mönche ein Jahrhundert vorher vollbracht hatten. Irland, niemals besetzt von den Römern, hatte sich gewaltfrei in seinem heidnischen Keltentum dem Christusglauben geöffnet, sich mit ihm vermählt. Klöster und Äbte hatten Missionsbewegungen ausgelöst, die sich in Schottland ausbreiteten.

Ein Kerngebiet iro-schottischer Mission und iro-schottischer Lebensgemeinschaften war die Wetterau im heutigen Hessen, damals *Buchonien* genannt, das Buchenland, zwischen Vogelsberg und Spessart gelegen. Im 8. Jahrhundert wurde der Raum dem von Bonifatius gegründeten Bistumssprengel Würzburg zugeschlagen.

Merkwürdig ist nun, dass die acht Kirchen zwischen Mainz, Gießen und Gelnhausen, völlig unbehelligt vom sonst so gestrengen Kirchenmann Bonifatius geblieben sind. 664, wenige Jahre vor der Geburt des Bonifatius, hatte sich nämlich der römische Klerus in England durchgesetzt. Auf der Synode in Whitby wurde das päpstliche

Kirchenrecht verbindlich, die iro-schottische Kirche hatte ihre Eigenständigkeit aufgegeben, verloren. Auch die Wetterau, auch die Gemeinschaften in Buchonien waren somit der Liturgie, dem Gesetzeskodex Roms und seines Papstes unterworfen.

Buchonien aber blieb frei, Buchonien konnte ungehindert seinem iro-schottischen Glauben, seine iro-schottischen Riten leben. Lag es am Alter des Missionars? In besagter Gedenkschrift heißt es, von 747 an, also acht Jahre vor seinem Tod, erlahmt die Tätigkeit des Missionars. Hatte den feurigen Eiferer die Resignation erfasst? War er in der Resignation zu anderen, zu neuen Einsichten gekommen? Pflegte er gar geheime Beziehungen zum unbehelligt gebliebenen Buchonien?

Der Gegensatz zwischen seiner Missionstätigkeit mit all ihren unsäglichen Widerständen und Schwierigkeiten und den Missions-Wundern der iro-schottischen Kirche muss ihm immer eindringlicher, immer unabweisbarer aufgegangen sein – in seinem von Zweifeln und Kämpfen geschärften Geist.

Wahrhaftig: Wundern glichen die Berichte. Es waren keltische Druiden, die den ersten Christen Lehrer und Erzieher waren. Der Nationalheiligen St. Brigid waren sie in Freundschaft verbunden. Es war tatsächlich so, wie Ingeborg Meyer-Sickendiek in ihrem Buch „Gottes gelehrte Vaganten“ mit wissenschaftlicher Akribie nachweist: Druiden belehrten Christen, Druiden wurden Mönche. Alles geschah im Frieden, ohne Zwang, ohne Schwert und Blutvergießen: Es gab massenhafte Übertritte, aber überhaupt keine Märtyrer. In gegenseitiger, sich ergänzender Durchdringung entstand die iro-schottische Kirche.

Stätten des alten Glaubens wurden von Christen in aller Selbstverständlichkeit benutzt. Historisch bezeugt ist beispielsweise, dass der irische Taufapostel St. Patrick ohne irgendwelche Bedenken oder Vorbehalte ein altkeltisches Heiligtum zur inneren Einkehr aufsuchte.

Es war die geheimnistiefe Unterwasserhöhle am *Lough Derg*, einem See in der nördlichen Grafschaft Donegal. Ganz gleich, ob Keltentum oder Christentum – die „Heiligen Brunnen“ etwa blieben das, was sie schon immer gewesen waren: Heilstätten des lebendigen Wassers.

Wie konnte ein solches Wunder geschehen? Oder war es in gewisser Weise gar kein Wunder, weil es uralter Befähigung und Waltung entsprach? Eine Überlieferung bezeugt es, ein druidischer Seher soll aus der Ferne, also auf telepathische Weise, das heils-erschauernde Geschehen um Jesus wahrgenommen, in seiner Weltenwendenden Bedeutung erfasst haben. Er soll seiner Stammesgemeinschaft mit leuchtenden Augen davon berichtet haben.

Die megalithischen Steinsetzungen waren ja nicht nur auf Sonne und Mond, auf das All ausgerichtet sondern waren zugleich auf den eurasisch-afrikanischen Großraum in einer landübergreifenden Vernetzung. Die sehend-waltenden Druiden waren so nicht nur mit dem All sondern auch mit fernen Landen verbunden.

Und Jesus, dessen Leben, Wirken und Schicksal im hohen Norden in innerer Schau erfasst wurde, war er nicht einer der Ihren? Die Druiden und ihre Gemeinschaften erkannten offensichtlich den „Mann aus Galiläa“ als einen der ihren, verehrten ihn gar als neuen Lichtträger in der Peripherie des megalithischen Großraumes, als gott-, als lichterleuchteten Heilsträger, als *Heliand*, als Heiland für Mensch und Land.

Was war wohl das Besondere der Druiden, und worin mochten sie Gemeinsamkeit mit Jesus erkannt haben? Die Druiden wirkten in und mit der Natur aus der Geistesmacht. Die Druidenschaft unterhielt bedeutsame Schulen, an denen das Wissen mündlich, in Versen im Gedächtnis bewahrt und verlebendigt, bis zu zwanzig Jahre lang vermittelt wurde. So gab es ausgesprochene Gelehrte, es gab Barden, Dichter und Sänger, die so genannten *„filids“*.

Als einige Jahrhunderte später missionierende Mönche nach Wales, Irland und Schottland gelangten, in all die Gebiete also, die nie unter römische Herrschaft geraten waren, da erkannten die dort noch immer waltenden Druiden erneut in Jesus den „Hohen Verwandten.“

Sprach ER nicht ebenso wie die Druiden unter freiem Himmel zu den Menschen? Auf felsigen Anhöhen, unter Bäumen, an einem Brunnen, an einem See? Sprach ER nicht und war es nicht mehr als ein bloßes Sprechen? Erschien es nicht den ergriffen Lauschenden, als leuchte ER in einem Himmelslicht? Die Dürstenden und die Hungernden, die arm waren und unterwegs zu IHM, hat ER nicht Durst und Hunger unter ihnen mit licht-artigem Himmelsnektar gestillt, so dass es schien, als habe ER Fisch und Brot tausendfach vermehrt? Hatten nicht seine Worte Menschenherzen angerührt, bewegt in einem großen Erwachen? Tränenlos gewordene Augen – hatten sie sich nicht wieder gefüllt in erschüttert quellender Einsicht? Und seine Berührung, das fließend von IHM übergehende Licht hatte es nicht ergriffen, hatte es nicht Blinde sehend und Lahme gehend gemacht?!

War er nicht in die Stadt der Herrschenden gegangen, hatte er sich nicht in die Festung ihrer Macht gewagt? Eins mit Gott hatte ER Ängste und Furcht überwunden und die Versuchungen der Welt. Die Wahrheit bezeugend, war ER den Mächtigen entgegengetreten. Er hatte das Licht der Wahrheit nicht gebeugt unter der Macht, hatte es nicht brechen lassen um des Überlebens willen. Aus freiem Willen, der Lichtlinie der Wahrheit folgend, hatte er die Dunkelheit, die Finsternis der Welt überwunden, war ungebeugt im reinen Licht geblieben, nach Einsamkeit, Schmerz und Tod war er gleich einer Sonne auferstanden.

All das ist wahrhaftig dem Jesus gemäß, ist wahrhaft gemäß dem uralten Einweihungsnamen. Der Name Jesus nämlich umschreibt einen Erwählten, der die Vertikale der Lebensachse durchschreitet; aus höchster Höhe in tiefste Tiefen; aus dem I, dem Vokal des hellsten Lichtes bis zum tiefsten Dunkel des *U. Iesu* – alle Vokale der Schwingungs-, der Seinsebenen sollen im Einweihungsnamen Jesus enthalten, verborgen sein. So wäre ein Jesus derjenige, der alle Lebensebenen durchwallt, den Lebensbaum des Seins vom Wipfel bis zur Wurzel umschließt, in sich all-haft vereinigt, Himmel und Erde umschließt als der Lichtbringer, als der Heilsbringer.

Bonifatius, der Buchonien, der das in unmittelbarer Nachbarschaft zu seinen Bistümern gelegene Kerngebiet iro-schottischer Gemeinden so auffallend gewähren ließ, so als ob es überhaupt nicht existierte, hatte er in Wirklichkeit längst geheime Kontakte zu den Priestern? War er mittlerweile zu einem Wissen und Schöpfungsverständnis gelangt, das sein bisheriges Leben, seinen bisherigen Lebenssinn völlig infrage stellte?

Die Heilstat seiner Heidenmission, die Fällung der Donar-Eiche, erschien sie ihm im jähen Erkennen, im jähen Erschrecken vor sich selbst als Untat? Rauschte nicht im knorrig hoch getürmten Wipfel der Eiche der Wind, gleich dem erhabenen Geist? Gleich dem Gott, dem stärkenden, dem beratenden, dem schützenden HOHEN FREUND? Bäume und Quellen, die besonderen Stätten überhaupt, wurden zu besonderen Zeiten der Sonne und es Mondes auch im Zwang des drängenden Schicksals aufgesucht – im alten „*full-trui*-Glauben" galt es Gott, den „vollkommenen Freund", anzusprechen, auf dass er mit seiner Geistesmacht beistehe in den Fährnissen des Lebens. In der baum-, der wind-, der schöpfungsnahen Begegnung mit IHM war Widerhall im eigenen Blute, wuchs im eigenen Inneren willentliche, gefühlte Sicherheit.

Freundschaft mit Gott in lebendiger Wechselwirkung statt bedingungslosem Gehorsam, in völliger Verleugnung des Eigenwillens? Was erfuhr Bonifatius über die iro-schottischen Kreise vom alten Wissen? Was erwachte wieder vom alten Glauben in seinem eigenen Blute?

Im Gegensatz zum „Buch der Bücher", im Gegensatz zur Bibel mit ihrem Alten und Neuen Testament haben die Druiden nichts Schriftliches überliefert. Ihr Wissen, das ist gesichert, wurde, wie gesagt, im Gedächtnis bewahrt und war so umfangreich, dass es in Druiden-Schulen bis zu zwanzig Jahre lang gelehrt wurde.

Entsprach es in etwa, im Wesentlichen den tiefgründigen, den allhaften Zusammenhängen, die unser Freund, der Geistes-Pionier Hans-Dieter Klingelheller, in seinen etymologischen Studien offen gelegt hat? Um geist-elementare Wechselbeziehungen geht es dabei zwischen dem Ich und dem Baum der Eiche, zwischen dem Ich und dem Ei-Feld der Mandorla, zwischen dem Ich und dem Weltenbaum, dem Ich und der Weltensäule und in freierer, allgemeinerer Schlussfolgerung schließlich um die Beziehung zwischen den Druiden und der Erddrehung.

Machen wir uns die ungeheure Tragweite klar: Es geht damit tatsächlich um die Beziehung des Druiden zum Weltenlauf, zum Schicksalslauf unseres uralten Planeten.

Die Sprache, das Beziehungs-Geflecht der Etymologie beweist es: Das Ich, und zwar nicht das gemeine, das niedere Ich, das bloß auf eigenen Vorteil bedacht ist, nicht dieses Ich ist gemeint, sondern das edle Ich, das sich, wie die sprachlichen Bezüge klar erweisen, stets in bleibender Wechselbeziehung, stets im all-haften Zusammenhang versteht.

Ich; ursächsisch und niederländisch Ik, EK; englisch I; ist das mikro-kosmische Spiegelbild des Weltenbaumes, des *Igg-drasil*. Die etymologischen Ich-Formen Ik, Ek, Egg, Ygg sind deshalb mit dem Baum, genauer mit der Eiche verwandt; althochdeutsch „eih", niederländisch „eek".

Die Eiche, den Kelten wie den Germanen bekanntermaßen ein heiliger Baum, weist über ihre Samenfrüchte, weist über die Ei-cheln, weist über ihre Ei-Form auf das Ei, das im Englischen und Altnordischen „egg" heißt; zugleich weist es aber auch über das angelsächsische „ege“, über das englische „eye“ auf das Auge, das ja auch die Eiform hat, auf das Auge schließlich des inneren, des tieferen oder höheren Sehertums.

Überlagerungen der Sinngehalte bis zur völligen Übereinstimmung sind gegeben. Und so eröffnet sich ein höchst bedeutsamer innerer Zusammenhang von den Daseins-Elementen und den Daseins-Erscheinungen: ICH – EI (Mandorla) – EICHE – WELTENBAUM – WELTENSÄULE.

Der Weltenbaum ist der Weltensäule gleichzusetzen. Er ist deshalb meist spiralig gewunden dargestellt, gedrechselt, gedreht; deshalb auch *Igg-drasil.* Als Requisit insbesondere der Fachwerk-Architektur ist er an den gedrechselten Eckständern erkennbar. Der Weltenbaum wiederum führt uns endlich zu einem entscheidenden Sinngehalt des Wortes Druide.

Das Wort hängt mit dem „Sich-Drehenden“ zusammen, mit der Drehung überhaupt, dem „troi“ oder „tru“ (trudeln), dem magischen Kreiseln in Spiralen. Überkommen sind sie in den Labyrinth-Tänzen, weltweit überhaupt in den ethnisch-schamanistischen Tänzen um den Pfahl, eben um den Weltenbaum und damit die Weltensäule.

Der Druide also als der sich Drehende? Sozusagen als der Tänzer der Kelten? Sicherlich ist das eine zu enge Auslegung des Druiden, angesichts einer allgemein übereinstimmenden Überlieferung, nach der die Druiden alles zugleich waren: Priester wie Astronom und Astrologe, Richter, Arzt, Prophet und Lehrer, Dichter und Musiker. Dennoch waren die Druiden über ihre weit gestaffelten Befähigungen hinausgehend in einem archaisch tiefgründigen Sinne wahrhaft Drehende, Drehend-Bewegende an der Weltensäule.

Solche Geistes-, solche Weltentaten von Kulturheroen – wie sie die Ethnologie benennt – solche bewegend verändernde Drehung an der Welten- und Schicksalsachse – was setzt sie bei ihren Trägern, bei ihren Auslösern voraus? Welche Standhaftigkeit, welche Stärke, welche Tiefe der Einsicht, welche Höhe der Schau, welche Weiten einer All-Verbundenheit?

Was setzt die Drehung am Weltenschicksal voraus? Welche zu Wissen, zu Bewusstheit, Kraft und Schwingung entwickelte Geistigkeit eines All-Zusammenhangs?

Das ICH ist unerlässlich! Das ICH, aufrecht in der Selbstbewusstheit eines zu stärkster Lebendigkeit entflammten Rückgrates – bei gleichzeitiger Ausbildung, Entfaltung des Eies, des Ei-Feldes, des christusähnlichen Strahlungsfeldes – also eines den ganzen Körper umgebenden „Heiligen-Scheins". Selbstbewusstheit im Einklang mit dem Ganzen, Wesens-Entfaltung, Wesens-Wirksamkeit in der Verbundenheit mit dem Baum des Lebens – mit dem Baum der EICHE.

Ahnte Bonifatius, dass seine Heilstat um des „neuen, um des wahren" Glaubens willen, dass die Heilstat der Eichen-Fällung auch eine Untat des Unheils sein konnte? Oder fuhr eines Tages gar die Einsicht wie ein Blitz in die längst verunsicherte Seele? Zersplitterten nicht wie einst im Fall des heiligen Donar-Baumes alle die Dogmen und die Regulas, bekräftigt, geheiligt vom Papst in Rom? Der römische Klerus und seine Päpste hatten Christus entrückt in die Unerreichbarkeit zur RECHTEN SEITE GOTTES, der in den höchsten Höhen des Himmels thronte. Der Papst hatte sich selbst zum Stellvertreter Christi gemacht – für eine geschichtliche Ewigkeit, bis zum JÜNGSTEN TAG.

Aber war Jesus Christus in seiner Liebe, in seiner All-Liebe nicht nahe, nahe im Inneren der eigenen Brust, nahe in der sanft-eindringlichen Aufforderung zur Nachfolge?

Was geschah damals wirklich, damals in den letzten Lebensjahren des Bonifatius? Der BONIFATIUS DER VERGEGENWÄRTIGUNG, wie er sich in der STUNDE NULL über die DREI FRAUEN VOM EDERSEE offenbarte, sprach klar und eindeutig von seinem BRUCH MIT ROM, von seinem BRUCH MIT DEM PAPST, im ausdrücklichen BEKENNTNIS ZU JESUS, zum HEILSWERK DES CHRISTUS.

Dem nüchternen, wissenschaftlich geprägten Zeitgenossen geht es um handfeste Beweise. Dass ein Toter, gar eine geschichtsmächtige Gestalt, sich über menschliche Medien melden kann, gar Korrekturen vorbringt zum eigenen, etablierten Geschichtsbild ist ihm absurde Spiekenkökerei. Deshalb, bevor die Erzählung weitergeht, der knappe, selbstkritische Rückgriff auf das Handfest-Beweisbare? Was ist, abgesehen von der Selbstdarstellung der Kirche in Glorie und Heiligung, mit Fakten, mit Dokumenten nachweisbar von dieser Geschichtskorrektur?

Wissenschaftlich gesichert ist, wie bereits dargestellt, die Ambivalenz des Bonifatius von tatenmächtiger Entschiedenheit und zweiflerisch erbärmlicher Unsicherheit. Gesichert ist seine Ignoranz oder gar Toleranz gegenüber dem iro-schottischen Buchonien, gegenüber der Wetterau in nächster Nachbarschaft zu seinen Bistümern.

Gesichert ist die Erlahmung aller Missionstätigkeit in den letzten sieben Lebensjahren des Bonifatius. Höchst zweifelhaft erscheint deshalb aus diesem Grund, aber auch noch aus anderen Gründen, die Geschichtsdarstellung, dass sein Leben bei einer Missionstat endete und zwar durch heidnische Ermordung.

Wissenschaftlich ungesichert, ja in höchstem Maße unwahrscheinlich ist es, ob die im Fuldaer Diözesanmuseum gezeigte Bibel *(Ragyndrudis-Codex)* jener aufgeschlagene Foliant ist, mit dem Bonifatius den Schwertstreich der Angreifer abwehren wollte. Übrigens: Das Bild von zwei aufgeschlagenen Bibeln – über dem Haupt und über dem Nacken war es damals bei der Bischofsweihe üblich. Es war Sinnbild für die Anrufung des Heiligen Geistes und seiner Herabkunft.

Völlig unwahrscheinlich ist auch die Legende, nach der alle Bücher und Blätter des Überfallenen „durch die Gnade Gottes und die Fürsprache des Märtyrers“ völlig unversehrt in den Bestand der Kirche zurückgekehrt seien, obwohl sie angeblich vorher von den Mördern, die auf Gold und Edelsteine aus waren, vor Wut und Enttäuschung in Sümpfen versenkt, auf dem Felde verstreut und versteckt worden waren.

Immer drängender erhebt sich die Frage: Was ist in den letzten Lebensjahren des Bonifatius wirklich geschehen? Waren da wirklich geheime Kontakte zu den iro-schottischen Kreisen? Hatte Bonifatius Gedanken, Absichten, die Jahrhunderte später Ulrich von Hutten in den flammenden Kampfruf brachte: „Los von ROM“.

Los von Rom, los vom Papsttum, das 1534 hoch im Norden das englische Königshaus unter Heinrich dem VIII. vollzogen hatte, wenn auch der Anlass die vom Papst verweigerte Annullierung seiner Königsehe war.

Was war das Geheimnis von Bonifatius’ letzter Fahrt nach Friesland? Fuhr der Hochbetagte um neuer Einsichten, Erkenntnisse willen, fuhr er gar um neuer Bindungen willen ins Friesland? Und wurde er gar von anderen als den wilden Heiden ermordet?

Von den Kreisen der Kurie ist bekannt, dass sie um des Machterhalts genau wie weltlich-dynastische Kreise nicht vor Fälschung, Gewalt und Tötung zurückschreckten. Das gilt für den angeblichen Jesus-Auftrag an Petrus zur Kirchengründung und für den daraus hergeleiteten Papst-Anspruch des römischen Bischofs. Das gilt für die konstantinische Schenkung, auf die sich der Vatikan als Kirchenstaat gründet. Sie ist erwiesenermaßen eine Fälschung.

Mit wissenschaftlicher Methodik belegt ist auch der Mord am deutschen Papst Klemens II., der eine grundlegende Kirchenreform plante und dessen Grab im Bamberger Dom liegt. Eine chemische Knochenanalyse ergab nämlich zweifelsfrei, dass er mit Bleizucker vergiftet wurde. Wenige Monate nach seiner Ernennung durch den Salier Heinrich III. war er auf dem Wege nach Rom in einer norditalienischen Benediktinerabtei plötzlich erkrankt und nach wochenlangem Siechtum elendig verstorben.

Was tatsächlich an jenem 5. Juni des Jahres 754 im heute holländischen Friesland geschah, wird mit irdisch-materiellen Zeugnissen wohl kaum nachweisbar sein, es sei denn, es gibt noch ein verstaubtes Dokument, tief in den Kellern des Vatikans.

Aber war es wirklich ein Mord im Namen, im Auftrag der Kurie? Und eben keine finstere Heidentat? Wenn Bonifatius in seinen letzten Lebensjahren „los von Rom“ wollte, so stellt sich die Frage: Hatte er überhaupt die Macht zu solcher Wende im Christentum? Sein Bekenntnis, wäre es wirklich öffentlich geworden, hätte zweifellos großes Aufsehen erregt. War er im Begriff, es zu tun und kam ihm die Kurie zuvor?

Bonifatius freilich war nur ein Missionar mit dem Auftrag, die Mitte Europas zu bekehren. Er war nicht ein König, mächtig wie Heinrich VIII. im 16. Jahrhundert, dessen englische Insel hoch im Norden, in der Peripherie Europas lag.

Der greise Bonifatius, dessen Eifer längst erlahmt war, war er nicht ohnmächtig? Hatte nicht längst eine unausweichliche Entwicklung begonnen, die das Abendland bestimmen sollte? Vergegenwärtigen wir uns noch einmal, um des ganzen Ermessens willen, seine Geschichte.

Bereits ein knappes Jahrhundert nach dem Tode des Bonifatius geschieht Entscheidendes, Prägendes für die kommenden Jahrhunderte. Der tatenmächtige Emporkömmling Karl der Große und der geltungsmächtige Bischof von Rom schließen das äonische Bündnis. Der Kriegsmächtige und der Geistesmächtige, beide im hoch-gesteigerten Kalkül und Erfolg prägen für ein Jahrtausend die abendländische Geschichte.

Karl siegt an allen Fronten, zwingt den widerständigen Sachsen das Christentum auf, entmachtet die Langobarden in Italien. Karl wird Karl der Große, und der vorher allseits bedrängte Papst Leo III. wird erneut im Petersdom von Rom in seinem Stellvertreter-Anspruch bestätigt. Der Gerettete bestätigt mit der Akklamation, mit dem archaischen, zustimmenden Zuruf die caesarische Kaiserwürde Karls.

Im Rückgriff auf das Römische Imperium, unter dem Leitbild des Christus schuf Karl der Große zwar das gewaltige Reich der europäischen Mitte, aber es zerbrach alsbald nach seinem Tod in die Rivalität zweier verfeindeter Reiche. Zwar trug die deutsche Linie die Kaiserkrone Karls, die Kaiserkrone des Heiligen Römischen Reiches Deutscher Nation, weckte aber den ewigen Neid und Geltungsdrang der französischen Linie.

Noch schwerwiegender für die Entwicklung war es freilich, dass das archaische Selbstverständnis des Königs, unmittelbar von Gott berufen und erleuchtet zu sein, eine Berufung freilich, die sich in der Wahl der Thingversammlung bestätigen musste – dass die Gottunmittelbarkeit des Königs, wie gesagt, schon unter den Merowingern aufgegeben worden war.

Die Ausgangslage im Investiturstreit war deshalb für die die deutschen Kaiser mehr als ungünstig. Beim Investiturstreit ging es ja offiziell um die Einsatzbefugnis des Kaisers, insbesondere gegenüber den mächtigen Erzbischöfen, ein Kaiserrecht, das der Papst als Stellvertreter Christi und damit Gottes beharrlich bestritt.

Der Machtkampf zwischen Kaiser und Papst zerrüttete schließlich das Reich. Friedrich II. von Hohenstaufen griff, durchaus schon in einem modernen Verständnis, nach der All-Krone der Herrschaft. Er schien den Papst endgültig zu entmachten, da erlag er plötzlich einer vergifteten Speise. Von wem stammte das Gift? Und Konradin, der letzte Staufer, erlag in Italien der List des Franzosen Karl I. von Anjou, weil er mit seinem Ritterheer in Mittelitalien bei Tagliacozzo zwar in offener Schlacht siegte, aber von einem im Hinterhalt gebliebenen Heer Karls überrascht und geschlagen wurde. Blutjung und naiv hatte er einen Kampf ohne Hinterhältigkeit erwartet. Im Alter von 16 Jahren wurde er 1268 öffentlich in Neapel enthauptet.

Der sächsische Otto II., Kaiser und König, hatte seine Herrscherwürde in der inneren Einheit mit Christus verstanden, nicht wie der Papst als bevollmächtigter Stellvertreter. In diesem Streben, mehr oder weniger bewusst von den Kaisergeschlechtern der Ottonen, der Salier und der Staufer verfolgt, war das Heilige Römische Reich deutscher Nation gescheitert. Es bestand nur dem Namen nach noch bis 1804, als der österreichische Habsburger unter der Übermacht Napoleons diese Kaiserwürde aufgab.

Das „Heilige Reich“ war mit dem Tod Konradins in schlimmste Ohnmacht gefallen oder aller Irdischkeit entrückt. Die sieben Kurfürsten, darunter drei geistliche, seit der Goldenen Bulle (1356) endgültig wahlberechtigt, erschacherten sich immer mehr die Vergrößerung ihrer Macht mit berechnender Stimmabgabe.

Der Habsburger Karl V. zum Beispiel hatte sich mit Geldzahlungen bei der Wahl zum Deutschen König so verschuldet, dass der er das eroberte Amerika seinen Schuldnern zur Ausbeutung überlassen musste.

Unter Kaiser Karl V. gab es zwar ein Habsburger Reich, in dem meerübergreifend die Sonne nicht mehr unterging, das eigentliche Kernland, die europäische Mitte der deutschen Lande, zerfiel als Ganzes immer mehr in die Ohnmacht, wurde Spielball, wurde Schlachtfeld aufsteigender europäischer Mächte wie Frankreich, Spanien, wie England, Schweden und natürlich auch Habsburg.

Der Dreißigjährige Krieg (1618-1648) war die erste der ungeheuerlichen Katastrophen Deutschlands. Aus Martin Luthers Seelenkonflikt mit dem Ablasshandel des Papstes war er erwachsen. Aber der ungeheuer mutige Mann, der nur die Rückbesinnung wollte und keine eigene protestantische Kirche, blieb mehr im Bann der Bibel als dem Wort Gottes verhaftet. Zutiefst erschrocken über die aufrührerische Wildheit der Bauernkriege ergriff er nicht die Hand von Thomas Müntzer, der die Vision eines Gottes-Reiches auf Erden mit der Volksbewegung verbinden wollte. Er endete wie abertausende Bauern im schrecklichsten Martertod.

Die Bibel, das Buch der Bücher, das Wort Gottes, ist aus den Urfassungen ins Griechische wie Lateinische übersetzt worden. Allein die Sprachübertragungen brachten Missverständnisse auf; hauptsächlich aber war das „Wort Gottes“ zum Machtinstrument geworden und im Laufe der Zeiten in machtdienliche Fassungen versetzt worden.

Trotz solcher Manipulationen, von denen Luther wohl nichts ahnte, galt die Bibel Wort für Wort als das Wort, als die unmittelbare Offenbarung Gottes. Das führte in Europa zu den absonderlichsten Wort- und Konfessionsspaltungen und zu schrecklichsten Kriegen.

Nur große Einzelgänger wie Meister Ekkehardt und Jakob Böhme errangen Schritt für Schritt die Freiheit des Geistes zurück. Endlich dann in der Neuzeit begann die Forschung, begannen die Wissenschaften der europaweit entstandenen Universitäten denkerisch und experimentell zu hinterfragen, was vorher *sacrosankt* und damit gottgegeben war. Ein erster Höhepunkt der Weltgeschichte war der freie deutsche Geist, war der freie französische Geist, die sich im Lichte der ersten Aufklärung im Preußenkönig Friedrich und dem Franzosen Voltaire begegneten.

Warum waren solche eruptiv erschütternden Umbrüche, ja solche Revolutionen in Europa unumgänglich? Warum wurde Deutschland, die Mitte Europas so ohnmächtig – so ausgeliefert peripheren Mächten? Warum war deren erobernder Ausgriff in die Welt als Kolonialmächte so erbarmungslos, so ausbeuterisch gierig?

Warum entstand in der Neuen Welt, im Land der Flüchtlinge vor europäischer Not und Unterdrückung, warum entstand in den USA eine Weltmacht, die unter der Vorgabe der Freiheit in Wirklichkeit skrupellosester Materialismus vorantrieb? Warum wurde ein Kontinent erobert, die Urbevölkerung fast ausgerottet, die Natur um des Mammon willen, um des sich über Zinseszins selbst und endlos zeugenden Geldes willen ausgebeutet?

Warum waren ausgerechnet diese USA kriegsentscheidend in den beiden Weltkriegen? Nur um endgültiger noch, vollkommener noch ihren Pluto-Kapitalismus in der Welt auszubreiten? Ein Wirtschaftssystem der Verschwendung und des Mülls, der Profitgier und Spekulation? Ein Weltprozess des Verhängnisses, eine Welteroberung gar im Namen der Bibel, im Namen von Jesu Christi, im Namen der christlichen Liebe?

DER ALTE GOTT, so hatte es über Karl-Heinrich geheißen, der ELOHIM – nur widerwillig habe er das Rad losgelassen, das RAD DES SCHICKSALS, in der Vorausschau ahnend, was der Menschheit bevorstand? Der ELOHIM, der Gott der Götter des so genannten Heiligen Landes, der Gott der Götter des El von Michael bis Gabriel.

Die Bibel, in der alttestamentarischen Prägung der Juden, in der neutestamentarischen Prägung der Papstkirche – warum bestimmte sie die Weltgeschichte? Warum wurde das Alte Testament, wie es Marcion (etwa 85 bis etwa 160) in den Anfängen des Christentums forderte, nicht abgekoppelt von den Evangelien?

Jesus, der Gott der Liebe und des Erbarmens, sei unvereinbar mit dem alttestamentarischen Gott des Gesetzes und der Vergeltung. Warum wurde Jesus dennoch im Rückgriff auf das Alte Testament zum Messias gemacht, obwohl ihn die Juden selbst bis auf den heutigen Tag nicht als solchen anerkannt haben?

Sie, die Juden, wurden deshalb zu Gottesmördern erklärt, in der abendländischen Geschichte deshalb immer wieder verfolgt und getötet. Sie, die sich als Gott-Auserwählte ausgrenzten, wurden ihrerseits von der Christenheit in Judengassen ausgegrenzt, dennoch war ihr Schicksalslauf in der alten Welt des Nahen Ostens, niedergelegt im Alten Testament, integraler Bestandteil christlicher Heilsgeschichte.

Welche Absurditäten sind da gegeben in der abendländischen Geschichte, da es ja immer dabei nicht um Geschichte und das Menschlich-Unzulängliche ging sondern um Gottes unumstößliches Wort!

Warum scheiterte Porphyrios (um 234 bis um 304) mit seiner 15-bändigen Widerlegung des Christentums? Der römischen Kirche war das Werk so gefährlich, dass sie es im fünften Jahrhundert öffentlich verbrennen ließ. Die Vernichtung war so gründlich, dass die große Widerlegung nur in den Zitaten und den Kommentaren anderer Autoren erhalten blieb.

Porphyrius war der schreibende und redende Schüler des neuplatonischen Philosophen Plotin. Vom EINEN ausgehend, dem allvereinigend Einen in der Vielfalt der Schöpfung, von seiner immerwährenden Gegenwart und Wirksamkeit in ihr, verwarf er die „tageszeitliche" Schöpfung von Erde und All, wie sie das Alte Testament darstellt, verwarf er die dogmatische Menschwerdung Gottes in Jesus Christus. Die Christen, so argumentierte Porphyrius, verbänden falsch und sie trennten falsch.

Porphyrius meinte damit die zeitlich begrenzte Schöpfung Gottes am Anfang und die Trennung Gottes danach von seiner Schöpfung; er meinte damit die Menschwerdung Gottes und seine alleinige, ausschließliche Bindung an Jesus Christus.

Als Neuplatoniker ging er von einer stufigen Verdichtung des Geistes ins Irdisch-Körperliche aus und von einer ent-körperlichenden Umkehr in die geistigen Sphären, also von einem all-umfassenden Kreislauf.

Die leibliche Auferstehung Christi widersprach deshalb für Porphyrius auf die absurdeste, auf die abwegigste Weise den

Schöpfungsgesetzen – dasselbe galt für die Jungfräulichkeit, die „unbefeckte Empfängnis“ Marias.

In den Flammen des Scheiterhaufens wurde die 15bändige Widerlegung des Christentums verbrannt. Das Papsttum prägte als Gottesherrschaft die Geschichte, es verbrannte nicht nur Bücher, sondern auch leibhaftige Menschen bei lebendigem Leib.

Das Abendland, seine Moderne bestimmt eine Unausweichlichkeit, eine Zwangsläufigkeit des Schicksals. Und der atemberaubende PROZESS mündet in dieser seiner Endphase in die epochale, immer wieder gestellte Frage: Untergang oder Neugeburt?

Im Fuldaer Dom, neu errichtet im Zeitalter des Barock, ist hinter dem Hochaltar die Wallfahrtsstätte des deutschen Katholizismus, die Bonifatiusgruft. Über breite Treppen ist sie sowohl von rechts als auch links erreichbar. Die Treppen führen ziemlich steil in die Tiefe des Bauwerks. Derjenige, der die Stufen von rechts hinunter geschritten ist, der findet linker Hand den Sarkophag vor, aufgestellt vor einer altarartigen Holzwand und rechter Hand die Stuhlreihen einer Bet- und Gedächtniskapelle.

Die pompöse Theatralik des Barock – überall ist sie im Dom in höchster Kunstfertigkeit gegenwärtig. Über dem Hochaltar steigt Maria figürlich und damit leibhaftig dem Dogma gemäß in den Himmel empor, und unten links, in der durch ein Geländer abgesperrten Nische, ist im Rahmen der wuchtigen Holzwand ein stuckartiges Relief eingepasst mit der Darstellung der Ermordung des Heiligen durch die heidnischen Friesen.

Der Ermordete aber trotzt seinen Feinden. Er hebt ungebrochen in der Fülle seiner Kraft, in der Würde seines erzbischöflichen Ornats wie von selbst den stein-schweren Deckel des Sarges empor. Die Hände, die Arme drückt er auf das Unterteil des Sarges, die mächtige Bischofsmütze auf dem bärtigen, dem markant gradlinigen Haupt, hebt er sich heraus aus dem Sarkophag.

Erstmals, weil mir nichts ferner war als die Verehrung des Heiligen, tatsächlich erstmals habe ich dieses geschichtsmächtige Haupt im SAAL DES KREISES gesehen. Als Foto hing es dort neben dem

Preußenkönig, dem Alten Fritz, neben Paracelsus und den Brüder Grimm.

Der Missionar der Deutschen, der die Eiche, das Heiligtum der Germanen, gefällt hatte, sein Bildnis hängt an der Fachwerkwand des Saales, ja er ist auferstanden, nicht leibhaftig – als Geistwesen ist er gegenwärtig im Raume, waltend und kündend ist er in der VERHEISSUNG EINES ZEITALTERS DER SONNE.

Im SAAL, auf der gegenüberliegenden Seite der Dach-beschirmten Wand, wurde und wird es sichtbar, an der hellen Wand zeigt sich die Entwicklung im Symbol und im Wort. Am Anfang, in den sechziger Jahren, hing ein großes Y als Holzzeichen an der Wand. Das Y, das den Menschen darstellt, der sein Haupt zurücknimmt, sich mit gestreckten, mit weit geöffneten Armen Gott öffnet.

Jahre später dann, in den siebziger Jahren, als unter Karl-Heinrichs Führung Sitzung um Sitzung im Saal stattfand, wurde eine Kupferscheibe auf die gespreizten Arme des Holzypsilon aufgesetzt als Symbol für das Sonnenhaupt, für den im Dienst am Ganzen, für den im Dienst für Gott und die Schöpfung erleuchteten Menschen. Und darunter stehen in der ganzen Breite der Wand die Worte der NEUEN ZEIT:

VERBINDE DAS UR MIT DEM MORGEN
UND LEBE BEWUSST
IN HEITERER ALLGEGENWART.

Augenblicke gibt es, da ist die ZUKUNFT GEGENWART. Annelies und ich – wir erleben es immer wieder so allbewegend bei den Zusammenkünften mit Karl-Heinrich oder eben auch heute, da wir beide in der Fuldaer Michaelskirche stehen, da wir beide an der Säule stehen, unten, in der Krypta der Kirche. Beginnt sich das Heilswerk des Bonifatius zu erfüllen, das am Anfang mit solchem Unheil verbunden war?

In der medialen Zwiesprache mit den DREI FRAUEN hat das Geistwesen Bonifatius, geradezu beteuernd, immer wieder bekundet, dass er als Mensch und Kirchenmann schuldig wurde und doch in einer Unschuld blieb, weil er einem höheren Willen, einem höheren Gebot folgen musste.

Musste deshalb all das VORHERIGE, all das NACHHERIGE so geschehen, das Schicksal Deutschlands und des Abendlandes so ablaufen – bis zur schrecklichsten STUNDE NULL?

„Das Ende des Alten bedingt den Anfang des Neuen.“ Wir beide, Annelies und ich, sprechen es an der Säule, unten in der Krypta der Michaelskirche, unten an der Säule, die aus der Zeit des Bonifatius stammt.

Den Raum mit dem Tonnengewölbe, das in der Mitte auf der einen Säule ruht – die Krypta haben wir verlassen, sind die Steinstufen hinaufgestiegen und in die obere Säulenrotunde eingetreten.

Wir gehen um die Säulen herum mit dem Altar in der Mitte und das feine rötliche Schimmern des Raumes ist uns Ahnung einer Auferstehung.

Die Herkunft aus der Ur-Arktis

Sonntag, den 18. November 1979

Morgenstimmung – sie ist draußen mit der steigenden Sonne, sie ertönt drinnen im Wohnzimmer mit der ersten Peer-Gynt-Suite von Edvard Grieg. Die immer wieder licht aufsteigende, vom großen Orchester gespielte Melodie ist mir Lieblingsmusik seit Jahrzehnten, seit den fünfziger, den sechziger Jahren, als ich oft frühmorgens, gemeinsam mit einem Freund, auf dem Fahrrad auf Tagestour unterwegs war im Kölner Umland. Der Tritt in die rotierend hochkommenden Radpedale war einfach kraftvoller, einfach beschwingter mit der im Kopf ertönenden Melodie, mit den kreisend immer wieder aufkommenden Klängen.

Die Sonne, die steigende – schräg fallen ihre Strahlen in der tiefen Stellung des Winters in den Raum. Es ist morgens gegen 9 Uhr. Mama, mit der ich in Bensberg, im Bergischen Land, in dem am Wald gelegenen Reihenhaus lebe, ist längst in den Dienst gegangen, zum örtlichen Amtsgericht. Mama war als junge Frau damals in Dresden eine befähigte Bürokraft. 1966, nach unserem Wegzug von Bonn, hat sie tatsächlich die Einstellung als Justizangestellte geschafft. Nach jahrzehntelanger Hausfrauentätigkeit ist sie dabei, ihre existenzielle Selbstständigkeit zu sichern, ihre Daseinsverunsicherung zu überwinden – verursacht von ihrem genialisch-wagemutigen, aber finanziell dürftig ausgestatteten Ehemann.

In der Tatkraft ihres mittlerweile 13-jährigen Dienstes, in Anbetracht erarbeiteter Versorgungsbezüge sind ihre Lebensängste gewichen, die damals in den ungewissen Jahren von beängstigend tiefen Depressionen begleitet waren. Ahnungslos freilich ist sie noch um den Sohn, der längst zur Kündigung entschlossen ist, zur Aufgabe seines die Existenz sichernden Status als Redakteur.

Einen Lebenstraum will ich mir erfüllen, der früh leuchtend und doch verschwommen wie ein Nordlicht aufflackerte, irgendwie mit dem Norden zusammenhing, mit einer unbändigen Sehnsucht da hinauf – gleich den Schwärmen von Wildgänsen, dem Zug der Kraniche, die im Frühling, in der Flügelkraft sparenden Spitze, am Himmel in den schnee- und eisbefreiten Norden ziehen.

Edvard Grieg – die licht-hell-klingende Musik von Grieg mit der Melancholie von Weite und Sehnsucht, die Tondichtungen, die Sinfonien von Jean Sibelius, seine atmosphärische, all-erströmende Musik, kongeniale Klangwelten finnischer Natur und Sage – insbesondere die beiden nordischen Komponisten haben mich in den schweren Stunden der Einengung und Gebundenheit, haben mich in den „Gefängnis-Jahren" der kaufmännischen Lehre ausbrechen lassen in die Weite, in die Ferne von Urwelten.

Ihre Klangwelten haben mich entrückt in die sommer-nächtige Helligkeit des Nordens. Und unversehens war dann zur Musik die Landschaft gegenwärtig, in der Erinnerung einer traumhaft-schönen Finnland-Reise, die ich mit den Eltern und dem Bruder Germar im Sommer 1959 unternahm; zuerst im Schiff auf den endlosen Seen des Landes und dann im zweiten Teil der Reise hoch oben in Lappland, nördlich des Polarkreises.

Die Sehnsucht nach dem Hohen Norden – woher rührt sie? Was mag die Ursache sein für die unvergleichliche Anziehungskraft der nördlichen Polarsphäre? Ist es die atemberaubende Teilung des Jahres in den ewigen Tag und die ewige Nacht?

Mir wurde die Beziehung zum Norden immer bewusster über Atlantis, über den Mythos eines Inselstaates, der in sagenhafter Vorzeit im Atlantik zwischen den Ost- und Westkontinenten gelegen, mir immer mehr den Geistesblick nach Norden lenkte. Das polar-nahe Grönland, so hieß es einmal über Karl-Heinrich, sei einst ein Grünland, ein eisfreies Land gewesen, und werde es wieder werden. Welch eine

Aussage mit ungeahnten Aufschlüssen für die Vergangenheit, mit unvorstellbaren Folgen für die Zukunft!

Beständig leuchtet seit Jahrtausenden der Polarstern am Sternenhimmel des Nordens. Leitstern war er für die Seefahrt, vor allem in der Vergangenheit. Er, der helle Doppelstern, der im Sternbild des Kleinen Bären erscheint, steht am nördlichen Himmelspol fast genau in der Verlängerung der Erdachse.

Auf den Darstellungen der *Irminsul* entspricht der Polarstern dem Weltennagel, der Punkt-mächtigen Verdickung oberhalb der Säule mit den ausladenden Schwingen. Die Säule aber ist als Urzeichen, ist als Urbild ja nichts anderes als die Erdachse, und ihre Schwingen sind Symbole ihrer Drehung und Bewegung im Weltenraum.

Apoll, der licht-herrliche Sohn des Zeus, Hauptgott bei Griechen wie Römern – im Winter zog er sich von seinen griechischen Gestaden, vom Orakel in Delphi zurück. Im Winter zog er sich zurück, so sagt es die altgriechische Mythe, jenseits des Boreas, jenseits des Nordwindes. Apoll zog sich zurück zu dem Volk, das am Rande der Erde, wie es ebenfalls die Mythe bezeugt, im Lichte des Friedens und der Seligkeit lebt.

Nicht unter dem Begriff Apoll sondern unter dem der „Hyperboreer" steht's im Lexikon. Unter Apoll, Apollon oder Apollo – wie die Spielarten seines Namens lauten – wird seine Herkunft eher auf Kleinasien zurückgeführt, auf den babylonischen Raum. Vom jährlichen, winterlichen Rückzug in den Norden Hyperboreas ist unter dem Stichwort Apoll kaum die Rede.

Ein Tatbestand, der für H. K. Horken symptomatisch ist: *Ex oriente lux* – aus Mesopotamien, aus dem Zweistromland und seinem Umfeld kommt nach allgemeiner, bildungswissenschaftlicher Auffassung das Licht der Kultur. Dem setzt Horken in seinem großformatigen, 600-seitigen Buch ein Kontra gegenüber.

Im vergangenen Jahr war ich bei meinen regelmäßigen Streifzügen durch Kölner Antiquariate auf den 1972 in Tübingen erschienenen Band gestoßen. Ständig auf der Suche nach Bestätigungen für die uns gegebenen Durchsagen zu Atlantis und all den damit zusammenhängenden Fragen hatte ich das Buch sogleich erworben und in meiner Freizeit gründlich studiert.

Dem Wissenschaftsdogma *„Ex oriente lux"* setzt Horken den programmatischen Buchtitel *„Ex nocte lux"* entgegen, das Licht aus der Mitternacht des Nordens, das Licht der Kultur aus dem hohen, dem polaren Norden. Der kulturell wie wissenschaftlich hoch gebildete Horken bestreitet nicht die kulturbildende Ausstrahlungsmacht des Zweistromlandes wie überhaupt der ganzen kleinasiatischen Weltgegend. Horken weist nur auf frühere, auf verursachende Ursprünge hin, er weist sie nach, indem er den Kosmos des Nordens eröffnet.

Horken wirft die Grundfrage auf: Warum zog Apoll im Winter in den Norden? Hatte er, dessen Name so auffallend dem Pol, dem Nordpol gleicht, hatte Apoll dort seinen Ursprung? Dort seine Herkunft? Kehrte er deshalb Winter für Winter in den hohen Norden zurück?

Die Mythe könnte „bloß" geistig deutbar sein. Sie könnte auf Geistes-Sphären, auf Seelen-Sphären einer Innerweltlichkeit hinweisen, aus solcher Phänomenologie her erklärbar sein. Horken aber ist, wie Schliemann einst von Troja, von der realen Tatsächlichkeit der Mythe überzeugt. Horken hat die Gewissheit, dass sie eine vor-geschichtliche Botschaft und Wahrheit enthält, die sich in der Sprache der Mythen verbirgt – sich aber dem offenbart, der den Schlüssel der Erschließung findet.

Hat Horken in seinem Buch „Ex nocte lux" den Schlüssel gefunden? Hat er auf den nahezu 600 großformatigen Seiten, auf denen der Seefahrer und Künstler Horken ein interdisziplinäres Spektrum von Wissenschafts-Einsichten eröffnet, das Dunkel der Vorgeschichte erhellen können? Hat er das Geheimnis um die Eiszeiten, um die Menschen aus den grauen, nördlichen Vorzeiten lüften können?

Horken ist ein Pseudonym. Der Autor hielt es für ratsam, angesichts der Brisanz des Themas seine Identität zu verbergen. Verworfen ist seine Version von offizieller Wissenschaft, verrufen ist alles Nordische in der Welt nach den Übersteigerungen des Dritten Reiches.

Aber zeitgeschichtliche Verfremdung ändert deshalb nichts an der Vorgeschichte. Wie aber weist Horken seine Grundthese nach? Bleiben wir vorerst beim reinen Mythos und bei seiner Entschlüsselung durch Horken.

Die winterliche Rückkehr des Apoll ergänzt er um die Ankunft der Aphrodite, der Meerschaum-Geborenen. Nach der Mythe kommt Aphrodite an der Küste Cyperns an. Woher kam sie, fragt Horken? Woher kam Prometheus, der Kulturheros, der den Menschen das Feuer gab und dafür an den Felsen des Kaukasus geschmiedet wurde? Welchen Völkern im Umfeld des Kaukasus gab er das Kultur ermögliche Feuer?

Das Ungeheuerliche einer unermesslich schrecklichen, einer fernen, grauen Vergangenheit, aber auch das unvergleichlich Großartige einer Meisterung ist für Horken in der griechischen Mythologie bewahrt, und zwar in den drei Götterkreisen. Von den europid-antiken Überlieferungen geht diese Mythologie am weitesten, am tiefsten in die Vorzeiten zurück. Dabei wurde sie bisher nur als einbildungsmächtige, kampfumschauerte Göttergenealogie gedeutet und in ihrer menschheitsgeschichtlichen Bedeutung verkannt.

Ein Horror-Szenario, um es mal ganz modern zu nennen, wird in dieser Göttergenealogie eröffnet. Von schlimmster Verbannung, von blutiger Entmannung wird da berichtet, von kannibalischer, grausig sich wiederholender Verschlingung wird in der Mär erzählt, von gigantischen Kämpfen, von jähen Stürzen in endlose Abgründe, aber all das hat wie im Märchen einen guten Ausgang; es endet in der Glorie des Sieges. Es endet in der herrlich-herrschaftlichen Meisterung des Göttervaters Zeus, thronend in seiner Göttergemeinschaft hoch auf dem Olymp, in der neuen Heimat Griechenland.

Gaia, die Erdgöttin – mit ihr begannen die unglaublich-ungeheuerlichen Geschehnisse. Aus sich selbst gebar sie Uranos, den Himmel, die Berge und das Meer. Vom licht-himmlischen Uranos befruchtet entstanden die Titanen, das zweite Göttergeschlecht, entstanden die Riesengeschöpfe, die ungeheuren wolkenblitzenden Kyklopen, die unübersehbar vielköpfigen, die hundert-armigen *Hekatoncheiren.*

Als Uranos aus unergründlichem Ingrimm beide Riesengeschöpfe, die Kyklopen wie die Hekatoncheiren, in den Abgrund des Tartaros verbannte, da entmannte ihn der Titan Kronos, sein jüngster Sohn, von Gaia, der tief erzürnten Mutter der Riesen, zu solcher Tat angestiftet.

Kronos jedoch, von der Weissagung gepeinigt, auch er werde wie Uranos entthront werden, und zwar vom eigenen Sohn; Kronos, der Furcht-Getriebene, verschlang alle seine Kinder, die er mit Rhea, seiner Schwester hatte. Er verschlang sie – bis auf den Jüngsten, bis auf Zeus, den durch die List von Mutter Rhea Geretteten.

Zeus jedoch, Gott und Mann geworden, besiegte in gewaltigen Kämpfen die Titanen, die dunklen Mächte des Chaos. Und Kronos, dem fürchterlichen Vater die verschlungenen Geschwister entreißend, schleuderte er ihn und seine Titanen in den Abgrund des Tartaros.

Unumstritten in erlangter Allmacht, seiner Zeugungs- und Schöpfungsmacht herrscht seitdem Zeus im Kreis der Götter. Heils-

Bewahrer ist er des aus Chaos wiedererlangten Kosmos von Himmel und Erde. All-Versöhner ist er ebenfalls, da er den grausigen Vater begnadigt hat, ihn entrückt hat in die fernen, in die hohen Inseln der Seligen. Offensichtlich sind es dieselben Inseln, sind es die Inseln des Nordwindes, zu denen Apoll, der Sohn des Zeus zurückkehrt – Winter für Winter.

Mnemosyne, die Titanin, die Hüterin des Gedächtnisses, hatte Zeus zu seiner Gemahlin erwählt. Für Horken bewahrt sie in der Mythologie der drei Götterkreise, in der gleichnishaften Verhüllung, in traumhafter, in traumatischer Verfremdung die ungeheuer lange die ungeheuer schwere Erdperiode gewaltigster Veränderungen. Für Horken verbirgt sich in der mythischen Überlieferung der Altgriechen die nahezu zwei Millionen Jahre währenden Eiszeit.

Die Griechen des Archaikums waren Seefahrer, nicht nur im Mittelmeer sondern auch auf dem offenen, endlos weiten Meer. Sie kamen einst von dort, wohin es Apoll Winter für Winter zurückzog – von den Inselgebieten des arktisch-polaren Nordens.

Im Labyrinth der Mythologie, in den Überlagerungen, den Veränderungen der Zeiten, die übrigens zu absurden Versionen der Spätzeit führten – Herodot, Sokrates und Platon hatten bekanntlich ihre Probleme damit – in all der Wirrnis des mythischen Erbes erkennt Horken drei für ihn eindeutige Grundgegebenheiten, drei deutlich hervortretende Grundgeschehnisse.

Mit dem ersten Göttergeschlecht, mit Gaia und Uranos, entsteht das vielarmige, das vielköpfige Inselland im hohen Norden (die Hekatoncheiren), von Kronos, dem zweiten, wird es verschlungen durch überflutenden Untergang. Mit Zeus aber, dem dritten Göttergeschlecht, wird in ungeheuren Kämpfen, wird in unvergleichlicher Meisterung das Chaos planetarischer Veränderungen, das Chaos von Flucht und Gefahren überwunden, mit Zeus und seinem Götterkreis wird der neue Kosmos, wird die neue Heimat gewonnen, Griechenland mit all den Meeresinseln.

Die Weltära des Kronos – für Horken ist es das riesige, das lang gestreckte Küstenland, das während der Eiszeit oberhalb von Eurasien und Nordamerika, also überwiegend im nördlichen Polarkreis, bestand.

Welch eine phantastische, um nicht zu sagen welch eine abwegige Vorstellung?! Bewohnbares, unendlich weitläufiges Land, mit Flora und Fauna gar noch begrünt und belebt und all das hoch im Norden hinter dem Gletscherfeld, das von Nordspanien, über Nordfrankreich, Großbritannien, Deutschland, Dänemark immer breiter werdend ganz Skandinavien erfasste, den Ostraum Europas, Russland bedeckte in gigantischen Eisgebirgen; Hunderte von Kilometern breit und Tausende Kilometer lang sich an der heutigen Nordküste entlang bis zum Ende Asiens erstreckte. Aber das Eis endete nicht da, wo sich heute Asien und Alaska berühren; es lastete auf ganz Alaska, auf ganz Kanada mit weiten Ausläufern hinein in die heutigen USA. Schließlich, den Polarkreis der Nordhalbkugel schließend überzogen die Gletscher das ganze, riesige Grönland.

Auf dem Doppelkontinent Eurasien gab es im Süden, an den Alpen beginnend, eine zweite Gletscherzone, die über die Karpaten, über den Kaukasus, das persische Gebirge sich über das Himalaya-Gebirge bis zum Pazifik erstreckte. Im Westen, in der schmalen Windtuba, also im Raum zwischen Nord- und Süd-Eiszone müssen ungeheure Orkane entstanden sein, sie müssen sich ausgetobt haben nach Osten in die Offenheit und Weite der Löss-Steppe Asiens, ihre Lebensfeindlichkeit noch mehr erhöhend.

Im hohen Norden aber, eben jenseits der glitzermächtigen Eismauer, waren nach Horken, waren nach seinem grundlegenden, landschaffenden Erklärungsmodell die Lebensbedingungen günstig; nicht nur für Flora und Fauna sondern auch für den Menschen, für die Völkerschaften des polaren Nordens.

Wie kommt Horken zu solcher Vorstellung? Müssten nicht im Norden, jenseits der Eisgletscher, die Lebensbedingungen noch ungünstiger sein, zumal um den Nordpol das Meer vereist ist? Und überhaupt: Wie kann es nachvollziehbar erklärt werden, dass sich im Norden jenseits der Eisgletscher weites Land aus den Meerestiefen erhob?

Horken, naturwissenschaftlich umfassend und präzise bewandert, geht von zwei Gegebenheiten des Atlantiks aus, um den erd-umwälzenden Ablauf seines Modells zu beweisen: um Erklärungen zu finden zur Entstehung der Eiszeit und zu ihrer katastrophenträchtigen Beendigung.

Die beiden entscheidenden Gegebenheiten des Atlantiks sind der Golfstrom und die Schelfgebiete. Der Golfstrom ist das Warmwasser, das angeheizt im karibischen Raum zwischen Island und Großbritannien noch heute nach Skandinavien zieht und das für ganz Nordeuropa und darüber hinaus das gemäßigte Klima bewirkt. Das Schelf sind riesige, vom Festlandsockel bedingte Niedrigwasser im Ozean.

Keine wissenschaftliche, geschweige denn seemännische Autorität bestreitet diese Gegebenheiten des Nordatlantiks. Horken ist nur meines Wissens der Einzige, der im Zusammenhang damit, unter Anwendung erd-physikalischer Gesetze einen umfassenden Erklärungsversuch für die Eiszeit unternimmt. Eine weitere Naturgesetzlichkeit kommt hinzu: Aus Kälte allein bilden sich keine Gletscher, geschweige denn ganze Eisgebirge, dafür ist Wasser, ist die Feuchtigkeit der Wolken, ist Niederschlag notwendig; und darüber hinaus eine weitere, unabdingbare Naturgesetzlichkeit: die Zeit. Die Zeit in ihrer Allmählichkeit wirkend über Hunderttausende von Jahren.

Horken geht bei seinem Erklärungsmodell von der Voraussetzung aus, dass vor der Eiszeit das Polarmeer ebenso wie in unserer Zeit vereist war, dass damals vor der Eiszeit der Meeresspiegel der gleiche war. Um einen ersten Zugang in die verwickelt schwierigen Abläufe zu geben, gebraucht Horken das einfache Bild eines vereisten Teiches, der unter unentwegtem warmen Zufluss steht. Der Tau-Bereich wird sich allmählich immer mehr erweitern.

Ebenso geschieht es beim Golfstrom. Durch die Rotation des Erdballs wird der Golfstrom in seiner Bewegung nach Osten bestärkt, baut er einen immer mächtiger, immer breiter werdenden Wärmevorrat auf. Das Temperaturgefälle zwischen warmem Golfstrom und darüber lagernder Kaltluft am ständig auftauenden Eisrand lässt immer stärker werdend arktischen Seerauch, Nebel und Wolken entstehen. Da die Atmosphäre über dem Golfstrom in der Temperatur beträchtlich angestiegen ist, vermag die Luft umso mehr Feuchtigkeit aufzunehmen. Der Wind treibt die riesigen Wolkenfelder hinweg; höher steigend, an Gebirgszügen etwa, kondensieren sie. Regen, Schnee, Graupel oder Hagel fallen hernieder. Die Gletscherspeisung beginnt.

„Die Gletscherspeisung im Eiszeitmaßstab“, so schreibt Horken, „ist physikalisch gesichert.“ Das durch den Golfstrom zu Wolken gewordene Wasser, vom Wind ins Binnenland verfrachtet, wird mehr und mehr in Gestalt von Schnee-Firn-Gletschereis den bereits entstandenen Gletschern einverleibt und damit dem Kreislauf zurück zum Meer entzogen.

Langsam zwar über lange Zeiten, dafür aber unaufhaltsam sinkt der Meeresspiegel. Und ebenso langsam, so Horken, aber unaufhaltsam erhebt sich in den Schelfbereichen neues Land aus dem Meer. Es vollzog sich westlich von Frankreich und Irland, in der Nordsee, östlich von Norwegen bis nach Alaska, also an der lang gestreckten nordasiatischen Küste entlang bis zum Beringmeer.

Je mehr sich die Gletschergebirge herausbildeten, umso mehr trat eine Veränderung des Klimas ein. Auf Europa bezogen, heißt das nach Horken, dass sich die graduelle Abkühlung nach Norden hin in schroffe Gegensätzlichkeit verwandelt. Unmittelbar an die milde Klimazone über dem Neuland schloss sich die Kaltzone der Gletschergebiete an. Und zwischen dem Nordriegel der Eiszeit und dem Südriegel (Alpen, Kaukasus etc.) tobten, wie bereits gesagt, von Westen her nach Asien hin die wildesten Winde.

Die Mächtigkeit der Gletscher – Gewicht sich umsetzend in Druck – bewirkt eine Absenkung unter dem Eis und einen Quelleffekt in den Umfeldern. Die Folge war, dass sich vor dem heutigen Nord-West-Europa eine nahezu flache und fruchtbare Tiefebene in unentwegter Allmählichkeit aus den Wassern des Meeres erhob; ein Tiefland, das das heutige Irland in seinem Ausmaß um ein Beträchtliches übertroffen haben muss. Von der engsten Winkelzone der Biskaya, so Horken, erstreckt sich das Neuland etwa 100 Kilometer und mehr vor der heutigen französischen Küste in einem großen Schwung nach Nordwesten. Dann, etwa bei 49 Grad nördlicher Breite und 11 Grad westlicher Länge, in rund 50 km Abstand vor der Küste um Irland und um die Hebriden herum bis in den Raum der heutigen Shetland-Inseln.

Während der Eiszeiten mit den wechselnden Warm- und Kaltperioden waren die heutigen Gebiete von Irland und Großbritannien weitgehend von Gletschern bedeckt, aber das aus dem Meer aufgestiegene Neuland machte die Verluste mehr als wett.

Die Neuland-Tiefebene westlich von Cornwall und der Bretagne, westlich und südlich von Irland bot üppige Weiden für die Eiszeit-Fauna, für die Herden der riesigen, fell-zotteligen Mammuts, für das Wollnashorn, für die heute nur noch in Afrika vorkommenden Flusspferde. In späteren Phasen der Eiszeit dann muss es Herden von Riesenhirschen, von Bisons, von Wildrindern und Wildpferden gegeben haben. Die überall aufgestiegenen Sandbänke waren günstigste Tummelplätze für Seehunde, Robben und Walrosse.

Der Fischreichtum, Voraussetzung für das Überleben dieser Meeres- und Küstenbewohner, war artenreich gesichert durch den Planktonreichtum des warmen Golfstromes. Plankton, das Wärme-abhängig ist, besteht aus mikroskopisch kleinen Pflanzen und Krebsarten. Sie sind die Daseinsvorsetzung für die Lebenskreisläufe im Meer.

Aber zurück zum eiszeitbedingten Neuland.

Ein zweites großes Gebiet ist in der heutigen Nordsee, im so genannten Doggerland, aufgetaucht, und zwar unter dem doppelten Gletscherdruck von West (Großbritannien) und Ost (Jütland und Skandinavien). Ein dritter Lebensraum erhob sich vor den Küsten Norwegens, bis hinauf ans heutige Hammerfest, dann nördlicher noch hin zu den heutigen Inseln von Spitzbergen und dem Franz-Josef-Land. Das vierte Neuland, lang gestreckt und immer breiter werdend, zog sich, wie bereits gesagt, oberhalb von Russland bis nach Alaska hin.

Im Umfeld des Polarkreises also war unter den Auswirkungen des Golfstromes, der Gletscher und ihres Quelldruckes ein riesiges Landgebiet entstanden. Obwohl die offizielle Wissenschaft weiß, dass der Meeresspiegel allein in der Zeitspanne von 16.000 bis 4.000 v. Chr. nahezu um 199 Meter gestiegen ist, die allgemein bekannten Schelfgebiete also vorher über dem Meer gelegen haben müssen, war das eiszeitbedingte Neuland niemals so recht und gründlich im Brennpunkt der Forschung. Offensichtlich von der allgemein verbreiteten Annahme ausgehend, die Eiszeit sei eher aus einer besonderen Abkühlung der Pole entstanden.

Aber ist der Golfstrom wirklich die eigentliche Ursache? Ist er tatsächlich so mächtig und wirksam? Der Golfstrom, einer der gewaltigen die Erdkugel umspannenden Meeres-Beweger, ist ein gigantisches Phänomen, das sich nicht wie Flüsse zwischen Ufern bewegt sondern eben im Atlantik, dort allerdings eindeutig bestimmbar. Der Golfstrom bewegt sich nämlich, als habe er ein Flussbett mit genauer Abgrenzung, und zwar hat er es in der Temperatur. Ein Küstenwachtkutter, der nur mit dem Heck im Golfstrom war, maß dort 20 Grad, im kalt umspülten Bug jedoch nur 4 Grad. Wenige Meter Unterschied und dann ein Temperaturgefälle von 16 Grad.

Ungeheure Wassermassen sind es, die der Golfstrom verfrachtet. Errechnet wurde, dass es 112mal so viel Wasser sein muss wie die Wasserkapazität aller Flüsse der Erde. Gewaltiger Druck und Strömungstiefen entstehen aus meer-umspannendem Zusammenhang. Der Benguela-Strom aus dem Süden des Atlantik, von Afrika kommend fließt er an der Nord-Westküste Südamerikas vorbei in den engen, stark erwärmenden karibischen Raum, um als warm gewordener Golfstrom europawärts zu ziehen.

An der Ostküste der USA, vor Kap Hetteras, sind genauere Untersuchungen zu Temperatur, Salzgehalt, Dichte und

Stromgeschwindigkeit durchgeführt worden. Dort ist die Stromtiefe mit 1.000 Metern außerordentlich, die Strombreite mit 50 Kilometern allerdings sehr schmal, die Stromgeschwindigkeit jedoch liegt bei 150 cm pro Sekunde. Es ist die Auswirkung jener ungeheuren Düsenwirkung, die in der Karibik an der Meerenge zwischen Florida und Cuba entsteht.

Physikalische Gesetze lassen erahnen, welches Wärmepotenzial der Golfstrom-Gigant zu fassen und von der Äquatorialzone der Karibik nach Osten zu befördern vermag, da die Wärmekapazität von Wasser rund 3.200mal größer ist als diejenige der Luft. Also, um es noch einmal zu veranschaulichen: Bei gleichen Raumgrößen von Wasser und Luft sind 3.200 Wärmeeinheiten mehr beim Wasser nötig und möglich als bei der Luft.

In Überfülle und Übermächtigkeit vermag der Golfstrom deshalb zu erbringen, was in Jahrhunderttausenden für die allmähliche Gletscherbildung unerlässlich war: Der Golfstrom war alles zugleich: Er war Wärmelieferant, Verdunstungsförderer und Nahrungsspender.

Wie aber ging und wodurch nach Horkens Erklärungsmodell die Eiszeit zu Ende? Horken verweist auf den Raum zwischen Grönland und Schottland. Durch das Absinken des Meeresspiegels um mindestens 100 Meter ist in diesem Zwischenraum eine Barriere für den Golfstrom aufgekommen, die ihn insbesondere nach Nordwesten verdrängt, und zwar in die Davisstraße zwischen Grönland und Baffinland. Und tatsächlich: Horken kann den Beweis erbringen. Die so genannte Wisconsin-Vereisung ist in Nordamerika zu einem Zeitpunkt nachweisbar, als die Vereisung in Europa schon weitgehend beendet war.

Allmählich und ungeheuer langwierig war die Herausbildung der Eiszeit, ungeheuer katastrophal und relativ kurzfristig muss ihr Ende gewesen sein, es war von jähen, schnellen und verheerenden Abläufen bestimmt. In den Mythen von den Sintfluten und Erschütterungen ist es schauerlich überliefert, in der Vernichtung von Göttergeschlechtern, glückhaft strahlend aber auch in der Meisterung, im Aufstieg eines neuen Göttergeschlechtes, das ein neues Äon bestimmte und gestaltete.

Bei seinem Erklärungsversuch, dargelegt wie gesagt auf nahezu 600 großformatigen Seiten spricht Horken selbst von einem groben Schema, das hier auf diesen Seiten noch mehr vereinfacht werden musste. Es ist ein grobes Schema mit einem großen und weiten erd-

wie kulturgeschichtlichen Überblick und Durchblick; ein Erklärungsversuch aus erdphysikalischen Naturgesetzen, der auch nach Horkens Eingeständnis viele Fragen offen lässt, so besonders, von ihm auch freimütig heraus gestellt, den Wechsel zwischen Warm- und Kaltzeiten während der zwei Millionen Jahre währenden Eiszeit.

Ausgeklammert hat Horken auch die Auseinandersetzung mit anderen, möglichen Verursachungen für die Eiszeit, etwa durch die Neigung der Erdachse, etwa durch Veränderungen in der Erdbahn um die Sonne oder ihrer Strahlungsstärke. Horken verschweigt auch nicht, dass er, wie gesagt, bei seinem Modell davon ausgeht, dass vor dem Beginn der Eiszeit ähnliche Gegebenheiten waren wie in der Gegenwart.

Im Dunkel der Ungewissheit bleibt das alles, im geheimnisvollen Dunkel um die Vorzeiten der Erde und der Menschheit. Aber es gibt unbezweifelbare paläolithische, paläontologische Tatbestände, die Horkens Erklärungsmodell generell bestätigen. Über der Doggerbank, dem Flachmeer zwischen Großbritannien und Jütland, wurden von Fischern in ihren Netzen Unmengen von Büffelhörnern, von Knochen und Stoßzähnen aus dem Meer gezogen. Dieser Tatbestand ist bezeugt seit Generationen.

Zusammengedrängt auf einen etwa 27.500 km^2 verkleinerten Raum müssen sie beim Anstieg der Nordsee verendet sein, weil sie nicht rechtzeitig nach Süden in Richtung holländische und deutsche Küste ausgewichen waren sondern sich zuletzt, Vernichtung bringend, auf die Anhöhe der Doggerbank zurückgezogen hatten. Ein weiterer, unbezweifelbarer Tatbestand ist die Fülle von uralten Steinwerkzeugen, die in den weiten Bereichen des Polarkreises gefunden worden sind.

Ein weiterer unbezweifelbarer Tatbestand ist der Cro-Magnon-Mensch, dessen Schädel und Knochen in der Namen gebenden Höhle der französischen Dordogne entdeckt wurde (Aurignasien). Der Cro-Magnon ist in seiner Konstitution, in seiner Gehirnkapazität dem modernen Menschen vergleichbar. Er tauchte, unerklärbar für die offizielle Wissenschaft, unvermittelt aus dem Dunkel der Vorzeit auf und stieß in Europa auf den instinkthaften, im Geiste unterentwickelten Neandertaler. Der Cro-Magnon-Mensch verdrängte ihn offensichtlich völlig, wenn auch durch Vermischung gewisse Gen-Elemente des Neandertalers erhalten blieben.

Während die Kulturzeugnisse der Neandertaler nach allgemeiner Übereinstimmung auf wenige, sich stets wiederholende Steinwerkzeuge beschränkt waren, hatte der Mensch des Cro-Magnon auf Anhieb, also ohne erkennbare Vor-Entwicklung, das ganze alltägliche wie religiöse Spektrum einer gehobenen, reich entwickelten Daseins- und Lebenskultur.

Großartig ist die Fülle, die Nutzbarkeit der gefundenen Steinwerkzeuge; von der Harpune bis zur Nähnadel. Beeindruckend sind die Knochengravierungen, die erlesenen, kunstfertigen Schmuckstücke; und dann vor allem, atemberaubend in ihrer Einzigartigkeit, die lebendigen, die mächtig-schönen Malereien in den Höhlen Nordspaniens und Frankreichs.

Altamira in Nordspanien – 1879 eine der ersten Entdeckungen der altsteinzeitlichen Höhlenmalereien – war wegen der Frische, der Stärke der Farben, wegen der Lebensnähe und Meisterschaft der Tiergestaltungen so erstaunlich ungewohnt, dass es in der zeitgenössischen Wissenschaft und Öffentlichkeit totale Ablehnung erfuhr.

Der Franzose Gabriel Mortillet, Mitbegründer der Altsteinzeitforschung als eigene Disziplin, verstieg sich gar zu dem Vorwurf eines Schwindels. Der Vorwurf entsprach dem Urteil, zu dem Mitarbeiter der damals angesehenen Fachzeitschrift *„Matériaux pour l' Histoire de l'Homme"* kamen. Nach einem Besuch in Altamira, nach der Begutachtung der Höhlenmalereien, hielten sie diese für einen Betrug, für eine Arbeit eines zeitgenössischen, modernen Malers.

Die Geistesgrößen des 19. Jahrhunderts, im Ideal der Antike, des Griechen- und Römertums verankert, dann nach Napoleon im Banne des alten Ägyptens und des Zweistromlandes Mesopotamien als der Wiege menschlicher Kultur – sie alle konnten die Kulturhöhe jener Urzeit des Menschen nicht erfassen, nicht in ihr eigenes Welt- und Menschenbild einbauen – eine Kulturhöhe, die alsbald jedoch mit der Entdeckung weiterer Höhlen immer unleugbarer wurde und mit den Höhlenmalereien von Lascaux allmählich endgültige Anerkennung fand.

Bis zu 60.000 Jahre, das ergaben verstärkt einsetzende Forschungen, gehen wohl die Felsbilder von Altamira in die Vorzeit zurück. Herbert Kühn, der allgemein anerkannte Kunst- und Prähistoriker, würdigte denn auch die Höhlenmalereien als die älteste, als die erste Kulturtat Europas.

Gerade diese Kulturzeugnisse, ihre Häufigkeit in Nordspanien und Südfrankreich legt die Annahme mehr als nahe, dass es sich um die neue Heimat, dass es sich um das Rückzugsgebiet jener Völkerschaften handeln muss, deren Land um Großbritannien, um Irland in den Endphasen der Eiszeit immer mehr vom Meer, vom Atlantischen Ozean überspült worden waren, so dass sie sich mehr und mehr über den Golf von Biscaya ins spanische, ins französische Hinterland zurückzogen, sozusagen hinter den nördlichen, mehr und mehr zurückweichenden, mehr und mehr dahin schmelzenden Gletscherriegel.

Die Tatsächlichkeit des archaischen Landunterganges, die Tatsächlichkeit der archaischen Sintflut, die Tatsächlichkeit der Überschwemmungen und Fluchtbewegungen ganzer Völkerschaften ist gewiss, ist unbestreitbare Gewissheit.

Niemand freilich kann beweisbar nachvollziehen, in welchen Zeiten genau, auf welchen Wegen genau, unter welchen mehr oder weniger katastrophalen Umständen der Rückzug aus den Polargebieten des hohen Nordens geschah. Sicher ist, dass es sich, was Europa und Asien angeht, sowohl übers Land wie übers Meer vollzog.

Die Höhlenmalereien dürften mit einem Landrückzug zusammenhängen, während die griechische Mythologie, z.B. die Ankunft der Aphrodite vor den Küsten Zyperns, auf einen Mythos des Seeweges zurückgeht, und zwar über den Atlantik, um Spanien herum, durch das Tor von Gibraltar ins Mittelmeer.

Die Wikinger der Neuzeit – mit ihrem einzigartigen Wikinger-Boot haben sie vor über tausend Jahren die Hochseetüchtigkeit ihres Schiffes bewiesen. Die kühnen Nordmänner waren es, die fünf Jahrhunderte vor Columbus Amerika für die europäische Hemisphäre entdeckten. Die genial einfache Konstruktion ist in Gestaltung und Leistung eine bewundernswerte Nachahmung dessen, was die Schöpfung unentwegt in der Tier- und Pflanzenwelt vollbringt.

Das Boot mit dem einen Großsegel dürfte schon in grauer Vorzeit im stark-kehligen Rhythmus seiner Seeleute über Wogen und Meere geglitten sein. Es ist mehr als nahe liegend, dass die Menschen hoch im Norden, jenseits des Eises, in ihrer Nähe zum Meer früh schon einen so vollendeten Schiffstyp entwickelten und bauten.

Sicherlich war er im Grundtypus auch den Völkerschaften verfügbar, die östlich von Spitzbergen und Nordskandinavien aus dem hohen Norden Russlands und Asiens fliehen mussten. Große Gebiete des ehemaligen nördlichen Gletscherriegels hatten sich von

Nordfrankreich bis Russland, bis Asien hin in vom Meer überschwemmte oder weitläufig versumpfte Gebiete verwandelt. Für Zeiten waren Ostsee und Barents-See als Meer verbunden.

Riesige Seenlandschaften, etwa wie im heutigen Finnland, hatten sich im russisch-asiatischen Raum gebildet. Irgendwann und irgendwo drangen Völker über das Schwarze Meer, den Kaukasus, über das Kaspische Meer – sie drangen über die Weiten von Meer und Land, über die Höhen und Tiefen von Gebirgen und Tälern, sie trafen schließlich ein, sie gestalteten die Geschichte des Nahen und des Fernen Ostens.

Die Früh-, die Hochkulturen des Nahen Ostens sind allgemein bekannt, greifen wir als Beispiel für den Fernen Osten Indien heraus. Die Herkunft der nordischen Völkerschaften spiegelt sich noch heute in ihren heiligen Schriften. Der Brahmane Balgangâdhar Tilak etwa hat die arktische Heimat in den Veden in einer Studienausgabe (Puna) im Jahre 1903 aufgezeigt.

In Indien hat der Tagesverlauf einen für die südlichen Breiten kennzeichnenden, beinahe plötzlichen Übergang von Helligkeit zu Dunkelheit. Die Phase der Dämmerung zwischen Tag und Nacht ist also in Indien extrem kurz.

In Indiens heiligen Schriften jedoch, in den Veden (*Taitirya samhita* IV.3.11) sind die zur Aufdämmerung der Nacht zu rezitierenden Texte so lang, so umfangreich (von zweimal dreißig Schwestern ist die Rede), dass unmöglich die Dämmerung in indischen Breiten gemeint sein kann.

In Wirklichkeit ist die Nordische gemeint, die, verbunden mit Licht-zaubernden Erscheinungen, den etwa 30tägigen Übergang schafft von der ewigen Nacht zum ewigen Tag des Nordens. Der ewige Tag des Polarkreises, der etwa fünf Monate dauert, ebenso wie die ewige Nacht.

Der Große Bär, das leuchtende Sternbild des Nordhimmels, wird im Rig Veda I. 24 so hoch am Firmament gestellt, wie es nur am Polarkreis zu sehen ist. Und der Berg Meru, der Sitz der Götter, ist das hohe Wölbungsrund der Erde, eben mit dem Gipfel des Nordpols.

Im *Mahâbhârata* (Kap. 163. v. 37-38 und Kap. 164. v.11-13) wird der Besuch des Helden Arjuna am Berg Meru beschrieben. Es heißt da unter anderem: „Tag und Nacht sind zusammen einem Jahr gleich für die Einwohner jenes Ortes." Welche Entsprechung zur Nordfahrt des Apoll.

Der Holländer und Friese Herman Wirth, Professor für Altertumskunde, hat etwa ein halbes Jahrhundert vor H.K. Horken den Aufriss einer nordischen Gesamtschau vollbracht. In seinem Grundlagenwerk „Der Aufgang der Menschheit“ hat er mit umfangreicher, wissenschaftlich akribischer Beweisführung die globale, die *allrunde* Dimension des nördlichen Polarkreises eröffnet; eröffnet als Herkunft der nordischen Völker. Herman Wirth erschließt das Allrund des nördlichen Polarkreises in der Offenheit, in der Offenbarungsmächtigkeit des Himmels.

Das Ewig-Beständige wie das Ewig-Veränderliche – im hohen Norden der Arktis ist es Anschauung und Erfahrung zugleich. Der Polarstern ist dabei, wie gesagt, für die Völker und Kulturen der Nordhalbkugel der Fix-Stern, der Weltennagel der *Irminsul*, also der Erdachse. Und die all-erleuchtende Sonne – in der Arktis kreist sie der Mythe gemäß vom rollenden Sonnenwagen tatsächlich am Himmel im Kreise herum, da sie während des Sommers nicht untergeht. Und die allprächtig funkelnden Sterne – in der monatelangen, unentwegten Nacht des Winters kreisen sie ebenfalls über dem Himmelsrund des Horizontes wie in einem Tanz des Himmels.

Das Ewig-Beständige und das Ewig-Veränderliche – beides ist es hoch im Norden Anschauung und Erfahrung zugleich!

Der Polarstern – Herman Wirth führt es aus mit genauem, gründlich-umfassenden Nachweis – der Polarstern also wird in den germanischen Sprachen Leitstern genannt; der „Weltnagel“ ist es in der isländischen Volkspoesie, bei den Pawnee-Indianern, Nebraska, ist es „der Stern, der sich nicht bewegt“. Die Azteken mit ihrer Hochkultur in Mexiko hielten den Polarstern gar für ein höheres, für ein mächtigeres Wesen als die Sonne selbst.

Im antiken Babylon war der Polarstern der Thron des obersten Himmelsgottes Anu; wie auffallend ähnlich ist der Gottheitsname dem *Ur-anu-s*, dem Urgott der Griechen.

Wie gesagt: In der mythischen Überlieferung ist der Polarstern, ist der „Weltennagel“, zugleich die Spitze der Weltenachse, um die sich die Erde dreht. In der Spitze des Lebensbaumes, über seine Drehung, den Kreistanz der Sonne und der Sterne wird dem Menschen und allen Geschöpfen das Leben, die Lebensordnung geschenkt.

Das Konsonantenpaar t-r und seine Umkehrung r-t drücken es aus. In den atlantisch-nordischen Sprachen sind es Urbedeutungen von Drehung (t-r) und Recht (r-t), die in zahllosen sprachlichen und inhaltlichen Varianten in der Sprachenfamilie nachweisbar sind.

Die Achse, der senkrechte Strich mit dem oberen und dem unteren Kreis, ist deshalb das Urbild der kosmischen Acht, der Acht (8), die für den Kreislauf steht zwischen Himmel und Erde. Der Kreis wiederum, mit der hälftig teilenden Senkrechte ist die Jahresteilung des Hohen Nordens in die Halbjährigkeit von Tag und Nacht. Die Tag- und-Nachtgleiche, da die Sonne am Horizont auf- oder unterging, ergibt in der Querverbindung die Horizontale und damit das Radkreuz als Urzeichen der Welt.

Das Andreas-Kreuz, das nicht aufrecht sondern schräg in die Achsen Nordost/Südwest und Nordwest/Südost gestellte Kreuz, entspricht den äußersten Aufgangs- und Untergangspunkten der Sonne im Jahreslauf, wie er am Längenmeridian von Irland gegeben ist. Das heißt, das jeweilige Radkreuz gibt nicht nur zeitliche Abläufe sondern auch räumliche Ortung an.

Die drei Kreiszeichen übereinander gelegt ergeben das acht-speichige Rad, das Rad, das die Drehung des Daseins (t-r) mit der Ordnung des Daseins (r-t) vereinigt und so zum Lebens-, zum Schicksalsrad wird. Selbst im Buddhismus, scheinbar fern solchen nordisch-polaren Bezügen, ist es Symbol des achtfachen Pfades im Sein des Lebens.

Indiens heilige Richtung ist der Norden. Das ur-überlieferte, das Jahr der Veden ist in zwei Teile, zwei Hälften geteilt, dem *Uttarâyana* und dem *Dakshinâyana*, was dem Jahr als einem Tag und einer Nacht der Götter entspricht. Selbst die in der Neuzeit im 15. Jahrhundert entstandene „Verbotene Stadt“ in Peking, selbst der chinesische Kaiserpalast, der in seiner Architektur die Urordnung von Himmel und Erde spiegelt, selbst Chinas Zentrum ist auf den Norden, ist auf den Polarstern ausgerichtet.

Urzeichen sind es, auf der Nordhalbkugel der Erde überall nachweisbar, weit hineinreichend bin in die Jahrzehntausende vor unserer Zeitrechnung, eingeritzt in Felsen, in kultisch-sakrale Kleinplastiken, aber auch in Werkzeugen des täglichen Lebens.

Nach Herman Wirth wurde 1856 auf der Monhegan-Insel, vor der nordamerikanischen Insel von Maine eine Inschrift entdeckt, von der anfänglich angenommen wurde, dass es sich um eine Runenschrift handele. Die genauere, die gründliche Erforschung ergab freilich, dass die Inschrift ein Vorläufer ist des Runen-Futharks aus der Völkerwanderungszeit, ein ins Archaische zurückgehender Vorläufer, der nach Wirth mindestens 25.000 Jahre alt ist.

Die Sprache der Nordvölker entsprach in den überkommenen Schriftzeichen den Urerfahrungen der Sonne auf Erden, ihrem Aufgang und Untergang, ihrem Lauf, ihrer Wandlung von Hell zu Dunkel. Die Vokale vom hellstrahlenden a bis zum tief-dunklen u entsprachen den Wandlungszuständen des Daseins in einer Sprache, die nach Wirth sich aus Ursilben aufbaute, und zwar in den vier Entstehungsarten, dem Kehllaut „k", dem Zahnlaut „t", dem Lippenlaut „p" und dem Zischlaut „s".

Der Kehllaut K etwa hat ebenso wie die anderen Lautarten eine stimmlose Version, im „kh", im „h", „ch" eine gehauchte und im „g" eine stimmhafte Version. Beim Zahnlaut t ist es th (gehaucht) und d (stimmhaft); beim Lippenlaut p ph (f, v) und b; beim Zischlaut s sch und z.

Jeder dieser vier Grundlaute hat nun die Vokalwandlung von a bis u. Das heißt beim Kehllaut k von ka bis ku und außerdem noch in besagter gehauchter und stimmhafter Version.

Die Silben also wandeln sich wie die Tönungen, wie die Stimmungen von Tag und Nacht und sind, entsprechend der Umkehr (Rückkehr) der Sonne aus Dunkel zum Licht, auch Sinn gebend in der Umkehrung gegeben, wie es bereits an den konsonantischen Kombinationen von t-r und r-t erläutert wurde.

Die Drehung der Sonne, ihr Lauf am Himmel gibt, ermöglicht das Daseinsrecht, bestimmt das Recht auf Erden. Der Kreis mit dem Gerüste, der Kreis mit den Abläufen der Zeit, mit der Ortung des Raumes, er lässt die Ursprache entstehen wie die Urschrift (Runen), er bestimmt die Ur-Ordnung des Lebens.

Der Gott des Rades, der Gott des Gerüstes! Von der Sonne kommend, von der Gottheit kommend gibt sich der Ur-Ahn als der Gottes-Sohn, als der Waltende, als der Heilbringer im Lebensbaum der Erde.

Der Gott des Gerüstes, des *Cheriste* – der Christus, der Pantokrator Christus in der Ur-Bedeutung, in der Ur-Wahrheit – der Wahrheit von Ewigkeit zu Ewigkeit.

Mit der Erkenntnis fühle ich mich unversehens in den Kreis der hohen Steine versetzt, während der Plattenspieler noch immer läuft und aus den Lautsprechern immer noch Griegs Peer Gynt-Suite erklingt, die letzte nun mit Solveighs Sehnsuchtslied.

Im Geiste stehe ich wieder inmitten der hohen Doppelsteine, den Doppelsäulen mit dem Deckstein, der nach Jahrtausenden immer noch auf einigen der Doppelsäulen ruht.

In der Erinnerung stehe ich inmitten des Steinkreises von Stonehenge. Im Mai vor fünf Jahren waren Annelies und ich an einem Wochenende nach London geflogen, hatten in Salisbury übernachtet und tags darauf, eine Weile sogar allein, am Altar, in der Mitte des Steinkreises gestanden.

Damals, ohne Karl-Heinrich an der uralten Stätte, schwiegen die mächtigen Steine. Annelies und ich spürten nur eine unermessliche, eine geheime Kraft. Nach Jahren nun, nach unentwegtem, gedanklichem Kreisen um die großen Fragen des Nordens – ist nun ein Anfang gefunden zur Antwort? Hat sich der Stonehenge-Code geöffnet?

Ich bin ergriffen, ich bin zutiefst bewegt an diesem Morgen.

Sicher ist, eine Botschaft von Stonehenge habe ich empfangen.

Der Schock wegen des Geldes

Donnerstag, den 20. Dezember 1979

Soeben von der Straße gekommen bin ich erneut auf die Straße gegangen. Vom Parkhaus kam ich in der Schweizer Ladenstadt, nah dem Pressehaus gelegen, hatte den Pförtnern unten am Eingang „Breite Straße“ einen munteren Morgengruß zugeworfen, hatte eilends den Innenhof des weitläufigen Gebäudes durchschritten, war im Aufzug in den vierten Stock, in die Redaktion, gefahren. Im Botenzimmer hatte ich, wie an jedem Arbeitstag, mein Fach geleert. Die Post am Schreibtisch sichtend und dann den Gehaltsbrief öffnend hatte mich der Schock getroffen; sogleich war ich die Treppen hinuntergeeilt – zurück auf die Straße.

Die Summe, die erschreckend niedrige Summe der Gehaltsabrechnung für Dezember flackert mir noch im Hirn, als ich die „Breite Straße“ entlang, dann in die rückwärtige Seitengasse gehe, „Auf dem Berlich“ genannt, wo die Post ist, ihr gegenüber das Café mit dem gelben Telefonhäuschen daneben. Erst dort, im Winkel am Häuschen, ziehe ich die Abrechnung hervor, blicke erneut auf die erschreckende

Zahl. Tatsächlich, kein Irrtum: Mein Dezembergehalt ist um das Weihnachtsgeld gekürzt worden. Ich sehe erneut den niedrigen, den kärglich verbliebenen Betrag, und da geschieht es erneut: Mir ist es, als träfe mich ein Schicksalsschlag.

Ich bin verwirrt, bestürzt und verwundert zugleich, bin gefangen in den widersprüchlichsten Gefühlen. Wie ist's möglich, dass eine Gehaltsabrechnung mir wie zum Schicksal wird, mich der Geldverlust so trifft, da ich doch ohnehin gekündigt habe, ich doch ohnehin auf das monatliche Füllhorn verzichten will?

Ist die Kündigung gar ein Fehler? Bin ich dem Wagnis nicht gewachsen? Ich bin ins Café gegangen, habe mir einen Kaffee bestellt, die hektisch-widersprüchlichen Impulse zu ordnen. Der Kaffee aber peitscht mich nur noch auf.

Zuerst, sofort, denke ich fieberhaft, muss ich die Sache klären. Die ganze Aufregung könnte ja völlig unbegründet sein, weil ein Irrtum vorliegt, ein Fehler der Buchhaltung. Die Tasse trinke ich nicht aus, lege Münzen daneben und verlasse das Café.

Das Telefonhäuschen nebenan, gottlob – es ist leer. Zwar quietscht die Tür im sperrigen Widerstand, dennoch geht sie auf, und die Verbindung kommt zustande – zu Frau Thelen von der Gehaltsbuchhaltung. Aber was erfahre ich, tiefer noch ins Erschrecken fallend? Es ist alles korrekt. Weihnachtsgeld für das laufende Jahr werde nur bei einem ungekündigten Arbeitsverhältnis gezahlt. Ich aber habe ja am 13. Dezember gekündigt.

Am 13., in der Tat, habe ich gekündigt, am Tag der berüchtigten Zahl, die doch auch die Zahl der großen Wandlung ist. Ich habe gekündigt, weil ich gedrängt wurde. Die Kündigung, so steht es im Redakteursvertrag, erfolgt jeweils zum Jahresquartal. Vom Ressort-Chef Horst Schubert, von dessen leichter Ungeduld genötigt, habe ich es, weil es sich so ergab, am 13. Dezember getan. Sicherlich aber auch, weil ich an die 13 als die große Wandlerin glaube.

Bereits neun Monate vorher, im März, hatte ich, wie gesagt, meinem Chef unter vier Augen meine Absicht eröffnet. Horst Schubert, 1922 in Breslau geboren, Soldat und Kriegsgefangener in Frankreich, hat die Nüchternheit und Seelentiefe zugleich, die dem Schlesier oft eigen ist. Bei ihm ist sie zudem verbunden mit der Eleganz seiner Erscheinung, der Eleganz seiner journalistischen Feder wie seiner sportlichen Beweglichkeit – gezeigt auf dem Tennisplatz wie auf den Skiern im Alpenschnee.

Zu dem mittelgroßen, eher zierlichen Mann war für mich im Laufe von fast zwei Jahrzehnten ein tieferes Vertrauensverhältnis entstanden; eher wortlos hatte es sich gebildet über seine wachen, seine tiefblauen Augen und ihrem leuchtenden Widerhall. Zwischen uns, so erschien es, war so etwas wie ein geheimes Einverständnis, in dem er mir, meiner Zuverlässigkeit vertrauend, ziemlich freizügig die ihm eher lästigen Vorortbeilagen überließ.

Meine vorzeitige, vertrauliche Ankündigung war also für mich eine Selbstverständlichkeit. Gleichzeitig wollte ich mich selbst, den im Entschluss immer wieder Schwankenden, endgültig festlegen.

Damals, im März, versuchte Horst Schubert zwar, mich mit anerkennenden Gesten und Worten, mit der Andeutung einer Gehaltserhöhung zu halten, aber dann ließ er mich los, wohl ahnend, dass ich andere Wege gehen müsse.

Im Dezember dann erwartete er, vielleicht genervt vom lästigen Nachfolgeproblem, die endgültige Entscheidung, ohne freilich an die Möglichkeit einer arbeitsrechtlichen Falle zu denken.

In der Falle aber war ich nun, an diesem 20. Dezember. Frau Thelen, die Buchhalterin, die am Telefon meine Betroffenheit wahrnahm, gab mir noch den Rat, bei Karl Vogel, der rechten Hand des Verlegers, anzurufen. Die Rückgängigmachung sei nur möglich, wenn er meine Kündigung aufhebe. Noch im Telefonhäuschen rief ich Vogels Sekretariat an, erfuhr aber, dass er erst morgen, am Freitag, wieder anwesend sei.

So bin ich in diesen Stunden so ganz und gar allein mit meinem Problem, das eigentlich gar keines sein dürfte. Der finanzielle Verlust gehört doch zum Wagnis meiner lang erwogenen Entscheidung. Dennoch bin ich wie abwesend, bin ich seltsam verstört – den ganzen Tag über.

Zum Glück ist es ein Donnerstag, ein Arbeitstag, an dem die hauptsächliche Wochenarbeit getan ist, ich lediglich mit Rotstift alle an diesem Tag erschienenen Vorortseiten mit Anweisungen für die Honorarabteilung versehen muss.

Mein Chef Horst Schubert bemerkt es, einige Augenblicke lang im Verlaufe dieses Tages, da schaut er mich in einer wachen Ahnung an. Vom schrecklichen Krieg geprägt, noch immer sicherlich in der inneren Betroffenheit dessen, schätzt er umso mehr den Frieden, den äußeren wie den inneren.

Gemeinsam mit seiner bodenständig natürlichen Frau hat er sich im Bergischen Land in der Nähe von Much ein kleines Paradies geschaffen. Ein altes Fachwerkhaus haben sie dort erworben und es sich im Laufe von Jahren mit einiger Mühe urig und gemütlich gestaltet.

Die kleinen Frösche nämlich im Keller in der Haus-eigenen, gluckernden Quelle sind unbehelligt geblieben; die nass-häutigen Kerlchen hüpfen da munter herum und über den Abfluss des Quellwassers ins Freie. Die ganze Lokalredaktion, von ihrem Chef eingeladen, hat es im Sommer mit Heiterkeit erlebt.

„Paradies" heißt denn auch eine seiner Kolumnen, die täglich als *Colonius* auf der ersten Seite von Köln-Stadt erscheint. Ich sammle seine Lokalspitzen, weil *Colonius* treffsicher im Wort wie im Humor Alltägliches aufspießt. Etwa so:

„Wir leben ja bekanntlich in paradiesischen Zeiten. Wohin wir auch schauen, wir blicken auf ein Paradies. Inmitten der Stadt erstreckt sich das Fußgängerparadies. Hier wie auch andernorts stoßen wir unablässig auf Einkaufsparadiese. Diese sind wieder in Unterparadiese gegliedert. In eines für Schuhe etwa oder eines für Wein..."

Feinsinniger, mitunter auch schalkhafter Witz, flackert da auf im Bewusstsein eines Lebens-erfahrenen Realisten, der die Gesellschaft, die Politik, das Geschehen der Großstadt Köln mit Nüchternheit, mit wohlwollendem Abstand beobachtet und seine Redaktion mit feiner, aber bestimmter Sicherheit führt.

War es eben gerade dieser Realitätssinn, der mich die Augen niederschlagen ließ, als die seinigen auf den meinigen ruhten? Was würde er denken, wenn er wüsste, womit ich mich beschäftige, womit ich mich auseinander setzen muss?

Würde er nicht die Hände über dem Kopf zusammenschlagen, würde er nicht mir eindringlich raten, die Kündigung rückgängig zu machen? Er täte es sicherlich umso mehr, wenn er erführe, dass ich ihm eine Anstellung bei der Akademie meines Vaters nur vorgegaukelt habe.

Aber es wäre ja nicht nur die berufliche Unsicherheit, die ihn fassungslos machen würde. Es wäre vor allem die ungeheure Problematik gewisser Aussagen aus der so genannten geistigen Welt, die da über die Lippen von Karl-Heinrich kommen.

Hänge ich zu sehr an seinen Lippen, bin ich gar abhängig von ihren Worten? Ist es die Glaubens-starke, die Glaubens-ergriffene Annelies umso mehr? Solchen Zweifeln vermag ich kaum Raum zu geben.

Im Wesentlichen bin ich immer wieder von der Echtheit seiner Durchsagen überzeugt. Aber Widersprüche oder gar umwälzend neue Gedanken versetzen mich immer wieder in einen geradezu totalen Prozess des Grübelns, des denkerischen Ergründen-Wollens. Der Prozess – naturgemäß ist er umso düsterer, ja er ist geradezu tragisch umschauert, wenn meine Lage, mein Zustand so schlimm ist wie in diesen Stunden.

Die blauen Augen von Horst Schubert fragen mich, sie fragen mich wach und besorgt, welche Gedanken, welche Überzeugungen mich bestimmen, mich, den Redakteur, der ich dabei bin, die sichere Stellung mit all ihren alltäglichen Gewissheiten aufzugeben.

Was würde er sagen, wenn er Einblick hätte in die Thematik meiner schweren Denkprozesse?

Würde es ihm nicht abwegig, ja abstrus erscheinen, dass die Menschheit nicht nur aus dem Süden, von den Savannen Afrikas, herkommt, sondern auch aus dem hohen polaren Norden, jenseits der Gletscher der Eiszeit? Aber damit nicht genug! Gerade in diesen Tagen ist mir brennend, ist mir peinigend eine Aussage über Karl-Heinrich gegenwärtig, die nicht nur strittig ist sondern an den reinen Wahnsinn grenzt.

Vor Jahren schon, damals im Dreierkreis mit Annelies, gab es eine Grundaussage, die ich damals hingenommen habe, die mich aber jetzt, in der Turbulenz der Veränderung, in noch tiefere Ungewissheit fallen lässt.

Es ist die phantastische Aussage, dass es die Menschheit selber sei, die die Eiszeit verursacht habe. Nicht eins sei die Menschheit in EINEM LEIBE! Nicht eins im ELEMENT DER LIEBE. So erwärme die Menschheit nicht die Erde. An den Polen der Erde, an denen das Element Liebe ausstrahlen sollte, seien Eiskappen entstanden. Überlastig sei die Erde an diesen Stellen geworden, so schwer, dass sie nicht mehr ebenmäßig rotiere um ihre Schwerpunkte. Sie „rumpele“ nun auf ihrer Bahn durch das All.

Die Aussage, so bestimmt, mit dem offensichtlichen Anspruch einer Botschaft ausgesprochen, die Botschaft setzte sich über Karl-Heinrich' Lippen fort:

„Vereist sind nicht nur die Pole der Erde. Auch die Lebenspole des Menschen sind vereist, die Zone seines Herzens ist vereist, ebenso wie die seiner Genital-Organe.“ Der Vereisung im Inneren sei die Vereisung im Äußeren gefolgt.

„Die Eiszeit der Erde ist verursacht durch die innere Vereisung des Menschen."

So faktisch, Wort für Wort wurde es tatsächlich gesagt – damals, vor Jahren, hat mich die wunderlich-seltsame Botschaft maßlos erstaunt; seitdem hat sie zu Studien meinerseits über die Eiszeiten der Erde geführt, zu unentwegten, mitunter grüblerisch-besessenen Überlegungen. Trotzdem aber war ich im überwiegend stabilen Gemütszustand einer vertrauenden Gelassenheit geblieben – auf eine Lösung, auf eine einigermaßen plausible Vereinbarkeit mit den bisherigen Forschungsergebnissen der Wissenschaft.

Heute aber, im Umfeld der Redaktion, sitze ich wie gelähmt an meinem Schreibtisch, erschrocken über die Abgründe, über die Nebel der Undurchschaubarkeit, erschrocken zurückweichend vor der Endgültigkeit meiner Entscheidung.

Werde ich auf Dauer über das nötige Geld verfügen für den Lebensunterhalt? Bin ich wirklich befähigt genug für die Durchdringung, die Meisterung solcher absurd-ungeheuerlichen Welträtsel? Vermag ich die magisch-mythischen Erlebnisse überzeugend in ein Gleichgewicht zu bringen mit Alltag und Lebensrealität, mit Fakten der Wissenschaften und der denkerischen Vernunft? Bin ich Dichter genug, um solchen Anforderungen zu genügen? Und selbst, wenn es mir gelänge: Wer würde solche Bücher lesen? Ist nicht mir, dem Autor, die regen-tropfende Dachkammer gewiss? Einen großen, einen aufspannbaren Schirm hätte ich ja!

Das Scheitern – ist's nicht die einzige Gewissheit bei all den Ungewissheiten?

Früher als sonst habe ich mich vom Schreibtisch hinweg gestohlen, ähnlich wie ab und zu freitags gegen 17 Uhr, wenn ich Annelies am rückwärtigen Kölner Hauptbahnhof abholte für unsere Wochenendtreffen mit Karl-Heinrich am Edersee. Die Verabschiedung vermied ich, mein früheres Verschwinden sollte so unauffällig wie möglich bleiben.

Erneut, wie so oft in diesem Jahr der Veränderung, zieht es mich zu meinem Baum, zur Eiche. Wie an jedem Berufstag bin ich über den Rhein auf der Zoobrücke ins Bergische Land gefahren, habe den

Wagen am Königsforst geparkt, bin nicht in Dauerlauf, wie sonst oft vor Dienstantritt, sondern geruhsam und nachdenklich die breite, sandige Waldstraße hinunter gegangen. Am Tiefpunkt des von Teichen und Wiesen unterbrochenen Waldes bin ich seitlich erst auf gras-bewachsenem Weg gegangen, der sich alsbald unter den Baum-Kronen verliert.

Längst ist es Abend geworden und dunkel. Aber von unzähligen Malen her ist mir der Weg zur Eiche vertraut. Mondlos ist die junge, sich verdichtende Nacht, aber die ersten Sterne leuchten durch die Äste, durch das winterkahle, windstille Gerüst des Waldes. Wenige, tastend spürende Schritte noch und ich habe ihn erreicht, den Baum. Ich umfasse den Stamm meiner Eiche und schaue nach oben.

Wie ebenmäßig und doch knorrig verbogen fügt sich das Geäst in die Schönheit der Baumeskrone. Die Sterne dazwischen – sie blinken wie schmückendes Geschmeide.

Solch leuchtende Verheißung und dennoch hat das Missgeschick mit dem Weihnachtsgeld solche beängstigenden, solche bedrängenden Folgen? Ist mir das Geld als Sicherheit zu wichtig? Ist es mir unterschwellig in den Tiefenschichten meines Wesens doch zu wichtig als Lebensversicherung?

„Gott“, so spreche ich, an die Eiche gelehnt und nach den rechten Worten suchend, „Gott muss mir doch, Gott soll mir doch, Gott wird mir doch immer mehr sein als alles Geld, als aller Besitz.“

Oben in der Krone, so scheint es, leuchten noch mehr Sterne. Und in den himmelwärts endenden Zweigen – da oben, in der Nacht nur zu ahnen, da könnte Bewegung sein, da könnte ein leiser Widerhall des Windes sein? Eine Antwort von oben?

Könnte? Aber es könnte auch eine Täuschung sein? Erneut fällt der Zweifel ein. Ich erinnere mich an ein Vorspiel vor Tagen, am 14. Dezember. Am Vortag, wie gesagt am 13., hatte ich meine Kündigung geschrieben, sie tags darauf gerade der Hauspost des Verlages übergeben, als ich eine briefliche Anfrage von der Verlagsleitung vorfand, in der ich unverblümt befragt wurde, wann ich das Vertragsverhältnis lösen wolle.

Ich las an meinem Schreibtisch die Zeilen, leicht verwundert darüber und beklommen, ließ mich dann, sicherlich etwas zu schwer in meinen Sessel fallen und kippte auf einmal nach hinten. Eine der vier Rollen hatte sich aus der Fassung gelöst.

Mein Redaktionsstuhl kippte, und ich erschrak. Aber das war's doch, was ich wollte, was meinem lange gefassten Entschluss entsprach? Bin ich selber auf der Kippe? Schwankend in der Ungewissheit des Lebens?

In der Nacht zum 21., zur Wintersonnenwende, bin ich ohne Schlaf, bin ich in Ergebenheit gefasst, dabei aber doch in Zuständen einer Daseinsschwere, ja jenes tragischen Lebensgefühls, das mich in der deutschen Klassik, insbesondere in Schillers Dramen immer wieder so tief, so weihevoll berührt hat, das aber bei eigenem Erleben, bei eigener Betroffenheit so unsäglich schmerzlich ist.

Von schönen Hoffnungen, von blühenden Illusionen nicht überblendet, nicht verbrämt ist mir der Verzicht. In seiner Härte und Bitterkeit nehme ich ihn wahr in diesen wachen, sich endlos dehnenden Stunden der Nacht. Das unausweichliche Opfer meines Lebens ist mir gegenwärtig. Eine Ehe, eine Familie, ein bürgerliches Leben wird mir verwehrt bleiben.

Wirklich ernsthaft war ein solches Dasein nur mit Renate Müller aufgekommen; sie aber nahm mich nicht an, und im Grunde genommen war ich, der Schmerzbeseelte, trotz allem erleichtert, dass die Einzigartige diese meine Bereitschaft, nicht auf die Probe stellte.

Annelies, Mutter mir im Geiste und Geliebte mir, bestimmt mein Leben seit unserer ersten Begegnung vor zwölf Jahren. Sie ist mir wahrhaftig Heil und Segen, aber sie ist mir auch Schicksal in seiner Unausweichlichkeit. Damals, in den ersten Jahren, als sie noch mit ihrem alten Vater zusammenlebte und wir uns meist am Samstag in Königswinter am Bahnhof trafen, da geschah es immer mal wieder, dass auf die ersten Sekunden, auf die ersten Minuten unseres Zusammentreffens ein Schatten fiel.

Es bedrückte mich, dass ich mich mit einer 21 Jahre älteren Frau traf und nicht mit einer jungen. Annelies nahm es wahr, und es machte ihr, da es sich wiederholte, mitunter sehr zu schaffen.

Anfangs, als wir wider Erwarten ein Paar wurden, war sie ohnehin der Annahme, dass die Zeitspanne dessen kurz sein würde, bis wir beide immer mehr begriffen, dass wir ein Paar waren und sind, das in einer Aufgabe des Geistes steht.

Der anfängliche Schatten, etwa bei den Treffen in Königswinter, war denn auch immer wieder weg, er war unversehens gewichen, als hätte er mich, als hätte er uns nie getroffen.

Das herrliche Siebengebirge, aufsteigend am mächtigen Strom des Rheins, die Mythen-umschauerte, die Mythen-beseelte Landschaft nahm uns auf, schenkte uns, den Wandernden, dann ein überwältigendes Glück, schenkte uns immer wieder eine Atmosphäre von heiter beschwingter Geistigkeit und von inniger Nähe.

All das geschah bisher am Wochenende, nach durchstandener Dienstwoche in der Freizeit und im Urlaub – es geschah im begeisternden, ja erlösenden Ausgleich zum Beruf, der freilich wie von selbst am Monatsende das Bankkonto auffüllte.

Nun aber wird es Ernst! Das Eigentliche, meine eigentliche Geistes- und Kulturwelt, bisher so mühevoll, so schwer in Beruf und Alltag behauptet, dieses Eigentliche meines Wesens soll Alltag werden, mehr noch als bisher Berufung. Und wieder quälen mich, wie so oft in meinem Leben, die großen Fragen.

Kann ich das wirklich schaffen? Kann ich's verkraften? Kann ich's meistern, was da unausweichlich auf mich zukommt?

Der Verzicht auf die junge Frau? Auf Familie? All das so Widersprüchliche – das schier Unvereinbare – vermag ich es zu meistern?

Vermag ich die Geisteseinsätze in ihrer Unbedingtheit, in ihrer Glaubenskraft und Überzeugung zu vereinbaren mit meinem Forschergeist, der ergründen will und begreifen? Schaffe ich den unerlässlichen, den schöpferischen Wechsel zwischen dem Einssein mit dem Geschehen und dem Abstand zu ihm?

Vermag ich Handelnder zu sein und dennoch begreifender Denker? Bin ich Dichter genug, all das überzeugend, nachvollziehbar ins Wort zu bringen? Und ist Erfolg denkbar mit solchen Schriften? Erfolg weniger um des Ruhmes, sondern mehr um des Lebensunterhaltes willen?

Die Nacht, die überwiegend schlaflose Nacht, ist schwer und lang, und wieder einmal ist es gegenwärtig – das tragische Lebensgefühl mit der Gefahr des Scheiterns.

Die Kündigung zerrissen

Freitag, den 21. Dezember 1979

Der Baum, der Stamm – unerschütterlich geworden im Lauf der Zeiten, im Wechsel von Tag und Nacht – so wirkt meine Eiche, meine mir seit Jahren vertraute Eiche auf meinen Körper. Ich lehne mich an – am Stamm, umschließe ihn fast mit meinen ausgebreiteten Armen, küsse die rissige Rinde.

Ich schaue wieder nach oben – ins mächtige Geäst, sich himmelwärts immer feiner verzweigend. Durchlichtet ist die Krone, in einer Helle wie flimmernde Verheißung erscheint sie in diesen Morgenstunden, fällt als Leichtigkeit in mein zwar ruhiger, gefasster schlagendes Herz, das aber hintergründig immer noch bestimmt wird vom schwerblütigen Lebensgefühl der Nacht.

Erneut bin ich vor Dienstantritt zur Eiche geeilt – für jene kurze, immer wieder Kraft und Ermutigung gebende Aufladung. Im Pressehaus mit dem Auto angekommen, ist alles umgekehrt wie gestern. Alsbald, nachdem ich mich an meinem Schreibtisch niedergelassen habe, klingelt das Telefon. Karl Vogel, die rechte Hand des Verlegers, ist es höchstpersönlich. Er teilt mir mit, er habe meinen Kündigungsbrief zerrissen, nur so könne ich doch an mein Weihnachtsgeld kommen.

„Sie müssen dann am 1. Januar erneut zum 1. April kündigen", sagt er und wünscht mir Frohe Weihnachten. Erneut springe ich auf vom Sessel, erneut muss ich hinaus ins Freie, erneut gehe ich zum altmodisch-gemütlichen Café „Auf dem Berlich". Eine unbändige Freude, eine unglaubliche Erleichterung hat mich erfasst. Ich fühle mich geradezu jäh erlöst und gleichzeitig bin ich erneut verwirrt.

Warum, so frage ich mich bohrend, erfüllt mich solche Erleichterung, solches Glücksgefühl, nachdem die Kündigung doch nur *pro forma* aufgehoben ist, ich doch am 1. Januar wieder kündigen soll und doch auch will?

Wieder in Anstellung und Brot zu sein – beruhigt es mich vielleicht doch mehr und tiefer als ich es wahrhaben möchte? Soll ich vielleicht doch versuchen, wie bisher das Eine mit dem Anderen zu vereinbaren, den ungewöhnlichen Geistesweg mit der normalen Berufstätigkeit? Oder ist die geradezu euphorische Erleichterung, eine Ausflucht vor der Aufgabe, eine Schwäche und Versuchung gar?

Erneut sitze ich vor einer Tasse Kaffee und ordne meine verwirrt-flattrigen Gedanken. Mir fällt ein, was ich in diesen Tagen bei all der Aufregung fast vergessen habe: Da ist ja noch der Tatbestand meiner Gesundheit, meines körperlichen Befindens.

Seit etwa einem Jahr arbeiten wir, wie gesagt, in der Redaktion mit dem so genannten Lichtsatz. Für uns Redakteure heißt das, dass wir statt an der Schreibmaschine nun Stunde für Stunde am kompakten Terminal sitzen, an dem nicht nur Artikel geschrieben, sondern auch weitgehend alle anderen redaktionellen Aufgaben erledigt werden.

Seit Monaten habe ich zunehmende Beschwerden. Ich spüre eine Beklemmung auf der Brust, um die Brust herum, habe mitunter Gefühle von Enge und Bedrängung um den Hals und immer mal wieder rötlich entzündete Augen. Mir bleibt wohl keine Wahl; auch aus gesundheitlichen Gründen muss ich die Anstellung aufgeben.

Die Tage aber, so überlege ich, bis zur endgültigen Kündigung am 1. Januar will ich nutzen. Im Siebengebirge gibt es einen für mich heiligen Hügel. Er ist bis oben, bis zur Spitze von lichtem Laubwald bedeckt und liegt, wenn auch nicht so hoch reichend, gegenüber der Löwenburg, der Burgruine hoch auf dem Bergmassiv, an dem der Strom des Rheines, breit sich windend vorbeifließt dem Meere zu.

Zu diesem verborgen liegenden Hügel zieht es mich seit Jahren immer wieder hin. Oft war ich mit Annelies dort auf unseren Tageswanderungen in dem herrlichen Siebengebirge. Oben auf dem verborgenen Gipfel habe ich allein, habe ich mit Annelies gestanden, zur Bekräftigung unserer Lebensaufgabe, Einen Inder haben wir schon auf den Hügel geführt. Es war ein Yogi und Swamiji, ein noch junger Mann mit wundervoll dunklen Augen und langen dunkel glänzenden Haaren.

Im Himalaya hatte er zur Übung der Geisteskraft und Körperbeherrschung lange Zeiten so gut wie unbekleidet in der Eiseskälte einer Höhle verbracht, dabei immer wieder die Hände und Füße mit kundigen Griffen und Bewegungen erwärmt. Der Swamiji sprach tatsächlich von dem Hügel als einem ungeheuer mächtigen Berg Europas.

Eine medial befähigte Freundin von Annelies und mir stand ebenfalls oben, zusammen mit uns, und ihr sonst nur hin und her schwingender Bernsteinpendel begann sich schnell wie ein Propeller zu drehen, sich dort oben auf dem Hügel über die faden-haltende Hand hinaus zu bewegen; der Bernsteinpendel kreiste tatsächlich über ihrer Faust in der Höhe.

Die übernächste Nacht, so beschließe ich, vom Sonnabend zum Sonntag, will ich dort verbringen, Erneut, wie damals vor über vier Jahren in den Rocky Mountains, erneut will ich eine Nacht der Klärung, der Offenbarung im Schoße der Erde, unter dem offenen Himmel suchen.

Vorher aber will ich erneut und gründlich einen Text lesen, den ich vor Monaten geschrieben habe. Plötzlich, als ich die Kaffeetasse im Café am Pressehaus leere, fällt er mir wieder ein, der seitenlange Text; er ist nach längeren Studien und Grübeleien mein erster Versuch, die grotesk-merkwürdige Eiszeitbotschaft mit der Wissenschaft, mit ihrem Wissensstand abzugleichen. Ist er Antwort genug?

Die Eiszeit und der Menschheit Schuld

Der Mensch selbst – er selbst der Verursacher der Eiszeiten? Der Ungeist der Menschheit, heraufbeschworen durch den Widerstand, durch den Bruch der Einheit im Geiste, durch den Fall in die feindseligen Gegensätze – der Ungeist verursacht Mangel an Liebe, dieser bewirkt Mangel an Erwärmung, dieser wiederum Vereisung der Pole und damit die unebenmäßige, die „rumpelnde“ Rotation der Erde.

Die Folgekette von Ursache und Wirkung entbehrt nicht der Logik; nur sie könnte aber auch eine überaus törichte Hypothese sein! Wie könnte Geist-Seelisches im Daseins-, im Lebenshaushalt der Menschheit derartig irdische Auswirkungen haben auf die Physis der Erde?

Längst wissen wir, durch schmerzliche Erfahrungen einsichtiger geworden, um die Wechselbeziehungen zwischen menschlicher Psyche und menschlichem Körper. Aber nun eine groteske Überhöhung dessen in der Wechselbeziehung zwischen der Menschheit und dem Planeten Erde? Wie kann der Mensch so entscheidend sein? Jener Winzling an der dünn-krustigen Oberfläche der Erde, der schmalen Biosphäre des Erdenrunds?

Wie kann der Mensch so ausschlaggebend sein für den Wärmehaushalt der Erde, da es doch sicher erscheint, dass das Erdinnere, dass die flüssig-radioaktive Glut seiner Tiefen den Planeten erwärmt und in der Drehung bewegt?

Wie kann der Mensch so bestimmend sein für den Zustand von Nordpol und Südpol, da es doch die Sonne ist, da es doch die Lichtquelle des Alls ist, die im Wechselspiel mit der Glut des Erdinnern über das Dasein, über das Leben entscheidet – und zwar auf dem unheimlich schmalen Grat der Biosphäre zwischen hitze-tödlicher Auflösung und eises-tödlicher Erstarrung?

Der Mensch hat die Eiszeit heraufbeschworen – erscheint nicht solche Behauptung ebenso kindhaft-einfältig wie die Befürchtung mittelamerikanischer Hochkulturen, die Sonne selbst könne abstürzen aus der Höhe des Himmels und sie könne nur oben gehalten werden durch den Kultus, gar durch grausig-blutige Menschenopfer?

Sind die Eiszeit-Aussagen, über Karl-Heinrichs Zunge gekommen, nur ein märchenhaftes Gleichnis? Sind es nur Worte der Symbolik, sind es nur Sinnbilder einer vielleicht tiefgründigen Poesie, die aber irrender Weise von uns bezogen wird, von uns übertragen wird auf die tatsächliche Umwelt, auf die tatsächliche Erde und ihren Himmel?

Aber – die Frage erhebt sich auch noch: Wer ist hier etwa im Irrtum gefangen? Ist es gar der Geist selbst, der sich über Karl-Heinrich mitteilt? Ist es der Geist selbst, der in einschränkender Befangenheit ist, vielleicht der Geist gewisser indianischer Völker? Oder sind wir Drei es, die da irren, weil wir die Worte zu wörtlich nehmen?

Oder bin ich es, der sich da verstiegen hat in Annahmen und Widersprüchen, in Studien und Überlegungen? Aber es könnte ja auch sein, dass gerade in dieser Aussage ein Orakel enthalten ist, dass darin eine rätselhafte Aufgabe verborgen ist, die es zu lösen gilt?

Warum sind gerade diese Worte so beherrschend in mein Bewusstsein getreten, warum haben sie solchen Zuspruch, aber auch solchen Widerspruch bei mir ausgelöst?

Die Kühnheit aber des Geistes sei mit mir! Ich will die Aussage wortwörtlich nehmen, denn sie muten eindeutig an, unmissverständlich in ihrer irdischen Tatsächlichkeit.

Der Ungeist des Menschen, so hieß es ja, habe die Eiszeit ausgelöst. Derselbe Ungeist beschwöre die Gefahr einer neuen, einer künftigen

Eiszeit herauf! Die Aussage der schier unermessbaren Gefahr der erneuten Eiszeit war verbunden mit der Mahnung, nicht erneut dürfe der Mensch scheitern. Die Hand Gottes sei der Mensch auf Erden, sollte er sein; er aber sei der Selbstsucht und der Habgier erlegen.

Steuermann des Weltraumschiffes Erde sei der Mensch. In der Führung Gottes sei er Steuermann. Führer sei er als Geführter! Zur Krone einer Schöpfung werde der Mensch im Einssein mit Gott und der Schöpfung Erde, zur Krone einer Sonnen-Ordnung!

Dem Menschen aber fehle die Demut, der Mut zum Dienst am Ganzen! Schon zweimal sei der Mensch an sich selbst gescheitert; gigantische Katastrophen habe er ausgelöst, da er nicht blieb im Dienst am Ganzen, da er nicht hielt das Gleichgewicht des Weltraumschiffes Erde.

Welche Worte, die an Urworte gemahnen aus Heiligen Schriften der Menschheitsgeschichte und die dennoch alles Bisherige sprengen: in Anspruch, in Tragik und Herausforderung!

Erste Frage: Wie kann die Eiszeit vom Menschen verursacht sein, da er doch etwa mit dem Beginn der Eiszeit vor einer Million Jahren auf die Weltenbühne der Erde tritt? So jedenfalls ist die derzeitige Auffassung der Wissenschaft.

Erste Schlussfolgerung: Der Mensch muss wesentlich älter sein, als es die Wissenschaft annimmt. Obwohl die Spuren seines Auftrittes, seines Daseins auf Erden nur im so genannten Quartär überliefert sind, also in der rückwärtigen Zeitspanne von etwa 1,8 Millionen Jahren, müsste der Mensch vorher schon, im so genannten Tertiär als menschenvergleichbares Wesen existiert haben.

Die Mythen von mehreren, auf einander gefolgten Menschheiten, ihre Reiche und Ihr Scheitern dürften tiefer noch zurückreichen, in dunkel verborgene, geheimnisvolle Vergangenheiten.

Zweite Frage: Wie aber steht es um die gigantische Eiszeit, die nach wissenschaftlicher Erforschung vor etwa 500 Millionen Jahren für lange Zeiten erd-bestimmend gewesen sein soll? Zur Zeit des so genannten Kambriums also, als auf Erden erst Ur- und Kleinstgeschöpfe entwickelt waren, damals also kann es weiß Gott noch keine Menschen gegeben haben.

Zweite Schlussfolgerung: Solche Eiszeit muss, wenn wir weiterhin von der Gültigkeit der Prämisse ausgehen, solche Eiszeit also muss bedingt sein vom sozusagen natürlichen, vom naturbedingten Schöpfungs-, Gestaltungsprozess der Erde. Die Urzeit der Erde – für ungeheuer lange Zeiten war sie geprägt von Urphänomenen des Kosmos, von der gestaltenden, schöpferisch wirksamen Entfesselung der Urgewalten.

Für unermesslich lange Zeiten muss die Erde glühend gewesen sein gleich einer feurig-roten Sonne. Warum sollte solcher Urzustand nicht einen solchen der gigantischen Vereisung bedingen – als einen Ausgleich der den Planeten durchgestaltenden Polarität?

Dritte Frage: Erneut freilich stellt sich die Grundfrage, so als träten wir auf der Stelle, so als gebe es gar keinen Fortschritt bei unseren Überlegungen. Wieso hat der Mensch die letzte Eiszeit ausgelöst? Wieso ist diese im Gegensatz zu der des Kambriums als eine Katastrophe anzusehen, als ein Eiszeit-Verhängnis, das aus dem Versagen oder gar aus der Schuld des Menschen rührt?

Dritte Schlussfolgerung: Der Prozess der Schöpfung, des Lebens überhaupt, vollzieht sich aus der elementaren Ur-Einfachheit der Phänomene in die allschichtig-, allseitig-allverwickelte Vielheit komplexer Zusammenhänge.

Was die Erde als Ganzes angeht, so ist sie in einem wunderhaft-einzigartigen Schöpfungsprozess entstanden – offensichtlich aus den Urzuständen von Feuers-Glut und Eises-Starre, von Ur-Atmosphäre, von Ur-Land und Ur-Meer zur All-Vielfalt der Biosphäre der Kontinente und Landschaften, der Pflanzen- und Tierwelt – einem Lebenskreis der Lebenskreise; undarstellbar, unerfassbar in Fülle und Verquickung eines elementar-lebendigen Systems unzählbar mannigfaltiger Systeme.

Im Vergleich zu den Urzuständen, zu den Urphasen der Erde sind sie unendlich komplexer, verwobener, viel-gestaltiger geworden, dabei sind sie allerdings umso mehr verflochten im Netz gegenseitiger Abhängigkeiten.

In diesem Daseins- und Lebenskosmos unentwegter Wechselbeziehungen, unentwegter Lebenskreisläufe wird umso mehr ein Gleichgewicht haltender Ausgleich notwendig; in diesem Lebenskosmos, in diesem System hoch entwickelter Mannigfaltigkeit.

Dadurch aber, bedingt durch eine höher und höher sich entwickelnde, sich mehr und mehr verwickelnde Anfälligkeit, kommt der Mensch immer unausweichlicher in eine Schlüsselstellung. In der Kybernetik, in den Steuerungsabläufen der Schöpfung hat er deshalb eine besondere Aufgabe der Steuerung.

Der Mensch als die Hände Gottes am Steuerrad der vielfältig-vielgestaltig gewordenen Erde, der Mensch als Handlanger Gottes entscheidet über Heil und Unheil auf Erden.

Vierte Frage: Zeichnet sich wirklich eine Lösung ab? Mit der grundlegenden Unterscheidung eben einer Eiszeit, die schöpfungsbedingt ist und einer Eiszeit, die bedingt, die hervorgerufen ist vom kybernetisch versagenden Menschen?

Vierte Schlussfolgerung: die Überlegungen erscheinen logisch, wirken einleuchtend. Vielleicht ergänzen sie sich im wahrsten Sinne des Wortes mit all den naturwissenschaftlichen Erklärungsversuchen zum Phänomen Eiszeit schlechthin.

Wie lauten nun die Erklärungsversuche der Naturwissenschaften? Da ist einmal die Hypothese einer erhöhten Rückstrahlung der Sonnenwärme und die dadurch bedingte Vereisung der Erde. Sie könnte verursacht worden sein durch die Abschirmung von Aschewolken, entstanden durch den Ausbruch ungeheurer Vulkane. Sie könnten noch erhöht, noch verstärkt worden sein durch die polaren Eiskappen selbst.

Weitere Ursachen, die die Wissenschaft als Hypothesen einbringt, sind Veränderungen und Schwankungen in der Erdumlaufbahn um die Sonne, in der Neigung der Erdachse, in der Präzession, der Tag-und-Nachtgleiche und schließlich Abweichungen, Schwankungen in der Sonnenintensität, den so genannten Sonnenflecken.

All das könnte beim Mysterium der Sonne-Erd-Beziehung eine Rolle spielen, könnte sich gegenseitig und wechselseitig beeinflussen.

Die Rolle aber, die der Mensch spielt in all den Abläufen, sie scheint auf jeden Fall gegeben zu sein. Sie ist auf jeden Fall alles andere als abwegig.

Vielleicht ist sie sogar der „Schlussstein“, der Gralsstein der Schöpfung Erde – eben die Krönung des Ganzen.

Der Mensch – als die Krönung der Schöpfung?!

Sonnabend, den 22. Dezember 1979

Gefasst und fassungslos zugleich hat Annelies meine Krise aufgenommen. Sie spürte sogleich, in den unentwegten Telefongesprächen, wie schwer und ernst es für mich war, nahm es erleichtert auf, dass sich mein Zustand entspannt hatte nach der Rücknahme der Kündigung, dennoch erfüllte sie das Unbegreifliche mit Sorge.

Meine Schwankungen, meine Anfechtungen in Alltag und Beruf, immer wieder erfahren, erlitten in den Gegensätzen von Innenwelt und Außenwelt war Annelies gewohnt. Stets war sie solcher Seelen-, solcher Gemütsverfassung mit Glaubensstärke, mit unerschütterlicher Gewissheit entgegengetreten. In den zwölf Jahren unserer seltsam-ungewöhnlichen Beziehung hatte sie sie als die Kehrseite meiner geistigen Höhenflüge hingenommen.

Lebenskrisen haben etwas Unausweichliches bei mir, sie überfallen mich wie ein Naturereignis, gehen über mich hernieder wie ein Gewitter. Meine Lebenserfahrung sagt mir, hat mir immer wieder bestätigt, dass ich in solchen Lebenslagen hindurch muss, dass ich mich ganz und gar auf mich beschränken muss, auf mich Selbst, auf den Gott in mir und über mir, dass die Krise nur so zu bestehen, zu meistern ist.

In der Frühzeit meines Lebens vollzog sich das unbewusster. Da rüttelte und schüttelte es mich wie Fieber oder wie Krämpfe, aber stets hielt ich es aus, ich hielt zäh und tapfer durch, ob es die scheinbar misslungene Prüfung war beim Wechsel von der Volksschule zum Aufbaugymnasium, ob es die ebenfalls nur scheinbar misslungene Kaufmannsgehilfenprüfung war in Köln – das Bestehen dessen war ja so entscheidend für den Wechsel in die Redaktion.

Später, in meinen zwanziger und dreißiger Jahren, als die inneren Probleme, die Geistes- und Seelenfragen immer lebens-bestimmender wurden, vollzog sich der Krisen-, der Klärungsprozess immer bewusster, insbesondere in meinen häufigen „Wallfahrten" zur Eiche im Königsforst und eben zu dem geheimnisvollen Hügel im Siebengebirge.

Annelies weiß aus bisheriger Erfahrung, wie unabdingbar wichtig mir solche heilsamen Unternehmungen sind. Sie weiß auch, dass ich aus ihnen immer wieder gestärkt, ja erneuert hervorgehe. Und darauf vertraut sie mit all ihrer Glaubenskraft.

Zupackend, wie es ihre Art ist, hat sie bereits gehandelt; sie hat längst im Hotel Löwenburg, der Unterkunft, die dem ominösen Hügel gegenüberliegt, Zimmer für das Wochenende bestellt, Ich habe sie am frühen Nachmittag im Auto dahin gebracht, habe das Fahrzeug dort abgestellt und bin noch vor der Dämmerung hinüber ins Umfeld des Hügels gegangen.

Meine Lage ist entspannter, mein Lebensgefühl wieder ruhiger, von Schwingen des Vertrauens getragen. Gestern noch, nach der jähen Euphorie über die wieder erlangte Weihnachtsgratifikation, hatte ich Schwung und Unruhe genug, nach frühem Dienstschluss in den Königsforst zu fahren, zu einer langen, von tiefem Nachdenken verlangsamten Wanderung.

Ist es genug? Ist es Erklärung, ist es Antwort genug, was ich in meiner kleinen Abhandlung zur Schuld der Menschheit an der Eiszeit entwickelt habe? Die Gedanken – mehr an der Erdgeschichte und dem Kosmos, mehr an der Menschheitsevolution orientiert – ist es mit ihnen genug an Erklärung und Antwort?

Es ist nicht genug, nicht Antwort genug auf die Aussage, die da über Karl-Heinrichs Lippen aus Sphären des Geistes gekommen ist:

„Die Menschheit selbst hat die Eiszeit verursacht. Nicht eins ist die Menschheit in einem Leibe! Nicht eins im Element der Liebe! So erwärme die Menschheit nicht die Erde. An den Polen der Erde, an denen das Element Liebe ausstrahlen solle, sind Eiskappen entstanden. Über-lastig ist die Erde geworden, so schwer, dass sie nicht mehr ebenmäßig rotiere um ihre Schwerpunkte. Sie ‚rumpele' nun auf ihrer Bahn durch das All.

Vereist aber", so hatte es weiter geheißen aus Geistessphären, *„vereist sind nicht nur die Pole der Erde. Auch die Lebenspole des Menschen sind vereist, die Zone seines Herzens ebenso wie die seiner Genitalorgane."*

Welch eine Aussage, die extreme Standpunkte aufreißt? Entweder ist es blühender Unsinn oder tiefste, ja höchste Weisheit? Oder gibt es ein Drittes? Ist es Weisheit im Orakel, in der Verschlüsselung eines Rätsels? Ist die Aussage gar als eine Riesen-Nuss zu verstehen, die es zu knacken gilt?

Die philosophisch-naturwissenschaftlichen Überlegungen allein sind trotz aller Aufschlüsse ungenügend; sie sind zu irdisch-materiell, obwohl die über Karl-Heinrich gekommene Aussage herausfordernd irdisch, herausfordernd abstrus klingt. Aber im Abstrusen, das ja auch die Bedeutung von Verborgenem hat, liegt ja umso mehr das Rätsel, das es zu lösen gilt. Die Aussage beschreibt ja eher einen gegenwärtigen Weltzustand denn einen Anfang und seine Ursache, einen Weltzustand, in dem die Kontinente wie die Menschen auseinanderdriften.

Ansprüche des Eigensinnes steigern sich, spannen die Gegensätze auf bis zum Riss, bis zu den Rissen amorpher Brüchigkeit. Was bricht da, was brach da, da doch die Eiskappen der Pole, da doch die Eiszeit zurück geht in die Jahrmillionen?

Hildegard von Bingen zeigt in ihrer visionären Schau auf, dass dem Menschen, der das Weltnetz zu halten habe, eben jenes Netz der All-Verbindung entglitten ist. Spricht sie da Ähnliches an wie Karl-Heinrich mit der menschlichen Schuld an der Vereisung?

Wie aber kam es, um im Bild der Hildegard zu bleiben, zum entglittenen Weltennetz – dem Menschen, dem an sich zur Führung Berufenen, aus den Händen gefallen? Wie kam es zur Verschuldung all der Folgen? Wie kam es zur verheerenden Uneinigkeit der Menschheit mit der akuten und möglichen Weltvernichtung durch den Atomkrieg?

Ist es eben so auf Erden, weil die Erde ein Jammertal ist? Die Vollkommenheit nur im Himmel gegeben ist, nicht aber im Irdischen Dasein?

Der Fall aus „Himmelshöhen“ ins Irdische – ist er als Verhängnis zu sehen? Ist das Verhängnis also in der Gestalt-Werdung, in der Verwirklichung der Schöpfung selbst begründet? Aber auch in der Schöpfungsgeschichte der Bibel heißt es: Am Anfang schuf Gott Himmel und Erde, und er sah, dass es gut war.

Ist der FALL ins Irdische nicht das Gegenteil dessen? Ist die Welt-Werdung der Schöpfung nicht die Offenbarung des unnennbaren, des unfassbaren Gottes? Ist es nicht sein unermessliches Geschenk, seine unermessliche Gnade?

Ist die Entwicklung deshalb die Offenbarung seiner Gnade? Die Entwicklung von der Ureinheit in die Vielfalt in den Jahrmilliarden der All-Werdung, in der Bildung der Erde, über die Ur-Zustände und -Prozesse der Erde zum Ur-Kontinent, der driftend um das Erdenrund auseinander ging, sich aufteilte in die sechs Kontinente mit der

Evolution ihrer Flora und Fauna, mit all den Kulturen der entstandenen, der entstehenden, mit all den verschiedenen Menschenrassen und all der Unterschiede ihrer Völker?

Welche Rolle aber, welche Aufgabe hat der Mensch im Schöpfungsgeschehen des Daseins? Warum ist ihm, dem zur Führung Berufenen, das Weltnetz entglitten? Wie ist der Mensch in der Vision der Hildegard von Bingen zu verstehen? Kann der einzelne Mensch als Individuum gemeint sein? Sicherlich nicht. Der Mensch, der nach Hildegard von Bingen das Weltnetz entgleitet, ist die Menschheit schlechthin.

Aber ist die Einheit der Menschheit nur ein schöner, idealistischer Gedanke? Oder gab es wirklich einen Anfang in Einheit, der eine Vollendung in Einheit zulässt, ja unabdingbar hervorruft? Gab es einst eine Urordnung, die wieder erstehen soll, ja wieder erstehen muss?

Was aber ist die Urordnung? In der immerwährenden Auseinandersetzung mit der Kirche, mit der „allein selig machenden katholischen Kirche“ sind mir Erkenntnisse gekommen, die die Heilige Dreifaltigkeit und die „Wesensgleichheit von Gottvater und Gottsohn“ in einem anderen Licht erscheinen lassen.

In der Dogmatik der Kirche, sicherlich auch um der Macht willen errichtet über Mensch und Welt, in der HEILIGEN DREIFALTIGKEIT könnte ein Urerbe des Megalith verborgen sein.

Die Fragen solcher Ergründung begannen vor zwei Jahren, nach der Offenbarung am Bärensee in den Rocky Mountains, im US-Staat Utah. Dort, an den altarartigen Steinen, hoch auf dem Berg mit dem weiten Blick über den blauen Bärensee, dort hatte Karl-Heinrich die große Versammlung der Seelen erschaut. In riesigen Ringen, sich aufschichtend zur Pyramide, hatten sie sich zusammengefunden, und in der großen Sehnsucht und Erwartung schauten sie alle nach oben.

Im obersten Ring der Seelen-Pyramide, dort wo göttergleiche Wesen standen, dort vermisste Karl-Heinrich den Jesus. Er befragte damals Bald’r warum er, der Jesus, nicht anwesend sei. Da antwortete Bald’r, der sich der Hüter des Nordlichtes nannte: „Der Christus, der Keristos, das Gerüste – das sind wir alle.“

In Kirchenohren eine Gotteslästerung, da doch der Christus, der Gottessohn, sitzend zur Rechten Gottes, entrückt ist dem Menschen, der ein Sünder ist. Dennoch ist von Jesus das Wort überliefert: „Keiner kommt zum Vater, denn durch mich“. Ein Jesuswort mit verhängnisvollen Folgen in der abendländischen Geschichte, da die Eiferer wähnten, es berechtige gar zur Christenbekehrung mit Gewalt.

Aber ist das Jesus-Wort nicht völlig missdeutet worden, da es im völligen Widerspruch zu seinem Liebes-Gebot steht?

Frei sind wir drei geworden, frei von Kirchendogmatik und ihrem Bann. Die Offenheit für neue Offenbarung wirft aber immer wieder grundlegende Fragen auf. Ist etwa jeder Mensch ein Christus, oder hat jeder Mensch die Möglichkeit zu ihm? Da doch im Herzen eines jeden Menschen der Christus, der innere Christus wohnt und das Jesus-Wort überliefert ist: „Folget mir nach! Werdet wie ich!“

Sicherlich ist das eine große Wahrheit! Aber die Antwort des Bald'r ging über den einzelnen Menschen hinaus, war mehr auf die Menschheit, auf ein Gemeinsames in ihr bezogen. Und das unsäglich missbrauchte Jesus-Wort: „Keiner kommt zum Vater, denn über mich!“ – wie könnte es in Wirklichkeit, in der hohen Geistes-Wahrheit gemeint sein?

Über Jesus als den Sohn des Vaters bin ich zu Antworten gekommen. Die Sprache selber – und damit ihre etymologischen Hintergründe – hilft weiter. Das Wort Sohn – was sagt das Wörterbuch dazu? Sohn heißt altnordisch son oder sun, friesisch sunu, sune, altsächsisch sunu, Mittelhochdeutsch sune, sun, suon. Überliefert ist von der letzten Version auch die Fassung suan. Was klingt da an – von der Sprachgeschichte her? Ist es nicht, da su altsprachlich Sonne heißt, der SONNEN-AHN? Der Ahn von der Sonne!

Der „suan“ aber der Sohn, der Gottessohn, ist kein Mann, ist kein Jüngling, er ist der Urmensch vor der Teilung in Mann und Frau. Es ist der Ur-Mensch als Ur-Geist, der auf unser All, auf unser Planeten- und Sonnensystem angelegt ist.

Was sagt die Wissenschaft dazu? Ich erinnere wieder daran. Anthropisches Prinzip nennt sie jene kosmische Gegebenheit, unfassbar genau und gesetzesgleich, jene Genauigkeit von Abstand und Nähe zur Sonne, die genau zwischen den Extremen von Eis und Feuer Leben auf Erden ermöglicht.

Anthropisches Prinzip wird es genannt, weil das Sonnensystem auf den Menschen angelegt ist. Zwar dreht sich nicht die Sonne um die Erde und damit um den Menschen, aber die Sonne und ihre Planeten bestehen um des Menschen willen, die Sonne strahlt für den „Su-An“ auf Erden; insofern „dreht“ sich die Sonne doch um die Erde.

Das Ptolemäische Weltbild mit der Erde und dem Menschen in der Mitte erscheint ebenfalls in einem anderen Lichte und der Mensch damit in seiner Verantwortung für das Weltganze. In der Antike wurde die Erde als Scheibe aufgefasst. Vielleicht aber war es das nicht mehr richtig verstandene, nicht mehr richtig umgesetzte Erbe des allbezogenen Megalith, das mit der Scheibe das Rotationsfeld der Planeten um die Sonne meinte.

Wenn solche auf das Sonnensystem bezogene Ur-Schau richtig ist, dann ist es nahe liegend und in sich schlüssig, in der Heiligen Dreifaltigkeit von Gottvater, Gottsohn und Heiligem Geist ebenfalls ein Urerbe des Megalith zu erkennen. Wenn auch in kirchlich-christlicher Verfremdung, so weist es doch zurück auf die Heilige Ur-Dreiheit von Vater Sonne, Mutter Erde und den Sohn, eben auf den URGEIST Mensch.

Auch eine weitere, hochbedeutsame Folgerung erscheint einleuchtend. Das andere, immer wieder umstrittene Kirchendogma, die Wesensgleichheit von Vater und Sohn und damit die Gottes-Gleichheit von Christus mit dem Vater, lässt sich gleichsetzen mit der Ur-Wahrheit des Megalith von Vater Sonne und dem Sonnensohn.

Wohlgemerkt, um dem Vorwurf eines vordergründigen Pantheismus vorzubeugen: Solcher Mythos ist n i c h t gleichzusetzen der Physis der Sonne noch der des Menschen. Vater Sonne ist gemeint in der Geistigkeit, in der Göttlichkeit, und das Gleiche gilt für den von ihm ausgesandten Sohn, der Verwirklichung und Verantwortung findet auf Erden, durchaus dem

Urverständnis der Hildegard von Bingen entsprechend, die da vom Weltnetz der Verantwortung spricht, das der Ur-Mensch für die Schöpfung in Händen hält.

Der Ur-Mensch aber ist, wie gesagt, der Ur-Geist, ist das Ur-Bild des Menschen und damit der ganzen Menschheit als Ur-Einheit. Die Ureinheit im Lichte, gleich dem Weiß als Einheit der Regenbogenfarben! Die Ureinheit des Menschen im Geiste – ist sie vorstellbar?

Wo ist der von Vater Sonne entsandte Sohn, der Sonnen-Ahn auf Erden zu finden, auf welcher Ebene der Schöpfungs-Emanationen, der Schöpfungs-Erscheinungen?

Ist der Van-Allen-Gürtel, das Magnetfeld, das von den Polen der Erdachse all-offen und all-weit in gewaltigen Bögen den Planeten umspannt, eine Vorstellungshilfe?

Eine Vorstellungshilfe gibt es auf jeden Fall für das Licht-Gerüste, für das Urbild des Lebensbaumes. In der altromanischen Michaels-Kirche von Fulda hängt, wie gesagt, noch ein Kruzifix in der Form des Ypsilon, in der Form des Lebensbaumes. Es ist das das Gerüste, das Cheriste des ewigen Krist, des ewigen Urbildes vom Menschen in der Ur-Einheit des Sonnen-Sohns, in der Ureinheit mit sich selbst und mit Vater Sonne, in der Urordnung der Leben gebärenden Mutter Erde.

Aus der Ureinheit aber entwickelte sich die Menschheit. Ihre Gestaltwerdung in der Vielfalt der Rassen und Völker – was setzte sie voraus? Die Teilung in Mann und Frau mit dem Gebot des allvereinigenden Geistes, der allvereinigenden Liebe; in den in Zeit und Raum entstehenden Gemeinschaften.

Die Teilung aber, die Spaltung aber in die Zwei ist zwiespältig. Einerseits ist Polarität Voraussetzung für Leben überhaupt, wie es die Zelle ist, wie es die sich teilende, neue Zellen bildende Zelle bezeugt. Anderseits aber löst sie unentwegten Kampf aus: Kampf der Selbstbehauptung, Kampf ums Überleben, Kampf mit Ausgängen von Sieg und Niederlage. Der Krieg der Gegensätze herrscht in der lebendigen Schöpfung. Der Krieg im Draußen der Welt wie im Drinnen der eigenen Brust.

Leben ist Vergänglichkeit von Entstehen, Werden und Vergehen im sich steigernden Kreislauf von Ewigkeiten. Leben ist Fall, ist Zerfall aus der Einheit in die Vielheit, Leben ist unentwegte Sehnsucht nach Einheit, ist Aufstieg und Rückkehr.

Leben ist Freiheit zur Entscheidung an Kreuzungen der Wege, Leben ist Zwang und Folge von vorherigen Entscheidungen. Leben ist Aufgabe und Versuchung, Leben ist Prüfung, Leben ist Aufstieg oder Fall.

Gott, der UNNENNBARE, so heißt es, hat dem Menschen den Freien Willen gegeben zur Entscheidung. Gilt dies auch für den Sonnen-Ahn, für den Cheriste, den ewigen Krist? Nein, im Urgeiste, im Lichte bleibt die Einheit gewahrt, ebenso wie der UNNENNBARE sich bewahrt in sich Selbst, in unbegreifbarer Unanfechtbarkeit. Das heißt, der UNNENNBARE entäußert sich nicht völlig in die Schöpfung, wie wäre sonst Rückkehr der Schöpfung ins UNNENNBARE möglich?

Das Gleiche gilt für den SU-AN. Im Innersten, im Höchsten bleibt er stets eins mich selbst, aber der FREIE WILLE aber, den auch er vertritt, bewirkt das Mysterium des Lebenskampfes, der Versuchung und Prüfung, der Entscheidung und Selbstfindung.

Ist der Fall LUZIFERS der Fall in den Eigenwillen, in die Eigenmächtigkeit. Ist es der Fall in die Selbstverherrlichung, die Selbstvergottung ohne die Gottes-Kindschaft? Verkörpert LUZIFER das Schicksal der Menschheit, die eigene Wege ging und damit die Schöpfung aus dem Gleichgewicht der URORDNUNG brachte?

Die Zwillinge, schöpferisch verbunden, schöpferisch verfeindet, sind ein mythisches Urbild dessen. Tuisto, der Erdgott, zwar kein Zwilling aber ein Zwitter, er gilt als der Urgott der Germanen.

Ur-Paare gibt es in der ungeheuren Tragweite des Schicksals. In der germanischen Sage sind es Siegfried und Hagen, in der Bibel Kain und Abel. In der Ersten Zeitenwende, im zu höchstem Miss- und Heilsklang entrollten Weltendrama ist es der Kreuzestod des Jesus Christus.

Wer ist sein Gegenspieler? Ist es Judas? Ist es nicht eigentlich Luzifer? Luzifer, der „Lichtbringer“? In der römischen Mythologie ist er der Morgenstern, nach dem Evangelisten Lukas aber der gefallene Engel und bezogen auf Satan, verhaftet mit ihm? Aber ist Luzifer in Wirklichkeit, um in der Sprache der Bibel zu bleiben, nichts anderes wie der „Verlorene Sohn“?

Ist er der „verlorene Sohn“, der eigene Wege ging und doch eines Tages zum Vater zurückkehrte? Theologisch korrekt ist es noch immer, in Luzifer den von Gott abgefallenen Engel zu sehen, den Engel der Auflehnung gegen Gott, der sich selbst zum Gotte wähnte.

Was spiegelt sich im Mythos des Luzifer? Ist es der Eigenwille des Menschen, seine Eigenmächtigkeit als des Menschen Anspruch auf Unabhängigkeit von Gott, auf unbevormundete Selbstständigkeit? Ist es das aufgeblähte Ich, das in der Aura der Selbstherrlichkeit sich selbst zur allgültigen Sonne machte? Ist es das selbstgefällige Ich, das nicht mehr gleich dem englischen „I“ Säule ist zwischen Himmel und Erde, im Dienst an Gott und dem Ganzen?

Im Logos solcher Gedanken wäre Jesus Christus, treu bis in den Tod, in der Einheit mit dem Vater geblieben, jedoch im Verlust von

Mensch und Welt, während Luzifer im Verlust des Vaters Mensch und Welt gewann. Gemessen an der Urordnung von Vater Sonne und Mutter Erde und dem SOHN – ist da nicht tragische Unzulänglichkeit gegeben bei beiden?

Tragische Unzulänglichkeit, die sich im Abendland, in neuerer Weltgeschichte in die Teufelskreise der Verhängnisse steigerten und nun, in unserer Weltenstunde, die Abgründe klaffen lassen von Nuklearkrieg, Umweltzerstörung und Überbevölkerung?

In tiefster Not, in höchster Gefahr dieser Weltenstunde – ist es deshalb das unbedingte Gebot der Stunde, zur Einheit der Menschheit, zur Einheit im Sonnen-Sohn zurückzufinden, zu ihm hinauf zu finden?

Der ALLEINE, der sich hernieder senkte auf die Versammlung der Seelen, der auf dem Seelenheer schreitet über Land und Meer, der ALLEINE – was bedeutet er in dieser Stunde der Zweiten Zeitenwende? Was soll uns, was will uns das ausgelöste, das geschehende Heilsbild sagen?

Ist es die Rückkehr zur Einheit der Menschheit? Ist es der Weltprozess zur Vereinigung? Im Geiste, in der Geistesbewußtheit?

Der ALLEINE, der alleinige KRIST, der KRIST-UR Cheriste, der das Gerüste bildet mit den schon offenen Seelen und nun bilden will mit den Lebenden – der ALLEINE ruft nun zur einigenden Tat?!

Der Birkenstamm ist morsch geworden. Die Rinde, das Holz darunter zerbröseln in Stücke und Stückchen, die unter Druck zu mehlartigem Staub zerfallen. Ich spüre ihn zwischen den Fingern rieseln.

Ich, der ich auf dem Birkenstamm liege, habe ein Bett für die Nacht gefunden. Schlafen werde ich freilich kaum. Ich habe es auch nicht vor. Im Wechsel von Liegen und Auf-und-Ab-Gehen soll die Nacht vergehen. Uralter Tradition und damit meinem Freund Friedrich-Karl folgend, der als buddhistischer Mönch 200 Tage so verbrachte, indem er in den burmesischen Bergen in einer Hütte saß und im unentwegten Wechsel auf dem überdachten Umgang auf und ab ging.

Heute, in der nun beginnenden Nacht, vergewissere ich mich. Breit genug für eine einigermaßen erträgliche Lagerung ist er schon – der Stamm mit seiner weichen Mulde des Zerfalls. Für die Arme freilich – sie seitlich am Körper abzulegen – ist kein bequemlicher Platz mehr. So habe ich die Hände, die Finger auf dem Bauch verschränkt, habe nach meiner Ankunft das Kissen aus dem Rucksack gezogen, den Poncho, den wolldichten Überhang, über den Kopf gezogen und liege nun, den Kopf weich gebettet, auf dem Birkenstamm.

Anheimelnd warm ist der Poncho! Und wenn mir kühler wird, so hilft mir ja die Bewegung vor dem langen Birkenstamm. Den Poncho, die große, rechteckige Decke mit dem Kopf-Schlitz in der Mitte, hatte mein Vater von einer Südamerikareise mitgebracht. Der Poncho, Kleidung und Decke zugleich, lässt den Armen alle Freiheit, so ruhen sie in der Faltung der Hände auf dem Bauch, auf dem Solar-plexus.

Der Solar-plexus, das Sonnengeflecht, das dichte Nervengeflecht des Bauches – es gilt als Empfänger astraler Phänomene, von Strahlen, von Wellen, gilt als Übermittler von Gedanken und Bildern. Karl-Heinrich sagte einmal, in der U-Stellung des Körpers, der so genannten Raumfahrer-Haltung, sei der Empfang am besten.

Will ich eine Botschaft empfangen? Oder will ich mich einfach sammeln in der Stille, in der Dichte dieser Nacht, dieser besonderen Nacht der Wintersonnenwende. Den Himmel habe ich über mir, hell schon leuchten Sterne herunter, zwischen den laublosen Bäumen über mir. Der Sturm der Ängste hat sich gelegt, nach heftigen Gefühls- und Denkprozessen ist in mir Klarheit und Ruhe aufgekommen.

Techniken der Zwiesprache oder schlichter einer Wechselbeziehung mit anderen Daseins-Sphären, bestimmte zu vollziehende Praktiken, haben in meiner Entwicklung nur eine untergeordnete Rolle gespielt. Ich hatte eher eine geradezu instinkthafte Scheu ihnen gegenüber. Nur die so genannte Kahuna-Magie hat als Praktik wirkliche und wirksame Bedeutung in meinem bisherigen Leben erlangt.

Es ist das Kahuna-Weistum, das lebensnah und lebensgestaltend angewandte Wissen der Hawaii-Völker, das der US-Amerikaner Freedom-Long aufgrund gewisser Indizien zurück erschlossen hat. Ich will ein Verfahren ins Bewusstsein heben, das in den vergangenen Jahren maßgeblich war für mich.

Mit verstärktem, Sauerstoff anreicherndem Atmen einen Energie-Ball zu bilden – ich tat es stets vor einer in Kopfhöhe aufgehängten Kupferschale – in den Energieball dann das vorher sorgfältig geprüfte Wunschbild einzugeben, es mit aller Wunschkraft zu verdichten und dann doch gleich einem Luftballon loszulassen – das habe ich in den

Anfängen mit Übungshäufigkeit praktiziert, um später dann mehr den Extrakt dessen zu verinnerlichen, die starke Wunschverdichtung und das Los-Lassen dessen.

Die Anheim-Stellung, die Überantwortung des Gewünschten ins Höhere – immer wieder erschien mir solche Einstellung entscheidend auf meinem schwierigen, weiß Gott nicht ungefährlichen Weg. Immer wieder, insbesondere im Umfeld der Redaktion, peinigte mich die Sorge, ich könne mich in Fiktionen verlieren, in Welten des bloßen Wähnens und gar des Wahns.

Freilich, Entscheidendes kommt nicht bloß aus mir selbst, kommt in diesen Jahren sozusagen über Karl-Heinrich auf mich zu, im Widerhall jedoch innerer Bejahung.

Der Geistes-Einsatz für den ALLEINEN, das bewegt-bewegende Bild sich immer wieder vorzustellen, es geradezu zu beschwören, das ist uns ja seit Jahren Auftrag des Geistes; all unsere Kraft einzusetzen zur Abwendung, zur Überwindung der unentwegten Atomkriegsgefahr, zur Weckung des einigenden Gottes-Reiches in Europa, das immer noch geteilt ist vom Eisernen Vorhang mit seiner ungeheuerlichen Massierung von hochexplosivem Kriegsgerät – all das ist unentwegter Auftrag.

Dennoch – nach all dem Einsatz, nach seinen intensivsten Phasen müssen Kopf und Herz auch wieder leer werden, indem sie all das Beschworene – wie gesagt - gleich einem Luftballon loslassen.

Vielleicht klingt das angesichts der ungeheuerlichen Weltproblematik zu leicht, zu luftig – eben wie das Spiel eines Luftikus. Aber dass die Ernsthaftigkeit, ja die tragische Schwerblütigkeit von früher in eine gewisse, schwebende Heiterkeit übergegangen ist – ist das nicht ein Zeichen erlangter Reife?

Die Leere von Gedanken und Bildern, das Freisein davon in einem Nichts, das dunkel und leer erscheint gleich dem Tod, ist gleich – und nun wird es schon wieder ernster – ist gleich dem Übergang im Sarg. Ausgestreckt liege ich schon da wie in einem Sarg; und der Baum mit der modernd-brüchigen Mulde gemahnt schon an die Urgegebenheit, dass der ausgehöhlte Baum in urtümlichen Zeiten den Leichnam aufnahm.

Als Zwanzigjähriger, in der Blüte der Jugend, sah ich mich eines Tages im Sarg liegen im schimmernden Schein von langen Kerzen. Ein schreckliches Bild damals, ein Bild von Traurigkeit damals, von glücklosem Lebensgefühl. Unabhängig aber vom persönlichen Geschick ist der Sarg ein Urbild, ein Symbol des Todes, der Wandlung, der Erneuerung und damit der Neugeburt.

An Stätten der Einweihung, wie etwa den Externsteinen, sind heute noch sargähnliche Steine zu finden, mit der Aushöhlung einer inliegenden, menschlichen Gestalt. Über den Tod zu neuem Leben. Die Haut des Menschen – eines der lebenswichtigsten Organe des Körpers – die Haut bleibt nur lebendig und schön durch unentwegtes Absterben der Zellen und ihre unentwegte Erneuerung.

Viele Tode müssen wir sterben, immer wieder, wenn uns das Leben, das wahre, lebendige Leben Geschenk sein soll, Gnade und Offenbarung. Altes, Gebrauchtes, Veraltetes, Erstarrtes gilt es aufzugeben, offen zu sein, offen zu bleiben für erneuernden Anfang und Aufstieg.

Als ich Annelies kennen lernte, als die erste hohe Begeisterung, die überschwängliche Seelenregung vorbei war, auch zwischen uns beiden ein gewisser Alltag einkehrte, da erfasste es die mütterliche Annelies immer mehr, immer tiefer, welche Traurigkeit, welche Schwermut und Tragik in mir und mit mir war, sichtbar für jedermann in meinen tief nach unten gezogenen Mundwinkeln.

Mit dem kommenden Zeitalter der Sonne schien das für die glaubensstarke Annelies unvereinbar zu sein. Die sonnenhafte Frau empfahl mir deshalb mit Nachdruck und Heiterkeit die Umkehrung der Mundwinkel.

Kultus-, ritusbewusst, wie wir beide nun einmal sind, fanden wir auf unseren, samstäglichen Wanderungen im Siebengebirge eines Tages jene Stätte, wo die Birke liegt und ich jetzt auf ihr, wo ich die Nacht um des neuen Tages willen erwarte.

Die Stätte, in einer Senke des Geländes gelegen, mit dem kegelartigen, bewaldeten Hügel davor, ist nur abseits, links jener Parkstraße erreichbar, die hoch oben über dem Rhein von der Margarethenhöhe zur

Löwenburg führt, zu dem Fachwerkhaus und Hotel am Fuße des Berges und der Burgruine oben auf dem Gipfelplateau.

Die Gipfelhöhen des Siebengebirges, neben der Löwenburg vor allem der Petersberg und der Ölberg, waren in den ersten gemeinsamen Jahren immer wieder die Höhepunkte unserer stundenlangen Wanderungen in den Wäldern und Auen, die sich zwischen den Bergen ausdehnen.

Der steil aufwärts führende Ölberg ist ein besonderer Anziehungspunkt, nicht nur wegen seiner urig-bodenständigen Gaststätte, vor allem aber wegen des daneben liegenden Aussichtspunktes. Auf Felsgestein steht man da, unwegsam kantig, das Holzgeländer gibt Halt den leicht verunsicherten Füssen, so dass die Augen unbehindert, frei schweifen können von abgründiger Höhe aus über die sich eröffnenden Weiten.

Welch ein Anblick, welch ein Überblick! Besonders die Abendstimmung blau-schöner Tage ist es, wenn die sinkende, die rot glühende Sonne sich verströmte über die Lande, über Stadt und Dorf, über Berg und Tal und inmitten dessen der breitmächtige, sich behäbig nordwärts schlängelnde Strom des Rheines zieht – rosa, rötlich, tiefrot schimmernd –prachtvolle Antwort der weichenden Sonne!

Den Drachenfels, unmittelbar aufragend am vorbeiströmenden Rhein, beliebte Attraktion der im eigenen Land die Berge missenden Holländer, den überlaufenen Drachenfels meiden wir. Zur Stätte aber der Verinnerlichung, zur Stätte der Abschirmung von der Welt draußen, eben zu einem Tor in die inneren Welten ist uns der Hügel geworden, mit der Talsenke davor und dem allmählich mürbe werdenden Birkenstamm. Und dazu kam es wie folgt:

Wir hatten uns gestritten auf einer unserer Wanderungen, wieder ging es um meine hängenden Mundwinkel. In der Gewohnheit früherer, einsamer Jahre waren sie wohl wieder 'mal besonders ausgeprägt bei meiner morgendlichen Ankunft am Bahnhof von Königswinter.

Zu Beginn des Treffens nämlich, ich gestand es schon ein, machte mir immer mal wieder der große Altersunterschied zwischen uns beiden zu schaffen. Annelies hingegen sah die abwärts weisenden Gesichtszüge und ging die miese Lebenseinstellung an.

Widerspenstig war ich zeitweilig schon, so als hätte ich einen Anspruch auf das Hadern, auf einen gewissen Verdruss über das Schicksal, als hätte ich ein Recht auf das Hadern mit den Zwängen meines Lebens, mit den Schicksalsverweigerungen.

Eine Zugabe, wahrhaft ein Gottesgeschenk hatte und habe ich allerdings auf meinen Lebensweg mitbekommen. Es ist eine Gewissheit im Geiste, eine wache, irgendwie immer gegenwärtig bleibende Ahnung, ja mehr noch ein Wissen um den ureigenen Lebenssinn.

Eine Einsicht war deshalb immer mit mir, umso mehr noch im Umgang, in den Gesprächen mit Annelies oder gar nach der Heftigkeit eines Streites. Zum Gottesgeschenk, ins eigene Wesen gesenkt, gehört auch die Einsicht die Bereitschaft zum Gebet, zur Seelen-Öffnung und zur Hingabe.

Gedrängt von Liebessehnsucht, ja, vom Verlangen nach dem weiblich wohlgestalteten Mädchen saß ich eines Tages, es war Anfang der siebziger Jahre, unten an der Geländesenke, unten auf dem Birkenstamm, auf dem ich jetzt liege – jetzt, in der allmählich aufsteigenden Nacht.

Am Morgen eines Samstages war es damals. Annelies und ich hatten lange Gespräche geführt, in der Woche vorher am Telefon, dann unter vier Augen, und in mir war der Entschluss gereift zum Opfer, zur Opferung meiner Liebeswünsche, nicht notgedrungen wie damals in den sechziger Jahren in meiner Begegnung mit Renate Müller, sondern in freiwilliger Einsicht in mein Daseins-, in mein Lebensgebot.

Es war die Bereitschaft zum Verzicht auf das Mädchen, auf die junge Frau, falls die Notwendigkeit es erfordert, es war die Opferung eigener Wünsche, eigener Sehnsüchte und Ziele, es war die Hingabe des eigenen Willens an einen Höheren.

Kurz zuvor hatte es am Edersee eine Sitzung gegeben, in der Karl-Heinrich von einer akut sich eröffnenden Schau berichtete; er sah einen Menschen, der eine schöne, scheibenartige Schale empfing, sie sitzend auf den Beinen am Schoß hielt, dann aber aufstieg mit der Schale, einen Berg hinaufstieg, um oben auf dem Gipfel die Schale empor zu heben, mit gestreckten Armen über den Kopf empor zu reichen dem Aller-Höchsten.

Genau so tat ich es vor sieben Jahren – an jenem Morgen an dieser Stätte. Annelies blieb unten am Birkenstamm stehen, überließ mich nach aller Beratung mir selbst und meinem Entschluss, so stieg ich den Hügel hinauf, so vollzog ich es oben auf der Spitze mit Gesten und Worten.

Was ist damals, vor sieben Jahren, geschehen? Was nahm ich damals an, dass es geschehe? Und was geschah in Wirklichkeit?

Die aus der eigenen Körpermitte, aus dem Bereich des Bauches empor gestreckte Schale – sicherlich ist sie das Bild der Öffnung, der Seele, die aus ihrem ganzen Sein sich öffnet zu höchster Empfänglichkeit.

Der Verzicht auf den Liebespartner, auf Ehe und Familie war im Abendland im Zölibat höchstes Gebot der Gottgefälligkeit – und ist es in kirchlich-klösterlichen Kreisen noch immer. Das kirchliche Gebot ist zu starr, zu absolut, als dass es in der Wahrheit sein könnte. Das Gleiche gilt für den Benediktiner-Orden, für die Aufgabe, für die Hingabe des Eigenwillens als höchstes Leitbild, zumal es in der Praxis wohl immer noch bedingungslosen Gehorsam, bedingungslose Unterwerfung unter Papst und Kirche bedeutet.

Damals vor sieben Jahren, als ich auf dem Birkenstamm saß, der unter meinem Körperdruck noch nicht zerbröselte, damals, als ich den Hügel hinaufstieg, da hatte ich kein Gelöbnis im Sinn, das ans Zölibat gemahnte. Mir ging es um gelebten Gottesdienst, mir ging es um die wahre Liebe, um die Aufgabe, die Hingabe des Triebes, die Eingabe des Verlangens in die Reinheit, in der Lichtkraft der Liebe.

Habe ich seitdem sexuelles Verlangen, seine Verselbständigung im bloßen Begehren überwunden? Natürlich nicht! Ebenso wenig, wie ich die Angst für mein weiteres Leben überwunden hatte nach jener Nacht auf dem Devil's Head, 1975 in den Rocky Mountains. Aber die Erinnerung an solche Einsätze, die Besinnung darauf hilft immer wieder mit erneuten Anfechtungen umzugehen, die sich wiederholenden Prüfungen mit Anstand und Würde zu bestehen.

Und wie steht es um meine Bereitschaft zum Gottes-Dienst? Zum Dienst an Gott im eigentlichen Sinne, was für mich stets Dienst ist auch an der Schöpfung Gottes? Wie steht es darum?

Arg geschüttelt, erschüttert worden bin ich in den vergangenen Wochen, da es ernst wurde um die Kündigung. Die Kündigung jedoch, den Schritt ins Ungewisse – habe ich all das nicht zu sehr unter den Vorzeichen von Verzicht und Opfer gesehen? Und zu wenig als Aussicht auf erfüllende Lebensentfaltung – wenn auch unter schwierigen Bedingungen?

Verzicht und Opfer sind ja nicht durchgängig von Segen – im Gegenteil; Extreme der Übersteigerung können sie bewirken, Umbrüche auslösen katastrophaler Art. Um all das möglichst zu vermeiden, muss eine grundlegend andere Lebensentscheidung gereift sein – eine Ausgewogenheit in erfahrungs-, einsichtsreichem Wachstum.

Fast zwei Jahrzehnte war ich bisher tätig in einer Lokalredaktion, befasst mit Straßenproblemen und Schützenvereinen – im Ausgleich zur Freizeit mit den geistes-hohen Einsätzen.

Zwar floh ich oft vormittags zu meiner Eiche – Kraft zu holen für den anstehenden Dienst – dennoch erahnte ich, am mächtigen Stamm gelehnt, ihren weisen Rat. Immer wieder verinnerlichte ich ihr Vorbild des Gleichgewichtes: die Eiche zwischen Himmel und Erde, verwurzelt in den Tiefen, weit geöffnet den Höhen.

Der senkrechte Strich – zwei „Arme“ oben und zwei „Beine“ unten – das Zeichen des so genannten Wendehorns steht für den Lebensbaum. Und „Arme“ und „Beine“ in die Mitte zusammengerückt, sich dann kreuzend an der Senkrechten in der Hagal-Rune – das ist das „Weltgerüste“, das Cheriste des ewigen Krist.

Gleichgewicht von Himmel und Erde! Gleichgewicht im Allumfassenden, im Alleinen!

Die Herabkunft des ALLEINEN – reichlich zwei Jahre später verstehe ich die GROSSEN BILDER in deutender Geistigkeit. Ein Glücksgefühl durchfährt mich – jäh und schön. Auf der Birke vermag ich nicht mehr zu liegen, wie so oft in dieser Nacht erhebe ich mich, gehe ich auf und ab vor dem Stamm – wie so oft in dieser Nacht. Aber nun freudig erregt.

Die Versammlung der Seelen, die sich auftürmen zur Pyramide, sie alle in der Offenheit nach Oben, und die Pyramide aus den Himmeln mit der Spitze senkt sie sich hernieder…

An jenem 7. September, an jenen Altar-ähnlichen Steinen hoch über dem Bärensee, da löste die Vereinigung von Oben und Unten ein weiteres Bild aus, das Bild des GROSSEN ANFANGS.

Zum tragend aufleuchtenden Teppich hatten sich die Seelen entrollt, zu einem Seelenheer, das den ALLEINEN trägt, den aus Höhen Erschienenen, und nun unentwegt Voranschreitenden.

Bewegung nun… Widerstände vor den vorrückenden Füßen des ALLEINEN – Bewegung wohin, mit welchem Ziel?

Die Pyramiden von Unten und von Oben, zeichenhaft als Dreiecke aufgefasst, bilden in der vollkommenen Durchdringung das Sechseck, das Hexagramm. Nach Walther Blachetta und seinem Sinnzeichen-Buch bezeugt es „den Einsatz aller geistigen, seelischen und leiblichen Kräfte, um den Fortbestand des Lebens auf Erden zu sichern. Es ist das Bild des göttlichen Schöpfers und seines Werkes.“

Das Hexagramm ist damit ein Zeichen der Vollkommenheit, einer Vollendung der Dreifaltigkeit von Vater Sonne, Mutter Erde und dem SOHN.

Wie hieß es zu Beginn unserer dritten Amerika-Reise? Um die Lebenden gehe es nun, nachdem das Heer der Seelen den ALLEINEN trägt – um die Lebenden dieser ganzen Erde. Ein jeder der Lebenden, überall auf dieser Erde, ist aufgerufen, mitzuwirken an der Vollkommenheit des Werkes.

Nach langer Nacht, im Wechsel vollbracht im Liegen, im Auf-und Ab-Gehen, nach nächtlichen Stunden des Wähnens und Erwägens steige ich gemessenen Schrittes den kleinen Hügel hinauf – hinauf mit der aufsteigenden Frühe und sage dreimal:

„Ich bin bereit!“

Mit mir ist die Hoffnung, ist der Glaube, dass die Berufenen es weltweit gleich mir tun; dass das Weltnetz der ALL-LIEBE, der ALL-VERBINDUNG wieder ersteht – das Weltnetz der Lebenden.

VOLLBRINGUNG, VOLLENDUNG – das ist das Ziel!

DER ALLEINE, der ALLEINIGE KRIST – die Menschheit eins im Geiste, eins in der Liebe!

VATER UNSER,
MUTTER UNSER

Vater Unser,
der Du bist
die Sonne!

Mutter Unser,
die Du bist
die Erde!

Geheiligt
ist
Euer Name!

Geheiligt
sind
Vater Sonne
und
Mutter Erde!
Geheiligt
ist
Euer
ewiges Reich!

Geheiligt
ist
der Mensch
im
All-Krist,
im
Krist-All,
im
Ur-Krist!
Geheiligt
In den
krist-erleuchteten

Söhnen und Töchtern!
Ur-Krist
Krist-Ur
ist das Urbild,
ist das Leitbild
des Menschen!
Der Ur-Krist
Ist der ewige Mensch
In der Ur-Bestimmung,
in der Zielbestimmung
des Schöpfers!

Im Geiste,
in der Liebe,
in der Kraft
des Krist-Ur
bewahrt
und
gestaltet
der Mensch
die Schöpfung,
in die er
verantwortend
gestellt ist.

In der Führung
des Krist-Ur
führt
der Mensch.
Im Kreislauf
erfüllt er sich,
im Kreislauf
vom Himmel
zur Erde,
von der Erde
zum Himmel.

In der Gemeinschaft
Des Alls und der Planeten
Ist
die Sonne der Sonne
Gott-Vater,
ist
die Erde der Erde
Gott-Mutter,
ist
der Mensch
der wahre Sohn,
die wahre Tochter!

Vater Unser,
der Du
bist
die Sonne!

Mutter Unser,
die Du
bist
die Erde!

Geheiligt
wird
euer Name
Vom
krist-erleuchteten
Menschen!

ENDE DES ZWEITEN BANDES

Wie beim ersten Band der „Atlantiden Offenbarungen", 1992 unter dem Titel: „Die Wiederkehr des Einen" erschienen, so lässt auch dieser zweite Band in seiner Eigenart der Darstellung keine üblichen Quellenangaben zu. In einigen hauptsächlichen Fällen des Buches sind selbstverständlich die Autoren eindeutig und wiederholt benannt. Ansonsten muss zu allgemeinerer Thematik die Angabe hier im Literaturverzeichnis genügen.

Erwähnt sind nur die Bücher und ihre Autoren, die im engeren Sinne mit dem zweiten Band zusammenhängen, nicht angegeben sind also Werke, die im weiteren Sinne für mich in meiner Lebensentwicklung von Bedeutung waren und damit auch für mein zweites Buch. Abschließend sei aber noch einmal auf grundlegende Werke verwiesen, die bereits im Inhaltsverzeichnis zum ersten Band stehen, die aber hier nicht noch einmal wiederholt werden.

Allgemeines

Blachetta, Walther – Das Sinnzeichen-Buch – Hugo Hartmann Verlag, Frankfurt am Main.

Cornell, James – Die ersten Astronauten – Birkhäuser Verlag, Basel, 1983.

Demandt, Alexander – Über allen Wipfeln – Der Baum in der Kulturgeschichte – Böhlau Verlag, Köln 2002.

Jentsch, Georg – Die Wiedererweckung der einen Welt – Verlag hinder und deelmann, Bellnhausen/Hessen 1973.

Klingelheller, Hans-Dieter – Die Druiden Sakralgemeinschaft der Kelten – IL-Verlag Annelies Petsch Bad Münstereifel 1993.

Marby, Friedrich Bernhardt

All und Erde

Graedel, Thomas/ Paul J. Crutzen – Atmosphäre im Wandel. Die empfindliche Lufthülle unseres Planeten – Spectrum Akademischer Verlag Heidelberg, Berlin, Oxford, 1996.

Menschen-Zeiten-Räume - Archäologie in Deutschland – Theiss-Verlag, Stuttgart, 2002.

Morrison, David – Planetenwelten – Eine Entdeckungsreise durch das Sonnensystem – Spectrum Akademischer Verlag, Heidelberg/Berlin.

Smoluchowski, Roman – Das Sonnensystem – Erschienen bei Spectrum der Wissenschaft, Heidelberg, 1980.

Amerika und Indianertum

Blumrich, J. F., – Kasskara und die sieben Welten – Econ Verlag, Wien, Düsseldorf, 1979.

Buschenreiter, Alexander – Unser Ende ist Euer Untergang – Econ Verlag, Düsseldorf, Wien 1983.

Deloria Jr., Vine – Gott ist Rot – Eine indianische Provokation – Dianus Trikont Buchverlag, 1984.

Lame, Deer, Richard Erdoes – Tahca Ushte, Medizinmann der Sioux – List Verlag, München, 1979.

Dömpke, Stephan (Herausgeber) – Tod unter dem kurzen Regenbogen – Trikont dianus Verlag, München, 1982.

Feest, Christian (Herausgeber) – Kulturen der nordamerikanischen Indianer – Könemann Verlag, Köln, 2000.

Hopi – Eine indianische Botschaft von Dan Katchongva- Herausgeber: Arbeitsgruppe Nordamerikanische Indianer.

Lothrop, Samuel, K. – Azteken-Mayas-Inkas – Skira/Klett-Cotta Verlag, Genf, Stuttgart, 1964.

Reinaga, Fausto – America India und das Abendland – Trikont dianus Verlag, München, 1980.

Rétyi von, Andreas – Streng geheim. Area 51 und die „Schwarze Welt“ – Jochen Kopp-Verlag, Rottenburg, 2001.

Trimborn, Hermann – Das Alte Amerika – Phaidon Verlag, 1985.

Waters, Frank – Das Buch der Hopi – Eugen Diederichs Verlag, München, 1980.

Wiltsey, Norman B. – Die Herren der Prärie. Der Todeskampf der Indianer – Hans E. Günther Verlag, Stuttgart, 1965.

Polar-Mythos

Horken, H.K. – Ex nocte lux. Enträtselte Urgeschichte im Licht jüngster Forschung – Verlag Ernst Wasmuth, Tübingen, 1972.

Balgangâdhar Tilak – Studienausgabe in englischer Sprache, Puna ,1903. Unter dem Titel: Die arktische Heimat in den Veden, 2010 in Deutsch beim FORSITE Verlag in Bottrop erschienen.

Wirth, Herman – Der Aufgang der Menschheit – Eugen Diederichs Verlag, Jena, 1928.

Prophetie

Carter, Mary Ellen – Prophezeiungen in Trance des größten Propheten der Gegenwart Edgar Cayce – Ariston Verlag, Genf.

Stearn, Jess – Der schlafende Prophet – Ariston Verlag, Genf, 1968.

Religion und Kulturgeschichte

Braunfels, Wolfgang – Die Kunst im Heiligen Römischen Reich Band VI Das Werk der Kaiser, Bischöfe, Äbte und ihrer Künstler 750-1250 – Verlag C.H. Beck, München, 1989.

Bonifatius 754-1954 – Gedenkausgabe zum zwölfhundertsten Todestag – Herausgegeben von der Stadt Fulda in Verbindung mit den Diözesen Fulda und Main, 1954.

Baukunst der Romanik in Europa – Umschau Verlag, Frankfurt am Main.

Haupt, Albrecht – Die Baukunst der Germanen – Ernst Wasmuth Verlag, Berlin, 1923.

Imhof, Michael und Gregor Stasch (Hrsg.) – Bonifatius – Michael Imhof Verlag, 2004.

Meyer-Sickendick, Ingeborg – Gottes gelehrte Vaganten – Seewald Verlag, Stuttgart, 1980.

Vorromanische Kunst - Umschau Verlag, Frankfurt am Main, 1965.

Ufologie

Keyhoe, Donald E. (Major) – Der Weltraum rückt uns näher – Lothar Blanvalet-Verlag, Berlin, 12. Auflage 1954.

Lammer, Helmut und Oliver Sidla – Ufo Geheimhaltung – Herbig Verlag, 1995.

Schneider, Adolf und Hubert Malthaner – Das Geheimnis der unbekannten Flugobjekte – Hermann Bauer Verlag, Freiburg im Breisgau, 1976.

Stemman, Roy – Fliegende Untertassen. Rätsel im All – Moderner Buchvertrieb und Verlag, Mannheim, 1979.

WEITERE VERÖFFENTLICHUNGEN DES IL-VERLAGES

Hanns-Günter Grosser DIE WIEDERKEHR DES EINEN Atlantide Offenbarungen zur Zeitenwende Band I ISBN 3-924125-02-3 224 S. kartoniert, EURO 12,--

Friedrich-Karl Heckmann VOM PFAD ZUR INNEREN FREIHEIT Meditative Studien über die Zwänge des Daseins und über die Möglichkeit ihrer Überwindung Band I ISBN: 3-924125-00-7, 120 Seiten kartoniert, EURO 7,40

Friedrich-Karl Heckmann BUDDHA UND MUTTER ERDE Kristalline Zeichen aus dem Hintergründigen Band II ISBN: 3-924125-01-5 224 Seiten kartoniert, EURO 11,--

Friedrich-Karl Heckmann HOHE PFADE DES UNBEDINGTEN Studien zur ganzheitlichen Wirklichkeit Band III ISBN: 978-3-924125-06-6, 334 Seiten kartoniert, EURO 24,80 (zu beziehen Online bei Books on Demand – www.bod.de)